KB005979

VOCA
SYSTEM

고등필수편

김두하 지음

휴먼리그

저자_ **김두하**

고려대학교 영어영문학과 졸업
미8군 교육지원부대에서 카투사로 근무
㈜대우 근무, 5년간 영국 런던 주재원 역임
두루넷 근무, 홍보광고팀장
현재 영어 전문 출판사인 도서출판 휴먼리그 대표

저서
뉘앙스로 감잡고 테마로 정리하는 영단어 - 넥서스
6년 배운 영단어 3주 만에 끝내기 - 넥서스
English How To Use Dictionary - 빈센트
Word Web - 잉크(위즈덤하우스)
개념원리 VOCA 시리즈 - 휴먼리그
VOCA Total Solution - 휴먼리그

VOCA SYSTEM 고등필수편

초판 1쇄 발행 | 2022년 11월 1일
초판 3쇄 발행 | 2024년 7월 1일

지은이: 김두하
펴낸이: 김두하
펴낸곳: 도서출판 휴먼리그

등 록: 제396-2013-000134
주 소: 경기도 고양시 일산동구 백석2동 밀레니엄리젠시 1414호
전 화: 031-906-1882
팩 스: 070-7614-3367

ISBN: 979-11-951145-0-4 (53740)

이 책에 대한 무단 전재 및 복제를 금합니다.
파본은 구입하신 서점에서 교환해 드립니다.

머리말

요즘은 매년 수백 수천 종의 다양한 영어 교재와 인터넷이나 모발일 앱 등을 이용한 멀티미디어 학습 교구가 쏟아져 나오고 있어서 본인이 열의만 있다면 얼마든지 영어를 쉽게 배울 수 있는 학습 여건이 마련되어 있습니다. 그러나 이러한 영어학습 방법의 발전에도 불구하고 유독 영어 어휘 분야만큼은 지난 수십 년간 인내와 끈기를 요구하는 기계적 암기식 학습법에서 한 치도 벗어나지 못하고 있는 것이 현실입니다.

현재 가장 일반적으로 활용되고 있는 어형 분석이나 사용 빈도 등에 의한 어휘 학습법도 그 나름의 장점은 가지고 있으나 암기를 위한 보조 수단일 뿐 효율성이나 실용성에서는 분명한 한계를 가지고 있습니다.

VOCA SYSTEM은 이러한 기존의 어휘 학습법의 한계를 탈피하여 좀 더 인식체계에 가깝게 자연스러우면서도 체계적·통합적으로 어휘를 습득·활용·관리할 수 있는 방법은 없을까라는 문제의식에서 출발한 새로운 개념의 영어 학습법입니다.

이 책을 통하여 많은 영어 학습자들이 더 이상 암기식 단어 외우기에 소모적인 시간과 정력을 낭하는 일이 없이 체계적이고도 효율적으로 영어 어휘를 익히기를 바라며 이 책을 펍니다.

저자 김두하

책의 특징

VOCA SYSTEM이란?

영단어 학습에 필요한 흩어져 있는 지식·정보를 한데 모아 체계적·통합적인 학습 환경을 제공하는 신개념의 영어 어휘 학습서이다.

01 테마별 체계적 어휘 분류

기초 어휘에서 고등 필수 어휘까지 총 8,000여개의 단어를 의미의 연관성과 논리적 흐름에 따라 테마별로 체계적으로 분류해 놓았습니다.

02 테마 관련 어휘 / 유의어 묶음 학습

해당 주제나 분야의 의미나 활용상 관련성이 있는 테마 관련 어휘 및 유의어·반의어를 덩어리로 묶어 한꺼번에 학습할 수 있습니다.

03 각 단어의 명확한 상세 뜻풀이

단어 뜻의 단순한 우리말 직역을 쭉 나열해 놓은 기존의 영어 단어집과는 달리, 한 단어가 어떤 상황에서 어떤 의미로 어떻게 사용되는가를 간결하면서도 의미 및 쓰임의 핵심을 짚어 설명함으로써, 단어 뜻의 단순한 우리말 직역만으로는 드러나지 않는 단어의 숨은 참뜻과 쓰임새를 명확하게 익히고 활용할 수 있게 하였습니다.

04 유의어간의 뉘앙스 차이 해설

우리말 뜻은 비슷하지만 어감상 명확한 차이가 있고 원어민들은 분명하게 구분해서 쓰는 동의어들 간의 미묘한 뉘앙스 차이를 서로 비교하여 짚어줌으로써 확실하게 구분해서 쓸 수 있도록 정리해 놓았습니다.

05 어원 분석 / 다의어 유래 해설

각 단어의 어원과 다의어의 다양한 뜻의 유래를 원리적으로 설명함으로써 단어의 뜻을 좀 더 명확히 이해하고 효율적으로 암기를 하는 데 도움이 되도록 했습니다.

06 다의어 다양한 뜻 일목요연 제시

두 가지 이상의 뜻을 가진 다의어인 경우, 각각의 뜻을 상세한 뜻풀이와 함께 설명함으로써 다의어가 갖는 다양한 뜻을 명확히 파악할 수 있게 구성하였습니다.

07 파생어를 통한 어휘 확장 학습

각 제시어의 파생어를 함께 수록함으로써 효율적으로 어휘 확장을 할 수 있도록 하였습니다.

08 실제의 쓰임을 보여주는 예문

제시어의 뜻풀이에서 설명한 단어의 정확한 뜻의 실제의 쓰임을 명확히 보여주는 예문만을 엄선해서 수록했습니다.

본문의 구성

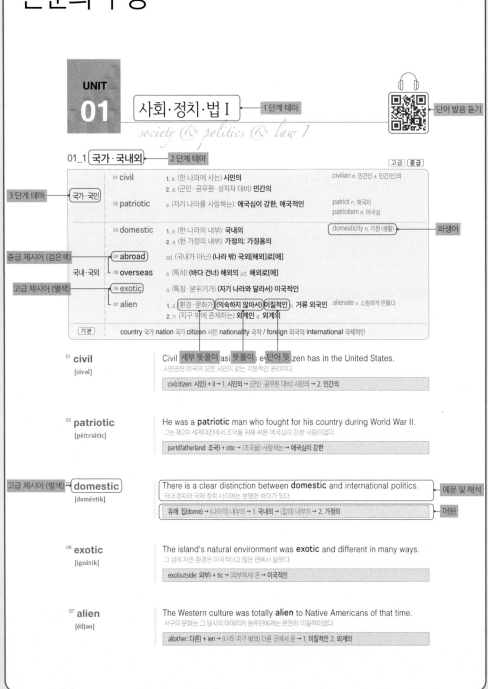

UNIT 01 사회·정치·법 I — 1단계 테마

society & politics & law I

단어 받음 듣기

01_1 국가·국내외 — 2단계 테마

고급 | 중급

3단계 테마 — 국가·국민

	01 civil	1. a. (한 나라에 사는) 시민의 2. a. (군인·공무원·성직자 대비) 민간의	civilian n. 민간인 a. 민간(인)의
	02 patriotic	a. (자기 나라를 사랑하는): 애국심이 강한, 애국적인	patriot n. 애국자 patriotism n. 애국심
	03 domestic	1. a. (한 나라의 내부) 국내의 2. a. (한 가정의 내부) 가정의; 가정용의	domesticity n. 가정 (생활) ← 파생어

중급 제시어 (검은색) — 04 **abroad** ad. (국내가 아닌) (나라 밖) 국외[해외]로[에]

국내·국외 05 overseas a. (특히) (바다 건너) 해외의 ad. 해외로[에]

고급 제시어 (별색) — 06 **exotic** a. (특징·분위기가) (자기 나라와 달라서) 이국적인

07 alien 1. a. (환경·문화가) (익숙하지 않아서) 이질적인, 거류 외국인 alienate v. 소원하게 만들다
2. n. (지구 밖에 존재하는) 외계인 a. 외계의

기본 | country 국가 nation 국가 citizen 시민 nationality 국적 / foreign 외국의 international 국제적인

---

01 **civil**
[sívəl]

Civil 세부 뜻풀이 asi 뜻풀이 s; e 단어 뜻 zen has in the United States.
시민권은 미국의 모든 시민이 갖는 기본적인 권리이다.

civ(citizen: 시민) + il → 1. 시민의 → (군인·공무원 대비) 시민의 → 2. 민간의

---

02 **patriotic**
[pèitriátic]

He was a **patriotic** man who fought for his country during World War II.
그는 제2차 세계대전에서 조국을 위해 싸운 애국심이 강한 사람이었다.

parti(fatherland: 조국) + otic → (조국을) 사랑하는 → 애국심이 강한

고급 제시어 (별색) — 03 **domestic**
[dəméstik]

There is a clear distinction between **domestic** and international politics. — 예문 및 해석
국내 정치와 국제 정치 사이에는 분명한 차이가 있다.

유래: 집(dome) → (나라의) 내부의 → 1. 국내의 → (집의) 내부의 → 2. 가정의 — 어원

---

06 **exotic**
[igzátik]

The island's natural environment was **exotic** and different in many ways.
그 섬의 자연 환경은 이국적이고 많은 면에서 달랐다.

exo(outside: 외부) + tic → (외부에서) 온 → 이국적인

---

07 **alien**
[éiljən]

The Western culture was totally **alien** to Native Americans of that time.
서구의 문화는 그 당시의 아메리카 원주민에게는 완전히 이질적이었다.

al(other: 다른) + ien → (나라·지구 밖의) 다른 곳에서 온 → 1. 이질적인 2. 외계의

01_2 정부·의회·정치

[고급] [중급]

| 08 regime | 1. n. (특히) **(권위주의적인) 정권** | 다의어 |
| | 2. n. (특정한) **제도, 체제** | |

단어 번호 — 09 bureaucrat n. (특히) **(형식적·권위주의적) (정부) 관료** | bureaucracy n. 관료 정치[주의, 제도]
 bureaucratic a. 관료적인

정부·관리

10 diplomat n. (외국에서 외교 업무를 보는) **외교관** | diplomacy n. 외교(술)
 diplomatic a. 외교적인

11 ambassador n. (나라의 대표로 파견되는) **대사**

12 embassy n. (대사가 업무를 보는) **대사관**

동의어 표시 — 13 congress n. (C-) (입법 기관) **(미국 등의) 의회, 국회** | congressional a. 의회[국회]의 <br> congressman n. 국회 의원

의회

14 parliament n. (P-) (입법 기관) **(영국 등의) 의회, 국회** | parliamentary a. 의회[국회]의

15 politics n. (권력을 획득·유지·행사하는 활동) **정치(학)** | political a. 정치적인 <br> politician n. 정치가

정치·정책

16 statesman n. (특히) **(존경 받는) 정치가**

17 policy n. (어떤 목적 실현을 위한) **정책, 방침**

[기본] government 정부 official (정부·조직의) 관리, 공무원 president 대통령 / party 정당, 당 ——테마 기본 어휘

---

08 regime
[reiʒíːm]

The present **regime** has been in power for more than ten years.
현재의 정권은 10년 이상을 집권하고 있다.

reg(rule: 통치하다) + ime ┌ (통치하는) 권력 → 1. 정권
                          └ (통치하는) 방식 → 2. 제도, 체제

단어 번호 —

09 bureaucrat
[bjúərəkræt]

In this country there are too many **bureaucrats** making too many rules.
이 나라에는 지나치게 많은 규칙을 만드는 너무 많은 관료들이 있다.

bureau(desk: 책상) + crat(rule: 규칙) → (책상머리 규칙을 만드는) (정부) 관료

10 diplomat
[dípləmæt]

발음기호

He's a high-ranking **diplomat** in the US embassy in Moscow.
그는 모스크바 주재 미국 대사관의 고위 외교관이다.

di(two: 둘) + plo(fold: 접다) → double folded document(두 번 접은 문서) → 외교 문서 → **외교관**

11 ambassador
[æmbǽsədər]

An **ambassador** represents his or her government in a foreign country.
대사는 외국에서 자신의 정부를 대표한다.

ambassa(serve: 봉사하다) + dor → (나라를 대표하여) 봉사하는 사람 → 대사

12 embassy
[émbəsi]

An anti-American demonstration took place in front of the US **embassy**.
반미 시위가 미국 대사관 앞에서 일어났다.

embass(serve: 봉사하다) + y → (국가에 봉사하는 사람이) 있는 곳 → 대사관

Love is a state of Being.

Your love is not outside; it is deep within you.

You can never lose it, and it cannot leave you.

— Eckhart Tolle —

Contents

PART 2 사람과 일상생활

PART 3 자연과 환경

PART 1

사회생활

사회·정치·법 I
society & politics & law 1

01_1 국가·국내외

고급 중급

국가·국민	01 civil	1. a. (한 나라에 사는) **시민의** 2. a. (군인·공무원·성직자 대비) **민간의**	civilian n. 민간인 a. 민간(인)의
	02 patriotic	a. (자기 나라를 사랑하는): **애국심이 강한, 애국적인**	patriot n. 애국자 patriotism n. 애국심
국내·국외	03 domestic	1. a. (한 나라의 내부): **국내의** 2. a. (한 가정의 내부): **가정의; 가정용의**	domesticity n. 가정 (생활)
	04 abroad	ad. (국내가 아닌) (나라 밖) **국외[해외]로[에]**	
	05 overseas	a. (특히) (바다 건너) **해외의** ad. 해외로[에]	
	06 exotic	a. (특징·분위기가) (자기 나라와 달라서) **이국적인**	
	07 alien	1. a. (환경·문화가) (익숙하지 않아서) **이질적인** n. **거류 외국인** 2. n. (지구 밖에 존재하는) **외계인** a. 외계의	alienate v. 소원하게 만들다

기본	country 국가 nation 국가 citizen 시민 nationality 국적 / foreign 외국의 international 국제적인

---

01 civil
[sívəl]

Civil rights are basic rights every citizen has in the United States.
시민권은 미국의 모든 시민이 갖는 기본적인 권리이다.

> civ(citizen: 시민) + il → 1. 시민의 → (군인·공무원 대비) 시민의 → 2. 민간의

02 patriotic
[pèitriátik]

He was a **patriotic** man who fought for his country during World War II.
그는 제2차 세계대전에서 조국을 위해 싸운 애국심이 강한 사람이었다.

> parti(fatherland: 조국) + otic → (조국을) 사랑하는 → 애국심이 강한

03 domestic
[dəméstik]

There is a clear distinction between **domestic** and international politics.
국내 정치와 국제 정치 사이에는 분명한 차이가 있다.

> 유래: 집(dome) → (나라의) 내부의 → 1. 국내의 → (집의) 내부의 → 2. 가정의

06 exotic
[igzátik]

The island's natural environment was **exotic** and different in many ways.
그 섬의 자연 환경은 이국적이고 많은 면에서 달랐다.

> exo(outside: 외부) + tic → (외부에서) 온 → 이국적인

07 alien
[éiljən]

The Western culture was totally **alien** to Native Americans of that time.
서구의 문화는 그 당시의 아메리카 원주민에게는 완전히 이질적이었다.

> al(other: 다른) + ien → (나라·지구 밖의) 다른 곳에서 온 → 1. 이질적인 2. 외계의

고급 중급

정부·관리	08 regime	1. n. (특히) (권위주의적인) **정권** 2. n. (특정한) **제도, 체제**	
	09 bureaucrat	n. (특히) (형식적·권위주의적) **(정부) 관료**	bureaucracy n. 관료 정치[주의, 제도] bureaucratic a. 관료적인
	10 diplomat	n. (외국에서 외교 업무를 보는) **외교관**	diplomacy n. 외교(술) diplomatic a. 외교적인
	11 ambassador	n. (나라의 대표로 파견되는) **대사**	
	12 embassy	n. (대사가 업무를 보는) **대사관**	
의회	13 congress	n. (C-) (입법 기관): (미국 등의) **의회, 국회**	congressional a. 의회[국회]의 congressman n. 국회 의원
	14 parliament	n. (P-) (입법 기관): (영국 등의) **의회, 국회**	parliamentary a. 의회[국회]의
정치·정책	15 politics	n. (권력을 획득·유지·행사하는 활동) **정치(학)**	political a. 정치적인 politician n. 정치가
	16 statesman	n. (특히) (존경 받는) **정치가**	
	17 policy	n. (어떤 목적 실현을 위한) **정책, 방침**	

기본 government 정부 official (정부·조직의) 관리, 공무원 president 대통령 / party 정당, 당

---

08 regime
[reiʒíːm]

The present **regime** has been in power for more than ten years.
현재의 정권은 10년 이상을 집권하고 있다.

reg(rule: 통치하다) + ime ┌ (통치하는) 권력 → 1. 정권
　　　　　　　　　　　　 └ (통치하는) 방식 → 2. 제도, 체제

---

09 bureaucrat
[bjúərəkræt]

In this country there are too many **bureaucrats** making too many rules.
이 나라에는 지나치게 많은 규칙을 만드는 너무 많은 관료들이 있다.

bureau(desk: 책상) + crat(rule: 규칙) → (책상머리 규칙을 만드는) (정부) 관료

---

10 diplomat
[dípləmæt]

He's a high-ranking **diplomat** in the US embassy in Moscow.
그는 모스크바 주재 미국 대사관의 고위 외교관이다.

di(two: 둘) + plo(fold: 접다) → double-folded document(두 번 접은 문서) → 외교 문서 → 외교관

---

11 ambassador
[æmbǽsədər]

An **ambassador** represents his or her government in a foreign country.
대사는 외국에서 자신의 정부를 대표한다.

ambassa(serve: 봉사하다) + dor → (나라를 대표하여) 봉사하는 사람 → 대사

---

12 embassy
[émbəsi]

An anti-American demonstration took place in front of the US **embassy**.
반미 시위가 미국 대사관 앞에서 일어났다.

embass(serve: 봉사하다) + y → (국가에 봉사하는 사람이) 있는 곳 → 대사관

Unit 01

고급 중급

통치	18 **govern**	v. (나라를) (정당·적법하게) **통치하다, 다스리다**	governor n. 통치자: 주지사
	19 **reign**	v. (나라를) (국왕으로서) **통치하다, 다스리다** n. **통치 기간**	
	20 **dictator**	n. (독재 정치를 하는) **독재자**	dictatorship n. 독재체제 dictate v. 지시하다: 구술하다 n. 명령
정치 체제	21 **sovereignty**	n. (한 나라의 최고 절대 권력): **주권, 통치권, 자주(권)**	sovereign a. 주권을 가진, 자주적인 n. 군주, 국왕
	22 **democracy**	n. (주권이 국민에게 있는) **민주주의**	democratic a. 민주주의의
	23 **republic**	n. (선출된 국민 대표들이 통치하는) **공화국**	republican a. 공화제의 n. 공화주의자
	24 **communism**	n. (재산 공유와 평등 사회를 지향하는) **공산주의**	communist n. 공산주의자 a. 공산주의의
	25 **federal**	a. (여러 주나 나라가 연합한) **연방제의, 연방 정부의**	federation n. 연방, 연방 제도[정부]
제국·식민	26 **empire**	n. (황제가 다스리는) **제국**	emperor n. 황제
	27 **imperial**	a. (제국이나 황제와 관련된): **제국의, 황제의**	imperialism n. 제국주의
	28 **colony**	n. (다른 나라의 지배를 받는) **식민지**	colonial a. 식민지의 colonize v. 식민지화하다
선거·투표	29 **election**	n. (대표자 등을 투표로 뽑는) **선거**	elect v. (선거로) 선출하다

19 **reign**
[rein]

For nearly 45 years, Queen Elizabeth I **reigned** over the British Empire.
엘리자베스 1세 여왕은 거의 45년 동안 대영제국을 통치했다.

20 **dictator**
[díkteitər]

Hitler was a **dictator**, and he controlled every part of German life.
히틀러는 독재자였고 그는 독일 생활의 모든 부분을 통제했다.

dictate(명령하다) + or(행위자) → 명령하는 사람 → 독재자

21 **sovereignty**
[sάvərənti]

Both Spain and Britain claimed **sovereignty** over the islands.
스페인과 영국은 둘 다 그 섬들에 대한 주권을 주장했다.

sover(super: 위에) + reign(통치) → (가장) 위에 있는 통치 권력 → 통치권, 주권

24 **communism**
[kάmjunìzm]

In 1989, **communism** broke down and the Soviet Union fell to pieces.
1989년 공산주의는 붕괴하고 소비에트 연방은 와해되었다.

com(together: 함께) + mun(exchange: 나누다) → (함께 나누는) 주의 → 공산주의

25 **federal**
[fédərəl]

The United States is a **federal** republic consisting of fifty states.
미국은 50개 주로 구성된 연방 공화국이다.

feder(league: 연합) + al → (연합한) 연방제의, 연방 정부의

28 **colony**
[kάləni]

Most of these countries, including Kenya, were former British **colonies**.
케냐를 포함한 이 나라들의 대부분은 과거 영국의 식민지였다.

colon(colonus: 농노) + y → (봉건 영주에게 예속된) 농노의 지역 → 식민지

선거·투표	30 **vote**	n. (선거·결정을 위한) **투표** v. **투표하다**	voter n. 투표자
	31 **poll**	1. n. (정치 선거의) **투표; 개표; 투표[득표]수** v. **득표하다** 2. n. (일반 대중에 대한) **여론 조사** v. **여론 조사를 하다**	pollster n. 여론 조사원
	32 **ballot**	n. (이름을 밝히지 않는) **비밀[무기명] 투표; 투표용지**	
	33 **candidate**	n. (뽑히려고 경쟁하는) (선거) **후보자;** (일자리) **지원자**	candidacy n. 입후보, 후보 자격
	34 **nominate**	v. (선거·직위·수상자의) (후보자로) **지명[추천]하다**	nomination n. 지명, 추천 nominee n. 지명[추천]된 사람
조직·단체	35 **organization**	1. n. (특정 목적을 위해 모여서 함께 일하는) **조직, 단체** 2. n. (일정한 체계를 이루게 만드는) **조직화, 구성**	organize v. 조직하다; 준비하다 organizer n. 조직자
	36 **institution**	1. n. (대학·은행 등의) (대규모의) **기관, 단체** 2. n. (확립된) **제도, 관습**	institutional a. 기관[단체]의 institute n. 기관, 협회 v. 도입하다
	37 **association**	1. n. (회원들 상호간의 협력을 위한) **협회, 조합** 2. n. (사람·조직 간의) **연계, 유대, 제휴** 3. n. (관련하여 떠오르는 기억·느낌): **연상, 연관(성)**	associate v. 연상하다, 연관 짓다 　　　　　　a. 제휴한; 준[부]- 　　　　　　n. (사업·직장) 동료

기본　**society** 사회 **community** 지역사회; 공동체 **club** 클럽 **member** 회원, 구성원

---

31 **poll**
[poul]

This **poll** found that 69 percent of voters favored the new policy.
이번 여론 조사에서는 투표자의 69%가 새 정책에 찬성하는 것으로 나타났다.

유래: 머리(head) → (머리 수) 세기 → (머리 수를 파악하기 위한) 과정 → 여론 조사, 투표

---

32 **ballot**
[bǽlət]

The committee chairperson is elected by secret **ballot**.
위원회 회장은 비밀 투표에 의해 선출된다.

---

34 **nominate**
[nάmənèit]

The film was **nominated** for 7 Academy Awards, including Best Picture.
그 영화는 최우수 영화를 포함한 7개의 아카데미 상에 지명되었다.

nomin(name: 이름) + ate → (후보자로) 이름을 지정하다 → 지명[추천]하다

---

36 **institution**
[ìnstətjú:ʃən]

The University of Texas is the state's largest educational **institution**.
텍사스 대학은 그 주의 가장 큰 교육 기관이다.

in(안) + stitute(set up: 세우다) → (안에) 세운 것 → 1. 기관, 단체 2. 제도, 관습

---

37 **association**
[əsòusiéiʃən]

The international football **association** decided to cancel the game.
국제축구연맹은 그 경기를 취소하기로 결정했다.

as(to) + soci(companion: 동반자) ─ (동반자가) 됨 → 2. 연계, 유대 1. 협회, 조합
　　　　　　　　　　　　　　　　 ─ (동반하여) 일어나는 생각·느낌 → 2. 연상, 연관(성).

고급 중급

조직·단체	38 **department**	n. (성격에 따라 조직을 나눈) **부문, 부서, 국, 부**	departmental a. 부문(부서)의
	39 **committee**	n. (조직·단체의 위임을 받은) **위원회**	
	40 **council**	1. n. (논의·조사·결정·조언 등을 위한) **협의[심의, 자문]회** 2. n. (지방 자치 단체의) **지방 의회**	councilor n. 협의[심의, 자문]회 위원; (지방 의회) 의원
	41 **belong**	1. v. (~ to) (특정 단체·집단 등의) **소속이다, 속하다** 2. v. (~ to) (무엇이) **~의 소유[것]이다**	belonging n. (-s) 소유물, 소지품
관습·민속	42 **practice**	1. n. (늘 함으로써) (일상화된) **관례, 관행** v. **늘 행하다** 2. v. (기능·기술 등을) **연습하다** n. **연습** 3. n. (실제로 하는) **실행, 실천** v. **실행[실천]하다**	practical a. 실제적인; 실용적인
	43 **convention**	1. n. (한 사회에서) (당연시 여기는) **관례, 관습** 2. n. (정당·단체 등의) **대회, 집회**	conventional a. 관습[관례]적인
	44 **folk**	1. a. (일반 서민들의 풍속·문화인) **민속[민간]의** n. **민요** 2. n. (특정 부류·집단·지역의) **사람들**; (-s) **여러분**	folklore n. 민속, 전통 문화
유산·문명	45 **legacy**	n. (남겨 놓은) (죽은 사람이나 과거의) **유산**	
	46 **heritage**	n. (중요한) (역사적·문화적인) **유산**	
기본	culture 문화 tradition 전통 custom 관습		

---

39 **committee**
[kəmíti]

The matter will be discussed at a meeting of the management **committee**.
그 문제는 운영위원회 회의에서 논의될 것이다.

> com(together) +mitt(send) +ee(사람) → (임무를 맡겨) 함께 보낸 사람들 → 위원회

---

40 **council**
[káunsəl]

The Teachers **Council** is a representative body composed of teachers.
교원 협의회는 교서들로 구성된 대의 기관이다.

> coun(together: 함께) + cil(call: 부르다) → (불러서 함께 모인) 회의 → 협의회; 지방 의회

---

43 **convention**
[kənvénʃən]

She defied the **conventions** of the time by marrying a black man.
그녀는 흑인 남자 결혼함으로써 그 당시의 관습에 도전했다.

> con(together: 함께) + vent(come: 오다) ┌ (한 사회가) 함께 받아들여 온 습관 → 1. 관례, 관습
> └ (함께 와서) 모임 → 2. 집회, 대회

---

45 **legacy**
[légəsi]

The war left a **legacy** of hatred between the two countries.
그 전쟁은 두 나라 사이의 증오의 유산을 남겼다.

> 유래: 교황의 특사(papal legate) → (교황이) 물려주도록 인정한 재산 → 유산

---

46 **heritage**
[héritidʒ]

French people are strongly proud of their cultural **heritage** and their food.
프랑스 사람들은 자신의 문화 유산과 음식에 대해 강한 자부심을 갖고 있다.

> herit(heir: 상속인) + age → (상속 받은) 것 → 유산

유산·문명	47 civilization	n. (발전과 풍요를 이룬 사회): 문명		civilize v. 문명화하다
지위·신분	48 status	n. (법적·사회적) 신분, 지위		
	49 hierarchy	n. (중요도에 따른) (사회·조직 내의) 계급[계층] (체계)		hierarchical a. 계급[계층]제의
	50 humble	1. a. (신분·지위·가치 등이) 비천한, 보잘것없는		
		2. a. (자기를 낮추어) 겸손한 v. 겸허하게 하다		
	51 peer	1. n. (나이·신분·직업 등이) 동등한 사람, 동배, 동료		peerless a. 비할 데 없는
		2. v. (잘 보이지 않아서) 유심히 보다, 응시하다		
왕·귀족	52 emperor	n. (제국을 다스리는) 황제		⊖ empress n. 여제
	53 monarch	n. (왕·여왕 등의) 군주		monarchy n. 군주제[국]
	54 throne	n. (왕의 자리·지위): 왕좌, 왕위		
	55 dynasty	n. (같은 가문의 왕들의 계열): 왕조, 왕가		
	56 royal	a. (왕·여왕과 관련된): 국왕[여왕]의 n. 왕족		royalty n. 왕족: 저작권 인세
	57 noble	1. a. (가장 높은 계급): 귀족의 n. 귀족		nobility n. 귀족 (계급): 고결[숭고]함
		2. a. (인격·도덕성 등이) 고결[숭고]한		nobleman n. 귀족 (남성)

기본	rank 계급, 지위 class 계층 background (출신 등의) 배경 senior 손위[상급]의 junior 연하[하급]의 / king 왕, 국왕 queen 여왕 crown 왕관 prince 왕자 princess 공주

49 hierarchy

[háiərɑ̀ːrki]

India's caste system is the world's longest surviving social **hierarchy**.
인도의 카스트 제도는 세계에서 가장 오랫동안 살아남은 사회 계급제도이다.

hier(holy: 성스러운) + arch(ruler: 지배자) → (성스러운) 지배자 → 지배층 → 계급[계층](제)

51 peer

[piər]

Korean children scored higher in math than their **peers** in 23 countries.
한국 아이들은 23개국의 또래들보다 수학에서 더 높은 점수를 받았다.

유래: 동등한(equal) → (나이·신분·직업 등이) 1. 동등한 사람, 동배, 동료
appear(나타나다)의 철자 변형 → (나타나게 하려고) 2. 유심히 보다

53 monarch

[mɑ́nərk]

The present **monarch** of the United Kingdom is Queen Elizabeth II.
영국의 현재 군주는 엘리자베스 2세 여왕이다.

mon(alone: 혼자) + arch(rule: 다스리다) → (혼자) 다스리는 사람 → 군주

54 throne

[θroun]

Henry VIII came to the **throne** in 1509 when his father died.
헨리8세는 그의 아버지가 사망한 1509년에 왕위에 올랐다.

유래: 높은 자리(elevated seat) → (가장) 높은 자리 → 왕좌, 왕위

55 dynasty

[dáinəsti]

The Han **dynasty** ruled over all of China for more than four hundred years.
한 왕조는 중국 전체를 4백년 이상 통치했다.

dynast(세습 군주) + y → (같은 가문의 세습 군주들의) 계열 → 왕조

사회·정치·법 II
society & politics & law II

02_1 노예·법률·집행

고급 중급

왕·귀족	01 **knight**	n. (중세 유럽의) **기사** v. **기사 작위를 수여하다**	knightly a. 기사의, 기사다운
하인·노예	02 **servant**	n. (남의 집에 매여 일을 하는) **하인**	
	03 **slave**	n. (남의 소유물로 부림을 받는) **노예**	slavery n. 노예 제도[상태]
법률·규정	04 **legal**	a. (법과 관련되거나 법에 맞는): **법률(상)의; 합법적인**	legalize v. 합법화하다 ↔ illegal a. 불법적인
	05 **constitution**	n. (한 국가 최고의 상위법): **헌법**	constitutional a. 헌법의
	06 **regulation**	n. (정부·관공서 등이 정한) **규정, 법규**	regulate v. 규제하다; 조절하다
	07 **discipline**	1. n. (규칙·자제력을 가르치는) **훈육, 규율** v. **훈육[징계]하다** 2. n. (훈육·수련 등을 통한) **절제된 행동, 자제력**	disciplined a. 훈련된; 규율 바른
법 집행	08 **effective**	1. a. (법률·공문서·계약 등이) **시행[발효]되는** 2. a. (좋은 결과가 얻어지는): **효과적인, 유효한**	effect n. 효과, 결과, 영향; 발효

기본 **law** 법, 법률 **rule** 규칙 / **keep** (약속·법 등을) 지키다 **break** 위반하다

---

02 servant
[sə́:rvənt]

His employer threatened to beat him and treated him like a **servant**.
그의 고용주는 때리겠다고 위협하면서 그를 하인처럼 다루었다.

> serve(봉사하다) + ant → (봉사하는) 사람 → 하인

---

05 constitution
[kɑ̀nstətjúːʃən]

According to the **Constitution**, every citizen is equal before the law.
헌법에 따르면 모든 시민은 법 앞에 평등하다.

> con(together: 함께) + statute(set up: 세우다) → (다 함께 모여) 세운 것 → 헌법

---

06 regulation
[règjuléiʃən]

Under the new **regulations**, all staff must have 12 hours of safety training.
새로운 규정에 따라 모든 직원은 12시간의 안전교육을 받아야 한다.

> regula(rule:규칙) + ate → (규칙으로) 정해 놓은 것 → 규정, 법규

---

07 discipline
[dísəplin]

Most parents want their children to go to a school with strict **discipline**.
대부분의 부모는 자식이 엄격한 규율이 있는 학교를 다니기를 원한다.

> disciple(제자) + ine → (제자를) 가르치는 것 → 훈육 → (훈육의) 결과 → 절제된 행동

---

08 effective
[iféktiv]

The foreign investment law becomes **effective** from April 1st, 2022.
그 해외투자법은 2022년 4월 1일부터 시행된다.

> ef(out: 밖) + fect(do: 행하다) ┌ (밖으로 나와) 행해지고 있는 → 1. 시행[발효]되는
> └ (행하면) 결과가 밖으로 나오는 → 2. 효과적인

법 집행	09 enforce	v. (지키도록) (법·명령 등을) **집행[시행]하다**	enforcement n. 집행, 시행
합법	10 legitimate	a. (법령·규범에 맞아서) **합법적인, 정당한** v. **합법화하다**	legitimacy n. 합법성
	11 valid	1. a. (표·증서·계약서 등이) **효력이 있는, 유효한** 2. a. (주장·이유 등이) **정당[타당]한**	validity n. 유효(성); 정당[타당]성
	12 observe	1. v. (법·합의 등을) **지키다, 준수하다** (= abide by) 2. v. (학습·연구 목적으로) **관찰하다**; (관찰을 통해) **~을 보다**	observance n. 준수, 따르기 observation n. 관찰
	13 abide	1. v. (~ by) (법·합의 등을) **지키다, 준수하다** (= observe) 2. v. (어디에) **살다, 머무르다**	abode n. 거주지, 집
위법	14 violate	1. v. (법·합의·원칙 등을) **위반하다** 2. v. (남의 사생활·권리 등을) **침해하다**	violation n. 위반, 침해
법률 제정	15 enact	v. (법 안건을 법률로 만들어) (법을) **제정하다**	enactment n. 법률 제정
	16 legislation	n. (의회가 절차를 거쳐 만든) (제정된) **법률; 법률 제정**	legislate v. 법률을 제정하다
사법·소송	17 justice	1. n. (적법·위법성을 따지는) **사법 (체계)** 2. n. (올바르고 공정한 도리): **정의, 공정함**	⊖ injustice n. 부당, 불공평
[기본]	court 법정, 법원 lawyer 법률가 judge 재판관		

---

09 **enforce**
[infɔ́ːrs]

The primary role of the police is to **enforce** the law.
경찰의 주된 역할은 법을 집행하는 것이다.

en(make: 만들다) + force(힘) → (법률이 실제로) 힘을 갖게 만들다 → 집행하다

---

10 **legitimate**
a. [lidʒítəmət]
v. [lidʒítəmeit]

I believe it is perfectly **legitimate** to punish those who commit crimes.
범죄를 저지른 사람들을 처벌하는 것은 지극히 정당한 일이라고 나는 믿는다.

legitim(lawful: 합법의) + ate → 합법적인

---

13 **abide**
[əbáid]

All students have to **abide** by the rules and regulations set by the school.
모든 학생들은 학교가 정한 규칙과 규정을 지켜야 한다.

a(강조) + bide(wait: 기다리다) ┌ (오래) 기다리다 → 2. 살다, 머무르다
                              └ (규칙·결정 등에) 머무르다 → 1. 준수하다

---

15 **enact**
[inǽkt]

In 1878, they **enacted** a law allowing women to be admitted to the bar.
1878년 그들은 여성의 바 출입을 허용하는 법을 제정했다.

en(make: 만들다) + act(법률) → (법률로) 만들다 → 법을 제정하다

---

16 **legislation**
[lèdʒisléiʃən]

New **legislation** on animal welfare will be introduced in the near future.
동물 보호에 대한 새로운 법률이 조만간 도입될 것이다.

legis(law: 법) + lation(proposing: 제안하기) → (제정된) 법률; 법률 제정

	18 judicial	a. (적법·위법성을 따지는) **사법[재판]의**	judiciary n. 사법부; 법관[판사]들
사법·소송	19 **lawsuit**	n. (법원에 재판을 청구하는) **소송** (= suit)	sue v. 소송을 제기하다
	20 allege	v. (잘못·죄 등에 대해 누구에게) **혐의를 제기하다**	allegation n. 혐의 (주장)
	21 prosecute	v. (검사·경찰이 법원에 혐의자를) **기소하다**	prosecution n. 기소 prosecutor n. 검사
재판	22 **try**	1. v. (법원에서, 소송 사건을) **재판하다** 2. v. (무엇을 하거나 이루려고) **노력[시도]하다** n. **시도** 3. v. (평가하려고) **실제로 해 보다, 시험 삼아 써 보다**	trial n. 재판; 시험, 실험; 시련
	23 **attorney**	n. (전문적인 변호를 업으로 하는) **변호사**	
	24 **jury**	n. (재판에서 평결을 하는) **배심원단**	juror n. 배심원
	25 plead	1. v. (법정에서) (유죄 / 무죄라고) **주장하다** 2. v. (애처롭게) **간청[애원]하다**	plea n. 탄원, 간청; (피고측의) 답변
증인·증언	26 **witness**	1. n. (법정에서 증언을 하는) **증인** 2. v. (사고·사건·범죄 등을) **목격하다** n. **목격자**	
	27 **testify**	v. (법정에서) **증언하다**	
	28 **testimony**	n. (사실을 밝히는) (법정에서의) **증언;** (명확한) **증거**	

18 judicial
[dʒuːdíʃəl]

Public confidence in the fairness of the **judicial** system was badly shaken.
사법 제도의 공정성에 대한 대중의 신뢰도가 크게 흔들렸다.

> ju(right: 올바른) + dic(say: 말하다) → (법에 근거해서) 올바른 말을 하는 → **사법[재판]의**

20 allege
[əlédʒ]

It was **alleged** that no warning was given before the police opened fire.
경찰이 발포를 하기 전에 어떠한 경고도 하지 않았다는 혐의의 주장이 제기되었다.

> al(out of: 밖으로) + lege(litigate: 고소하다) → (부정한 일을) 밖으로 꺼내 고소하다 → **혐의를 제기하다**

21 prosecute
[prάsikjùːt]

The man was **prosecuted** for stealing a car from a parking lot.
그 남자는 주차장에서 자동차를 훔친 혐의로 기소되었다.

> pro(forward: 앞으로) + secute(follow: 따라가다) → (사건을) 추적하다 → **기소하다**

25 plead
[pliːd]

The man appeared in court and **pleaded** not guilty to the charge of theft.
그 남자는 법정에 출두해서 절도 혐의에 대해 무죄를 주장했다.

> 유래: 간절함을 나타내는 please(제발)와 같은 어원 ── 2. 간청[애원]하다
> 　　　　　　　　　　　　　　　　　　　 └ (간절히) 1. 주장하다

28 testimony
[téstəmòuni]

In her **testimony**, she said she saw him walk into the room with a knife.
증언에서 그녀는 그가 칼을 갖고 방으로 걸어 들어가는 것을 보았다고 말했다.

> testi(witness: 증인) + mony → (증인으로서) 진술한 것 → **증언, 증거**

판결	29 verdict	n. (배심원단의 결정): **평결**	
	30 guilty	1. a. (법률·도덕상의) **죄를 범한, 유죄의** 2. a. (잘못에 대해) **가책을 느끼는, 죄 의식이 있는**	guilt n. 유죄; 죄의식
	31 innocent	1. a. (죄가 없는): **무죄의** 2. a. (세상 물정을 몰라서) **순진한**	innocence n. 무죄; 순진, 천진난만
	32 convict	v. (피고인에게) **유죄를 선고하다** n. **기결수**	conviction n. 유죄 판결; 확신, 신념
	33 acquit	v. (피고인에게) **무죄를 선고하다, 석방하다**	acquittal n. 무죄 판결, 석방
죄·범죄	34 crime	n. (법을 어겨서) (처벌이 되는) **범죄**	criminal a. 범죄의; 형사의 n. 범죄자
	35 sin	n. (도리·규범을 어긴) (종교·도덕상의) **죄, 죄악**	sinful a. 죄악의 sinner n. 죄인
	36 commit	1. v. (옳지 못한) (나쁜 일·범죄 등을) **저지르다, 범하다** 2. v. (한 가지 일·대상에만) **전념[헌신]하다** 3. v. (진심으로) **약속하다**	commitment n. 전념 헌신; 약속
	37 offend	1. v. (처벌을 받아야 할) **범죄를 저지르다** 2. v. (무례한 언행이) **감정을 상하게 하다**	offense n. 위법, 범죄; 감정 해치기 offensive a. 모욕적인; 공격의 n. 공격

29 verdict
[və́:rdikt]

The jury returned a **verdict** of guilty, to the surprise of everyone in court.
법정의 모든 사람들이 놀라게도 배심원단은 유죄 평결을 내렸다.

ver(true: 진실의) + dict(say: 말하다) → (진실을 밝히고) 말한 것 → **평결**

32 convict
[kənvíkt]

He was **convicted** of robbery and served three-and-a-half years in prison.
그는 강도 혐의로 유죄를 선고 받고 3년 반을 교도소에서 복역했다.

con(강조) + vict(conquer: 정복하다) → (죄를 완전히 정복하여) **유죄를 선고하다**

33 acquit
[əkwít]

After a twenty-month trial, he was finally **acquitted** of attempted murder.
20개월의 재판 끝에 그는 결국 살인미수에 대해 무죄가 선고되었다.

ac(to) + quit(free: 자유롭게 하다) → (누구를 혐의로부터) 자유롭게 하다 → **석방하다**

36 commit
[kəmít]

He told the court that he had not **committed** any of the offences.
그는 법정에 그 범죄의 어떤 것도 저지르지 않았다고 말했다.

com(together) + mit(send: 보내다) ─ 모두 맡기다(보내다) → (자신을 맡겨) 2. 3. **전념[약속]하다**
└ (나쁜 일에 자신을 맡겨) 1. **저지르다, 범하다**

37 offend
[əfénd]

Most prisoners are likely to **offend** again after they get out of prison.
대부분의 재소자들은 교도소에서 풀려난 후 또다시 범죄를 저지를 가능성이 있다.

of(against: 맞서) + fend(strike: 때리다) ─ (법을) 때리다 → 1. **범죄를 저지르다**
└ (감정을) 때리다 → 2. **감정을 상하게 하다**

범죄자	38 **suspect**	1. n. (혐의를 받고 있는) **용의자** v. 범죄의 혐의를 두다	suspicion n. 의심
		2. v. (무엇이 사실일지 모른다고) **의심하다**	suspicious a. 의심이 많은; 의심스러운
	39 **victim**	n. (범죄 · 사고 · 질병 등의) **피해자, 희생자**	victimize v. 부당하게 괴롭히다
절도 · 강도	40 **steal**	v. (남의 물건을 몰래) **훔치다, 도둑질하다**	robbery n. 강도질
	41 **rob**	v. (폭력 · 위협으로) **빼앗다, 강탈하다**	robber n. 강도
	42 **thief**	n. (남의 물건을 훔치는) **도둑, 절도범**	theft n. 도둑질, 절도
	43 **burglar**	n. (집 · 건물 등의) **주거 침입 절도범, 빈집털이범**	burglary n. 절도(죄), 빈집털이 burglarize v. 침입하여 도둑질하다
처벌	44 **punish**	v. (잘못 · 죄를 저지른 사람을) **처벌하다, 벌주다**	punishment n. 벌, 처벌
	45 **sentence**	1. v. (죄에 합당한) **형을 선고하다** n. 형 선고	
		2. n. (완결된 내용을 나타내는) **문장**	
	46 **prison**	n. (죄인을 수용하는) **교도소, 감옥** (= jail)	prisoner n. 죄수
	47 **imprison**	v. (감옥에) **투옥[수감]하다**	imprisonment n. 투옥, 수감
경찰	48 **detective**	n. (범죄 수사, 범인 체포 등을 하는) **형사**	
[기본]	penalty 형벌, 처벌, 벌칙 / police 경찰		

---

39 **victim**
[víktim]

The ambulance took the accident **victims** to the hospital immediately.
앰뷸런스는 사고 피해자들을 병원으로 즉시 이송했다.

> 유래: 제물로 바쳐진 생명체(a creature killed as a religious sacrifice) → (제물이 된) 희생자

---

43 **burglar**
[bə́ːrglər]

All the people were sleeping when the **burglars** broke into the house.
빈집털이범들이 그 집으로 몰래 들어갔을 때 모든 사람이 잠을 자고 있었다.

> burg(fortress: 요새) + lar → (요새를 뚫고) 침입한 사람 → 주거 침입 절도범, 빈집털이범

---

45 **sentence**
[séntəns]

Finally, he got caught and was **sentenced** to three years in prison.
마침내 그는 붙잡혔고, 3년 징역형을 선고 받았다.

> sent(feel: 느끼다) + ence ┬ (재판에서) 느끼고 내린 결정 → 1. 형, 선고
> 　　　　　　　　　　　　└ (느낌을) 적은 것 → 2. 문장

---

47 **imprison**
[imprízn]

The man was arrested and **imprisoned** for more than two months.
그는 체포되어 2개월 이상 수감되었다.

> im(in: 안) + prison(감옥) → (감옥 안에) 투옥하다

---

48 **detective**
[ditéktiv]

The **detectives** searched the house for several hours, but found nothing.
형사들은 그 집을 몇 시간 동안 수색했으나 아무 것도 찾지 못했다.

> de(opposite: 반대) + tect(cover: 가리다) → (가리다)의 반대 → (가려진 것을 밝혀내는) 형사

경찰	49 **patrol**	v. (경찰·군인 등이) **순찰하다** n. **순찰(대)**	
	50 **arrest**	v. (범죄자·용의자를) **체포하다** n. **체포**	
권력·권리	51 **authority**	n. (직위·직책에 따른) **권한**	authorize v. 권한을 부여하다
	52 **qualify**	1. v. (무엇을 할) **자격[권한]이 있다[을 주다]** 2. v. (교육·시험 등을 거쳐) **자격(증)을 얻다[주다]**	qualification n. 자격(증) ⊖ disqualify v. 자격을 박탈하다
	53 **eligible**	a. (조건에 맞아서) **(~의[할]) 자격이 있는**	eligibility n. 적격(성)
	54 **privilege**	n. (특별히 누리는) **특권, 특혜** v. **특권[특혜]을 주다**	privileged a. 특권을 가진
자유·자치	55 **liberty**	n. (억압·지배로부터의) **자유**	liberate v. 자유롭게 하다, 해방시키다
	56 **liberal**	a. (개인의 자유를 존중하는) **자유주의의** n. **자유주의자**	liberalism n. 자유주의
	57 **independence**	n. (남에게 의존하지 않는) **독립, 자립**	independent a. 독립한; 자립적인
	58 **autonomy**	n. (지역·단체가 자기 일을 스스로 처리하는) **자치권**	autonomous a. 자치의, 자주적인
통제·지배	59 **manipulate**	1. v. (자신에게 유리하게) (교묘하고 부정하게) **조종하다** 2. v. (기계·도구·정보 등을) (능숙하게) **다루다**	manipulation n. 교묘한 조종; 솜씨 있는 취급[조종]
	60 **dominate**	v. (압도적인 힘·실력으로) **지배하다, 우위를 차지하다**	domination n. 지배 dominant a. 지배적인
〔기본〕	**power** 권력 **official** 공식적인; 직무상의 **right** 권리 / **free** 자유로운 / **control** 통제, 조종; 제한, 규제		

50 **arrest**
[ərést]

The driver has been **arrested** by the police for drunk driving.
그 운전자는 음주운전 혐의로 경찰에 의해 체포되었다.

ar(to) + rest(stop: 멈추다) → (범인을) 멈추어 서게 하다 → **체포하다**

53 **eligible**
[élidʒəbl]

Persons below the age of 18 are not **eligible** to vote in elections.
18세 이하의 사람들은 선거에서 투표할 자격이 없다.

elig(choose: 선택하다) + ible(할 수 있는) → 선택될 수 있는 → **자격이 있는**

54 **privilege**
[prívəlidʒ]

A regular member has all the **privileges** of club membership.
정규 회원은 클럽 회원 자격에 따르는 모든 특전을 갖는다.

privi(private: 개인의) + lege(law: 법) → (특정 개인을 위한) 법 → **특권**

58 **autonomy**
[ɔːtánəmi]

The region demanded greater **autonomy** from the central government.
그 지역은 중앙 정부로부터 더 많은 자치권을 요구했다.

auto(self: 자신) + nom(law: 법) → (자신의 법에 따라) 사는 것 → **자치권**

59 **manipulate**
[mənípjulèit]

He survived his first political crisis by **manipulating** public opinion.
그는 여론을 조작함으로써 그의 첫 번째 정치적 위기에서 살아남았다.

mani(hand: 손) + pul(fill: 채우다) → (손 안에 채워 넣고) 2. 능숙하게 다루다 1. 조종하다

03_1 복종·제한·한정

고급 중급

복종·순응	01 **obey**	v. (남이) (시키는 대로) **복종[준수]하다**	obedience n. 복종, 준수 obedient a. 복종[준수]하는 ⊖ disobey v. 불복종하다, 따르지 않다
	02 **conform**	v. (사회·집단 내의) (통상적인 기준·관례에) **따르다**	conformity n. 순응
	03 **comply**	v. (요구·명령·규칙을) (그대로 받아들여) **따르다**	compliance n. 응낙, 준수 compliant a. 시키는 대로 하는
제한·한정	04 **limit**	v. (한계·범위를) (넘지 못하게) **제한[한정]하다** n. 제한, 한계	limitation n. 제한[한정] (하는 것)
	05 **restrict**	v. (크기·수량 등을) (통제·억제하기 위해) **제한[한정]하다**	restriction n. 제한 (규정) restrictive a. 제한[한정]하는
	06 **confine**	v. (엄격히) (일정한 범위 이내로) **국한하다; 가두다**	confines n. 경계, 한계 confinement n. 감금
	07 **constrain**	v. (처한 상황이) (~ 못하게) **제한하다; (~ 하게) 강요하다**	constraint n. 제한, 제약

---

02 conform
[kənfɔ́ːrm]

They want their children to **conform** to traditional standards of behavior.
그들은 자신의 자식들이 전통적인 행동 기준을 따르기를 원했다.

> con(together: 함께) + form(형식) → (함께 하여 같은 형식을) 따르다

---

03 comply
[kəmplái]

Failure to **comply** with the regulations may result in penalties.
규정을 따르지 않으면 처벌을 받을 수 있다.

> com(강조) + fill(채우다) → (요구를) 완전히 채워주다 → 따르다

---

05 restrict
[ristríkt]

The government passed a law to **restrict** smoking in public.
정부는 공공장소에서의 흡연을 제한하는 법을 통과시켰다.

> re(back: 뒤) + strict(draw tight: 팽팽히 당기다) → (뒤로) 팽팽히 잡아 당기다 → 제한하다

---

06 confine
[kənfáin]

For now, let's **confine** our discussion to a few of the most important issues.
지금은 우리의 토론을 몇 가지 가장 중요한 문제에만 국한합시다.

> con(together: 함께) +fine(end: 끝나다) ┌ (모든 범위가 끝나는 경계선 이내로) 국한하다
> └ (경계 안에) 가두다

---

07 constrain
[kənstréin]

The project has been severely **constrained** by a lack of funds.
그 프로젝트는 자금 부족으로 심하게 제약을 받아 왔다.

> con(together: 함께) + strain(draw tight: 팽팽히 당기다) → (함께) 팽팽히 당기다 → 제한하다; 강요하다

의무	08 duty	1. n. (도덕·직무상) (당연히 해야 할) 의무	dutiful a. 순종적인
		2. n. (구매·수입 물품에 부과하는) 세금, 관세	
	09 obligation	n. (법·계약·규범상) (강제성이 있는) 의무	obligate v. 의무를 지우다
	10 bound	1. a. (법·도덕·의무상) ~에 얽매인, ~해야 하는	
		2. a. (늘 그러했기 때문에) ~임[할 것]이 틀림없는	
		3. a. (배·기차·여행자 등이) ~행(行)인, ~로 향하는	
	11 exempt	a. (특정 책임·의무 등에서) 면제된 v. 면제하다	exemption n. 면제
강제	12 compel	v. (법·명령·사정 등이) 억지로 ~시키다	compulsion n. 강제 compulsory a. 강제적인
	13 oblige	1. v. (의무이거나 필요에 의해) 부득이 ~시키다	obligatory a. 의무적인 obliging a. 기꺼이 남을 도와주는
		2. v. (부탁·요구를 들어줘서) 도움을 베풀다, 청을 들어주다	
	14 mandatory	a. (법에 따라) 의무적인, 강제적인	mandate n. 권한; 지시, 명령 v. 권한을 주다; 지시하다
	15 impose	v. (의무·벌·세금·부담 등을) 부과하다, 지우다	imposition n. 부과(물)
금지	16 forbid	v. (하지 못하게) (사적 / 공적으로) 금지하다	
〔기본〕		force 억지로 ~시키다; 물리력, 폭력 / let 시키다, 허락하다 allow 허락[허가]하다	

Unit 03

---

09 obligation
[àbləgéiʃən]

Remember that you have a legal **obligation** to keep your employees safe.
당신은 직원들을 안전하게 지킬 법적 의무가 있다는 사실을 기억하십시오.

ob(to) + lige(bind: 묶다) → (강제로 묶는) 의무

---

10 bound
[baund]

The contractor is bound by the contract to carry them out.
계약자는 계약에 따라 그 일들을 수행해야 한다.

유래: 묶다, 구속하다(bind) ┬ 1. ~에 얽매인, ~ 해야 하는
　　　　　　　　　　　├ (결과가) 구속된 → 2. ~임[할 것]이 틀림없는
　　　　　　　　　　　└ (도착지가) 구속된 → 3. ~행(行)인, ~로 향하는

---

11 exempt
[igzémpt]

All women are **exempt** from military service by law in Korea.
한국에서는 모든 여성들은 법에 따라 군복무가 면제된다.

ex(out) + empt(take) → take out(빼다) → (책임·의무에서) 빠진 → 면제된

---

14 mandatory
[mǽndətɔ̀:ri]

It's now **mandatory** for all passengers in a vehicle to wear a seatbelt.
이제 차량 내의 모든 승객은 의무적으로 안전 벨트를 매야 한다.

mandate(명령) + ory → (명령에 따라) 해야만 하는 → 의무적인, 강제적인

---

15 impose
[impóuz]

Big tax increases have been **imposed** on cigarettes in recent years.
최근 몇 년 동안에 대폭적인 세금 인상이 담배에 부과되었다.

im(in: 안) + pose(put: 놓다) → (짐을) 안에 놓다 → 지우다, 부과하다

고급 중급

금지	17 prohibit	v. (하지 못하게) (공적 / 법적으로) **금지하다**	prohibition n. 금지
	18 ban	v. (하지 못하게) (법적으로) **금지하다** n. 금지	
	19 outlaw	v. (법에 어긋나는 것으로) **불법화하다**	
허락	20 permit	v. (정식으로) **허락[허가]하다** n. 허가증	permission n. 허락, 허가
	21 license	n. (허가함을 증명하는) **면허[인가](증)** v. 면허[인가]하다	licence n. 면허[인가](증) (= license)
예방	22 precaution	n. (위험·문제·사고 등의) **예방 조치**	precautionary a. 예방의
	23 prevent	v. (대비하여) (미리) **막다, 예방하다**	prevention n. 예방, 방지
억제·제지	24 contain	1. v. (유해한 것의) (확산을) **억제[방지]하다**	containment n. 방지, 억제
		2. v. (용기·장소·책 등이) **~을 담고 있다, 함유하다**	container n. 용기, 그릇, 컨테이너
	25 inhibit	v. (늦추거나 방해하여) (진행·성장을) **억제[저해]하다**	inhibition n. 억제, 거리낌
	26 restrain	v. (하지 못하게) (물리력으로) **제지[저지]하다**	restraint n. 제지; 억제
진압	27 subdue	v. (강제적인 힘으로) (눌러서) **진압하다, 가라앉히다**	subdued a. 가라앉은; 억제[완화]된
	28 suppress	v. (정부·통치자가) (내란·폭동을) **진압하다**	suppression n. 진압; 억제
탄압·박해	29 oppress	v. (부당하게 자유·권리를 빼앗고) **탄압하다**	oppression n. 탄압, 압제; 중압감

기본 | **stop** 막다, 저지하다 **keep** 하지 못하게 막다

---

25 inhibit
[inhíbit]

It **inhibits** the growth of harmful bacteria that may cause disease.
그것은 질병을 일으킬 수 있는 유해한 박테리아의 성장을 억제한다.

in(안에) + hibit(hold: 붙잡다) → (안에) 붙잡아 놓다 → 억제하다

---

26 restrain
[ristréin]

He became physically violent and had to be **restrained** by the police.
그는 신체적으로 폭력적이 되어 경찰이 저지를 해야 했다.

re(back: 뒤) + strain(draw tight: 팽팽히 당기다) → (뒤로 팽팽히) 당기다 → 제지하다

---

27 subdue
[səbdjúː]

The man resisted, but the police **subdued** him and placed him in the back of a police car. 그 남자는 저항했지만 경찰은 그를 진압하고 경찰차 뒷자리에 그를 놓았다.

sub(under: 아래) + due(put: 놓다) → (힘으로 눌러서) 아래에 놓다 → 진압하다, 가라앉히다

---

28 suppress
[səprés]

The movement was brutally **suppressed** and its leaders were executed.
그 운동은 잔혹하게 진압당했고 그 지도자들은 처형되었다.

sup(under:아래) + press(누르다) → (아래로) 누르다 → 진압하다

---

29 oppress
[əprés]

Historically, women have been **oppressed** by society, culture, and men.
역사적으로 여성은 사회와 문화, 남성에 의해 탄압을 받아왔다.

op(against: 반하여) + press(누르다) → (~에 반하여) 억누르다 → 탄압하다

탄압·박해	30 persecute	v. (종교·정치·인종상의 이유로) **박해하다**	persecution n. 박해
간섭·침해	31 interfere	v. (남의 일에) **간섭[참견]하다**; (~ with) (일을) **방해하다**	interference n. 간섭, 참견; 방해
	32 intrude	v. (남의 일·장소·사생활을) **침범[침해]하다**	intrusion n. 침입, 침해, 방해
방해·지장	33 interrupt	v. (사이에) (끼어들어) **방해하다, 중단시키다**	interruption n. 방해, 중단, 차단
	34 disrupt	v. (발생한) (문제·장애가) **방해하다, 지장을 주다**	disruption n. 방해, 지장
	35 hinder	v. (진행·발전을) (지체시켜서) **방해하다**	hindrance n. 방해(물)
	36 disturb	v. (소란 등이) (일·수면 등을) **방해하다**	disturbance n. 방해, 소란
	37 distract	v. (주변의 보이거나 들리는 것이) **주의를 흐트러뜨리다**	distraction n. 산만하게 하는 것
장애	38 obstacle	n. (무엇을 하는 데) (방해가 되는) **장애(물)**	
	39 barrier	n. (통행을) (가로막는) **장벽, 장애물**	
막다	40 block	1. v. (길·통로를) (지나가지 못하게) **막다** n. **장애(물)** 2. n. (도로로 둘러싸인) **한 구획, 블록; 한 채의 큰 건물** 3. n. (네모 모양의) **덩어리, 블록**	blockage n. 차단물, 막혀 있는 것
	41 obstruct	v. (통행·진행을) (장애물을 놓아) **막다, 방해하다**	obstruction n. 방해, 차단; 장애물
	42 clog	v. (통과 못하게) (구멍·관·길 등을) **막다, 막히다**	

Unit 03

---

30 persecute
[pə́:rsikjù:t]

They left Europe because they were **persecuted** for their religious beliefs.
그들은 자신들의 종교적 신념으로 인해 박해 받았기 때문에 유럽을 떠났다.

per(through: 내내) + secute(follow: 좇아 다니다) → (내내 쫓아 다니며) 괴롭히다 → **박해하다**

---

32 intrude
[intrú:d]

The government should not **intrude** into the private lives of people.
정부는 국민의 사생활을 침해해서는 안 된다.

in(안) + trude(push: 밀다) → (안으로 밀고) 들어가다 → **침범[침입]하다**

---

34 disrupt
[disrʌ́pt]

As a result of the crash, rush-hour traffic was **disrupted** for an hour.
그 충돌 사고의 결과로 러시아워 교통이 한 시간 동안 지장을 받았다.

dis(apart: 분리) + rupt(break: 깨다) → (정상적인 것을) 깨서 분리시키다 → **방해하다, 지장을 주다**

---

35 hinder
[híndər]

Inexperienced helpers may, in fact, **hinder** rather than help.
사실 경험이 부족한 도와주는 사람은 도움이 되기 보다는 방해가 될 수 있다.

hind(behind: 뒤에) + er → (막아서) 뒤에 있게 하다 → **방해하다**

---

41 obstruct
[əbstrʌ́kt]

They have come to a place where the road is **obstructed** by a fallen tree.
그들은 도로가 넘어진 나무로 인해 막혀있는 곳에 다다랐다.

ob(against: 맞서) + struct(pile: 쌓다) → (맞서서 장애물을 쌓아) **막다, 방해하다**

문제·사건·사고 Ⅰ
problem & event & accident 1

04_1 사건·사고·재난

고급 중급

어려움	01 hardship	n. (돈·물품 부족으로 인한) (경제적·물질적) **곤란, 궁핍**	
	02 adversity	n. (불운으로) (일이 순조롭지 않은) **역경**	adverse a. 불운한, 불리한, 반대인
	03 ordeal	n. (몹시) (괴롭고 힘든 경험): **시련, 고난**	
사건	04 incident	n. (바람직하지 않은) (특히·불쾌한) **사건**	incidental a. 부수적인 n. 부수적인 것
	05 milestone	n. (발전 과정상의) **획기적 사건[단계]; 이정표**	
	06 phenomenon	n. (자연·사회에 특이하게 나타난) **현상; 경이(적인 것)**	phenomenal a. 경이적인
사고	07 accident	1. n. (특히 차량에 의한) (교통) **사고**	accidental a. 우연한, 뜻하지 않은
		2. n. (고의가 아닌) **우연, 우연한 일**	
	08 mishap	n. (심각하지 않은) (가벼운) **사고, 불운**	
재난	09 disaster	n. (자연 현상으로 인한) (홍수·화재 등의) **재해, 재난**	disastrous a. 비참한, 피해가 막심한
	10 catastrophe	n. (비참하고 끔찍한) (극단적 재난): **재앙, 참사**	catastrophic a. 대재앙[참사]의

기본 | **problem** 문제 **trouble** 문제, 어려움, 괴로움 / **event** 사건, 일어난 일

---

01 **hardship**
[hάːrdʃip]

During the recession, many people suffered serious economic **hardship**.
불경기 동안 많은 사람들이 심각한 경제적 어려움을 겪었다.

hard(어려운) + ship(상태) → (어려운) 상태 → 곤란, 궁핍

---

02 **adversity**
[ædvə́ːrsəti]

He showed great strength and courage in the face of **adversity**.
그는 역경에 직면하여 대단한 강인함과 용기를 보여주었다.

ad(to: 향하여) + verse(turn: 바꾸다) → (방향을) 바꾸어 배를 향해 부는 바람 → 역경

---

03 **ordeal**
[ɔːrdíːəl]

He then told me about the terrible **ordeal** he had been through.
그런 다음 그는 내게 자신이 겪었던 끔찍한 시련에 대해 이야기했다.

유래: 심판(judgment) → (하나님의 심판에 의해 주어진) 시련, 고난

---

08 **mishap**
[míshæp]

There were a few minor **mishaps**, but nothing that we couldn't handle.
몇 가지의 가벼운 사고는 있었지만 우리가 처리할 수 없는 것은 없었다.

mis(bad: 나쁜) + hap(luck: 운) → (운이 나빠서 생긴) (가벼운) 사고, 불운

---

10 **catastrophe**
[kətǽstrəfi]

The world is facing environmental **catastrophe** due to global warming.
세계는 지구 온난화 때문에 환경 재앙에 직면해 있다.

cata(down: 아래로) + strophe(turn: 돌아가다) → 뒤집히는 것 → 재앙, 참사

재난	11 **tragedy**	n. (죽음·파멸 등을 가져온) **비극**	tragic a. 비극적인
위기	12 **crisis**	n. (급격히 악화된) **위기**	critical a. 위기의; 결정적인; 비판적인
	13 **emergency**	n. (몹시 위태롭고 급한) **비상[긴급] 사태**	
소란	14 **fuss**	n. (공연히 떠들어 대는) **법석; 불평** v. 법석을 떨다	fussy a. 법석을 떠는; 신경질적인
	15 **turmoil**	n. (걱정·불안 등으로 어수선한) **혼란, 소란**	
직면	16 **confront**	v. (문제·어려움 등에) **직면하다** (= encounter)	confrontation n. 직면
	17 **encounter**	1. v. (문제·어려움 등에) **직면하다** (= confront) 2. v. (우연히) **만나다, 마주치다** n. 만남, 마주침	
겪다	18 **suffer**	1. v. (좋지 않은 일을) **겪다, 당하다** (= undergo, sustain) 2. v. (병·슬픔·결핍 등의) **고통을 받다**, (병을) **앓다**	suffering n. 고통
	19 **undergo**	v. (좋지 않은 일을) **겪다, 당하다** (= suffer, sustain)	
	20 **sustain**	1. v. (좋지 않은 일을) **겪다, 당하다** (= suffer, undergo) 2. v. (떠받쳐서) **유지시키다**; (무게를) **지탱하다**	sustenance n. 유지; 지탱;
	21 **incur**	v. (좋지 않은 일을) **초래[자초]하다**	
해로운	22 **harm**	n. (손상·손해·고통의 악영향) **해, 해악** v. 해를 끼치다	harmful a. 유해한
	23 **poison**	n. (생명을 해칠 수 있는) **독(약)** v. 독을 넣다	poisonous a. 유독한, 독성의

---

14 fuss
[fʌs]

I think it's not a big deal; he's just making a big **fuss** about nothing.
나는 그것이 별일이 아니라고 생각한다. 그는 공연한 법석을 떨고 있는 중이다.

유래: nonsense(말도 안 되는 말) → (말도 안 되는 쓸데없는) **법석; 불평**

---

15 turmoil
[tə́:rmɔil]

The country is currently in a state of political and economic **turmoil**.
그 나라는 현재 정치적 경제적 혼란 상태에 있다.

tur(disorder: 무질서) + moil → (무질서한) 상태 → **혼란, 소란**

---

19 undergo
[ə̀ndərgóu]

After independence, the country has **undergone** a lot of changes.
독립 이후 그 나라는 많은 변화를 겪었다.

under(아래) + go(가다) → (고통·시련 등의) 아래로 겪으며 가다 → **겪다, 당하다**

---

20 sustain
[səstéin]

He was in a terrible accident and **sustained** serious injuries to his legs.
그는 끔찍한 사고를 당해서 그의 다리에 심각한 부상을 입었다.

sus(under: 밑에서) + tain(hold: 붙잡다) ┌ (안 좋은 일을 밑에서 붙잡고 떠받치며) 1. **당하다**
　　　　　　　　　　　　　　　　 └ (밑에서 붙잡고) 떠받치다 → 2. **지탱하다, 유지시키다**

---

21 incur
[inkə́:r]

Sometimes they **incur** heavy penalties if contracts are not carried out.
계약이 이행되지 않으면 때때로 그들은 무거운 위약금을 문다.

in(into: 속으로) + cur(run: 뛰다) → (좋지 않은 일) 속으로 뛰어들다 → **초래하다**

해로운	24 toxic	a. (독 성분이 있어서) **유독한, 독성의** (= poisonous)	toxicity n. 유독성
손상	25 damage	n. (깨지거나 상하거나 다친) **손상, 피해** v. **손상시키다**	
	26 spoil	1. v. (더 이상) (매력·가치가 없게) **망쳐놓다** 2. v. (응석을 받아줘서) (아이를) **버릇없게 만들다**	
	27 ruin	v. (복구할 수 없게) (완전히) **못쓰게 만들다** n. **붕괴, 파멸**	ruinous a. 파멸을 가져올; 폐허가 된
	28 impair	v. (능력·가치·질이) (전보다 못하게) **손상[악화]시키다**	impairment n. (신체적·정신적) 장애
	29 overshadow	1. v. (비교 대상의) (그늘에 가려) **빛을 잃게 하다** 2. v. (어두운 / 우울한) **그림자[그늘]를 드리우다**	
파괴	30 destroy	v. (부수거나 무너뜨려) **파괴[말살]하다**	destruction n. 파괴 destructive a. 파괴적인
	31 devastate	v. (장소를) **완전히 파괴하다**; (사람을) **비탄에 빠뜨리다**	devastation n. (완전한) 파괴, 유린
	32 wreck	v. (엉망으로) (차량·배 등을) **대파시키다** n. **잔해; 난파선**	wreckage n. 잔해
철거·붕괴	33 demolish	v. (건물을) **헐다, 철거하다**	demolition n. 헐기, 철거
	34 collapse	1. v. (건물 등이) **무너지다, 붕괴하다** n. **붕괴** 2. v. (바닥에) **쓰러지다, 주저앉다** n. **쓰러짐**	

28 impair
[impέər]

The mental illness **impaired** her ability to think and make decisions.
그 정신병은 생각을 하고 결정을 하는 그녀의 능력을 손상시켰다.

> im(into) + pair(worse: 더 나쁜) → (더) 나빠지게 하다 → **손상[악화]시키다**

29 overshadow
[ou'vərʃæ'dou]

He has always felt **overshadowed** by his more famous elder brother.
그는 항상 더 유명한 형의 그늘에 가려 빛을 보지 못한다고 느꼈다.

> over(위에) + shadow(그림자) ┬ (무엇 위에) 2. 그림자를 드리우다
> └ (그림자를 드리워서) 1. 빛을 잃게 하다

31 devastate
[dévəstèit]

The entire city was **devastated** by the earthquake and had to be rebuilt.
도시 전체가 그 지진으로 완전히 파괴되어 다시 건설되어야 했다.

> de(강조) + vast(empty: 빈) → (완전히 빈 곳이 될 정도로) 완전히 파괴하다

33 demolish
[dimάliʃ]

The building was **demolished** and a new building was built in its place.
그 건물은 철거되고 새로운 건물이 그 자리에 지어졌다.

> de(down: 아래로) + molish(build: 짓다) → (지어진 건물을 아래로) 헐다, 철거하다

34 collapse
[kəlǽps]

Nearly every building in the business district **collapsed** in the earthquake.
상업 지구의 거의 모든 건물이 지진으로 붕괴되었다.

> col(together: 함께) + lap(fall: 넘어지다) → (함께) 넘어지다 → 1. 무너지다 2. 주저앉다

철거·붕괴	└ 35 subside	1. v. (아래로) (땅·건물이) **내려앉다**	subsidence n. 함몰, 침하
		2. v. (감정·고통·날씨 등이) **진정되다**	
파손	36 crack	v. (표면에) **금이 가다[가게 하다]** n. 금	
	37 crumble	v. (덩어리가) (잘게) **바스러지다[뜨리다]**	
	┌ 38 smash	v. (요란하게) **박살나다[내다]** n. 박살	
	└ 39 shatter	v. (아주 잘게) **산산조각 나다[내다]**	
	40 crush	v. (누르거나 우그려서) **찌부러뜨리다**	
	41 grind	v. (잘게 / 매끄럽게) (곡식을) **갈다, 빻다;** (칼날을) **갈다**	grinder n. 가는[빻는] 기구
	42 burst	v. (겉이 갈라져서) **터지다, 터뜨리다** n. **파열**	
충돌·마찰	┌ 43 collide	v. (움직이는 물체가) (서로 맞부딪치며) **충돌하다**	collision n. 충돌 (사고)
	44 crash	v. (파손되며) (차량·비행기가) **충돌[추락]하다** n. **충돌, 추락**	
	└ 45 bump	v. (모르고 / 잘못하여) **쾅 부딪치다** n. 쾅	
	46 friction	n. (물체 간의) **마찰;** (사람 간의) **알력**	frictional a. 마찰의
처리·조치	47 cope	v. (힘든 일을) **잘 처리[대처]하다**	
[기본]		break 깨지다, 깨뜨리다 / hit 부딪치다 strike 부딪치다 / deal with 처리하다 handle 처리하다	

Unit 04

---

35 subside
[səbsáid]

He believes the digging work has caused the house to **subside**.
그는 그 굴착 작업으로 인해 집이 내려앉았다고 믿고 있다.

sub(under: 아래) + side(sit: 앉다) ┌ (땅·건물 등이) 아래로 앉다 → 1. 내려앉다
└ (감정·고통 등이) 아래로 앉다 → 2. 진정되다

---

37 crumble
[krʌmbl]

The wall is a few hundred years old and is star ting to **crumble**.
그 벽은 몇 백 년 된 것이어서 허물어지기 시작하고 있다.

crumb(부스러기) + le → (부스러기로) 만들다 → 바스러뜨리다

---

41 grind
[graind]

She put the **ground** coffee into the pot and poured boiling water over it.
그녀는 간 커피를 커피포트에 넣고 끓는 물을 그 위에 부었다.

---

43 collide
[kəláid]

Today two men were seriously injured when their car **collided** with a truck.
오늘 두 남자가 그들의 차가 트럭과 충돌하면서 심각하게 부당을 입었다.

col(together: 함께) + lide(strike: 부딪치다) → (서로) 부딪치다 → 충돌하다

---

46 friction
[fríkʃən]

It is the engine oil that reduces **friction** between moving parts.
움직이는 부품 사이의 마찰을 줄여주는 것은 엔진 오일이다.

frict(rub: 비비다) + ion → (서로 닿아) 비벼지는 일 → 마찰; 알력

---

47 cope
[koup]

This book contains useful advice on how to **cope** with stress.
이 책은 스트레스를 잘 대처하는 방법에 대한 유용한 조언을 담고 있다.

고급 중급

처리·조치	48 tackle	1. v. (다루기 힘든) (일·문제와) **씨름하다, 달라붙다**	
		2. v. (운동 경기에서) **태클하다** n. **태클**	
	49 measure	1. n. (문제 해결을 위한) **조치, 대책**	measurement n. 치수, 측량
		2. v. (치수 등을) **재다, 측정하다** n. **계량 단위[법]**	
해결·극복	─ 50 resolve	1. v. (문제 등을) (확실하게) **해결하다**	resolution n. 해결, 결심, 의결
		2. v. (굳게) **결심하다**; (투표로) **의결하다** n. **결심, 의결**	resolute a. 결심이 굳은
	└ 51 settle	1. v. (문제 등을) (최종적으로) **해결[처리]하다**	settlement n. 해결, 합의; 정착(지)
		2. v. (최종적으로) **결정[확정]하다**	settler n. 정착자, 이주자
		3. v. (새로운 곳에) **정착하다**	
	52 overcome	v. (어려움을) **극복하다, 이겨내다**	
복구·회복	─ 53 restore	v. (원래로) (파괴·손상된 것을) **복구[복원]하다**	restoration n. 복구, 복원
	─ 54 recover	v. (원래로) (나빠지거나 잃은 것을) **회복하다**	recovery n. 회복
	─ 55 regain	v. (잃었던) (능력·특성을) **되찾다, 회복하다**	
	└ 56 revive	v. (다시 살아나거나 활기를 띠게) **부활[소생]시키다[하다]**	revival n. 부활; 소생
	57 resilience	n. (질병·충격 등에서의) **회복력**; (물체의) **탄성, 탄력**	resilient a. 회복력 있는; 탄력 있는
기본	solve 해결하다		

---

⁴⁹ **measure**
[méʒər]

The UN must take urgent **measures** to restore peace in the Middle East.
유엔은 중동에 평화를 복원시키기 위해 긴급히 조치를 취해야 한다.

> meas(gauge: 측정하다) + ure ┬ 2. 재다, 측정하다
> └ (상황을 잘 측정해서 나온) 해결책 → 1. 조치, 대책

⁵⁰ **resolve**
[rizálv]

The only way to **resolve** our differences is to talk about them openly.
우리의 차이를 해결할 수 있는 유일한 방법은 그것에 관해서 공개적으로 이야기해 보는 것이다.

> re(강조) + solve(loosen: 풀다) ┬ (문제를) 확실히 풀다 → 1. 해결하다
> └ (문제를 풀고) 2. 결심[의결]하다

⁵⁵ **regain**
[rigéin]

Government forces **regained** control of the town after 24 hours of fighting.
정부군은 24시간의 전투 끝에 그 도시의 지배권을 되찾았다.

> re(again: 다시) + gain(얻다) → (다시) 얻다 → 되찾다

⁵⁶ **revive**
[riváiv]

The housing market is beginning to **revive** l after the economic crisis.
경제 위기 이후 주택 시장이 회복되기 시작하고 있다.

> re(again: 다시) + vive(live: 살다) → (다시) 살다 → 부활[소생]하다

⁵⁷ **resilience**
[rizíljəns]

He showed great courage and **resilience** in the face of tragedy.
그는 비극적인 사건에 직면하여 대단한 용기와 회복력을 보였다.

> re(back: 뒤) + silience(jump: 뛰어오름) → 되뛰어오름 → 회복력; 탄성

위험·안전	58 peril	n. (매우) (심각한) 위험	perilous a. 위험한
	59 hazard	n. (수반되는) (있을지 모를) 위험 v. 위험을 무릅쓰고 하다	hazardous a. 위험한
	60 adventure	n. (위험이 따르는) 모험(심)	adventurous a. 모험적인
	61 secure	1. a. (위험이 방지되어) 안전한, 안정된 v. 안전하게 지키다	security n. 안전, 보안, 보장
		2. v. (애써서 힘들게) 얻어내다, 확보하다	↔ insecure a. 불안정한; 자신이 없는
조심·신중	62 cautious	a. (있을지 모를) (위험을 피하기 위해) 조심스러운	caution n. 조심; 경고[주의](문)
	63 discreet	a. (말·행동에) (실수가 없도록) 신중한 (= prudent)	discretion n. 신중함; (자유) 재량(권)
	64 prudent	a. (판단·결정에) (실수가 없도록) 신중한 (= discreet)	prudence n. 신중함
부주의	65 reckless	a. (앞뒤를 가리지 않고) 무모한, 분별없는	
	66 clumsy	a. (동작·언행이) (조심성 없이) 어설픈, 엉성한	
	67 awkward	1. a. (동작·자세가) (자연스럽지 않고) 서투른, 불편한	
		2. a. (입장·분위기가) (처신하기 어렵게) 난처한, 어색한	
경고·경계	68 warn	v. (조심하거나 피하도록) (위험 등을) 경고하다	warning n. 경고
	69 alert	1. a. (대처할 수 있게) (위험을) 경계하는 n. 경계 v. 경계시키다	
		2. a. (경계하고 있어서) (행동·대처가) 기민한, 재빠른	

[기본]	danger 위험 risk 위험(성) / safe 안전한 / careful 조심스러운, 신중한 / alarm 경보(기)

58 peril
[pérəl]

The police officer put his own life in **peril** to save a drowning man.
그 경찰관은 자신의 목숨을 위태롭게 하면서까지 물에 빠진 남자를 구했다.

per(try: 시도하다) + il → (위험이 따르는 일을) 시도함 → 위험

59 hazard
[hǽzərd]

They officially defined smoking as a serious health **hazard**.
그들은 공식적으로 흡연을 심각한 건강의 위험요소로 규정했다.

유래: 주사위로 하는 확률 게임(game of chance played with dice) → 위험

63 discreet
[diskríːt]

He was very **discreet** about his family; he didn't like to talk about it at all.
그는 자신의 가족에 대해 매우 신중해서 그것에 대해 말하는 것을 조금도 좋아하지 않았다.

dis(apart: 분리) + creet (separate: 떼어놓다) → 분별력이 있는 → 신중한

64 prudent
[prúːdnt]

A **prudent** person likes to be prepared with the information he needs.
신중한 사람은 자신이 필요한 정보를 준비해 두기를 좋아한다.

provident(장래를 준비하는)의 축약형 → (미리미리) 장래를 미리 준비하는 → 신중한

65 reckless
[réklis]

The driver was found guilty of **reckless** driving and speeding.
그 운전자는 난폭 운전과 속도 위반으로 유죄 선고를 받았다.

reck(care: 주의) + less(lacking: 결여된) → (주의가) 결여된 → 무모한

UNIT 05

문제·사건·사고 II
problem & event & accident II

05_1 경고·보호·보존

`고급` `중급`

경고·경계	01 **wary**	a. (완전히) (믿지 않고) **경계[조심]하는**	
	02 **beware**	v. (위험성을 경고하는 말): **조심[경계]하다**	
보호·피신	03 **protect**	v. (보호를 위한) (안전 조치를 취해서) **보호하다**	protection n. 보호
	04 **guard**	v. (가까이에서) (지켜보면서) **지키다, 보호하다; 감시하다** n. **경비[경호, 감시] (요원)**	guardian n. 보호[수호]자, 후견인
	05 **cherish**	1. v. (몹시 좋아해서) **소중히 여기다, 아끼다** 2. v. (감정·추억·희망 등을) **마음속에 간직하다**	
	06 **shelter**	1. n. (피해를 막아 주는) **피신[대피](처)** v. **피하다; 막아 주다** 2. n. (의식주 중 하나로서의) **주거, 집**	
보존	07 **conserve**	1. v. (손상·파괴되지 않게) **보존[보호]하다** (= preserve) 2. v. (자원·에너지 등을) **아끼다, 절약하다**	conservation n. 보존, 보호
`기본`	care 돌보다, 간호하다		

---

01 wary
[wéəri]

Parents teach children to be **wary** of strangers on the street.
부모는 자식들에게 길거리에서 낯선 사람들을 경계하라고 가르친다.

> war(perceive: 인지하다) + y → (위험을) 인지하고 있는 → 경계하는

---

02 beware
[biwéər]

Beware of pickpockets, especially in major tourist areas.
특히 주요 관광지에서는 소매치기를 조심하십시오.

> be + ware(careful: 조심하는) → 조심하다

---

05 cherish
[tʃériʃ]

Her most **cherished** possession is her family. To her, family is everything.
그녀가 가장 아끼는 것은 자신의 가족이다. 그녀에게 가족은 모든 것이다.

> cher(dear: 소중한) + ish → 1. 소중히 여기다 → (소중한 것을) 2. 마음속에 간직하다

---

06 shelter
[ʃéltər]

We found **shelter** from the rain under a small wooden bridge.
우리는 작은 목조 다리 아래에서 비를 피할 곳을 찾았다.

> shel(방패) + ter(군인들) → (방패에 보호받고 있는) 군인들 → 1. 피신(처) → 2. 주거, 집

---

07 conserve
[kənsə́:rv]

Recently systematic efforts have been made to **conserve** the forests.
최근에 그 숲을 보존하려는 조직적인 노력이 있었다.

> con(강조) + serve(keep: 지키다) → (원래대로) 잘 지키다 → 1. 보존하다 2. 절약하다

고급 중급

보존	∟ 08 **preserve**	v. (손상·파괴되지 않게) **보존[보호]하다** (= conserve)	preservation n. 보존
유지	┌ 09 **maintain**	1. v. (원래 상태를) (그대로) **유지하다** 　 v. (기계·시설물 등을) **보수[정비]하다** 2. v. (계속해서 강력히) **주장하다**	maintenance n. 유지; 보수, 정비
	∟ 10 **sustain**	1. v. (떠받쳐서) **유지시키다**; (무게를) **지탱하다** 2. v. (좋지 않은 일을) **겪다, 당하다**	sustenance n. 유지, 지속
구조·대피	11 **rescue**	v. (적극적인 활동으로) **구조[구출]하다** n. 구조	rescuer n. 구조[구출]자
	12 **evacuate**	v. (안전한 곳으로) **피난[대피]시키다**	evacuation n. 피난, 대피; 비움
	13 **refuge**	n. (재난을) (피해서 옮겨 가는) **피난[피신](처)**	refugee n. 피난민, 난민
회피	┌ 14 **avoid**	v. (원치 않는 일, 위험 등을) (의식적으로) **(회)피하다**	avoidance n. 회피
	∟ 15 **evade**	v. (책임·의무 등을) (교묘하게) **(회)피하다**	evasion n. 회피
	16 **inevitable**	a. (그럴 수밖에 없어서) **피할 수 없는, 필연적인**	inevitability n. 피할 수 없음, 필연성
탈출·도망	17 **escape**	v. (구속·위험 등으로부터) **탈출[모면]하다** n. 탈출, 모면	escapee n. 도피자, 도망자
	18 **flee**	v. (안전한 곳으로) **도망치다, 도피하다**	

기본 | **support** 떠받치다, 지탱하다 / **save** 구하다, 구조하다

---

¹⁰ **sustain**
[səstéin]

To **sustain** its weight, an elephant's legs are as strong as tree trunks.
무게를 지탱하기 위해서 코끼리의 다리는 나무 줄기만큼 튼튼하다.

sus(under) + tain(hold: 붙잡다) ┌ (밑에서 붙잡고) 떠받치다 → 1. 유지시키다, 지탱하다
　　　　　　　　　　　　　　　 └ (안 좋은 일을 밑에서 붙잡고 떠받치며) 2. 겪다, 당하다

¹² **evacuate**
[ivǽkjuèit]

They have been **evacuated** from their homes because of flood warnings.
그들은 홍수 경고 때문에 집으로부터 대피했다.

e(out: 밖) + vacuate(empty: 비우다) → (밖으로 내보내고) 비우다 → 피난[대피]시키다

¹⁵ **evade**
[ivéid]

He is deliberately trying to **evade** his responsibilities by blaming others.
그는 다른 사람들을 비난함으로써 자신의 책임을 의도적으로 회피하려고 한다.

e(out: 밖) + vade(go: 가다) → (책임의) 밖으로 나가다 → 회피하다

¹⁶ **inevitable**
[inévətəbl]

She was late so often that it was **inevitable** that she would lose her job.
그녀는 너무 자주 지각을 해서 직장을 잃게 될 것이라는 것은 피할 수 없었다.

in(not) + evitable(avoidable: 피할 수 있는) → 피할 수 없는

¹⁸ **flee**
[fliː]

By the time the police arrived at the scene, the robbers had already **fled**.
경찰이 현장에 도착했을 때는 강도들이 이미 도주한 뒤였다

Unit 05

고급 중급

발생·상황	19 occur	1. v. (일·사건 등이) **일어나다, 발생하다**	occurrence n. 발생(하는 일)
		2. v. (~ to) (문득) (생각이) **머리에 떠오르다**	
	20 arise	v. (~의 결과로) **일어나다, 발생하다**	
	21 outbreak	n. (전쟁·화재·유행병 등의) **발생, 발발**	
	22 circumstance	n. (주변의) **상황, 환경, 사정**	circumstantial a. 정황[상황]적인
유발·자극	23 arouse	v. (무엇이) (특정 감정·태도 등을) **불러일으키다**	arousal n. 자극, 흥분
	24 evoke	v. (무엇이) (특정 기억·감정 등을) **떠올려 주다**	evocation n. (기억·감정 등의) 환기
	25 prompt	1. v. (무엇을) (하도록 / 일어나도록) **자극[유도]하다**	
		2. a. (그 순간 바로 하는): **즉각적인**	
		a. (정확히) **시간을 엄수하는** ad. (~시) **정각에**	
	26 provoke	v. (무엇이) (부정적 반응·감정을) **유발하다, 화나게 하다**	provocation n. 도발, 자극
원인	27 factor	n. (여러 원인 중의 하나): **요인, 인자**	
	28 stem	1. v. (~ from) (원인이 되는) **~에서 생겨나다[기인하다]**	
		2. n. (식물의) **줄기**	

기본   happen 일어나다 situation 상황 case 경우 condition 상황, 환경 background 배경 cause 원인

---

20 arise
[əráiz]

The economic crisis **arose** from both external and internal factors.
그 경제적 위기는 외적, 내적 둘 다의 요인으로부터 발생했다.

a(강조) + rise(오르다) → (문제가 수면 위로 올라와) **발생하다**

---

21 outbreak
[auˈtbreiˌk]

The international tensions finally led to the outbreak of war.
그 국제적 긴장은 마침내 전쟁의 발발로 이어졌다.

out + break → break out(발발하다) → **발생, 발발**

---

23 arouse
[əráuz]

The unusual stories immediately **aroused** my curiosity and interest.
그 특이한 이야기들은 즉시 나의 호기심과 흥미를 불러일으켰다.

a(강조) + rouse(깨우다) → (어떤 마음·느낌을) 깨우다 → **불러일으키다**

---

24 evoke
[ivóuk]

The old photographs **evoked** happy memories of his schooldays.
그 오래된 사진들은 그의 학창 시절의 행복했던 기억을 떠올려 주었다.

e(out: 밖) + voke(call: 부르다) → (밖으로) 불러내다 → **떠올려 주다**

---

26 provoke
[prəvóuk]

The announcement **provoked** immediate and widespread opposition.
그 발표는 즉각적이고 광범위한 반대를 유발했다.

pro(forth) + voke(call) → call forth(불러일으키다) → **유발하다, 화나게 하다**

고급 중급

원인	29 **attribute**	1. v. (무엇을) ~의 탓[덕분]으로 돌리다	attribution n. (~에) 귀속, 돌림
		2. n. (특히 좋거나 유용한) **자질, 속성**	
이유	30 **motive**	n. (어떤 일·행동을 하게 된) **동기, 동인**	motivate v. 동기를 주다, 동기가 되다
	31 **thus**	ad. **그러므로, 따라서** (= therefore); **이와 같이, 이렇게**	
	32 **justify**	v. (이유·근거를 들어) **옳음을 보여 주다, 정당화하다**	justification n. 정당한 이유, 정당화
결과	33 **effect**	1. n. (무엇이) (일으키는 변화): **효과, 결과, 영향**	effective a. 효과적인; 시행되는
		v. **결과로 ~을 가져오다**	
		2. n. (법률·공문서·계약 등의) **발효, 시행**	
	34 **outcome**	n. (어떤) (과정의 끝에 나온) **결과**	
	35 **consequence**	n. (필연적인) (부정적) **결과**	
영향	36 **influence**	n. (다른 것에) (미치는) **영향(력)** v. 영향을 끼치다	influential a. 영향력이 있는
	37 **impact**	n. (미치는) (강력한) **영향, 충격** v. 충격을 주다	impactful a. 영향력이 강한
	38 **affect**	v. (다른 대상에) **영향을 미치다, 작용하다**	
기본		reason 이유 basis 근거 excuse 변명 / because ~ 때문에 since ~ 때문에 due (~ to) ~ 때문에 owing (~ to) ~ 때문에 so 그래서 therefore 그러므로, 따라서 / result 결과 lead ~에 이르다	

Unit 05

---

29 **attribute**

v. [ətríbjuːt]
n. [ǽtrəbjùːt]

Like always, he **attributed** his success to his teammates.
늘 그렇듯 그는 자신의 성공을 팀 동료들의 덕분으로 돌렸다.

at(to) + tribute(assign: 할당하다) ┌ (원인을) ~에 할당하다 → 1. ~의 탓[덕분]으로 돌리다
└ (그 사람·사물에) 할당된 특징 → 2. 자질, 속성

---

31 **thus**

[ðʌs]

They are planning to modernize production methods and **thus** cut costs.
그들은 생산 방식을 현대화해서 비용을 줄일 계획이다.

---

33 **effect**

[ifékt]

Our economic policies don't seem to have the desired **effect**.
우리의 경제 정책은 바라는 효과를 거두는 것 같지 않다.

ef(out: 밖) + fect(do: 행하다) ┌ (행해서 밖으로 나온) 1. 결과, 효과
└ (밖으로 나와) 행해지는 것 → 2. 발효, 시행

---

35 **consequence**

[kάnsəkwèns]

I am very much aware of the tragic **consequences** of drunk driving.
나는 음주 운전의 비극적인 결과를 매우 잘 알고 있다.

con(with: 함께) + sequ(follow: 따르다) → (어떤 것과 함께) 뒤따라 오는 것 → 결과

---

38 **affect**

[əfékt]

These changes have affected the poor more than the upper classes.
이러한 변화들은 상류층보다는 가난한 사람들에게 더 영향을 미쳤다.

af(to: 방향) + fect(do: 행하다) → (누구에게) 뭔가를 행하다 → 영향을 미치다

39

고급 중급

폭력·싸움	39 violence	n. (사람에 대한) **폭행, 폭력**		violent a. 폭력적인
	40 attack	1. n. (사람·장소에 대한) **폭행** v. **폭력을 쓰다**		attacker n. 폭력을 쓴 사람
		2. v. (적이나 상대편을) **공격하다** n. **공격**		
	41 assault	n. (범죄로서의) **폭행(죄)** v. **폭행하다**		
	42 kidnap	v. (돈을 요구할 목적으로) **유괴[납치]하다**		kidnapper n. 유괴[납치]범
	43 struggle	1. v. (서로 뒤엉켜) **싸우다, 격투하다** n. **격투**		
		2. v. (있는 힘을 다해) **분투하다** n. **분투**		
괴롭힘	44 bully	v. (약자를) **괴롭히다** n. **괴롭히는 사람**		
	45 harass	v. (모욕적 언행으로) **괴롭히다, 희롱하다**		harassment n. 괴롭히기, 희롱
	46 afflict	v. (재난·질병 등이) **괴롭히다, 시달리게 하다**		affliction n. (심신의) 고통
	47 plague	1. v. (지속적·반복적으로) **괴롭히다**		
		2. n. (치명적인) **전염병, 돌림병**		
	48 inflict	v. (남에게) (고통·피해 등을) **가하다, 입히다**		infliction n. (고통·피해 등의) 가함
	49 nuisance	n. (폐를 끼치거나 말썽을 피우는) **성가신[귀찮은] 존재**		

기본 | fight 싸우다

---

41 assault
[əsɔ́ːlt]

The man was arrested and charged with **assaulting** a store clerk.
그 남자는 한 상점 직원을 폭행한 혐의로 체포되고 기소되었다.

as(to) + sault(leap: 뛰어오르다) → (~에게 뛰어들어) 때리다 → 폭행하다

45 harass
[hərǽs]

The woman claimed that she had been sexually **harassed** by her boss.
그 여자는 자신의 상사에 의해 성적으로 희롱을 당했다고 주장했다.

har(provoke: 자극하다) + ass → (상대를 자극해서) 괴롭히다

46 afflict
[əflíkt]

In recent decades, the country has been **afflicted** with drought.
최근 수십 년간 그 나라는 가뭄에 시달려 왔다.

af(to:~을) + flict(strike: 때리다) → ~을 때리다 → 괴롭히다

48 inflict
[inflíkt]

The earthquake **inflicted** serious damage on the island.
그 지진은 섬에 심각한 피해를 입혔다.

in(on: ~을) + flict(strike: 때리다) → ~을 때리다 → 가하다, 입히다

49 nuisance
[njúːsns]

It's a **nuisance** having to get up in the middle of the night like this.
이렇게 한밤중에 일어나야 하는 것은 귀찮은 일이다.

nuis(harm: 해) + ance → (해를 끼치는) 존재 → 성가신[귀찮은] 존재

포학·학대	50 tyranny	n. (난폭·잔인하게) (남을 억압하는) **압제, 포학; 폭정**	tyrannical a. 폭군의, 압제적인 tyrant n. 폭군
	51 abuse	1. v. (가혹하게) (사람·동물을) **학대하다** n. 학대 2. v. (옳지 않게) (사물을) **남용[오용]하다** n. 남용, 오용	abusive a. 학대[욕지거리]하는 abuser n. 학대하는 사람; 남용자
	52 torture	n. (강제로) (고통을 주는) **고문** v. 고문하다	torturous a. 고문의, 고통스러운
위협·협박	53 threat	n. (두려움을 느끼게 하는 말·행동) **협박, 위협**	threaten v. 위협[협박]하다
	54 intimidate	v. (강제로 무엇을 시키려고) **겁을 주다, 위협하다**	intimidation n. 겁 주기, 위협
때리기	55 blow	1. n. (세게 때리기): **강타, 타격** 2. v. (입김을) (입으로) **불다** n. 불기 3. v. (일정 방향으로) (바람이) **불다**	
	56 stroke	1. n. (배트·라켓 등으로) **(공) 치기[때리기]** 2. v. (귀여움·애정의 표시로) **쓰다듬다** n. 쓰다듬기 3. n. (뇌혈관이 막히거나 터져서 생기는) **뇌졸중**	
	57 pinch	v. (살을 집어) **꼬집다** n. 꼬집기	
〔기본〕		hit 때리다 strike 때리다 beat (연속해서) 때리다 punch 주먹으로 치다 kick (발로) 차다 / cut 자르다	

Unit 05

50 tyranny
[tírəni]

We have the right to protest against **tyranny** by the ruler or government.
우리는 통치자나 정부의 폭정에 항의할 권리를 가지고 있다.

51 abuse
[əbjúːz]

Hundreds of children die from child **abuse** in America each year.
매년 미국에서 수백 명의 아이들이 아동 학대로 죽는다.

ab(away: 벗어나) + use(사용하다) → (권한을) 벗어나게 사용하다 → 1. 2. 학대[남용]하다

52 torture
[tɔ́ːrtʃər]

He refused to admit his guilt even under **torture** to the point of near death.
거의 죽을 정도의 고문을 받으면서 조차도 그는 유죄임을 인정하기를 거부했다.

tort(twist: 비틀다) + ure → (몸을 비틀어) 고통을 주는 것 → 고문

54 intimidate
[intímədèit]

The government has said that it will not be **intimidated** by terrorist threats.
정부는 테러리스트의 협박에 위협받지 않을 것이라고 말했다.

in + timid(겁 많은) + ate → (겁먹게) 만들다 → 겁을 주다, 위협하다

56 stroke
[strouk]

He is a left-handed player who has very good backhand **strokes**.
그는 아주 훌륭한 백핸드 스트로크를 가진 왼손잡이 선수이다.

strike(때리다)와 같은 어원 ┌ (배트·라켓·채찍 등으로) 1. (공) 치기[때리기]
├ (가볍게) 때리다 → 2. 쓰다듬다
└ (뇌혈관) 때림 → 3. 뇌졸중

41

문제·사건·사고 III
problem & event & accident III

06_1 찌르다·찢다·자르다

고급 중급

찌르다	01 stick	1. v. (속으로) (뾰족한 것을) **찌르다, 찔리다** 2. n. (가늘고 긴) **막대기, 나뭇가지** 3. v. (풀 등으로) **붙이다, 붙다** 4. v. (갇혀[빠져]서) **꼼짝하지 않다[못하게 하다]**	sticky a. 끈적거리는 sticker n. 스티커
	02 pierce	v. (뾰족한 기구로) (작은) **구멍을 뚫다; 꿰뚫다**	
찢다	03 tear	1. v. (천·종이 등을) **찢다, 찢어지다** n. **찢어진 곳** 2. n. (-s) (눈에서 흘러나오는) **눈물**	tearful a. 울먹이는; 눈물을 자아내는
	04 rip	v. (갑자기 거칠게) **찢다, 찢어지다**	
	05 shred	v. (조각조각으로) **갈가리 자르다[찢다]** n. (가늘고 긴) **조각**	shredder n. 파쇄기
자르다	06 chop	v. (작은 토막으로) **썰다; 장작을 패다** n. **고깃점; 내리치기**	
	07 carve	1. v. (여러 작은 조각으로) (요리된 고기를) **저미다** 2. v. (깎거나 파서) (상을) **조각하다; (글씨 등을) 새기다**	carving n. 조각물[술]

01 stick
[stik]

I squeezed my eyes shut while the nurse **stuck** a needle in my arm.
간호사가 내 팔에 주사바늘을 찌르는 동안 나는 눈을 꾹 눌러 감았다.

> 2. 막대기 → (막대기로) 1. 찌르다 → (꽂아서) 3. 붙이다 → (붙여서) 4. 꼼짝 못하게 하다

02 pierce
[piərs]

My daughter had her ears **pierced** and began to wear small earrings.
내 딸 아이는 귀를 뚫고 작은 귀걸이를 끼기 시작했다.

04 rip
[rip]

She **ripped** the letter open and began to read it with shaking hands.
그녀는 편지를 찢어서 열고, 떨리는 손으로 그것을 읽기 시작했다.

05 shred
[ʃred]

Shred the cabbage as finely as you can and place it in a large bowl.
양배추를 가능한 한 가늘게 갈가리 찢어서, 커다란 그릇에 놓으세요.

06 chop
[tʃɑp]

She accidentally cut her finger, **chopping** onions with her knife.
그녀는 칼로 양파를 썰다가 손가락을 베었다.

07 carve
[ka:rv]

She **carved** the meat into slices, and put a couple of slices on each plate.
그녀는 고기를 조각으로 썰어서 몇 조각을 각각의 접시에 담았다.

> 유래: 긁다(scratch) → (긁어서) 모양을 새기다 → 2. 조각하다, 새기다 → 1. 저미다

자르다	08 scissors	n. (자르거나 오리는 데 쓰는) **가위**		
	09 saw	n. (나무 등을 켜는 데 쓰는) **톱** v. **톱으로 켜다**		
	10 ax	n. (찍거나 패는 데 쓰는) **도끼** v. **도끼로 자르다** (= axe)		
난폭	11 rough	1. a. (성질·행동 등이) 거친, **난폭한**	roughly ad. 대략; 거칠게	
		2. a. (겉면이) **거칠거칠한, 거친**	roughen v. 거칠게 되다, 거칠게 하다	
		3. a. (정확·세밀하지 않고) **대략[대강]의**		
	12 fierce	a. (무서울 정도로) **사나운, 격렬한**		
	13 aggressive	a. (싸울 듯이 위협적인) **공격적인**	aggression n. 공격성	
야만	14 savage	a. (길들여지지 않아) **야만적인, 포악한** n. **미개인**		
	15 barbarian	n. (문명 수준이 낮고 미개한) **야만인**		
잔인	16 cruel	a. (남을) (일부러 괴롭히는) **잔인한**	cruelty n. 잔인함	
	17 ruthless	a. (조금도) (동정심이 없이) **무자비한**		
	18 brutal	a. (사나운) (짐승처럼) **잔혹한, 야수적인**	brutality n. 잔혹함	
가혹	19 severe	1. a. (매섭고 독한) **가혹[혹독]한** (= harsh)	severity n. 심각함, 격심함;	
		2. a. (문제·어려움 등이) (몹시) **심각한, 격심한**	엄함, 가혹함	
기본		tough 거친, 난폭한 wild 사나운		

Unit 06

---

12 fierce

[fiərs]

Don't go in there, or you might be attacked by a **fierce** dog.
그곳에 들어가지 마십시오. 그렇지 않으면 사나운 개의 공격을 받을지 모릅니다.

fier(untamed: 길들여지지 않은) + ce (길들여지지 않아서) 사나운

---

13 aggressive

[əgrésiv]

The child gets **aggressive** when he doesn't get what he wants.
그 아이는 자기가 원하는 것을 얻지 못하면 공격적이 된다.

ag(to:방향) + gress(go:가다) → (폭력성이) 상대를 향해 가는 → **공격적인**

---

14 savage

[sǽvidʒ]

The little child was attacked and badly bitten by a **savage** dog in a park.
그 어린 아이는 한 공원에서 몹시 사나운 개에게 공격을 받아 심하게 물렸다.

sav(woods:숲) + age → (숲 속에 사는) 미개인의 → 야만적인

---

15 barbarian

[ba:rbéəriən]

Rome was attacked by **barbarians** across the Rhine in the fourth century.
4세기에 로마는 라인강 너머의 야만인들에 의해 공격을 받았다.

barbari(foreign: 외국의) + an → (그리스·로마인이 아닌 미개한) 외국인 → 야만인

---

17 ruthless

[rú:θlis]

He was a **ruthless** dictator and committed severe crimes against humanity.
그는 무자비한 독재자이었고 가혹한 반인륜적 범죄를 저질렀다.

ruth(pity: 연민) + less(없는) → (연민이) 없는 → 무자비한

가혹	└ 20 harsh	a. (매섭고 독한): **가혹[혹독]한** (= severe)	
전투·공격	21 **combat**	n. (직접 맞붙어 싸우는) **전투** v. **전투를 벌이다**	combatant n. 전투원, 전투 부대
	22 **attack**	1. v. (적이나 상대편을) **공격하다** n. **공격**	attacker n. 폭력을 쓴 사람
		2. n. (사람·장소에 대한) **폭력, 공격** v. **폭력을 쓰다**	
	23 **raid**	n. (갑자기 공격하는) **급습, 기습** v. **급습[기습]하다**	raider n. 침입자
	24 **invade**	v. (남의 나라를) **침략[침입]하다**	invasion n. 침략, 침입
방어	25 **defend**	v. (공격·침략·비난을) **방어[수비, 변호]하다**	defense n. 방어 defensive a. 방어적인
	26 **repel**	1. v. (공격·접근해 오는 상대를) **격퇴하다, 쫓아 버리다**	repellent a. 역겨운 n. 방충제
		2. v. (가까이 하고 싶지 않을 만큼) **혐오감을 주다**	
	27 **fort**	n. (적의 침입을 막기 위한) **요새, 보루**	fortify v. 요새화하다; 강화하다
화해·중재	28 **reconcile**	v. (다툰 사람들을) **화해시키다**; (상반되는 것을) **조화시키다**	reconciliation n. 화해
	29 **mediate**	v. (중간에서) (다툼·분쟁을) **중재[조정]하다**	mediation n. 중재, 조정
	30 **intervene**	v. (다툼·분쟁에) **개입하다**; (말하는 데) **끼어들다**	intervention n. 개입, 중재; 끼어들기
기본	war 전쟁 battle 전투 peace 평화, 평온		

23 **raid**
[reid]

The American Air Force launched a massive air **raid** on the enemy camp.
미국 공군은 적의 주둔지에 엄청난 공습을 했다.

> 유래: ride(말을 몰다)의 변형 →(말을 몰아) 급습[기습]하다

26 **repel**
[ripél]

The soldiers fought bravely and **repelled** the enemy.
군인들은 용감하게 싸워서 적을 격퇴시켰다.

> re(back: 뒤로) + pel(drive: 몰다) ─ (뒤로) 몰아내다 → 1. 쫓아 버리다
> └ (불쾌한 것이) 뒤로 물러나게 하다 → 2. 혐오감을 주다

28 **reconcile**
[rékənsàil]

He truly wanted to be **reconciled** with his wife, but she refused.
그는 진심으로 아내와 화해하기를 원했으나 그녀는 거절했다.

> re(again: 다시) + concile(make friendly: 친근하게 만들다) → 화해시키다, 조화시키다

29 **mediate**
[mí:dièit]

The United Nations is currently trying to **mediate** between the two sides.
유엔은 현재 양측간에 중재를 하려고 하고 있다.

> medi(middle: 중간) + ate → (다툼의 중간에서) 중재[조정]하다

30 **intervene**
[ìntərví:n]

Her husband **intervened** and told him to stop being rude to his wife.
그녀의 남편이 끼어들어 그에게 자신의 아내에게 무례하게 굴지 말라고 말했다.

> inter(between: 사이) + vene(come: 오다) → (사이에) 들어오다 → 개입하다; 끼어들다

저항·도전	31 **resist**	v. (공격·압력 등에) (굴하지 않고) **저항[대항]하다**	resistance n. 저항 resistant a. 저항하는	
	32 **defy**	v. (권위·지시·규칙 등을) (따르지 않고) **반항[거역]하다**	defiance n. 반항, 거역 defiant a. 반항[거역]하는	
	33 **challenge**	1. v. (싸움·경쟁을 하자고) **도전하다** n. 도전 　 v. (진실성·정당성 등에) **이의를 제기하다** n. 이의 제기 2. n. **도전 해볼 만한 난제** v. 도전 의식을 북돋우다	challenger n. 도전자 challenging a. 도전적인; 도전해 볼 만한	
반란·복수	34 **riot**	n. (집단적 폭력 행위) **폭동** v. 폭동을 일으키다	rioter n. 폭도	
	35 **rebel**	v. (대항하여) **반란을 일으키다; 반항하다** n. **반란[반항]자**	rebellion n. 반란; 반항	
	36 **overthrow**	v. (정권·통치자를) **전복시키다, 타도하다** n. 전복, 타도		
	37 **revenge**	n. (해를 끼친 상대에 대한) **복수, 보복** v. 복수[보복]하다	revengeful a. 복수심에 불타는	
승리	38 **triumph**	n. (힘들게 얻은) **(큰) 승리[성공]; 승리감** v. 승리를 거두다	triumphant a. 승리한, 의기양양한	
	39 **prevail**	v. (우위를 점하며) (결국) **승리하다; (특정 집단에) 만연하다**	prevalent a. 널리 퍼져 있는	
	40 **overwhelm**	v. (월등한 힘으로 상대를) **제압[압도]하다, 휩싸다**	overwhelming a. 압도적인	
정복·점령	41 **conquer**	v. (무력으로) (다른 나라·민족을) **정복하다**	conquest n. 정복	
기본		victory 승리　win 이기다		

---

32 defy
[difái]

He would **defy** teachers by ignoring what they asked him to do.
그는 시키는 일을 무시함으로써 선생님들에게 반항을 하곤 했다.

de(away: 멀리) + fy(trust: 믿다) → (믿음을 저버리고) 반항[거역]하다

34 riot
[ráiət]

The high prices and severe food shortages led to **riots** in several cities.
높은 물가와 심각한 식량 부족은 폭동으로 이어졌다.

35 rebel
v. [rɪbél]
n. [rébəl]

During his teens he **rebelled** against his parents and teachers.
십대 때 그는 부모님과 선생님들에게 반항을 했다.

re(against: 맞서서) + bel(war: 전쟁) → (맞서서) 전쟁을 하다 → 반란을 일으키다; 반항하다

36 overthrow
[ou'vərθrou,]

A revolution broke out and the president was **overthrown**.
혁명이 일어났고 대통령은 타도되었다.

over(뒤집어서) + throw(던지다) → (뒤집어서) 던지다 → 전복시키다

39 prevail
[privéil]

The God of justice is ruling the world and justice will **prevail** in the end.
정의의 하나님이 세상을 지배하고 있어서 결국은 정의가 승리할 것이다.

pre(before: 앞에) + vail(strong: 힘센) → (힘이) ~보다 앞서다 → 승리하다; 만연하다

40 overwhelm
[òuvərhwélm]

He was **overwhelmed** by a feeling of loneliness and a sense of loss.
그는 외로움과 상실감에 휩싸였다.

over(위에서) + whelm(내리 덮치다) → (위에서) 내리 덮치다 → 제압[압도]하다, 휩싸다

정복·점령	└ 42 occupy	1. v. (무력으로) (남의 영토·지역·건물을) **점령[점거]하다**	occupation n. 점령: 사용, 주거; 직업
		2. v. (장소·공간·사물 등을) **차지하다, 거주[사용]하다**	occupancy n. 사용, 주거
패배·굴복	43 **defeat**	v. (경주·경기·전투 등에서) **패배시키다** n. **패배**	
	┌ 44 **surrender**	1. v. (패배를 인정하고) **항복[굴복]하다** n. 항복, 굴복	
		2. v. (권리 등을) (강요에 의해) **내주다, 넘겨주다** n. 양도	
	├ 45 **submit**	1. v. (상대의 힘·권위에) **굴복[복종]하다**	submission n. 굴복, 복종; 제출
		2. v. (서류·제안서 등을) **제출하다**	submissive a. 복종[순종]하는
	└ 46 **yield**	1. v. (요구·압력·설득에) **양보[굴복]하다**	
		2. v. (이익·결과·농작물 등을) **산출하다** n. 산출량, 수익	
군대·군인	┌ 47 **military**	n. (한 나라의) (군인 조직): **군대** a. **군대의**	militarize v. 군대를 파견하다
	└ 48 **troop**	n. (-s) (대규모의) (잘 조직된) **병력, 군대**	
	49 **army**	n. (육지에서 전투하는) **육군; 군대**	
	50 **navy**	n. (바다에서 전투하는) **해군**	naval a. 해군의
	51 **civilian**	n. (군인·경찰관 등이 아닌) **민간인** a. 민간인의	civil a. (일반) 시민의, 민간[세속]의
아군·적국	52 **ally**	n. (서로 협력하기로 약속한) **동맹국[자]** v. **동맹하다**	alliance n. 동맹

| 기본 | lose 패하다 beat 패배시키다 / soldier 군인 officer 장교 captain 지휘관 / rival 라이벌 |

---

44 **surrender**
[səréndər]

The five surviving terrorists **surrendered** to the police without a struggle.
그 다섯 명의 테러리스트들은 싸우지 않고 경찰에 투항했다.

> sur(over: 너머) + render(give back: 돌려주다) → (넘겨서) 내주다 → 항복하다

---

45 **submit**
[səbmít]

In the end, he had to **submit** because he could not resist any longer.
더 이상 저항할 수 없었기 때문에 그는 결국 굴복해야만 했다.

> sub(under: 아래) + mit(send: 보내다) → (남의 통제) 아래로 보내다 → 1. 굴복하다, 2. 제출하다

---

46 **yield**
[ji:ld]

They **yielded** to workers' demands and raised the minimum wage.
그들은 노동자들의 요구에 굴복하고 최저 임금을 인상했다.

> 유래: 지불하다(pay) ┌ (상대방에게) 내주다(지불하다) → 1. 양복[굴복]하다
> └ (투입된 것이 이익·결과를) 지불하다 → 2. 산출하다

---

51 **civilian**
[sivíljən]

Tens of millions of soldiers and innocent **civilians** died during World War II.
수천만 명의 군인과 무고한 민간인이 제2차 세계 대전 중 죽었다.

> civil(시민의) + ian → (군인·경찰관이 아닌) 일반 시민 → 민간인

---

52 **ally**
[əlái]

Japan is one of the most important **allies** of the United States in Asia.
일본은 아시아에서 미국의 가장 중요한 동맹국 중 하나이다.

> al(to) + ly(bind: 묶다) → (서로에게 묶인) 동맹국[자]

고급 중급

아군·적국	53 **enemy**	n. (싸움·경쟁·전쟁 등에서의) **적, 적군, 적국**	
	54 **opponent**	n. (시합·경쟁의) **상대, 적수**; (의견이 다른) **반대자**	⊖ proponent n. 지지자
포로	55 **captive**	n. (전쟁의) **포로** a. **포로의, 사로잡힌**	captivity n. 사로잡힌 상태, 감금
	56 **capture**	v. (적군·짐승을) **생포[포획]하다**; (마음을) **사로잡다** n. **생포**	
무기	57 **weapon**	n. (싸움·전쟁) **무기, 흉기**	weaponry n. (집합적으로) 무기류
	58 **arms**	n. (전쟁) **무기, 병기**	arm v. 무장시키다 n. 팔
	59 **trigger**	1. n. (총의) **방아쇠** v. (장치를) **작동시키다**	
		2. v. (무엇이 다른 사건·반응 등을) **촉발시키다** n. **계기**	
폭발·폭탄	60 **explode**	v. (폭탄 등이) **폭발하다[시키다]**	explosion n. 폭발
	61 **bomb**	n. (던져서 폭발시키는) **폭탄** v. **폭탄을 투하하다**	
옛날 무기	62 **sword**	n. (무기로 쓰이는 긴) **검, 칼**	
	63 **shield**	n. (칼·창 등을 막는) **방패** v. **보호하다, 가리다**	
	64 **bow**	1. n. (화살을 쏘는 무기): **활**	
		2. v. (인사·존경으로) **허리를 굽히다, 머리를 숙이다** n. **절**	
	65 **arrow**	n. (활을 당겨 쏘아서 날리는) **화살**	
기본	shoot 쏘다 fire 발사하다 / gun 총		

Unit 06

---

54 opponent

[əpóunənt]

He knocked down his **opponent** with a single blow to the face.
그는 얼굴에 단 한 방으로 상대를 때려눕혔다.

op(against: 맞서서) + pon(place: 놓다) → (맞서서) 놓여 있는 사람 → **상대; 반대자**

---

55 captive

[kǽptiv]

Huge numbers of soldiers were taken **captive** by the enemy.
엄청난 수의 군인들이 적군에 의해 포로가 되었다.

capt(take: 붙잡다) + ive → (산 채로 붙잡힌) **포로**

---

56 capture

[kǽptʃər]

At least twenty enemy soldiers were **captured** in the battle.
그 전투에서 적어도 20명의 적군이 생포되었다.

capt(take: 붙잡다) + ure → (산 채로) 붙잡다 → **사로잡다, 생포하다**

---

59 trigger

[trígər]

The shooter aimed the gun at the target and pulled the **trigger**.
사수는 총을 과녁에 겨냥하고 방아쇠를 당겼다.

유래: 당기다(pull) ┌ (당겨서 쏘는) 1 **방아쇠**
　　　　　　　└ (방아쇠와 같이 무엇을) 2 **촉발시키다**

---

60 explode

[iksplóud]

A time bomb **exploded** at the airport, killing 3 people and wounding 13.
공항에서 시한 폭탄이 터져, 3명이 사망하고 13명이 부상을 입었다.

ex(out) + plode(clap: 박수) → '박수를 쳐서 배우를 무대 밖으로 몰아내다'의 원뜻 → **폭발시키다**

문화·예술·종교 I
culture & art & religion I

07_1 방송·뉴스·신문

고급 중급

방송·언론	01 broadcast	v. (방송국이 프로그램을) **방송하다** n. **방송**	broadcaster n. 방송인, 방송사[국]
	02 press	1. n. (신문·방송국 등의) **언론; 언론인들**	pressure n. 압력
		2. v. (물체의 표면을) **누르다** n. **누르기**	
	03 journalist	n. (기사 작성을 업으로 하는) **저널리스트, 기자**	journalism n. 저널리즘, 언론 활동
뉴스·소문	04 bulletin	n. (TV 등의) **뉴스 단신;** (중요 소식을 알리는) **고시, 공고**	
	05 rumor	n. (사람들의 입에 오르내리는) **소문** v. **소문내다**	rumored a. (~ 라고) 소문이 난[돈]
신문·잡지	06 journal	1. n. (학회·전문기관 등의) **정기 간행물, 잡지**	
		2. n. (그날그날의 일을 적은) **일지, 일기**	
	07 article	1. n. (신문·잡지의) **기사**	
		2. n. (세트를 구성하는) (개개의) **물품**	
		3. n. (법률·계약서 등의) **조항**	

기본 media 대중 매체 television 텔레비전 radio 라디오 newspaper 신문 magazine 잡지 news 뉴스 report 보도

---

01 broadcast
[brɔ́ːdkæst]

The new show will be **broadcast** live every Sunday evening.
새로운 쇼는 매주 일요일 저녁 생방송으로 방송될 예정이다.

broad(널리) + cast(throw: 던지다) → (영상을) 널리 던지다 → **방송하다**

---

02 press
[pres]

The event has received very little attention in the **press** or on television.
그 행사는 언론이나 텔레비전에서 주목을 거의 받지 못했다.

2. **누르다** → (인쇄기를 눌러서 찍어내는) 신문, 잡지 → (신문, 잡지를 발행하는) 1. **언론**

---

04 bulletin
[búlitən]

We switched on the radio and waited for the hourly news **bulletin**.
우리는 라디오를 켜고 매시간 뉴스 속보를 기다렸다.

유래: 교황의 공식 발표문(papal bull) → 고시, 공고 → **뉴스 단신**

---

06 journal
[dʒə́ːrnl]

His findings appeared in the scientific **journal** called Earth and Science.
그의 연구 결과는 Earth and Science라는 과학 저널에 실렸다.

유래: 매일(daily) → (매일 일어난 일을 적은) 일지 → **정기 간행물**

---

07 article
[áːrtikl]

The following **article** explains why it has become so important to us all.
다음의 기사는 왜 그것이 우리 모두에게 그렇게 중요하게 되었는지를 설명하고 있다.

arti(joint: 이음매) + cle → (전체로) 이어진 작은 하나 ┌ (하나의) 2. **물품** → (낱낱의) 3.**조항**
                                                            └ (여러 기사들 중 한 개의) 1. **기사**

신문·잡지	08 editorial	1. n. (주장하는 바를 쓴) (신문의) **사설** a. **사설의** 2. a. (책·신문 등의) **편집(상)의**	edit v. 편집하다 n. 편집 editor n. 편집 책임자, 편집장
	09 subscribe	v. (신문·잡지 등을) **예약 구독하다**	subscription n. (예약) 구독료 subscriber n. 정기 구독자
영화·연극	10 **theater**	n. (공연 시설을 갖춘) **극장; 영화관** (=cinema) n. (오락물로서의) **연극; 연극계; 연극 관련 일**	theatrical a. 연극[공연]의
	11 **perform**	1. v. (연극·음악 등을) **공연[연기, 연주]하다** 2. v. (일·업무를) **수행[실행]하다**	performance n. 공연; 수행; 성과 performer n. 연기[연주]자; 수행자
	12 **scene**	1. n. (연극·영화 등의) **장면** 2. n. (벌어지는 일의) **광경** 3. n. (범죄·사건·사고 등의) **현장**	
	13 **script**	n. (연극·영화 등의) **대본; 손으로 쓴 글씨(체)**	
	14 preview	n. (영화 등의) **시사평[회]** v. 시사평을 쓰다; 개요를 설명하다	
청중	15 audience	n. (공연·강연 등의) **청중, 관객;** (TV) **시청자**	
	16 auditorium	n. (공연장·극장 등의) **청중[관객]석; 강당**	
기본		movie 영화 film 영화 cinema 영화관 play 연극 stage 무대 act 연기하다 cast 배역하다 audition 오디션	

Unit 07

08 editorial
[èdətɔ́:riəl]

Did you happen to read the **editorial** in today's New York Times?
혹시 오늘자 뉴욕타임즈의 사설을 읽어보셨습니까?

editor(편집자) + ial → 2. 편집(상)의 → (편집자의 주장을 써 놓은) 1. 사설

09 subscribe
[səbskráib]

She **subscribes** to a couple of fashion magazines.
그녀는 두서너 개의 패션 잡지를 구독하고 있다.

sub(under: 아래) + scribe(write: 적다) → (서류 아래에 성명을 적어) 예약 구독하다

12 scene
[si:n]

The play opens with a **scene** in which the young sailors play cards.
그 연극은 젊은 선원들이 카드 놀이를 하는 장면으로 시작된다.

유래: 무대(stage) → (무대 위의) 1. 장면 → (무대 위에서 벌어지는) 2. 광경 → (사건이 벌어지는) 3. 현장

14 preview
[prí:vjù:]

A press **preview** of the film is scheduled for next Thursday.
그 영화에 대한 언론 시사회가 내주 목요일에 예정되어 있다.

pre(before: 미리) + view(보다) → (미리) 보는 것 → 시사회

16 auditorium
[ɔ̀:ditɔ́:riəm]

Hundreds of people from all over the country filled the **auditorium**.
전국에서 온 수백 명의 사람들이 객석을 채웠다.

audi(hear: 듣다) + torium → (듣는) 장소 → 청중석; 강당

행사·주최	17 occasion	1. n. (행사·축제 등의) **특별한 일, 중요한 행사** 2. n. (특정한) **때, 경우**	occasional a. 가끔의, 때때로의
	18 host	1. v. (행사 등을) **주최하다** n. **주최자** 2. n. (손님을 접대하는) **주인, 호스트**	hostess n. 여주인, 호스티스
기념·축하	19 anniversary	n. (특별한 일을 기념하는) **기념일**	
	20 celebrate	v. (특별한 날·사건 등을) **축하[기념]하다**	celebration n. 축하(식)
의식	21 ceremony	n. (형식·절차에 따른) **의식, 식**	ceremonial a. 의식(용)의
	22 ritual	n. (종교적인) **의식** a. 의식상의	ritualize v. 의례적으로 하다
전시회	23 exhibition	n. (물품·작품 등의) **전시(회)**	exhibit v. 전시하다; 보이다 n. 전시품
	24 fair	1. n. (물품을 전시·판매하는 대규모의) **박람회** 2. a. (차별·편견·사심 없이) **공정[공평]한**	
오락·도박	25 entertain	1. v. (오락·공연 등으로) **즐겁게[재미있게] 하다** 2. v. (만찬·파티 등으로) **대접하다, 향응을 베풀다**	entertainment n. 오락, 연예; 환대 entertainer n. 연예인, 엔터테이너
	26 gamble	v. (돈·물건 등을 걸고) **도박을 하다**	gambler n. 도박꾼
기본	party 파티 event 행사 show 쇼 festival 페스티벌 parade 퍼레이드 / hobby 취미 recreation 오락 toy 장난감 ball 공 doll 인형 balloon 풍선		

17 occasion
[əkéiʒən]

I only wear a suit on special **occasions** such as weddings or funerals.
나는 결혼식이나 장례식과 같은 특별한 행사 때에만 양복을 입는다.

oc(down) + cas(fall: 떨어지다) → (전체가 땅에 떨어지는 경우 같은) **특별한 일; 특정한 때**

19 anniversary
[ænəvə́:rsəri]

They celebrated their tenth wedding **anniversary** with a trip to Hawaii.
그들은 자신들의 10주년 결혼 기념일을 하와이 여행으로 축하했다.

anni(year) + vers(turn: 돌다) → (해마다) 돌아오는 날 → **기념일**

21 ceremony
[sérəmòuni]

The formal opening **ceremony** was attended by some 200 guests.
공식 개회식에는 200명 정도의 손님들이 참석했다.

유래: 신성함(holiness) → (신성하게 치르는) 절차 → **의식, 식**

22 ritual
[rítʃuəl]

The magician performed the **ritual**, and soon it started to rain
마술사는 의식을 거행했고, 곧 비가 내리기 시작했다.

rite(의식) + ual → (종교적인) **의식**

23 exhibition
[èksəbíʃən]

The **exhibition** gave local artists an opportunity to display their work.
그 전시회는 지역 미술가들에게 그들의 작품을 전시할 기회를 주었다.

ex(out: 밖) + hibit(have: 갖다) → (보이려고) 밖에 갖고 있는 것 → **전시(회)**

07_4 오락·운동·경쟁

오락·도박	27 bet	1. v. (경주·도박 등에) 내기[돈]를 걸다 n. 내기	betting n. 내기(에 거는 돈)
		2. v. (어떤 사실이나 상황이) 틀림없다, 분명하다	
	28 stake	1. n. (경마 등의) 내기에 건 것[돈] v. (돈 등을) 걸다	
		2. n. (사업·계획상의) 이해관계; (회사의) 지분	
		3. n. (땅에 박아서 세운) 말뚝	
운동	29 exercise	1. n. (건강·체력을 위한) 운동 v. 운동하다	
		2. n. (숙달·강화하기 위한) 연습 (문제), 훈련	
	30 gymnastics	n. (신체의 발육·건강을 위한) 체조	gymnastic a. 체조의 gymnast n. 체조 선수
선수·관객	31 athlete	n. (특히 육상경기의) 운동선수, 육상선수	athletic a. 육상의; 강건한 athletics n. 육상
	32 spectator	n. (특히 운동 경기의) 관객, 구경꾼	spectate v. 구경[관전]하다
경쟁	33 compete	v. (상대와) (이기거나 앞서려고) 경쟁하다	competition n. 경쟁; 경쟁자들; 대회 competitor n. 경쟁자

기본 sport 스포츠 play 경기를 하다 / game 시합 match 시합 race 경주 / stadium 경기장 gym 체육관 playground 운동장 / medal 메달 trophy 트로피

Unit 07

27 bet
[bet]

Which horse shall we **bet** on in the next race?
우리 다음 경주에서는 어떤 말에 돈을 걸까요?

1. 내기 → (내기를 걸어도 될 만큼) 2. 틀림없다, 분명하다

28 stake
[steik]

He played cards for high **stakes**, and on one occasion lost $50,000.
그는 큰 판돈을 걸고 카드를 했고 어느 때는 $50,000를 잃었다.

3. 말뚝 ┌ (내기에 건 물건을) 말뚝 위에 놓아둔 데서 유래
└ 1. 내기에 건 것 → (내기 건 물건에 대한) 2. 이해관계; 지분

31 athlete
[ǽθliːt]

Almost every **athlete** dreams of winning a gold medal at the Olympics.
거의 모든 운동선수는 올림픽에서 금메달을 따기를 꿈꾼다.

유래: 상금(prize) → (상금을 노리고 싸우는) 전사 → 운동선수

32 spectator
[spékteitər]

The home team beat the visitors in front of thousands of **spectators**.
수천 명의 관객들 앞에서 홈팀은 방문팀을 물리쳤다.

specta(look: 보다) + tor → (보는) 사람 → 관객, 구경꾼

33 compete
[kəmpíːt]

The two brothers constantly **competed** for their mother's attention.
두 형제는 엄마의 관심을 서로 받으려고 끊임없이 경쟁을 벌였다.

com(together: 함께) + pete(seek: 추구하다) → (모두가 함께) 추구하다 → 경쟁하다

경쟁	└ 34 contend	1. v. (무엇을) (획득하려고) **다투다, 겨루다**	contention n. 논쟁, (논쟁의) 주장
		2. v. (논쟁·언쟁 중에) (다투듯이) **주장하다**	contender n. 경쟁자
	35 contest	n. (재주·실력 등의) **경연 (대회), 콘테스트** v. 겨루다	contestant n. 경연 참가자
	36 versus	prep. (대립적 관계): **~대(對), ~에 대비**	
상·상금	┌ 37 prize	n. (경쟁의) (승자에게 주는) **상, 상금[품]**	prized a. 소중한
	└ 38 award	n. (성과를) (심사해서 주는) **상, 상금** v. **상[상금]을 주다**	awardee n. 수상자
여행	┌ 39 journey	n. (한 곳에서 다른 곳으로의) (장거리) **여행** v. 여행하다	
	├ 40 trip	1. n. (잠시 갔다 되돌아오는) (짧은) **여행**	
		2. v. (발이) **걸려서 (거의) 넘어지다[게 하다]**	
	├ 41 tour	n. (여러 곳으로의) (관광) **여행, 유람** v. (관광) **여행하다**	
	├ 42 excursion	n. (짧은 단체 여행): **소풍**	
	└ 43 voyage	n. (배·우주선으로 하는) (긴) **항해, 우주 여행** v. **항해하다**	voyager n. (모험적) 항해자
	44 commute	v. (집과 직장 사이를) **통근하다**	commuter n. 통근자
탐험	45 explore	v. (미지의 지역·분야 등을) **탐험[답사]하다**	exploration n. 탐험, 답사
			explorer n. 탐험가, 답사자

| [기본] | travel 여행하다 / picnic 피크닉 camping 캠핑 |

---

34 contend
[kənténd]

The three major parties are **contending** for power in the elections.
그 세 개의 거대 정당이 선거에서 권력을 차지하려고 다투고 있다.

con(together: 함께) + tend(stretch: 뻗다) ┬ (획득하려고) 서로 손을 뻗다 → 1. **겨루다**
└ (겨루듯이) 2. **주장하다**

---

36 versus
[vəːrsəs]

Tonight's game is the San Francisco Giants **versus** the LA Dodgers.
오늘밤의 경기는 샌프란시스코 자이언츠 대 LA 다저스이다.

vers(turn: 돌다) + us → (서로 뒤돌아서) 맞선 → **~대(對)**

---

42 excursion
[ikskəːrʒən]

Last week, the whole school went on an **excursion** to a nature park.
지난 주 학교 전체가 한 자연공원으로 소풍을 갔다.

ex(out: 밖) + cur(run: 달리다) → (놀러) 밖으로 달려 나감 → **소풍**

---

43 voyage
[vɔ́iidʒ]

The ships made the long **voyage** across the Atlantic to the new world.
그 배들은 대서양을 건너 신세계로 가는 긴 항해를 했다.

voy(way: 길) + age → (먼) 길을 떠나기 → **항해, 우주 여행**

---

44 commute
[kəmjúːt]

He **commuted** daily between his home and his office in Manhattan.
그는 집과 맨해튼에 있는 사무실 사이를 매일 통근했다.

com(강조) + mute(change: 바꾸다) → (집과 직장을) 바꾸어 오가다 → **통근하다**

[고급] [중급]

탐험	46 expedition	n. (미지나 위험 지역으로의) **원정[탐험](대)**	expeditionary a. 원정의, 탐험의
	47 nomad	n. (떠돌아다니며 사는) **유목민**	nomadic a. 유목[방랑]의
관광	48 sightseeing	n. (명소·명물을 구경하러 다니는) **관광**	sightsee v. 관광하다 sightseer n. 관광객
	49 souvenir	n. (기념하여 구입·간직하는) **기념품**	
여행 일정	50 destination	n. (여행의 목표로 삼은) **목적지, 행선지**	
	51 itinerary	n. (방문지·경로·계획 등이 포함된) **여행 일정표**	
	52 log	1. n. (그날의 일을 적은) **항해[항공] 일지** v. **일지를 쓰다** 2. n. (통째로의 나무): **통나무** v. **벌목하다**	
숙박·예약	53 accommodate	1. v. (머물거나 살) **공간을 제공하다, 수용하다** 2. v. (남의) (의견·요구 등을) **수용하다**	accommodation n. 숙박[수용] (설비)
	54 reserve	1. v. (좌석·방·표 등을) **예약하다** 2. v. (나중에 쓰기 위해) **남겨[떼어]두다** n. **비축[예비](물)**	reservation n. 예약
	55 vacancy	1. n. (호텔 등의) **빈 방** 2. n. (비어 있는 일자리·직위): **빈자리, 결원**	vacant a. 비어 있는; 결원인 vacate v. 비우다, 떠나다

---

46 expedition
[èkspədíʃən]

In 1911, Amundsen led the first successful **expedition** to the South Pole.
1911년 아문센은 남극으로의 최초의 성공적 원정을 이끌었다.

> ex(out: 밖) + pedi(foot: 발) → (바깥 세계로) 발을 내디딤 → 원정, 탐험

---

51 itinerary
[aitínərèri]

It's important to double check your **itinerary** before you start your journey.
여행을 시작하기 전에 여행 일정표를 재확인하는 것은 중요하다.

> itiner(journey: 여행) + ary → 여행 일정표

---

52 log
[lɔ(:)g]

He kept a **log** which recorded weather and navigational details.
그는 날씨와 항해 세부 사항을 기록한 항해 일지를 작성했다.

> 2. 통나무 → (옛날 항해 기록을) 통나무 조각에 기록한 데서 → 1. 항해[항공] 일지

---

53 accommodate
[əkámədèit]

The flood victims were **accommodated** in tents erected at schools.
수재민들은 학교에 세워진 텐트에 수용되었다.

> ac(to) + commod(make fit: 맞추다) → ~에 맞추다 → (맞추어) 1. 공간을 제공하다 → 2. 수용하다

---

55 vacancy
[véikənsi]

At certain times of the year, Las Vegas' hotels have no **vacancies**.
일년 중 어떤 시기에는, 라스베이거스의 호텔들은 빈 방이 없다.

> vac(empty: 비어 있는) + anc ┌ (호텔 객실의) 1. 빈 방
> └ (비어 있는) 일자리나 직위 → 2. 결원, 빈자리

문화·예술·종교 II

culture & art & religion II

08_1 문학·이야기

[고급] [중급]

문학	01 literature	n. (시·소설·희곡 등) **문학; 문헌**	literary a. 문학의, 문학적인
	02 fiction	n. (실제의 이야기가 아닌) **꾸며낸 이야기, 픽션**	fictional a. 픽션[허구]의 ⊖ non-fiction n. 논픽션
	03 epic	n. (신화·전설·영웅에 대한) **서사시** a. 서사시의; 장대한	
	04 prose	n. (자유로운 문장으로 쓴) **산문**	
	05 verse	n. (일정한 규율·운율이 있는) **운문**	
	06 author	n. (책이나 글을 지은) **저자, 작가** v. 저술하다	
	07 genre	n. (예술 작품의 종류) **장르**	
이야기	08 anecdote	n. (실제의 사람·사건과 관련된) **일화, 기담**	anecdotal a. 일화의
	09 myth	n. (신·영웅·민족사 등에 관한) **신화; 근거 없는 사회통념**	mythical a. 신화의
	10 tale	n. (사실·가공·공상의) (흥미진진한) **이야기, 설화**	
기본	novel 소설 poetry 시 essay 수필, 에세이 drama 희곡; 드라마 classic 고전 / story 이야기		

03 epic
[épik]

Homer wrote the two famous Greek **epics**, the Iliad and the Odyssey.
호머는 두 개의 유명한 그리스 서사시 일리아드와 오디세이를 썼다.

▷ 유래: 말(word), 노래(song) → (말·노래로 읊어서 전해진) 시 → 서사시

04 prose
[prouz]

His writings, both in **prose** and verse, had a great influence on me.
그의 글은 산문과 운문 둘 다 내게 엄청난 영향을 미쳤다.

유래: 앞으로 똑바로 움직이는(moving straight ahead) → (직설적인) 산문

05 verse
[vəːrs]

In early Greek drama, both comedies and tragedies were written in **verse**.
초기 그리스 연극에서는 희극과 비극 둘 다 운문으로 쓰여졌다.

유래: 방향을 바꾸다(turn) → (이리저리 방향을 바꾸는) 글 → 운문

08 anecdote
[ǽnikdòut]

He told us some very amusing **anecdotes** about his life in China.
그는 우리에게 그의 중국 생활에 관련된 몇 가지 매우 재미있는 일화들을 이야기해 주었다.

an(not) + ecdote(published: 공개된) → (미공개된 이야기): 일화, 기담

09 myth
[miθ]

In the ancient Greek **myths**, she was the goddess of love and beauty.
고대 그리스 신화에서 그녀는 사랑과 미의 여신이었다.

유래: 신화 → (신비롭고 환상적인) 이야기 → 근거 없는 사회통념

이야기	11 **fable**	n. (인격화한 동물에 빗댄) **우화**	fabulous a. 우화에 나오는; 굉장한
	12 **legend**	n. (민간에서 전해 내려오는) **전설**	legendary a. 전설의
책 · 도서	13 **manual**	1. n. (기계 · 컴퓨터 등의) **설명[안내]서**	
		2. a. (일 · 조작 등을 직접) **손으로 하는, 수동의**	
	14 **biography**	n. (한 사람의 일생을 기록한) **전기**	biographical a. 전기(체)의 biographer n. 전기 작가
	15 **autobiography**	n. (자신의 일생을 기록한) **자서전**	autobiographical a. 자서전적인
	16 **preface**	n. (책 첫머리에 적은) **서문** v. 서문을 쓰다	
	17 **content**	1. n. (담고 있는) (책 · 문서 등의) **내용**; (-s) 목차	contentment n. 만족 ⊖ discontent n. 불만
		2. n. (-s) (속에 든) (용기 · 상자 등의) **내용물**	
		3. a. (큰 불만 없이) **만족하는** v. 만족시키다 n. 만족	
	18 **plot**	1. n. (책 · 영화 등의) **줄거리** v. 줄거리를 세우다	plotter n. 음모자
		2. n. (몰래 꾸민 나쁜 일): **음모** v. 음모하다	
	19 **excerpt**	n. (책이나 글 등에서의) **발췌 (부분)** v. 발췌하다	

기본	book 책 library 도서관[실] pamphlet 소책자 textbook 교과서 dictionary 사전 / title 제목 chapter 장(章) character 등장인물 hero (남자) 주인공

11 **fable**
[féibl]

Aesop's **Fables** give simple but important moral lessons through animals.
이솝 우화는 동물들을 통해 단순하지만 중요한 교훈을 준다.

fa(speak: 말하다) + ble → (동물에 빗대어 말한) **우화**

14 **biography**
[baiágrəfi]

HIs **biography** of Steve Jobs was Amazon's best-selling book of 2011.
그의 스티브 잡스 전기는 2011년 아마존의 베스트셀러였다.

bio(life: 일생) + graph(record: 기록하다) → (일생을) 기록한 것 → **전기**

15 **autobiography**
[ɔ,təbaia'grəfi]

He wrote his **autobiography** shortly after he retired at the age of sixty-five.
그는 65세에 은퇴한 후 바로 자신의 자서전을 썼다.

auto(self: 자신) + biography(전기) → (자기 자신이 쓴) 전기 → **자서전**

16 **preface**
[préfis]

In the **preface** he thanked her for her encouragement and support.
서문에서 그는 그녀의 격려와 지원에 대해 그녀에게 감사해 했다.

pre(before: 앞) + face(speak: 말하다) → (맨 앞에 하는) 말 → **서문**

19 **excerpt**
[éksə:rpt]

The following are **excerpts** from a speech given by President Biden.
다음은 바이든 대통령이 한 연설에서 발췌한 것이다.

ex(out: 밖) + crept(pluck: 뽑다) → (일부분을 밖으로 뽑아낸) **발췌 (부분)**

출판·원고	20 **publish**	v. (서적·잡지 등을) **출판[간행]하다**	publication n. 출판[간행](물) publisher n. 출판사, 발행자
	21 **manuscript**	n. (인쇄되기 전의 글): **원고**; (손으로 쓴 글): **필사본**	
	22 **contribute**	1. v. (글·기사 등을) **기고하다** 2. v. (도움이 되도록) **기여[기부]하다** 3. v. (여러 원인 중) **(~의) 한 원인이 되다**	contribution n. 기고(문): 기부(금), 기여 contributor n. 기고가: 기부자
	23 **draft**	n. (글·그림·계획 등의) **초안, 밑그림** v. **초안을 작성하다**	
	24 **copyright**	n. (창작물에 대한) **저작권, 판권**	
편집	25 **edit**	v. (글·책 등을) (수집·정리·구성하여) **편집하다**	editor n. 편집자, 편집장
	26 **compile**	v. (자료를 모아) (하나의 책·표로) **엮다, 편집하다**	compilation n. 편집
미술·그림	27 **portrait**	n. (얼굴을 중심으로 그린) **초상화; 인물 사진**	portray v. 묘사하다, 그리다
	28 **cartoon**	n. (이야기 형식의 그림을 엮은) (시사) **만화; 만화영화**	cartoonist n. 만화가
조각	29 **sculpture**	n. (깎거나 새겨서) (입체 형상을 만드는) **조각(품)**	sculpt v. 조각하다 sculptor n. 조각가

[기본]　print 인쇄하다 bookstore 서점 / art 미술(품); 예술 picture 그림; 사진 draw (선으로) 그리다 paint (그림물감으로) 그리다, gallery 미술관 museum 박물관 / photograph 사진 album 앨범 shoot 촬영하다

---

21 manuscript
[mǽnjuskrìpt]

Finally, he completed his **manuscript** and sent it to several publishers.
마침내 그는 원고를 끝내고 여러 군데의 출판사에 그것을 보냈다.

manu(hand: 손) + script(write: 쓰다) → (손으로) 쓴 것 → 원고

22 contribute
[kəntríbju:t]

He **contributes** to several newspapers and magazines.
그는 여러 신문과 잡지에 기고를 한다.

con(together: 함께) + tribute(grant: 주다) ― (함께 만드는 신문 등에) 글을 주다 → 1. 기고하다
― (함께 하는 일에) 돈·물품을 주다 → 2. 기여[기부]하다
― (함께 하는 원인 중) 3. (~의) 한 원인을 제공하다

24 copyright
[ka'pirai,t]

Such works are not protected by **copyright** and can be used freely.
그런 작품들은 저작권에 보호되지 않고 자유롭게 사용될 수 있다.

copy(복사) + right(권리) → 창작물의 유통(복사)에 대한 권리 → 저작권

26 compile
[kəmpáil]

She created her own recipes and **compiled** them into a cookbook.
그녀는 자기 자신의 조리법을 만들어 내서 그것을 요리책으로 엮었다.

com(together: 함께) + pile(compress: 압축하다) → (함께 모아 놓고) 압축하다 → 편집하다

27 portrait
[pɔ́:rtrit]

There was a large **portrait** of his grandfather in the living room.
거실에는 그의 할아버지의 큰 초상화가 있었다.

por(fort 앞으로) + tray(draw: 끌다) → (사람의 얼굴을) 앞으로 끌어낸 것 → 초상화

조각	30 statue	n. (크기가 큰) (사람·동물의) 조각상	statuary n. (집합적으로) 조상
	31 monument	n. (특별한 인물·사건 등의) 기념비[상, 관]	monumental a. 기념물의; 기념비적인
	32 carve	1. v. (깎거나 파서) (상을) 조각하다; (글씨 등을) 새기다	carving n. 조각물[술]
		2. v. (여러 작은 조각으로) (요리된 고기를) 저미다	
음악	33 tune	n. (어우러진 음의 흐름) 곡조, 선율	
		v. (악기의) 음을 맞추다; (TV·라디오의) 채널을 맞추다	
	34 lyric	n. (-s) (노래의) 가사	
	35 instrument	1. n. (연주하는 데 쓰는) 악기	instrumental a. 악기의; 중요한
		2. n. (과학·의학용의) (정밀) 기구	
	36 compose	1. v. (음악·글·시 등을) 짓다, 작곡[작문]하다	composition n. 작곡, 작문; 구성
		2. v. (서술된 것들이) ~을 구성하다	composer n. 작곡가
	37 choir	n. (합창을 위해 조직된) 합창단, 성가대	
종교	38 religion	n. (신을 숭배·신앙하는) 종교	religious a. 종교의, 신앙심이 깊은
기본	music 음악 sing 노래하다 song 노래 dance 춤 / band 밴드, 악단 orchestra 오케스트라 concert 음악회, 연주회 / melody 멜로디 rhythm 리듬 play (악기·곡을) 연주하다		

30 **statue**
[stǽtʃuː]

The Statue of Liberty is one of the top 10 tallest **statues** in the world.
자유의 여신상은 세계에서 가장 높은 상위 10위 조각상 중의 하나이다.

sta(stand: 서다) + tue → 세워진 것 → 조각상

32 **carve**
[kaːrv]

The three-meter-tall statue was **carved** out of a large piece of wood.
그 3 미터 높이의 조각상은 커다란 나무 조각을 깎아서 만든 것이었다.

35 **instrument**
[ínstrəmənt]

She was taught to play several musical **instruments** as a child.
그녀는 어린 시절 여러 가지 악기의 연주법을 배웠다.

in(on: 위) + struc(pile: 쌓다) ┬ 작업(위에 쌓는 일)을 할 때 쓰는 것 → 2. 기구
　　　　　　　　　　　　　　 └ (음악 연주) 기구 → 1. 악기

36 **compose**
[kəmpóuz]

This piece was **composed** by Beethoven when he was completely deaf.
이 곡은 베토벤에 의해 그가 완전히 귀가 먹었을 때 작곡되었다.

com(with: 함께) + pose(put: 놓다) ┬ (음이나 글을) 함께 놓다 → 1. 작곡[작문]하다
　　　　　　　　　　　　　　　　 └ (여러 가지를 모아서) 함께 놓다 → 2. 구성하다

37 **choir**
[kwaiər]

She sings in the church **choir** and plays the flute in the school band.
그녀는 교회 성가대에서 노래를 하고 학교 밴드에서는 플루트를 연주한다.

유래: chorus(코러스)와 동일 어원 → <스펠링 변화> choir → 합창단, 성가대

종교	39 secular	a. (종교와 관련이 없는): 세속의, 세속적인	secularize v. 세속화하다
신·신성	40 divine	a. (신과 관련된): 신의, 하느님의	divinity n. 신, 신성
	41 holy	a. (신·종교와 관련되어) 신성한, 성스러운 (= sacred)	
	42 sacred	a. (신·종교와 관련되어) 신성한, 성스러운 (= holy)	
은총	43 grace	1. n. (인간에게 내리는) (하느님의) 은총. 은혜	graceful a. 우아[고상]한
		2. n. (동작·태도 등의) 우아[고상]함	gracious a. 자애[자비]로운
	44 bless	1. v. (신이) 은총을 베풀다, 축복하다	blessing n. 축복(의 기도)
		2. v. (성직자가) 신의 가호를 빌어 주다	
예배·기도	45 worship	1. v. (신에게) 예배하다 n. 예배(식)	worshiper n. 예배자; 숭배자
		2. v. (맹목적으로) 숭배하다 n. 숭배	
	46 pray	v. (신에게) 빌다, 기도하다	prayer n. 기도
설교	47 preach	v. (성직자가) 설교하다	preacher n. 설교자
	48 sermon	n. (성직자의) 설교	sermonize v. 설교를 늘어놓다
성전	49 cathedral	n. (천주교의) 대성당	
	50 monastery	n. (수도사들이 공동 생활하는) 수도원	monastic a. 수도원의; 수도사의
기본	god 신, 하느님 idol 우상 / bible 성서 / church 교회 temple 사원, 절 / saint 성인		

39 secular
[sékjulər]

Although Americans are quite religious, America is a **secular** society.
미국 사람들은 상당히 종교적임에도 불구하고 미국은 세속적인 사회이다.

유래: 세상(world) → (종교가 아니라) 세상과 관련된 → 세속의, 세속적인

40 divine
[diváin]

The Big Bang, not a **divine** being, created the universe as we see it today.
신적인 존재가 아니라 빅뱅이 오늘날 우리가 보는 것처럼 우주를 창조했다.

div(god: 신) + ine → 신의, 하느님의

42 sacred
[séikrid]

In India people do not eat beef because they believe cows are **sacred**.
인도에서는 소가 신성하다고 믿기 때문에 사람들은 소고기를 먹지 않는다.

sacr(holy: 신성한) + ed → 신성한

48 sermon
[sə́:rmən]

The minister gave a **sermon** on the importance of love and happiness.
목사는 사랑과 행복의 중요성에 대한 설교를 했다.

유래: 연설(speech) → (성직자의) 연설 → 설교

50 monastery
[mɑ́nəstèri]

Monks live in **monasteries**, where they study and teach their religion.
수도사들은 수도원에서 살고, 그곳에서 자신들의 종교를 배우고 가르친다.

monas(alone: 혼자) + tery(place: 곳) → (혼자) 수행하는 곳 → 수도원

성직자	51 clergy	n. (집합적으로) **성직자들**	clergyman n. (한 사람의) 성직자
	52 **priest**	n. (가톨릭·성공회 등의) **성직자, 목사**	priestly a. 사제의; 사제 같은
	53 **monk**	n. (수도 생활을 하는) **수사, 수도사[승]**	
	54 **nun**	n. (수도 생활을 하는) **수녀, 여승**	
	55 **missionary**	n. (선교를 위해 외국에 파견된) **선교사**	mission n. 선교 (단); 임무
영혼	56 **spirit**	n. (육체에 깃든) **영혼, 정신** (= soul)	spiritual a. 영적인
	57 **soul**	n. (육체에 깃든) **영혼, 정신** (= spirit)	
유령·악마	58 **ghost**	n. (죽은 사람의) **유령, 망령**	ghostly a. 유령의, 유령 같은
	59 **haunt**	1. v. (어떤 곳에) **유령이 자주 나타나다**	
		2. v. (생각·기억 등이) **머리에서 떠나지 않다**	
	60 **devil**	n. (사악한 존재) **악마; 악당**	devilish a. 사악한, 악마 같은
미신·마법	61 **superstition**	n. (그릇된 것을 맹신하는) **미신**	superstitious a. 미신의
	62 **supernatural**	a. (자연 법칙으로 설명되지 않는): **초자연적인**	
	63 **wizard**	n. (신비한 능력이 있는) **남자 마법사**	witch n. 여자 마법사, 마녀
	64 **fairy**	n. (동화·전설 속의) **요정**	
기본	angel 천사 / heaven 천국 paradise 낙원, 파라다이스 hell 지옥 / magic 마법, 마술 miracle 기적		

51 clergy
[kləːrdʒi]

Catholic **clergy** have played an important role as spiritual leaders.
가톨릭 성직자들은 영적 지도자로서 중요한 역할을 수행해 왔다.

유래: 배운 사람들(learned men) → (고대·중세의) 배운 사람들의 계층 → 성직자들

52 priest
[priːst]

The **priest** gave his blessing to all present, and the ceremony concluded.
신부는 참석한 모든 사람들에게 축복을 내렸고 의식은 종결되었다.

53 monk
[mʌŋk]

He decided to become a **monk** and gave up all his possessions.
그는 수도사가 되기로 결심하고 자신의 모든 소유물을 포기했다.

54 nun
[nʌn]

Losing her son, she gave up her hopes in life and became a **nun**.
아들을 잃은 후 그녀는 삶의 희망을 포기하고 수녀가 되었다.

59 haunt
[hɔːnt]

Since that time, the place is said to be **haunted** by the ghost of the child.
그때 이후로 그곳에는 그 아이의 유령이 자주 나타난다고 한다.

61 superstition
[sùːpərstíʃən]

Many people still believe the **superstition** that the number 13 is unlucky.
많은 사람들이 여전히 숫자 13은 재수가 없다는 미신을 믿는다.

super(above: 위에) + sti(stand: 서다) → (상식) 위에 서 있는 것 → 미신

64 fairy
[féəri]

When she was little, she firmly believed there were **fairies** in the woods.
어렸을 때 그녀는 그 숲 속에 요정이 있다고 굳게 믿었다.

UNIT
09

경제·물품거래 I
economy & trade I

09_1 경제·상업·거래

고급 중급

경제·상업	01 **commerce**	n. (상품을 사고파는 경제 활동): **상업**	commercial a. 상업의 n. 광고 (방송)
	02 **boom**	n. (경제·사업·유행 등의) **호황, 붐, 대유행** v. **호황을 맞다**	
거래	03 **trade**	n. (사고팔거나 주고받는) **거래, 교역** v. **거래[교역]하다**	trader n. 무역[교역]업자
	04 **transaction**	n. (사고파는) (한 번의) **거래, 매매**	transact v. 거래하다
	05 **deal**	1. n. (사업상) (거래 조건의) **합의; 거래(서)**	dealer n. 딜러, 중개인
		v. (~ with) **~와 거래하다**	
		2. v. (~ with) (일·문제를) **처리하다**	
		3. v. (~ with) (주제·소재로) **다루다**	
	06 **bargain**	1. n. (서로 무엇을 해주기로 한) **거래 합의** v. **흥정하다**	bargaining n. 협상, 교섭
		2. n. (정상 가격·가치보다) **싸게 산 물건**	
	07 **monopoly**	n. (생산·시장 등을 독차지하는) **독점(권); 독점품**	monopolize v. ~을 독점하다
기본	market 시장 shop 상점, 가게 store 상점, 가게 supermarket 슈퍼마켓		

---

01 **commerce**
[kάmə:rs]

The government made plans to promote local **commerce** and industry.
정부는 지역 상업과 산업을 촉진하기 위한 계획을 세웠다.

> com(together: 함께) + merce(trade: 거래) → (모두 함께) 거래하는 것 → 상업

---

03 **trade**
[treid]

Over 60 percent of the country's **trade** is with the United States.
그 나라 무역의 60% 이상은 미국과 이루어진다.

---

04 **transaction**
[trænsǽkʃən]

They charge a fixed monthly fee plus a fee for each **transaction**.
그들은 고정 월 수수료에 더해서 각각의 거래에 대해 수수료를 부과합니다.

> trans(through: 통과하여) + act(do: 하다) → (물품이) 통과 되도록 하는 일 → 거래, 매매

---

05 **deal**
[di:l]

After several months of negotiation, a **deal** was made.
여러 달의 협상 끝에 거래가 성사되었다.

> 유래: part(부분), share(몫) ─ (서로의 몫에 합의한) 1. 합의, 거래(서)
> ─ (일·문제를 자신의 몫으로 하여) 2. 처리하다
> ─ (작품 등을 한 부분으로) 3. 다루다

---

07 **monopoly**
[mənάpəli]

Oil production is a state **monopoly** in all the Middle East countries.
석유 생산은 모든 중동 국가에서는 국가 독점 사업이다.

> mono(single: 혼자) + poly(sell: 팔다) → (혼자만) 팖 → 독점

09_2 시장·상인·상품 [고급] [중급]

시장·상점	08 grocery	n. (잡다한 물품을 파는) **식료 잡화점**	grocer n. 식료 잡화상[점]
		n. (-ies) (식료품·생활용품 등의) **식료 잡화류**	
	09 outlet	1. n. (특정 회사·브랜드의) **직판점, 전문 매장**	
		2. n. (밖으로 내보내는) **배출구, 발산 수단;** (전기) **콘센트**	
	10 stall	1. n. (물건을 벌여 놓은) **가판대, 좌판**	
		2. n. (칸칸이 갈라놓은) **마구간의 한 칸**	
		3. v. (시동이 꺼져서) (차량·엔진 등이) **멎다, 멎게 하다**	
상인·고객	11 merchant	n. (무역·도매로 사고파는) (대규모) **상인, 무역[도매]상**	
	12 vendor	1. n. (거리에서 파는) **노점 상인, 행상인**	vend v. 팔다, 판매하다
		2. n. (특정 제품을 취급하는) (특정 제품) **판매 회사**	
	13 clerk	n. (상점의) **점원;** (회사의) **사무원**	
	14 client	n. (변호사·금융기관 등의) (전문가의) **고객, 의뢰인**	
	15 patron	1. n. (특정 상점·식당을) (늘 이용하는) **단골손님, 고객**	patronize v. 단골로 다니다
		2. n. (예술가·자선사업 등의) **후원자**	patronage n. 후원; 애용
상품	16 goods	n. (유형의) (판매용으로 만든) **상품, 물품**	

[기본] salesman 남자 판매원 dealer 딜러, cashier 출납원 serve 손님을 시중들다[응대하다] customer 고객

---

08 grocery
[gróusəri]

On the way, she stopped at a **grocery** and bought some fresh fruit.
오는 길에 그녀는 식료 잡화점에 들러서 신선한 과일을 좀 샀다.

10 stall
[stɔːl]

He has been running a fruit and vegetable **stall** in the market for 6 years.
그는 시장에서 과일 야채 가두 판매점을 6년 동안 운영해 왔다.

유래: 세우다(stand) ─ (가두에 세운) 1. 가판대, 좌판
─ (칸막이를 칸칸이 세운) 2. 마구간의 한 칸
─ (움직이지 못하게) 세우다 → 3. 멎게 하다

11 merchant
[méːrtʃənt]

He was a wealthy **merchant** who made his money by trading goods.
그는 상품 교역으로 돈을 번 부유한 상인이었다.

merch(trade: 교역하다) + ant → (교역하는) 사람 → 상인

12 vendor
[véndər]

For a few years, he worked as a street **vendor** selling hot dogs and soda.
몇 년 동안 그는 핫도그와 소다수를 파는 노점상인으로 일했다.

vend(팔다) + or(사람) → (파는) 사람 → 노점 상인; (특정 제품) 판매 회사

15 patron
[péitrən]

The restaurant has special parking area for disabled **patrons**.
그 레스토랑은 장애인 고객을 위한 특별 주차지역을 갖고 있다.

part(father: 아버지) + on ─ (아버지와 같이) 돌봐주는 사람 → 2. 후원자
─ (상점·식당 등의) 후원자 → 1. 단골손님

Unit 09

상품	17 **merchandise**	n. (상점에) (판매·전시 중인) **상품** v. (광고로) **판매하다**	merchandising n. 판촉; 캐릭터 상품
	18 **commodity**	n. (사고파는) (거래 대상으로서의) **상품, 물품, 원자재**	
판매	19 **wholesale**	n. (대량 판매하는) **도매** a. ad. **도매의[로]**	wholesaler n. 도매업자
	20 **retail**	n. (소비자에게 파는) **소매** ad. **소매로** v. **소매하다**	retailer n. 소매 상인
	21 **auction**	n. (서로 경쟁을 시켜 파는) **경매** v. **경매하다**	auctioneer n. 경매인
구매	22 **demand**	1. n. (상품·서비스 등의) **수요** v. **필요로 하다**	demanding a. 지나치게 요구하는; 큰 노력을 요하는
		2. v. (강력히) **요구하다** n. **요구**	
	23 **purchase**	v. (특히 금액·규모가 큰 물건을) **구입[구매]하다**	purchaser n. 구매자
수출·수입	24 **export**	v. (국내에서 외국으로) **수출하다** n. **수출(품)**	exporter n. 수출업자
	25 **import**	v. (외국에서 국내로) **수입하다** n. **수입(품)**	importer n. 수입업자
가격	26 **fare**	n. (버스·택시·기차 등의) (교통) **요금, 운임**	
	27 **charge**	1. n. (상품·서비스) **요금, 대금** v. (요금·대금을) **청구하다**	
		2. n. (어떤 일을 책임지고 맡음): **담당, 책임**	
		3. v. (검사·경찰이 법원에 혐의자를) **기소하다** n. **기소**	

기본   brand 상표 service 서비스 / display 전시 / sale 판매 sell 팔다 buy 사다 order 주문하다 / price 가격 cost 값, 비용; 원가 discount 할인 sale 염가 판매 free 무료의 offer 가격을 제시하다

---

17 merchandise
[mə́:rtʃəndàiz]

All **merchandise** is now on sale at 40 percent off regular prices.
모든 상품은 정가의 40% 할인된 금액으로 지금 세일 중이다.

merch(trade: 교역) + andise → (교역하는) 물품 → 상품

---

18 commodity
[kəmádəti]

Here basic **commodities** like bread and meat are in short supply.
이곳은 빵과 고기 같은 기본적인 물품의 공급이 모자란다.

com(with) + mod(measure: 척도) → (판매를 위한) 기준(척도)에 맞는 물건 → 상품

---

19 wholesale
[hou'lsei,l]

Costco is one of the largest **wholesale** suppliers in the world.
코스트코는 세계에서 가장 큰 도매 공급업체 중의 하나이다.

whole(통째의) + sale(판매) → (나누지 않고) 통째로 판매하는 것 → 도매

---

20 retail
[rí:teil]

Every book is discounted fifteen to twenty percent off the **retail** price.
모든 책은 소매가격에서 15에서 20퍼센트 할인된다.

re(back: 뒤) + tail(cut: 자르다) → (물건을 잘라서) 나누어 되파는 것 → 소매

---

23 purchase
[pə́:rtʃəs]

The company **purchased** the land for the purpose of development.
그 회사는 개발을 목적으로 그 땅을 구입했다.

pur(forth: 앞으로) + chase(추구하다) → 적극적으로(앞으로) 추구하다 → 구입[구매]하다

가격	└ 28 fee	1. n. (전문 서비스에 대한) **수수료**	
		2. n. (입장·가입·면허 등의) **요금, 회비, 가입비**	
견적·응찰	29 quote	1. v. (가격을 계산하여) **견적을 내다** n. **견적(서)**	quotation n. 견적(서); 인용(문, 구)
		2. v. (남의 말·글을) **인용하다** n. **인용(구, 문)**	
	30 bid	v. (경매에서) **값을 부르다, 응찰하다** n. **가격 제시, 응찰**	bidder n. 입찰자
비싼·싼	31 costly	a. (필요 이상으로) **돈이 많이 드는; 희생이 큰**	
	32 fancy	1. a. (호텔·식당·자동차 등이) **값비싼, 고급의**	
		2. a. (물건이) **장식이 많은, 화려한**	
		3. n. (제멋대로의 엉뚱한) **상상, 공상** v. **상상[공상]하다**	
	33 luxury	n. (즐거움·안락함을 주는) **호화로움, 사치(품)**	luxurious a. 호화로운, 사치스러운
	34 bargain	1. n. (정상 가격·가치보다) **싸게 산 물건**	bargaining n. 협상, 교섭
		2. n. (서로 무엇을 해주기로 한) **거래 합의** v. **흥정하다**	
	35 affordable	a. (감당할 수 있을 정도로) (가격이) **알맞은**	afford v. ~ 할 여유가 되다
홍보	36 publicity	1. n. (널리 알리는 활동): **홍보**	publicize v. 홍보[선전]하다
		2. n. (방송·신문 등이 보이는) **매스컴의 관심**	

| 기본 | cheap 싼 expensive 비싼 / campaign 캠페인 sponsor 스폰서 catalog 카탈로그 poster 포스터 |

---

28 fee
[fi:]

The company spent more than two million dollars in legal **fees** last year.
그 회사는 작년에 법무 관련 수수료로 2백만 달러 이상을 썼다.

유래: 가축(livestock) → (고대의 돈(교환 수단)이었던) 가축 → 수수료; 요금, 회비

29 quote
[kwout]

They **quoted** us $50 for the parts and $80 for the installation.
그들은 우리에게 부품에 대해 50달러, 설치에 대해 80달러의 견적을 냈다.

유래: how many (얼마) → (얼마인지) 견적을 내다

30 bid
[bid]

He **bid** three thousand dollars for the painting at the auction.
그는 경매에서 그 그림 값으로 3,000달러를 제시했다.

유래: 간청하다(entreat) — (경매에서 물건을) 간청하다 → 응찰하다

35 affordable
[əfɔ́:rdəbl]

The hotel offers clean, comfortable rooms at an **affordable** price.
그 호텔은 깨끗하고 쾌적한 방을 적절한 가격에 제공한다.

afford(~할 여유가 있다) + able(할 수 있는) → (누구나가 할 여유가 있을 만큼) (가격이) 알맞은

36 publicity
[pʌblísəti]

The incident has received a lot of **publicity** in the news media.
그 사건은 뉴스 미디어의 많은 관심을 받았다. .

public(대중) + ity → (대중에게) 알리는 활동 → 홍보; 매스컴의 관심

홍보	37 **propaganda**	n. (정치적인) (허위·과장) **선전**		propagandize v. 선전을 퍼뜨리다
광고	38 **advertise**	v. (상품·서비스를) **광고하다**		advertising n. 광고 advertisement n. 광고물 advertiser n. 광고자[주]
	39 **commercial**	1. n. (TV·라디오 등의) **광고 (방송)** 2. a. (상품을 사고파는 경제 활동): **상업의, 상업적인**		commerce n. 상업 commercialize v. 상업화하다
주다	40 **grant**	1. v. (정식으로) (요청 받은 것을) **승인[허가]하다** 2. n. (정부가 개인·단체에 지급하는) **보조금**		
	41 **concede**	1. v. (마지못해) (권리·특권 등을) **내주다, 허용하다** 2. v. (그렇다고) (마지못해) **인정하다**		concession n. 양보, 양해: 인정
	42 **spare**	1. v. (쉽지 않은데) (돈·시간 등을) **내주다, 할애하다** 2. a. (쓰지 않아서 남는): **여분[예비]의** n. **여분** 3. v. (비용·노력 등을) **아끼다**		
	43 **submit**	1. v. (서류·제안서 등을) **제출하다** 2. v. (상대의 힘·권위에) **굴복[복종]하다**		submission n. 제출: 굴복, 복종 submissive a. 복종[순종]하는

[기본] give 주다 hand 건네주다 pass 건네주다 return (되)돌려주다 / share 나눠 주다, 함께 쓰다

---

37 propaganda
[pràpəgǽndə]

The media have gradually been turned into political **propaganda** tools.
대중 매체가 점점 정치적 선전의 도구로 변했다.

propag(spread: 퍼뜨리다) + anda → (허위·과장 정보를) 퍼뜨림 → 선전

---

40 grant
[grænt]

Following his military service, he was **granted** U.S. citizenship.
군대 복무 후 그에게 미국 시민권이 부여되었다.

---

41 concede
[kənsíːd]

The government refused to **concede** any of the demands of the striking workers. 정부는 파업을 하고 있는 노동자들의 요구의 어떤 한 것도 허용하기를 거부했다.

con(강조) + cede(yield: 양보하다) → (다) 양보하다 → 1. 내주다 2. 인정하다

---

42 spare
[spɛər]

Could you possibly **spare** me a few minutes later this afternoon?
오늘 오후 늦게 제게 몇 분만 시간을 내주시겠습니까?

유래: 절약하는(frugal) ─ (돈·시간을 절약해서) 1. 내주다, 할애하다
├ (절약해서) 남겨둔 → 2. 예비[여분]의
└ (비용·노력을) 절약하다 → 3. 아끼다

---

43 submit
[səbmít]

You must **submit** your application by next Wednesday, January 15th.
다음 주 수요일, 1월 15일까지 지원서를 제출해야 합니다.

sub(under: 아래) + mit(send: 보내다) → (남의 통제) 아래로 보내다 → 2. 굴복하다 1. 제출하다

공급·제공	44 **supply**	v. (정기적으로 대량) 공급[제공]하다 n. 공급(량); (-s) 보급품	supplier n. 공급자
	45 **provide**	v. (미리 준비해 두고) 제공[공급]하다	provision n. 제공, 공급; 대비, 준비 provider n. 공급자
	46 **furnish**	1. v. (필요·유용한 것을) 제공[공급]하다 2. v. (가구 등을) 비치하다, 갖추어 놓다	furnished a. 가구가 비치된
	47 **equip**	v. (필요한) (장비·기술 등을) 갖추다, 갖춰 주다	equipment n. 장비
배분·할당	48 **distribute**	1. v. (사람들에게) (조직적으로) 나누어 주다, 배분하다 2. v. (상점·판매업체에) (상품을) 유통시키다	distribution n. 배분, 배급; 유통 distributor n. 배급[유통]업자
	49 **assign**	v. (몫을 나누어) 할당하다 (= allocate, allot)	assignment n. 할당, 배정; 과제
	50 **allocate**	v. (몫을 나누어) 할당하다 (= assign, allot)	allocation n. 할당
	51 **allot**	v. (몫을 나누어) 할당하다 (= assign, allocate)	allotment n. 할당, 배당
기부·후원	52 **donate**	v. (남을 돕기 위해) (자선 사업 등에) 기부[기증]하다	donation n. 기부(금), 기증(물) donor n. 기부자, 기증자
	53 **contribute**	1. v. (도움이 되도록) (함께 하는 일에) 기여[기부]하다 2. v. (글·기사 등을) 기고하다 3. v. (여러 원인 중) (~의) 한 원인이 되다	contribution n. 기부(금), 기여; 기고 contributor n. 기부자; 기고가

46 **furnish**
[fə́ːrniʃ]

He was helpful and **furnished** me with all the necessary information.
그는 도움을 주었고 내게 필요한 모든 정보를 제공해 주었다.

유래: furniture(가구)와 같은 어원 ┌ (가구 등을) 2. 비치하다
└ (필요한 것을) 1. 제공[공급]하다

49 **assign**
[əsáin]

Daniel, have you completed the task I **assigned** you?
다니엘, 내가 맡긴 일을 다 끝냈습니까?

ad(to) + sign(표시하다) → (해야 할 몫에) 표시하다 → 할당하다

50 **allocate**
[ǽləkèit]

A total of twenty-five million dollars has been **allocated** for the project.
총 이천오백만 달러가 그 프로젝트에 할당되었다.

al(to) + locate(위치시키다) → (특정 사람·목적에) 위치시키다 → 할당하다

51 **allot**
[əlɑ́t]

The work must be completed within the time **allotted**.
그 일은 할당된 시간 내에 완료되어야 한다.

al(to: ~에게) + lot(share: 몫) → (~에게 몫으로) 할당하다

53 **contribute**
[kəntríbjuːt]

Many people **contributed** to the success of this project; I thank them all.
많은 분들이 이 프로젝트의 성공에 기여해 주셨고, 그 모든 분들에게 감사 드립니다.

con(together: 함께) + tribute(grant: 주다) ┌ (함께 하는 일에) 돈·물품을 주다 → 1. 기여[기부]하다
├ (함께 만드는 신문 등에) 글을 주다 → 2. 기고하다
└ (함께 하는 원인 중) 3. (~의) 한 원인을 제공하다

Unit 09

경제·물품거래 II
economy & trade II

10_1 기부·선물·받다

고급 중급

기부·후원	01 **patron**	1. n. (예술가·자선사업 등의) **후원자**	patronize v. 단골로 다니다
		2. n. (특정 상점·식당의) **단골손님, 고객**	patronage n. 후원; 애용
선물·사례	02 **treat**	1. n. (음식·향응 등의) **대접, 한턱** v. **대접하다**	treatment n. 치료; 대우
		2. v. (특정 태도·방식으로) **대하다, 다루다**	
		3. v. (투약·수술·간호 등으로) **치료하다**	
	03 **reward**	n. (고마움·칭찬의 뜻으로 주는) **보상[사례](금)** v. **보상하다**	rewarding a. 보람[보답]이 있는
받다·얻다	04 **obtain**	v. (노력의 결과로) **얻다, 입수하다**	obtainable a. 입수할 수 있는
	05 **gain**	1. v. (필요·유용·유리한 것을) **얻다** n. **이익, 이득**	
		2. v. (무게·힘·속도·가치 등이) **늘다, 오르다** n. **증가**	
	06 **acquire**	1. v. (재산·권리 등을) **취득[획득]하다**	acquisition n. 취득(물); 습득
		2. v. (지식·기술·명성 등을) **습득하다, 얻다**	
기본	gift 선물 present 선물 / get 얻다, 받다, 벌다, 사다 receive 받다		

---

01 **patron**
[péitrən]

The old man was the **patron** of many promising young men of talent.
그 노인은 많은 유망한 재능 있는 젊은이들의 후원자이었다.

part(father: 아버지) + on ┌ (아버지와 같은) 돌봐주는 사람 → 1. 후원자
　　　　　　　　　　　　 └ (상점·식당 등의) 후원자 → 2. 단골손님

---

03 **reward**
[riwɔ́ːrd]

We clearly need to focus on the positive and **reward** good behavior.
우리는 분명히 긍정적인 면에 초점을 맞추고 좋은 행동에 대해 보답을 할 필요가 있다.

re(강조) + ward(look: 보다) → (주의 깊게) 보다 → <의미 변화> → 보상하다

---

04 **obtain**
[əbtéin]

It is not easy to **obtain** accurate and reliable information on this question.
이 문제에 대한 정확하고 신뢰할 만한 정보를 입수하기는 쉽지 않다.

ob(강조) + tain(hold: 쥐다) → (손에) 꽉 쥐다 → 입수하다

---

05 **gain**
[gein]

She has **gained** international fame since she won the award in 2021.
그녀는 2021년 상을 받은 이후 국제적인 명성을 얻었다.

---

06 **acquire**
[əkwáiər]

The company has recently **acquired** a new factory building for $2 million.
그 회사는 최근 새로운 공장 건물을 이백만 달러에 취득했다.

ac(extra: 추가의) + quire(seek: 구하다) → (무엇을) 구해서 추가로 얻다 → 획득[습득]하다

받다·얻다	└ 07 **secure**	1. v. (애써서 힘들게) 얻어내다, 확보하다	security n. 안전, 보안, 보장
		2. a. (위험이 방지되어) 안전한, 안정된 v. 안전하게 지키다	⊖ insecure a. 불안정한; 자신이 없는
	08 **derive**	1. v. (근원이 되는) (~에서) ~을 얻다	derivative n. 파생물[어] a. 파생된
		2. v. (근원이 되는) (~에서) ~이 나오다, 유래[파생]되다	derivation n. (단어의) 어원
상실·박탈	09 **downfall**	n. (부·권력·지위 등으로부터의) 몰락, 파멸	deprivation n. 박탈
	10 **deprive**	v. (물건·재산·권리 등을) 빼앗다, 박탈하다	deprived a. 궁핍한, 불우한
회수	┌ 11 **retrieve**	v. (있어야 할 자리로) 되찾아오다, 회수하다	retrieval n. 되찾기, 회수
	└ 12 **reclaim**	v. (분실·상실·지불한 것을) 되찾다; 반환을 요구하다	reclamation n. 반환 요구
임차·임대	13 **hire**	1. v. (물품을) 빌리다; (~ out) 빌려주다 n. 빌림	
		2. v. (일할 사람을) 고용하다 n. 신입 사원	
	14 **lease**	n. (법적인) 임대차 계약, 리스 v. 임차[임대]하다	
돈·화폐	15 **currency**	1. n. (한 나라에서 사용하는 돈): 화폐, 통화	current a. 통용되는; 현재의 n. 흐름,
		2. n. (두루 널리 쓰임): 통용, 유통	해류, 기류, 전류
	16 **monetary**	a. (화폐와 관련된): 통화[화폐]의	

| [기본] | lose 잃다 / borrow 빌리다 lend 빌려주다 rent 임차[임대]하다 / money 돈 cash 현금 coin 동전 check 수표 |

---

08 **derive**
[diráiv]

The teacher **derived** great pleasure from seeing his students develop.
그 선생님은 자신의 학생들이 발전하는 것을 보는 것에서 큰 기쁨을 얻었다.

> de(away: 분리) + rive(stream: 시내) → (물을) 시내에서 끌어오다 → 유래되다, ~을 얻다

---

10 **deprive**
[dipráiv]

They were routinely abused and **deprived** of their basic rights.
그들은 일상적으로 학대를 받았고 기본적인 인권을 박탈당했다.

> de(강조) + prive(separate: 분리시키다) → (완전히) 분리시키다 → 빼앗다

---

11 **retrieve**
[ritríːv]

He bent down to **retrieve** the keys he had accidentally dropped.
그는 잘못해서 바닥에 떨어뜨린 열쇠를 되찾으려고 몸을 아래로 굽혔다.

> re(again: 다시) + trieve(find: 찾다) → (다시) 찾다 → 되찾아오다

---

12 **reclaim**
[rikléim]

He **reclaimed** the championship he had lost almost seven years ago.
그는 거의 7년 전에 잃었던 선수권을 되찾았다.

> re(back: 뒤) + claim(요구하다) → (다시) 돌려 달라고 요구하다 → 되찾다; 반환을 요구하다

---

16 **monetary**
[mánətèri]

The government's tight **monetary** policy has resulted in high interest rates.
정부의 긴축 통화 정책은 고금리를 야기했다.

> monet(money: 돈) + ary → (돈과) 관련된 → 통화[화폐]의

Unit 10

돈·화폐	17 **bill**	1. n. (종이로 된) **지폐** 2. n. (금액·내역이 적힌) **청구[계산]서** v. **청구서를 보내다**	
자금·기금	18 **capital**	1. n. (사업의 바탕이 되는 돈): **자본(금)** a. **자본의** 2. n. (한 나라의 중앙 정부가 있는 곳): **수도** 3. n. (큰 체로 된) **대문자** a. **대문자의**	capitalism n. 자본주의 capitalist n. 자본주의자, 자본가
	19 **finance**	n. (돈의 조달·운영 활동): **재정, 재무; 자금** v. **자금을 대다**	financial a. 재정(상)의, 금전(상)의 financing n. 자금 조달
	20 **fund**	n. (특정 목적용 / 이용 가능한 돈): **기금, 자금** v. **자금을 대다**	funding n. 조달[용자] 자금
	21 **fiscal**	a. (국가의 자금과 관련된): **국가 재정의, 국고의**	
보조금	22 **grant**	1. n. (정부가) (개인·단체에 지급하는) **보조금** 2. v. (요청 받은 것을) **승인[허가]하다**	
	23 **subsidy**	n. (정부가) (기업에 제공하는) **보조금, 장려금**	subsidize v. 보조금을 지급하다
재산·자산	24 **fortune**	1. n. (아주 많은 액수의) (많은) **재산, 부, 큰돈** 2. n. (삶·성공·운명 등에 영향을 미치는) **운, 운수**	fortunate a. 운 좋은, 다행한 unfortunate a. 불운한 ⊖ misfortune n. 불운

18 **capital**
[kǽpətl]

The government in recent decades has tried to attract foreign **capital**.
정부는 최근 수십 년간 외국 자본을 끌어들이려고 노력해왔다.

> capit(head: 머리, 으뜸) + al ┬ 사업의 으뜸(기본)이 되는 돈 → 1. 자본(금)
> ├ (한 나라의) 으뜸 도시 → 2. 수도
> └ (문장의) 앞머리 글자 → 3. 대문자

21 **fiscal**
[fískəl]

Fiscal policies have a significant impact on economic growth and inflation.
국가 재정 정책은 경제 성장과 인플레이션에 중대한 영향을 끼친다.

> 유래: public purse(공공의 돈 지갑) → 국가 재정의, 국고의

22 **grant**
[grænt]

This study was awarded a research **grant** by the Ministry of Education.
이 연구는 교육부로부터 연구비를 지급 받았다.

23 **subsidy**
[sʌ́bsədi]

Companies that receive government **subsidies** have an unfair advantage.
정부 보조금을 받는 회사들은 부당한 이득을 보고 있다.

> 유래: 예비대(troops in reserve) → (지원하는 일을 하는) 예비대 → 보조금

24 **fortune**
[fɔ́ːrtʃən]

He made a **fortune** through large land developments in the city.
그는 도시에서 대규모 토지 개발을 통해 많은 재산을 모았다.

> 2. 운, 행운(chance) → (행운이 따라서 모은) 1. 재산, 부

고급 중급

		25 property	1. n. (경제적 가치를 지닌) (한 개인의) 재산, 소유물	
재산·자산			2. n. (옮길 수 없는) (토지·건물 등의) 부동산	
			3. n. (사물이 가진 고유한) 속성, 특성	
		26 asset	n. (돈·건물·토지 등의) (경제적 가치가 있는) 자산	
		27 resource	n. (물자·노동력·기술 등의) (보유한) 자원, 재원, 자산	resourceful a. 지략 있는
		28 treasure	n. (귀금속·보석 등의) 보물	
		29 estate	n. (시골에 위치한) (대규모) 사유지; (사망자의) 유산	
		30 realtor	n. (땅·건물 등을 중개하는) 부동산 중개업자	realty n. 부동산
투자·투기		31 invest	v. (부동산·주식·사업 등에) 투자하다	investment n. 투자 investor n. 투자가
		32 speculate	1. v. (큰 이익을 노리고) 투기하다	speculation n. 투기; 추측, 사색
			2. v. (깊이 생각해 보고) 추정[추측]하다	speculator n. 투기꾼
증권		33 stock	1. n. (주식회사의) 주식; 주식 자본	
			2. n. (갖추어 놓은) 재고(품) v. 상품을 갖추어 놓다	
		34 bond	1. n. (필요 자금 차입을 위한) 채권	
			2. n. (사람들간의) 유대, 결속 v. 유대를 형성하다	

---

25 property
[prάpərti]

He is considering buying some **property** to hold as an investment.
그는 투자로서 보유할 부동산 구입을 고려 중이다.

proper(one's own: 자기 자신의) + ty → (자기 자신이) 소유한 것 → 1. 재산 2. 속성

26 asset
[ǽset]

The total value of the company's **assets** is twenty million dollars.
회사 자산의 총 가치는 2천만 달러이다.

as(to) + set(enough: 충분한) → (빚을 갚기에) 충분한 전 재산 → 자산

29 estate
[istéit]

The man has a large house in town and a huge **estate** in the country.
그 남자는 도시에는 큰 집을 시골에는 엄청난 토지를 가지고 있다.

e + state(상태) → (사후 남긴 재산의) 상태 → 유산 → (부동산) 재산 → 사유지

30 realtor
[rí:əltər]

The **realtor** showed us four houses including two very nice ones.
부동산 중개업자는 우리에게 두 개의 매우 멋진 집을 포함한 네 개의 집을 보여 주었다.

realty(부동산) + or(사람) → 부동산 중개업자

32 speculate
[spékjulèit]

He **speculated** on the stock market and earned billions of dollars.
그는 주식시장에 투기를 해서 수십억 달러를 벌었다.

spec(look) + ulate → (유심히 살펴보고) 2. 추측하다 → (추측하여) 1. 투기하다

Unit 10

증권	35 **insurance**	n. (우발적 재해·손해 등을 대비하는) **보험**	insure v. 보험에 들다, 보험을 팔다
부채·파산	36 **owe**	v. (돈을) **빚지고 있다, 신세를 지고 있다**	
	37 **debt**	n. (갚아야 할) **빚, 부채; 신세**	debtor n. 채무자 indebted a. 부채가 있는, 신세를 진
	38 **bankrupt**	a. (지불 능력이 없어서) **파산한,** n. **파산자** v. **파산시키다**	bankruptcy n. 파산
수익·소득	39 **earn**	v. (일·사업·투자 등으로) (돈을) **벌다, 수익을 올리다**	earning n. (-s) 소득, 사업[투자] 소득
	40 **income**	n. (일·사업·투자 등의) (경제 활동으로 얻는) **소득, 수입**	
	41 **revenue**	n. (벌어들인) (업체의) **수익; (정부의) 세입**	
비용·예산	42 **expense**	n. (어떤 일을 하는 데) (드는 돈): **비용**	
	43 **expenditure**	n. (특정 기간 동안) (쓴 돈): **지출(액)**	
	44 **budget**	n. (필요 비용을 미리 계산한) **예산(안)** v. **예산을 짜다**	budgetary a. 예산의[에 관한]
지불	45 **due**	1. a. (기일이 되어) (돈을) **지불해야 하는** 2. a. (언제) **~하기로 되어 있는[예정된]** 3. a. (~ to) (어떤 일의 원인·까닭): **~ 때문에**	overdue a. 기한이 지난, 연체된
[기본]		spend (돈 등을) 쓰다 cost (값·비용이) ~이다 / pay 지불하다 credit 외상[신용] 거래	

---

38 **bankrupt**
[bǽŋkrʌpt]

Last year, the company went **bankrupt** due to poor management.
작년에 그 회사는 부실한 관리로 인해 파산했다.

> bank(bench) + rupt(break) ┌ a broken bench(부서진 탁자)
> └ (금융 업무용 탁자를 부숴놓아) 파산을 알린 것에서 유래 → 파산자

---

41 **revenue**
[révənjùː]

In 2019, the company's annual **revenues** reached eight million dollars.
2019년 그 회사의 연간 수익은 8백만 달러에 달했다.

> re(back: 뒤로) + ven(come: 오다) → (사업 등을 통해) 되돌아오는 돈 → 수익, 세입

---

43 **expenditure**
[ikspénditʃər]

It is always a good habit to set a limit to your **expenditure**.
지출액에 제한을 두는 것은 언제나 좋은 습관이다.

> ex(out: 밖) + pend(pay: 지불하다) → (밖으로) 지불하는 돈 → 지출

---

44 **budget**
[bʌ́dʒit]

Most of the **budget** was spent on television advertising.
그 예산의 대부분은 텔레비전 광고에 쓰였다.

> 유래: 가죽 가방(leather bag) → (국가 자금 계획을 넣고 다닌) 가죽 가방 → 예산

---

45 **due**
[djuː]

Please remember your monthly payment is **due** on the 8th of each month.
당신의 지불 기일은 매달 8일이라는 것을 기억하십시오.

> 유래: 빚[신세]를 지다(owe) ┌ (빚을) 1. 지불해야 하는 → (기일까지) 2. ~하기로 되어 있는
> └ 신세를 진 → ~ 덕분인 → 3. 때문에

고급 중급

지불	46 **afford**	v. (금전·시간·형편상) **~을 할[살] 여유가 있다**	affordable a. (가격 등이) 알맞은
	47 **deposit**	1. n. (맨 처음 내는) **보증[착수]금** v. 보증금[착수금]을 내다	
		2. v. (돈을) **예금[예치]하다** n. 예금	
보상·환불	48 **compensate**	1. v. (상해·손해 등에 대해) **보상금을 주다**	compensation n. 보상(금)
		2. v. (손해·결점 등을) **보상[벌충]하다**	
	49 **refund**	v. (이미 지불한 돈을) **환불하다** n. 환불(금)	refundable a. 환불 가능한
청구서	50 **bill**	1. n. (금액·내역이 적힌) **청구[계산]서** v. 청구서를 보내다	
		2. n. (종이로 된) **지폐**	
	51 **receipt**	n. (돈을 받은 사실을 표시하는) **영수증; 받기, 수령**	
세금	52 **duty**	1. n. (구매·수입 물품에 부과하는) **세금, 관세**	dutiful a. 순종적인
		2. n. (당연히 해야 할) **의무**	
	53 **tariff**	n. (수입·수출 물품에 대한) **관세**	
	54 **custom**	1. n. (-s) (수출입품의 단속·관세에 관한 일을 하는) **세관**	customary a. 관습적인
		2. n. (한 사회의 오랜 습관·질서): **관습**	
기본	tax 세금		

---

46 afford
[əfɔ́:rd]

The car is too expensive! I can't **afford** to buy it.
그 차는 너무 비쌉니다! 나는 그것을 살만한 여유가 없습니다.

> a + ford(further:더 나아가서) → (지금 금액·시간보다) 더 나아갈 수 있다 → ~을 할[살] 여유가 있다

47 deposit
[dipázit]

He put down a five hundred-dollar **deposit** on the car.
우리는 그 차에 500달러의 보증금을 걸었다.

> de(away: 떨어뜨려) + posit(put: 놓다) → put away → (따로 놓아 둔) 돈 → 1. 보증금 2. 예금

48 compensate
[kámpənsèit]

The victims will be **compensated** for their property losses.
피해자들은 그들의 재산 손실에 대해 보상금을 받을 것이다.

> com(with) + pens(weigh: 무게를 재다) → (무게를 재서 손해를 본 쪽에) 1. 보상금을 주다 2. 보상하다

49 refund
[rifʌ́nd]

I immediately went back to the store and asked for a **refund**.
나는 즉시 상점으로 돌아가서 환불을 요구했다.

> re(back: 뒤) + fund(pour: 붓다) → (받은 것을) 도로 쏟아 부어 내놓다 → 환불하다

53 tariff
[tǽrif]

The government decided to impose **tariffs** of 30% on imported steel.
정부는 수입 철강에 대해 30%의 관세를 부과하기로 결정했다.

> 유래: 빚[신세]를 지다(owe) : 지불 요금(fees to be paid) → (수입·수출 시) 지불해야 하는 요금 → 관세

Unit 10

71

11_1 세금·이익·손실
고급 중급

세금	01 declare	1. v. (과세 물품, 소득 등을) **신고하다**	declaration n. 신고(서); 선언
		2. v. (주장·의견·방침 등을 외부에) **선언[선포]하다**	
이익·손실	02 profit	n. (장사·사업을 해서 남은) **이익, 이윤**	profitable a. 이익이 남는
	03 margin	1. n. (상품을 팔고 남은) **판매수익, 마진**	marginal a. 주변부의; 미미한; 여백의
		n. (승자와 패자 간의) **득점[득표, 시간] 차이**	marginalize v. 하찮은 존재로 만들다
		2. n. (지면 가장자리의 빈) **여백**	
	04 lucrative	a. (사업·거래 등이) **돈벌이가 되는, 수익성이 좋은**	
	05 surplus	1. n. (수입이 지출을 초과하는) **흑자**	
		2. n. (필요로 하는 것보다 많은) **과잉**	
	06 deficit	1. n. (지출이 수입을 초과하는) **적자**	
		2. n. (필요로 하는 것보다 적은) **부족(액)**	

기본 rich 부유한 millionaire 백만장자 / poor 가난한

---

01 **declare**
[dikléər]

A customs official politely asked him if he had anything to **declare**.
한 세관원이 공손하게 그에게 신고할 것이 있는지를 물어 보았다.

de(강조) + clare(clarify: 분명히 말하다) ─ (세무 기관에) 분명히 말하다 → 1. 신고하다
└ (외부에) 분명히 말하다 → 2. 선언하다

---

02 **profit**
[práfit]

The company **profits** rose by more than ten percent last year.
작년에 회사의 수익이 10% 이상 증가했다.

▷ pro(forward: 앞으로) + fit(make: 만들다) → (장사가 앞으로 나아가 만들어 낸) 이익, 이윤

---

04 **lucrative**
[lú:krətiv]

We see this as a potentially, very **lucrative** market for our company.
우리는 이곳을 우리 회사를 위한 잠재적으로 매우 수익성이 좋은 시장으로 보고 있다.

lucra(gain: 벌다) + tive → (많은 돈을) 버는 → 수익성이 좋은

---

05 **surplus**
[sə́:rplʌs]

The country recorded a trade **surplus** of 25 million dollars last year.
그 나라는 작년에 이천오백만 달러의 무역 흑자를 기록했다.

sur(over: 위에) + plus(more: 더 많은) → (위로) 더 많이 있는 → 흑자, 과잉

---

06 **deficit**
[défəsit]

The country has a huge **deficit** in wheat but a sizable surplus in rice.
그 나라는 밀은 크게 부족하지만 쌀은 상당한 잉여가 있다.

de(down: 아래로) + fic(do: 하다) → (한 일의 결과가) 아래에 있는 것 → 부족, 적자

부유	07 **wealthy**	a. (특히) (출신·배경이 좋아서) **부유한**		wealth n. 부
	08 **affluent**	a. (매우) (경제적으로 풍족한): **부유한**		affluence n. 부유, 풍요
	09 **enrich**	1. v. (사람·나라 등을) **부유하게 하다**		enrichment n. 풍부[부유]하게 하기
		2. v. (다른 것을 추가하여) **질을 높이다, 풍성하게 하다**		
가난	10 **poverty**	n. (물질적으로 극히 힘든 상태): **가난, 빈곤**		
	11 **broke**	a. (가진) **돈이 없는, 무일푼의**		
	12 **impoverish**	v. (무엇이 누구를) **가난[빈곤]하게 하다**		impoverishment n. 빈곤화
	13 **charity**	n. (어려움에 처한 사람을 도와주는) **자선 (단체)**		charitable a. 자선의; 자선을 베푸는
은행	14 **deposit**	1. v. (돈을) **예금[예치]하다** n. 예금		
		2. n. (맨 처음 내는) **보증[착수]금** v. 보증금[착수금]을 내다		
	15 **withdraw**	1. v. (예금을) **인출하다**		withdrawal n. 인출; 탈퇴; 철수; 철회
		2. v. (조직·활동·경기 등에서) **탈퇴[기권]하다[시키다]**		
		3. v. (했거나 하기로 한 것을) **철회하다, 도로 거둬들이다**		
		4. v. (뒤로) **물러나다, 빼내다; 철수하다[시키다]**		
기본	bank 은행 save 저축하다; 남겨두다			

08 affluent
[ǽfluənt]

Many people still live in poverty even in **affluent** countries like the U.S.
미국과 같은 부유한 나라들에서 조차 많은 사람들이 여전히 빈곤 속에서 살고 있다.

a(to) + flu(flow: 흐르다) + ent → (재산이) 흘러 넘치는 → **부유한**

09 enrich
[inrítʃ]

The discovery of oil in the 1990s **enriched** the country economically.
1990년대의 석유 발견은 그 나라를 경제적으로 부유하게 만들었다.

en(make) + rich(부유한, 풍성한) → 1. 2. 부유[풍성]하게 하다

10 poverty
[pávərti]

Nearly half of the region's population lives in extreme **poverty**.
그 지역 인구의 거의 반이 극빈 상태에서 산다.

pover(poor: 가난한) + ty → 가난, 빈곤

12 impoverish
[impávəriʃ]

The country has been **impoverished** by decades of drought and war.
그 나라는 수십 년간의 가뭄과 전쟁으로 가난해졌다.

im + pover(poor: 가난한) + ish → 가난[빈곤]하게 하다

13 charity
[tʃǽrəti]

The businessman has donated millions of dollars to **charities** each year.
그 사업가는 매년 수백만 달러를 자선 단체에 기부했다.

char(dear: 소중한) + ity → (가난한 사람을) 소중히 여기는 곳 → **자선 (단체)**

Unit 11

고급 중급

은행	16 **account**	1. n. (금융 기관의) (예금) **계좌**		accounting n. 회계
		2. n. (사건·상황에 대한) **설명, 기술** v. (~ for) **설명하다**		accountant n. 회계사
		3. n. (-s) (돈의 출납을 기록·관리하는) (회계) **장부**		
	17 **balance**	1. n. (예금 중 쓰고 남은) **예금 잔고**		balanced a. 균형 잡힌
		2. n. (치우치지 않은) **균형, 평형** v. **균형을 잡다[이루다]**		⊖ imbalance n. 불균형
대출	18 **loan**	n. (돈을 빌리는) **대출(금)** v. **빌려주다**		
	19 **mortgage**	n. (부동산을 담보로 하는) (담보) **대출(금)** v. **저당 잡히다**		
소유	20 **possess**	1. v. (무엇을) (재산·소유물로서) **소유[소지]하다**		possession n. 소유; (-s) 소유물, 소지품
		2. v. (특별한) (능력·성질 등을) **지니다, 갖추고 있다**		possessive a. 소유욕이 강한
	21 **own**	1. v. (무엇을) (법적으로) **소유하다**		owner n. 소유자
		2. a. (소유·독자성을 강조하여): **자기 자신[소유]의**		ownership n. 소유권
	22 **belong**	1. v. (~ to) (무엇이) **~의 소유[것]이다**		belonging n. (-s) 소유물, 소지품
		2. v. (~ to) (특정 단체·집단 등의) **소속이다, 속하다**		
보유	23 **retain**	v. (현재의 상태·지위 등을) (계속) **유지[보유]하다**		retention n. 보유, 유지
기본	have 가지다, 지니다 private 개인 소유의 public 공적인, 공공의 / keep 계속 갖고 있다			

---

17 **balance**
[bǽləns]

Please check your bank **balance** before making large purchases.
큰 금액의 구매를 하는 전에는 은행 잔고를 확인하십시오.

> ba(two: 둘) + lance(scale pan: 저울 접시) ─ (두 개의) 저울 접시 → 2. 균형, 평형
> └ (입출금된 돈이 균형을 이루고 남은) 1. 잔고

---

19 **mortgage**
[mɔ́ːrgidʒ]

The **mortgage** will be repaid over 10 years, with equal monthly payments.
그 담보 대출은 동일한 월 지불액으로 10년에 걸쳐 상환됩니다.

> mort(dead: 죽은) + gage(pledge: 서약) → 모두 갚으면 계약(서약)이 종료(죽는)되는 대출 → (담보) 대출(금)

---

20 **possess**
[pəzés]

To rent a car, you must be over 18 and **possess** a driver's license.
자동차를 빌리려면 18세 이상이고 운전 면허증을 가지고 있어야 한다.

> poss(able: 할 수 있는) + ess(sit: 앉다) → (자리를 차지하고) 앉을 권한이 있다 → 소유하다

---

22 **belong**
[bilɔ́ːŋ]

Do you know who this scarf **belong** to? I found it under the table.
이 스카프가 누구의 것인지 압니까? 그것을 테이블 아래에서 발견했습니다.

> be(강조) + long(relate to: ~와 관련되다) → (~와 전적으로) 관련되다 → 1. 소유이다 2. 소속이다, 속하다

---

23 **retain**
[ritéin]

He **retained** his championship title seven times before a defeat in 2011.
그는 2011년 패배 전까지 일곱 차례 챔피언 타이틀을 지켜냈다.

> re(back) + tain(hold) → hold back(저지하다) → (잃거나 빼앗기는 것을) 저지하다 → 유지[보유]하다

보유	24 cherish	1. v. (감정·추억·희망 등을) 마음속에 간직하다	
		2. v. (몹시 좋아해서) 소중히 여기다, 아끼다	
저장	25 store	1. v. (일정한 곳에 모아) 저장하다 n. 저장소; 저장품	storage n. 저장
		2. n. (물건을 파는) 상점, 가게 (= shop)	
	26 reserve	1. v. (나중에 쓰기 위해) 남겨[떼어]두다 n. 비축(예비)(물)	reservation n. 예약
		2. v. (좌석·방·표 등을) 예약하다	
	27 warehouse	n. (물건을 저장·보관하는) 창고, 저장소	
재고	28 stock	1. n. (갖추어 놓은) 재고(품) v. 상품을 갖추어 놓다	
		2. n. (주식회사의) 주식; 주식 자본	
	29 inventory	n. (장소 내의) 물품 목록; 재고(품) v. ~의 목록을 만들다	
제거	30 remove	v. (원래) (있던 곳에서) 없애다, 제거하다, 치우다	removal n. 제거, 없애기
	31 dispense	1. v. (~ with) (더 이상) (불필요한 것을) 없애다, 생략하다	dispensation n. 나누어[베풀어] 줌
		2. v. (사람들에게) 나누어 주다, 내놓다	dispensable a. 없어도 되는, 불필요한 indispensable a. 없어서는 안 될
	32 eliminate	v. (원치, 필요치 않는 것을) (완전히) 없애다, 제거하다	elimination n. 제거

---

²⁴ **cherish**
[ʧériʃ]

I will always **cherish** the memories of the time I spent with him.
나는 늘 그와 함께 보낸 시간의 추억을 마음속에 간직할 것이다.

cher(dear: 소중한) + ish → 2. 소중히 여기다 → (소중한 것을) 1. 마음속에 간직하다

---

²⁷ **warehouse**
[we'rhau,s]

Finished goods are stored in the **warehouse** for a short time.
완제품은 단기간 창고에 보관된다.

ware(물품) + house(집) → (물품을 보관하는) 집 → 창고

---

²⁹ **inventory**
[ínvəntɔ̀:ri]

We made an **inventory** of everything in our school laboratory.
우리는 학교 실험실에 있는 모든 것의 목록을 만들었다.

invent(find: 찾다) + ory → (찾아낸 것의) 목록 → 물품 목록; 재고(품)

---

³¹ **dispense**
[dispéns]

Credit cards **dispense** with the need for cash when you are abroad.
신용카드는 해외에 있을 때 현금의 필요성을 없애준다.

dis(out: 밖) + pense(weigh: 무게를 달다) ┬ (무게를 달아 정량을) 2. 나누어 주다, 내주다
└ (나누어줘 버리고) 1. 없애다

---

³² **eliminate**
[ilímənèit]

A smartphone **eliminates** the need to carry a laptop everywhere you go.
스마트폰은 가는 곳마다 휴대용 컴퓨터를 가지고 다녀야 하는 필요를 없애준다.

e(out: 밖) + limin(threshold: 문지방) → (문 밖으로) 내보내다 → 없애다

Unit 11

고급 중급

폐기·처분	33 discard	v. (불필요한 것을) 버리다, 폐기하다 (= scrap)	
	34 scrap	1. v. (불필요한 것을) 버리다, 폐기하다 (=discard) n. 폐품 2. n. (종이·옷감 등의) 조각; 조금	scrappy a. 단편적인, 조각조각의; 허접스러운
	35 dump	1. v. (원치 않는 것을) (부적절한 곳에) 내버리다 2. v. (아무렇게나) 털썩 내려놓다[떨어뜨리다]	dumping n. 내버리기
	36 dispose	1. v. (~ of) (성가신) (골칫거리를) 처분[처리]하다 2. v. (특정 위치에 / 특정 방식으로) 배치하다 3. v. (사물·상황이) ~에게 ~의 경향을 갖게 하다	disposal n. 처분 disposable a. 일회용의 n. 일회용품 disposition n. 배치, 배열: 기질, 성향
근절·추출	37 eradicate	v. (완전히) (나쁜 것을) 뿌리째 뽑다, 근절하다	eradication n. 근절, 박멸
	38 extract	v. (힘들게) (밖으로) 뽑아내다, 추출[발췌]하다	extraction n. 뽑아냄, 추출
	39 dispel	v. (불필요한) (생각·감정 등을) 떨쳐[쫓아] 버리다	
삭제	40 delete	v. (기록·저장된) (글·데이터 등을) 삭제하다	deletion n. 삭제
	41 erase	v. (완전히) (글자·생각·기억 등을) 지우다	erasure n. 지워 없앰, 삭제 eraser n. 지우개

기본 | use 소비하다, 쓰다

---

34 scrap
[skræp]

The plane was **scrapped** because of the damage at the landing.
그 비행기는 착륙시의 손상으로 인해 폐기되었다.

유래: 긁다(scratch) ┬ (긁혀서 못 쓰게 되어) 1. 폐기하다
　　　　　　　　 └ (긁어서 떨어져 나온) 2. 조각

---

36 dispose
[dispóuz]

The problem of **disposing** of nuclear waste has not yet been solved.
핵 폐기물을 처리하는 문제는 아직까지 해결되지 않다.

dis(apart: 떨어져) + pose(put: 놓다) ┬ (멀리) 떨어뜨려 놓다 → 1. 처분하다
　　　　　　　　　　　　　　　　 ├ (적절한 곳에) 떨어뜨려 놓다 → 2. 배치하다
　　　　　　　　　　　　　　　　 └ (적절한 곳에) 마음을 놓고 싶게 하다 → 3. 경향을 갖게 하다

---

37 eradicate
[irǽdəkèit]

The disease has been completely **eradicated** thanks to vaccinations.
그 질병은 예방 접종 덕분에 완전히 근절되었다.

e(out: 밖) + radic(root: 뿌리) → (밖으로) 뿌리째 뽑아 내다 → 근절하다

---

38 extract
v. [ikstrǽkt]
n. [ékstrækt]

You may need to have a tooth **extracted** if it has been severely damaged.
이가 심하게 손상되었으면 이를 뽑아야 할 필요가 있을지도 모릅니다.

ex(out: 밖) + tract(draw: 끌다) → (밖으로) 끌어내다 → 뽑아내다

---

39 dispel
[dispél]

In an interview, the president tried to **dispel** doubts about his leadership.
인터뷰에서 대통령은 자신의 지도력에 대한 의구심을 떨쳐 내려고 했다.

dispel(away: 떨어져) + pel(drive: 내몰다) → (떨어지도록) 내몰다 → 떨쳐 버리다

소비·고갈	42 consume	1. v. (연료·에너지·시간 등을) 소비[소모]하다 2. v. (많은 양을) 먹다, 마시다	consumption n. 소비 consumer n. 소비자
	43 exhaust	1. v. (힘·자원을) 다 써 버리다, 고갈시키다 n. 배기가스 2. v. (몸을) 기진맥진하게 만들다	exhaustion n. 고갈; 기진맥진 exhausted a. 고갈된; 기진맥진한
절약	44 economize	v. (돈·물품·시간 등을) 아끼다, 절약하다	economy n. 절약, 검약; 경제 economical a. 경제적인, 절약이 되는
	45 conserve	1. v. (자원·에너지 등을) 아끼다, 절약하다 2. v. (손상·파괴되지 않게) 보존[보호]하다	conservation n. 보존, 보호 conservationist n. 자연 보호론자
	46 thrifty	a. (신중하게 써서) 절약[검약]하는 (= frugal)	thrift n. 검약, 검소
	47 frugal	a. (신중하게 써서) 절약[검약]하는 (= thrifty)	frugality n. 검약
	48 stingy	a. (돈의 씀씀이가) 인색한, 구두쇠의	
	49 miser	a. (돈에 지나치게 인색한) 구두쇠, 수전노	miserly a. 인색한
낭비	50 waste	1. v. (돈·시간 등을) 허비[낭비]하다 n. 허비, 낭비 2. n. (사용 후 남겨진 못 쓰게 된) 폐물, 폐기물	wasteful a. 낭비적인
	51 extravagant	a. (지나치게) 낭비하는, 사치스러운	extravagance n. 낭비, 사치
기본	save 아끼다, 절약하다		

---

43 exhaust
[igzɔ́ːst]

The world's oil supply is likely to be **exhausted** within a few generations.
세계의 석유 비축량은 몇 세대 안에 고갈될 가능성이 있다.

ex(off) + haust(draw) → draw off(물을 다 빼내다) → 1. 고갈시키다 2. 기진맥진하게 만들다

---

46 thrifty
[θrífti]

She has worked very hard and lived a **thrifty** life on a tight budget.
그녀는 매우 열심히 일하고 긴축 예산으로 검소한 생활을 해 왔다.

유래: 번영하다(thrive) → (번영하려고) 절약[검약]하는

---

47 frugal
[frúːgəl]

As a child, I was always taught to be **frugal** and save for a rainy day.
어렸을 때 나는 절약하고 만일을 대비해 저축을 하라고 늘 교육을 받았다.

frug(fruit: 결실) + al → (성공의 결실을 위해) 절약[검약]하는

---

48 stingy
[stíndʒi]

The rich man was so **stingy** that he wouldn't ever spend anything.
그 부유한 남자는 너무 인색해서 어떤 것에도 돈을 쓰려고 하지 않았다.

---

49 miser
[máizər]

There lived a rich **miser** who spent most of his time in counting his money.
대부분의 시간을 돈을 세는 데 보내는 한 부유한 수전노가 살고 있었다.

---

51 extravagant
[ikstrǽvəgənt]

She made a lot of money and enjoyed an **extravagant** lifestyle.
그녀는 많은 돈을 벌었고 낭비가 심한 생활 방식으로 살았다.

extra(outside: 밖) + vag(wander: 떠돌아다니다) → (돈이 밖으로) 떠돌아다니는 → 낭비하는

Unit 11

UNIT 12

노동·생산 Ⅰ
labor & production 1

12_1 노동·일·실행

고급 중급

노동·일	01 labor	n. (몸을 움직여 하는) **노동(력)** v. **노동하다**		laborer n. 노동자
	02 task	n. (특히) (힘들거나 싫은) **일, 과업** v. **일을 부과하다**		
	03 affair	1. n. (개인·사회·국가 관련) (사적 / 공적인) **일, 문제, 사건** 2. n. (어떤 대상·상황 등에 대해) (막연히) **일, 문제, 사건**		
	04 mission	1. n. (다른 곳으로) (파견되는 사람의) **임무** 2. n. (스스로) (자신의 의무로 느끼는) **사명, 천직**		missionary n. (외국파견) 선교사
	05 chore	n. (반복되는) (일상의) **허드렛일**, (가정의) **잡일**		
	06 errand	n. (남이 부탁한 일을 해 주는) **심부름**		
	07 workload	n. (맡아서 하는 일의 분량): **업무[작업]량**		
실행·실천	08 implement	1. v. (결정·계획대로) **실행하다** (= execute) 2. n. (간단한 야외 작업용) **도구, 기구**		implementation n. 실행, 이행
기본		work 일하다 job 일, 일거리 matter 일, 문제, 사건 / do 하다 act 행하다 action 행동 activity 활동		

---

01 labor
[léibər]

Since the Industrial Revolution, machines have replaced human **labor**.
산업 혁명 이후 기계가 인간의 노동력을 대체해 왔다.

03 affair
[əféər]

He is widely regarded as an expert on foreign **affairs** and national security.
그는 외교 문제와 국가 안보 전문가로서 널리 인정받고 있다.

af(to) + fair(do: 하다) → to do → (해야 할) 일 → 일, 문제, 사건

05 chore
[tʃɔ:r]

Wives spend more time doing household **chores** than their husbands.
부인들은 남편들보다 자질구레한 집안 일에 더 많은 시간을 보낸다.

06 errand
[érənd]

I sent her on an **errand** to look for an open store and buy some milk.
나는 그녀에게 열린 가게를 찾아 우유를 사오라고 심부름을 보냈다.

07 workload
[wə́:rkloud]

A heavy **workload** can negatively affect your physical health.
심한 업무량은 육체 건강에 부정적인 영향을 미칠 수 있다.

work(일) + load(부담) → (부담한) 일의 양 → 업무[작업]량

08 implement
[ímpləmənt]

The government took the necessary steps to **implement** the plans.
정부는 그 계획을 시행하는 데 필요한 조치를 취했다.

im(in: 안) + ple(fill: 채우다) ── (안을) 채워 넣다 → 1. 실행하다
                            └─ (어떤 일을 실행하기 위한) 2. 도구

고급 중급

실행·실천	└ 09 execute	1. v. (결정·계획대로) **실행하다** (=implement)		execution n. 집행; 사형
		2. v. (범죄인을) **사형[처형]하다**		executive n. 경영진; a. 경영[행정]의
	10 practice	1. n. (일상에서) (실제로 하는) **실행, 실천** v. **실행[실천]하다**		practical a. 실제[현실]적인; 실용적인
		2. (기능·기술 등을) **연습하다** n. **연습**		practicable a. 실행[실현] 가능한
		3. n. (일상화된) **관례, 관행** v. **늘 행하다**		
수행·이행	┌ 11 perform	1. (일·업무를) **수행하다** (= conduct)		performance n. 수행; 성과; 공연
		2. v. (연극·음악 등을) **공연[연기, 연주]하다**		performer n. 연기[연주]자; 수행자
	└ 12 conduct	1. v. (일·업무를) **수행하다** (= perform) n. **수행**		conductor n. 지휘자
		2. n. (도덕·윤리적) **행동, 행실** v. **행동[처신]하다**		⊖ misconduct n. 비행
		3. v. (오케스트라·합창단 등을) **지휘하다**		
	13 fulfill	1. v. (요구·기대·필요 등을) **충족시키다, 이행하다**		fulfillment n. 이행, 완수; 충족; 실현
		2. v. (꿈·희망·목표 등을) **실현[성취]하다**		
하지 않다	14 skip	1. v. (일의 어느 부분을) **거르다, 건너뛰다**		
		2. v. (경쾌하게) **깡충깡충 뛰다** n. **깡충깡충 뜀**		
	┌ 15 refrain	v. (의도적으로) (하고 싶은 것을) **삼가다, 그만두다**		
기본	fail (~하지) 않다[못하다] miss 하지 못하다, 놓치다			

---

09 execute
[éksikjùːt]

Whenever you're ready, go ahead and **execute** the plan.
준비가 되면 언제든지 추진해서 계획을 집행하십시오.

ex(out) + ecute(follow: 따르다) → follow out(지시를 따르다) ─ (지시에 따라) 1. 실행하다
└ (지시대로) 2. 사형하다

11 perform
[pərfɔ́ːrm]

A computer is so fast that it can **perform** a huge task in a few seconds.
컴퓨터는 너무 빨라서 엄청나게 많은 일을 몇 초 만에 수행해낼 수 있다.

per(completely)+ form(provide: 제공하다) ─ (일·임무 등을) 완전히 제공하다 → 1. 수행하다
└ (공연·연주를) 제공하다 → 2. 공연[연주]하다

12 conduct
v. [kəndʌ́kt]
n. [kándʌkt]

They are **conducting** a survey to find out exactly what consumers want.
그들은 소비자들이 정확히 무엇을 원하는지 알기 위해 조사하고 있다.

con(together: 함께) + duct(lead: 이끌다) ─ (함께 이끌어 일을) 1. 수행하다
─ (이끄는 결과가 도덕적인지의 관점의) 2. 행위, 행실
└ (오케스트라를) 이끌다 → 3. 지휘하다

13 fulfill
[fulfíl]

They promised to help her and her family, but failed to **fulfill** their promise.
그들은 그녀와 그녀의 가족을 도와주기로 약속했지만, 그 약속을 이행하지 않았다.

full(가득한) + fill(채우다) → (가득) 채우다 → 충족시키다; 실현하다

15 refrain
[rifréin]

In many restaurants today, customers are asked to **refrain** from smoking.
오늘날 많은 레스토랑에서 손님들은 흡연을 삼가 달라는 요청을 받는다.

re(강조) + frain(bridle: 굴레) → (충동·욕구에) 굴레를 씌우다 → 삼가다

Unit 12

하지 않다	└ 16 abstain	1. v. (하고 싶은 것을) (건강·도덕상) **삼가다, 절제하다**	abstention n. 기권: 자제
		2. v. (투표에서) **기권하다**	abstinence n. 자제, 금욕
노력·시도	17 **effort**	n. (무엇을 이루기 위한) **노력, 수고, 애**	effortless a. 노력이 필요 없는, 쉬운
	18 **attempt**	v. (힘들거나 위험한 일을) **시도[기도]하다** n. **시도**	
	┌ 19 **seek**	1. v. (무엇을) (이루거나 얻으려고) **노력[시도]하다**	seeker n. 구하는 사람
		2. v. (필요로 하는 것을) **찾다, 구하다**	
	└ 20 **endeavor**	v. (새로운 일, 힘든 일을 하려고) **노력하다** n. **노력, 시도**	
	21 **bother**	1. v. (무엇을 하려고) (일부러) **애쓰다, 신경 쓰다**	bothersome a. 성가신
		2. v. (남을) **신경 쓰이게 하다, 귀찮게 하다** n. **성가심**	
분투	┌ 22 **struggle**	1. v. (있는 힘을 다해) **분투하다** (= strive) n. **분투**	
		2. v. (서로 뒤엉켜) **싸우다, 격투하다** n. **격투**	
	└ 23 **strive**	v. (있는 힘을 다해) **분투하다** (= struggle)	
의도·의지	24 **intend**	v. (무엇을 하려고) **의도[작정]하다**	intention n. 의도
			intentional a. 의도적인
			intent a. 몰두[열중]하는; 작정한 n. 의도
기본	try 노력[시도]하다		

16 abstain
[æbstéin]

Pregnant women should **abstain** from smoking cigarettes.
임신한 여성은 흡연을 삼가야 한다.

abs(away from: ~에서 떨어져) + tain(hold: 유지하다) ┌ (담배·술에서 떨어져) 1. 삼가다
└ (투표에서 떨어져) 2. 기권하다

19 seek
[si:k]

Many companies are **seeking** to reduce their costs by outsourcing.
많은 회사들이 아웃소싱을 통해 그들의 비용을 줄이려고 노력하고 있다.

20 endeavor
[indévər]

They are **endeavoring** to improve their qualities of life in their countries.
그들은 자신들의 나라의 삶의 질을 개선하기 위해 노력하고 있다.

en(in: 속) + deavor(duty: 의무) → (의무감 속에서 힘껏) **노력하다**

22 struggle
[strʌgl]

He **struggled** to control his anger at his daughter's disobedience.
그는 딸의 반항에 분노를 참으려고 애썼다.

23 strive
[straiv]

We always **strive** for the highest standards of customer service. .
우리는 최고 수준의 고객 서비스를 위해 늘 분투하고 있다.

24 intend
[inténd]

The advertisements are **intended** to increase awareness of the product.
그 광고는 제품에 대한 인지도를 높이기 위해 의도된 것이다.

in(toward: 방향) + tend(stretch: 뻗다) → (~쪽으로) 마음을 뻗다 → **의도하다**

의도·의지	25 deliberate	1. a. (우연이 아니라) **의도적인, 고의의**		deliberation n. 숙고; 신중함
		2. a. (서두르지 않고) **신중한, 사려 깊은**		
		3. v. (결정하기 전에) **숙고[심의]하다**		
	26 will	1. n. (어떤 목적을 이루려는) **의지(력)**		
		2. n. (사후 상속에 관한 의사를 밝힌) **유언장**		
우연·운수	27 random	a. (우연에 맡겨) **되는 대로의, 무작위의**		randomize v. 임의[무작위] 추출하다
	28 spontaneous	a. (행동·현상 등이) **저절로 일어나는, 자발적인**		spontaneity n. 자발성
성공·성취	29 achieve	v. (노력 끝에) **성취[달성]하다** (= accomplish, attain)		achievement n. 성취, 달성: 업적
	30 accomplish	v. (노력 끝에) **성취[달성]하다** (= achieve, attain)		accomplishment n. 성취, 완수: 업적
	31 attain	1. v. (노력 끝에) **성취[달성]하다** (=achieve, accomplish)		attainment n. 성취, 달성: 도달: 성과
		2. v. (특정 수준·상태에) **이르다, 도달하다**		
	32 realize	1. v. (희망·계획 등을) (실제로) **실현[달성]하다**		realization n. 실현: 깨달음, 인식
		2. v. (새로운 것, 몰랐던 것을) **깨닫다, 알아차리다**		

기본	accident 우연 chance 우연, 운 lucky 운이 좋은 fortunate 운이 좋은 / succeed 성공하다

25 deliberate
a. [dilíbərət]
v. [dilíbərèit]

I believe this was a **deliberate** attempt to hide and cover up the fact.
나는 이것이 사실을 감추고 은폐하려는 의도적인 시도라고 믿고 있다.

de + liber(저울질하다) → (저울질하듯) 2. 신중한 1. 의도적인 → (신중히) 3. 숙고하다

28 spontaneous
[spantéiniəs]

The crowd gave a **spontaneous** cheer when the news was announced.
그 소식이 발표되자 군중들은 자연스럽게 환호를 했다.

spont(willingly: 자진해서) + aneous → (자진해서) 저절로 일어나는

29 achieve
[ətʃíːv]

He eventually **achieved** his dream of becoming a great pianist.
그는 위대한 피아니스트가 된다는 꿈을 결국 이루었다.

a(to: 방향) + chieve(end: 끝) → (목적의 끝에) 이르다 → 성취하다

30 accomplish
[əkámpliʃ]

They **accomplished** the task in less than twenty-four hours.
그들은 24시간 이내에 그 일을 해냈다.

ac(to) + compl(fill up: 가득 채우다) → (무엇을 완전히) 채우다 → 성취[완수]하다

31 attain
[ətéin]

He has **attained** the highest score on the mathematics test.
그는 수학 시험에서 최고점을 받았다.

at(to) + tain(touch: 닿다) → (목표에) 닿다 → 달성하다; 도달하다

성공·성취	33 **manage**	1. v. (어렵고 힘든 일을) **간신히[용케] 해내다** 2. v. (업무·조직·사업체 등을) **관리하다**	management n. 관리; 경영자(들) manager n. 관리자
번창·위업	34 **prosper**	v. (사업 등이) **번영[번창]하다** (= thrive, flourish)	prosperous a. 번영하는, 부유한 prosperity n. 번창, 번영
	35 **thrive**	v. (사업 등이) **번영[번창]하다** (= prosper, flourish)	thriving a. 번영[번성]하는
	36 **flourish**	v. (사업 등이) **번영[번창]하다** (= prosper, thrive)	flourishing a. 번영[번성]하는
	37 **feat**	n. (훌륭하게 이루어 낸) **위업, 공적**	
효과적	38 **effective**	1. a. (결과가 의도한 바대로) **효과적인, 유효한** 2. a. (법률·공문서·계약 등이) **시행[발효]되는**	effect n. 효과, 결과, 영향; 발효, 실시 ⊖ ineffective a. 효과가 없는
	39 **efficient**	a. (낭비 없이) **능률[효율]적인**	efficiency n. 능률, 효율
	40 **fruitful**	a. (한 일이) **결과가 좋은, 유익한**	⊖ fruitless a. 무익한, 성과 없는
	41 **promising**	a. (앞으로 잘될 희망이 있는): (장래가) **유망한, 촉망되는**	
소용없는	42 **vain**	1. a. (아무 쓸모나 득이 없는): **헛된, 소용없는** (= futile) 2. a. (외모·능력 등을) **몹시 뽐내는, 자만심이 강한**	vanity n. 자만심
	43 **futile**	a. (아무 쓸모나 득이 없는): **헛된, 소용없는** (= vain)	futility n. 무용, 무익
기본	possible 가능한 / fail 실패하다		

---

³⁴ **prosper**
[prɑ́spər]

The economy **prospered**, growing at an annual rate of seven percent.
경제는 연 7% 성장하면서 번창했다.

pro(forward: 앞으로) + sper(hope: 희망) → (희망한 바대로 앞으로) 잘 나아가다 → **번영하다**

---

³⁵ **thrive**
[θraiv]

The business **thrived** above and beyond his expectations.
사업은 그의 기대 이상으로 번창했다.

유래: 꽉 붙잡다 (grasp) → (돈·재물을 꽉 붙잡아서) **번영하다**

---

³⁶ **flourish**
[flə́ːriʃ]

Online businesses are **flourishing** globally with competitive prices.
온라인 사업이 경쟁력 있는 가격으로 세계적으로 번성하고 있다.

flour(flower: 꽃) + ish → (꽃이 활짝 피듯) **번영하다**

---

³⁷ **feat**
[fiːt]

Getting spacecraft into space is an incredible **feat** of engineering.
우주선을 우주로 보내는 일은 엔지니어링의 믿기 힘든 위업이다.

유래: 만들다(make) → (만들어 낸) 것 → (이루어 낸) 것 → **위업, 공적**

---

⁴³ **futile**
[fjúːtl]

He tried his best to hide his true emotions, but all his efforts proved **futile**.
그는 자신의 진짜 감정을 숨기려고 최선을 다했으나 그의 모든 노력은 헛된 것임이 드러났다.

fut(pour out: 흘러나오다) + ile → (채워 넣어도 금세 흘러나와서) **헛된, 소용없는**

12_6 위임·대리·도움

인수·착수	44 assume	1. v. (어떤 일에 대한) (책임·권한을) **(떠)맡다**	assumption n. 인수, 떠맡기; 추정
		2. v. (일단 사실일 것으로) **추정[추측]하다**	
	45 undertake	v. (일을) (책임지고 맡아서) **착수하다**	undertaking n. (중요하거나 힘든) 일
위임	46 entrust	v. (남에게) (일을) **맡기다**	
	47 delegate	1. v. (남에게) (권한·업무 등을) **위임하다**	delegation n. 위임
		2. v. (집단·단체의) **대표[대리]자로 임명하다** n. 대표자, 대리인	
대리·대표	48 represent	1. v. (개인·조직을) **대리[대표]하다**	representation n. 대표, 대리; 표현, 묘사
		2. v. (사물·기호 등이) (무엇을) **나타내다, 상징하다**	representative n. 대표자 a. 대표하는
	49 agent	n. (남의 직무·권한을 대행해 주는) **대리인, 중개인**	agency n. 대행 회사, 대리점
	50 behalf	n. (on ~ of , on one's ~) **~을 대신[대표]하여, ~을 위해**	
도움·지원	51 assist	v. (함께 하여) (주가 되는 사람을) **돕다, 보조하다**	assistance n. 도움, 보조
			assistant n. 보조자
	52 aid	1. v. (필요로 하는 것을) (제공·지원해서) **돕다** n. 도움	
		2. v. (돈·물품을) (곤경에 처한 나라에) **원조하다** n. 원조	
기본	help 돕다, 도움이 되다 support 지원하다		

---

44 assume
[əsú:m]

Mr. Whitman will **assume** the role of president of the company.
화이트맨씨가 회사의 사장직을 맡을 것이다.

as(to: 방향) + sume(take: 취하다) ┌ (역할을 취해서) 1. (떠)맡다
└ (짐작을 취해서) 2. 추정하다

---

45 undertake
[ə'ndərtei,k]

He **undertook** the project of building a new bridge across the river.
그는 강을 건너는 새로운 다리 건설 프로젝트를 맡았다.

under(아래) + take(취하다) → (아래로 내려오는 일을 취하여) 떠맡다 → (떠맡아) **착수하다**

---

46 entrust
[intrʌst]

They were **entrusted** with the task of preparing for the conference.
그들에게는 회의를 준비하는 일이 맡겨졌다.

en(in: 안) + trust(신뢰하다) → (신뢰하여 안에) **맡기다**

---

47 delegate
n. [déligət]
v. [déligèit]

Daily operational and administrative tasks should be **delegated** to staff.
일상의 운영과 관리상의 업무는 직원들에게 위임 되어야 한다.

de(away: 다른 데로) + leg(depute: 위임하다) → (위임하여) 다른 데로 보내다 → **위임하다; 대표자로 임명하다**

---

48 represent
[rèprizént]

He was the first black tennis player chosen to **represent** the U.S.
그는 미국을 대표하기 위해 선발된 첫 흑인 테니스 선수였다.

re(강조) + present(place before: 앞에 놓다) → (맨 앞에) 놓다 → 1. 대표하다 2. 나타내다

Unit 12

83

노동·생산 II
labor & production 11

13_1 도움·호의·협력

[고급] [중급]

도움·지원	01 **oblige**	1. v. (부탁·요구 등의) (남의) **청을 들어주다, 도움을 베풀다**	obliging a. 기꺼이 남을 도와주는
		2. v. (의무이거나 필요에 의해) **부득이 ~시키다**	obligatory a. 의무적인
호의·복지	02 **favor**	1. n. (남에게 베푸는) **친절한 행위, 호의**	favorable a. 호의적인; 유리한
		2. n. (개인적 선호에 따른) **찬성, 지지; 편애** v. **선호하다**	
	03 **altruism**	n. (타인을 위하는) **이타주의**	altruistic a. 이타(주의)적인
	04 **welfare**	1. n. (생활 향상·사회 보장을 위한) **복지[후생] (사업)**	
		2. n. (건강·편안·행복한 상태): **안녕, 행복**	
협력·자원	05 **cooperate**	v. (서로 힘을 합하여) **협력[협동, 협조]하다**	cooperation n. 협력, 협동
	06 **collaborate**	v. (다른 사람·단체와) **공동으로 일하다[연구하다]**	collaboration n. 합작, 공동 연구
	07 **volunteer**	v. (스스로) **자진[자원]하여 하다** n. **자원자, 자원 봉사자**	voluntary a. 자발적인, 자원한
격려·고무	08 **encourage**	1. v. (힘을 내도록) **격려[고무]하다** (= inspire)	encouragement n. 격려, 고무
		2. v. (무엇을 하도록) **권장[장려, 조장]하다**	

---

01 **oblige**

[əbláidʒ]

Let me know if you need more information on this - I'd be happy to **oblige**.
이것에 관해 더 많은 정보가 필요하시면 알려주세요. 제가 기꺼이 도와드리겠습니다.

> ob(to) + lige(bind: 묶다) ┌ (남의 부탁에) 자기 자신을 묶다 → 1. 청을 들어주다
> └ (어떤 것에 묶여) 2. 부득이 ~시키다

---

03 **altruism**

[ǽltruːìzm]

True **altruism** is behavior that benefits others even at the expense of self.
진정한 이타주의는 자신을 희생해서라도 다른 사람들에게 이익을 주는 행위이다.

> altrui(others: 타인들) + sm(주의) → (타인을 위하는) 주의 → 이타주의

---

04 **welfare**

[wélfɛər]

The government provides many types of social **welfare** programs.
정부는 많은 종류의 사회 복지 프로그램을 제공한다.

> wel(well: 잘) + fare(get along: 지내다) → (잘) 지내다 → 복지; 안녕

---

06 **collaborate**

[kəlǽbərèit]

The companies are **collaborating** on developing new technologies.
그 회사들은 새로운 기술 개발을 공동으로 하고 있다.

> col(together: 함께) + labor(work: 일하다) → (함께) 일하다 → 공동으로 일하다

---

07 **volunteer**

[vὰləntíər]

Many friends **volunteered** to help us with our wedding preparation.
많은 친구들이 우리의 결혼 준비를 자진해서 우리를 도와주었다.

> volunt(of free will: 자유 의지의) + eer → (자유 의지에 따라) 자진하여 하다

격려·고무	└ 09 inspire	1. v. (힘을 내도록) **격려[고무]하다** (= encourage) 2. v. (무엇이) (창작·발명의) **영감을 주다**; (감정을) **불어넣다**	inspiration n. 격려, 고무, 영감 inspirational a. 고무하는; 영감을 주는
	10 stimulate	v. (활발해지도록) (활동·반응·흥미를) **자극하다**	stimulation n. 자극[고무]하기 stimulus n. 자극
촉진·육성	┌ 11 promote	1. v. (성장·증가하도록) **촉진[육성]하다** (= foster) 2. v. (더 높은 직위로) **승진[진급]시키다**	promotion n. 촉진, 육성; 승진, 진급
	└ 12 foster	1. v. (성장·증가하도록) **촉진[육성]하다** (= promote) 2. v. (남의 자식을) **수양자식으로 기르다** a. 수양-	
	13 motivate	v. (의욕을 갖도록) **동기를 부여하다**	motive n. 동기 motivation n. 동기 부여
	14 incentive	n. (의욕을 높이기 위한) **장려책, 인센티브**	⊖ disincentive n. 의욕을 꺾는 것
만류·단념	15 discourage	v. (하고자 하는) **의욕을 꺾다, 단념시키다**	discouragement n. 낙담, 만류
	16 frustrate	v. (이루지 못한 일이) **좌절감을 주다**; **좌절시키다**	frustration n. 좌절감, 불만
부지런한	┌ 17 diligent	a. (일을 하는 데에) **근면한, 부지런한** (= industrious)	diligence n. 근면
	└ 18 industrious	a. (일을 하는 데에) **근면한, 부지런한** (= diligent)	industry n. 근면; 산업
[기본]	hard 열심히 / busy 바쁜 leisure 여가		

09 inspire
[inspáiər]

He **inspired** the team to play with confidence, enthusiasm, and pride.
그는 팀이 자신감과 열정, 자부심을 가지고 경기를 하도록 격려했다.

> in(안) + spire(breathe: 숨) → 숨(생기)을 안으로 넣어 주다 → 1. 고무하다 2. 영감을 주다

10 stimulate
[stímjulèit]

The government plans to reduce taxes to **stimulate** the economy.
정부는 경제를 활성화하기 위해 세금을 감면할 계획이다.

> stimul(prick: 찌르다) + ate → (찔러서) 자극하다

11 promote
[prəmóut]

They launched an advertising campaign to **promote** their new product.
그들은 새로운 제품을 판촉하기 위해 광고 캠페인을 시작했다.

> pro(forward) + mote(move: 움직이다) → (앞으로) 움직이게 하다 → 1. 촉진하다 2. 승진시키다

12 foster
[fɔ́ːstər]

The U.S. has tried hard to **foster** better relations with China and Russia.
미국은 중국과 러시아와 좋은 관계를 조성하려고 애를 썼다.

> 유래: 먹이다(feed) ┬ (영양분을 먹여서) 1. 촉진[육성]하다
> └ (데려다 먹이면서) 2. 수양자식으로 기르다

18 industrious
[indʌ́striəs]

He has been an **industrious** worker all his life, unlike his lazy father.
그는 그의 게으른 아버지와 다르게 그는 평생 근면한 노동자였다.

> indu(in: 안) + str(build: 짓다) → (안에) 부지런히 무엇을 짓는 → 근면한

Unit 13

고급 중급

활발한	19 active	a. (활기가 넘쳐서) (움직임·태도 등이) **활동[적극]적인**	
	20 brisk	a. (움직임·활동 등의) (진행이) **빠른, 활발한**	
	21 dynamic	a. (힘·진행·사람이) (정체됨이 없이) **역동적인, 활발한**	dynamics n. 동력, 원동력, 역학
전념·헌신	22 devote	v. (노력·시간 등을) **다 바치다, 헌신하다** (= dedicate)	devotion n. 헌신
	23 dedicate	v. (노력·시간 등을) **다 바치다, 헌신하다** (= devote)	dedication n. 전념, 헌신
	24 commit	1. v. (오직) (한 가지에만) **전념하다** 2. v. (진심으로) **약속하다** 3. v. (나쁜 짓이나 범죄를) **저지르다, 범하다**	commitment n. 전념; 약속
게으른	25 lazy	a. (일·활동을 싫어해서) **게으른, 나태한**	
	26 passive	a. (적극성·자발성이 없이) **수동적인, 소극적인**	passivity n. 수동성
과학·기술	27 skill	n. (오랜 훈련·경험으로 얻은) **기술, 솜씨, 기량**	skilled a. 숙련된 skillful a. 솜씨 좋은
	28 craft	n. (손으로 물건을 정교하게 만드는) **(수)공예** v. (특히 손으로) **정교하게 만들다**	craftsman n. 장인 craftsmanship n. (장인의) 솜씨[작품]
기본	science 과학 technology 기술 technical 기술의 engineer 기사		

20 brisk
[brisk]

Brisk walking is one of the best forms of exercise for beginners.
활기차게 걷기는 초보자들에게 최고의 운동 방법 중 하나이다.

22 devote
[divóut]

He devoted his life to helping the poor and sick.
그는 일생을 가난하고 병든 사람들을 위해 바쳤다.

de(formally: 정식으로) + vote(vow: 맹세하다) → (다 바칠 것을) 정식으로 맹세하다 → 헌신하다

23 dedicate
[dédikèit]

Since that time, he has dedicated himself to helping those in need.
그때 이후로 그는 도움을 필요로 하는 사람들을 돕는 일에 헌신했다.

de(away: 떨어져) + dic(proclaim: 선언하다) → (다른 것과는 떨어져 있겠다고) 선언하다 → (오직 한 가지 일에) 헌신하다

24 commit
[kəmít]

He remained a committed member of the party until his death.
그는 죽을 때까지 그 당의 헌신적인 당원이었다.

com(together) + mit(send: 보내다) ─ 모두 맡기다(보내다) → (자신을 맡겨) 1. 전념하다 2. 약속하다 └ (나쁜 일에 자신을 맡겨) 3. 저지르다, 범하다

26 passive
[pǽsiv]

Her son lacked self-confidence and was very passive.
그녀의 아들은 자신감이 부족했고 매우 수동적이었다.

pass(suffer: 고통을 받다) + ive → (저항하지 않고) 고통을 받는 → 수동적인

28 craft
[kræft]

Many traditional crafts are disappearing as a result of industrialization.
많은 전통 수공예가 산업화의 결과로 사라지고 있다.

발명·개발	29 invent	1. v. (새로운 것을) **발명하다** 2. v. (사실이 아닌 것을 지어내) **날조하다**	invention n. 발명(품); 날조 inventor n. 발명가
	30 pioneer	n. (새로운 땅이나 분야의) **개척자, 선구자** v. 개척하다	
	31 patent	n. (발명품 등의) **특허(권)** a. 특허(권)의 v. 특허를 받다	patentee n. 특허권 보유자
생산·제조	32 industry	1. n. (생산 목적의 경제 활동): **산업** 2. n. (부지런히 일하는 특성): **근면(성)**	industrial a. 산업의 industrialize v. 산업화하다 industrious a. 근면한
	33 manufacture	v. (대량으로) (기계를 써서) **제조[생산]하다** n. 제조, 생산	manufacturer n. 제조업자
	34 assemble	1. v. (하나의 구조물로) (여러 부품을) **조립하다** 2. v. (특정 목적을 위해) **모이다, 모으다, 집합하다[시키다]**	assembly n. 조립; 집회
	35 yield	1. v. (이익·결과·농작물 등을) **산출하다** n. 산출량, 수익 2. v. (상대의 요구·압력·설득에) **양보[굴복]하다**	
	36 generate	v. (에너지나 전에 없던 것을) **발생시키다**	generation n. (전기 등의) 발생; 세대
	37 create	v. (새롭거나 독창적인 것을) **창조[창작]하다**	creation n. 창조 creative a. 창조적인
기본	make 만들다 produce 생산하다 form 형성되다[하다]		

30 pioneer
[pàiəníər]

Edison invented the light bulb and was a **pioneer** in the field of electricity.
에디슨은 전구를 발명했으며 전기 분야의 선구자이었다.

> 유래: 보병(foot solder) → (최전선에서 싸우는) 보병 → 개척자, 선구자

31 patent
[pǽtnt]

Legally a machine can be protected by **patent** for twenty years.
법적으로 기계는 20년 동안 특허권으로 보호를 받을 수 있다.

> 유래: 공개된 문서(open document) → (독점적 권리가 있음을) 공개한 문서 → 특허(권)

33 manufacture
[mænjufǽktʃər]

GM **manufactures** about half of the cars sold in the United States.
GM은 미국에서 판매되는 자동차의 반 정도를 생산한다.

> manu(hand: 손) + fac(make: 만들다) → (손으로) 만들다 → (기계로) 제조하다

34 assemble
[əsémbl]

A car is said to be **assembled** from tens of thousands of parts.
한 대의 자동차는 수만 개의 부품으로 조립된다고 한다.

> as(to) + semble(together: 함께) → (함께) 2. 모으다 → (모아서) 1. 조립하다

35 yield
[ji:ld]

Last year the farm **yielded** a crop worth more than eight million dollars.
작년 그 농장은 8백만 달러 이상의 가치의 작물을 수확했다.

> 유래: 지불하다(pay) ┬ (투입된 것이) 결과를 지불하다 → 1. 산출하다
└ 상대에게 내주다(지불하다) → 2. 양보[굴복]하다

Unit 13

고급 중급

생산·제조	38 output	n. (만들어내는 물건의 양): 생산[산출]량	⊖ input n. 투입(량)
공장·기계	39 plant	1. n. (대규모의) (제조) 공장, 생산 설비 2. n. (풀·나무 등의) 식물 v. (식물·씨앗을) 심다	plantation n. 조림지; (열대 지방의 대규모) 농장
	40 mechanism	n. (일정한 작업을 수행하는) 기계 장치; (구조화된) 방법	
	41 mechanic	n. (기계·차량 등을 수리·정비하는) 기계[수리]공	mechanical a. 기계(상)의
	42 equipment	n. (특정 목적의) 장비	equip v. (장비를) 갖추어 주다
기구·도구	43 device	n. (특정 목적의) 고안 장치[기구]	devise v. 고안하다
	44 apparatus	n. (특정 목적의) (한 세트의) 기구, 장치	
	45 instrument	1. n. (과학·의학용의) (정밀) 기구 2. n. (연주하는 데 쓰는) 악기	instrumental a. 악기의; (어떤 일에) 중요한
	46 implement	1. n. (간단한) (야외 작업용) 도구, 기구 2. v. (결정·계획대로) 실행하다	implementation n. 실행, 이행
	47 spade	n. (날 부분이) (네모진) 삽	
	48 shovel	n. (날 부분이) (둥근) 삽 v. 삽으로 뜨다	

기본 | factory 공장 / machine 기계 motor 모터 robot 로봇 / tool 도구 hammer 망치 nail 못 screw 나사

---

40 **mechanism**
[mékənìzm]

This **mechanism** is delicate and should be handled with care.
이 기계 장치는 정교해서 주의 깊게 다루어야 한다.

mechan(machine: 기계) + ism → (기계) 장치, 메커니즘

---

41 **mechanic**
[məkǽnik]

My father is a **mechanic**. He repairs cars in his repair shop.
내 아버지는 수리공이다 그는 정비소에서 자동차를 고친다.

mechan(machine: 기계) + ic → 기계공

---

44 **apparatus**
[æpərǽtəs]

Firemen wearing breathing **apparatus** entered the burning house.
산소 호흡기를 착용한 소방관들이 불타고 있는 집으로 들어갔다.

ap(to) + para(make ready: 준비시키다) → (사용할 수 있게) 준비 된 것 → 기구, 장치

---

45 **instrument**
[ínstrəmənt]

Quality surgical **instruments** are essential for successful surgery.
고급 외과 수술 기구는 성공적인 수술에 필수적이다.

in(on: 위) + struc(pile: 쌓다) ─ 어떤 작업(위에 쌓는 일)을 할 때 것 → 1. 기구
└ 음악 연주 기구 → 2. 악기

---

46 **implement**
[ímpləmənt]

Most of the poor farmers used only traditional agricultural **implements**.
그 가난한 농부들의 대부분은 전통적인 농기구만을 사용했다.

im(in: 안) + ple(fill: 채우다) → (안을) 채워 넣다 ─ 2. 실행하다
└ (어떤 일을 실행하기 위한) 1. 도구

13_6 작동·고장·수리

	49 **operate**	1. v. (움직여 일하게) (기계·장비 등을) **작동하다[되다]**	operation n. 작동; 운영; 수술
작동·조작		2. v. (회사·조직·제도 등을) **운영[경영]하다[되다]**	operational a. 작동[운영]상의
		3. v. (병이나 상처가 난 자리를) **수술을 하다**	operator n. 조작[운전]자
	50 **activate**	v. (기능·반응 등이) (활동을 시작하게) **활성화시키다**	activation n. 활성화; 작동
	51 **manipulate**	1. v. (기계·도구·정보 등을) (능숙하게) **다루다**	manipulation n. 솜씨 있는 취급[조종];
		2. v. (원하는 바대로) (교묘하고 부정하게) **조종[조작]하다**	교묘한 조종
	52 **manual**	1. a. (일·조작 등을) **손으로 하는, 수동의**	
		2. n. (기계·컴퓨터 등의) **설명[안내]서**	
고장	53 **breakdown**	n. (기계·시스템·관계 등이) (작동을 멈추는) **고장, 실패**	
	54 **malfunction**	n. (몸·기계 등이) (제대로 기능하지 않는) **기능 부전[불량]**	
		v. **제대로 기능하지 않다**	
수리·보수	55 **fix**	1. v. (고장 등을) **수리[수선]하다** (= repair, mend)	fixed a. 고정된; 확고한
		2. v. (한 곳에) **고정시키다**; (날짜·장소 등을) **정하다**	
		3. v. (간단한) **식사를 준비하다**	

기본 | control 조종[제어]하다 handle 다루다 automatic 자동의 / remodel 리모델링하다

---

50 **activate**
[ǽktəvèit]

The alarm is **activated** by simply pressing the button for a few seconds.
그 경보기는 단지 버튼을 몇 초 동안 누르면 작동된다.

active(활동적인) + ate → (활동적으로) 만들다 → 활성화시키다

---

51 **manipulate**
[mənípjulèit]

Computers are very efficient at **manipulating** large amounts of data.
컴퓨터는 많은 양의 데이터를 처리하는 데 아주 효율적이다.

mani(hand: 손) + pul(fill: 채우다) → (손 안에 채워 넣고) 1. 잘 다루다 2. 조종하다

---

52 **manual**
[mǽnjuəl]

People in **manual** jobs are more likely to be physically injured at work.
육체노동 일을 하는 사람들은 일을 하다가 신체적으로 부상을 입을 가능성이 더 많다.

manu(hand: 손) + al → 1. 손으로 하는 → (손으로 다루는 법을 소개한) 2. 설명[안내]서

---

53 **breakdown**
[brei'kdau,n]

His twelve-year-old car had a **breakdown** on the highway yesterday.
어제 그의 12년된 차가 고속도로에서 고장이 났다.

유래: 구동사 break down(고장나다)의 명사화 → 고장

---

54 **malfunction**
[mælfə'ŋkʃən]

An engine **malfunction** caused the plane to crash into the sea.
엔진 기능 장애로 인해 그 비행기는 바다로 추락했다.

mal(wrong: 잘못된) + function(기능) → (기능이) 잘못된 상태 → 기능 부전

Unit 13

노동·생산 III
labor & production III

14_1 수리·사용·활용

고급 중급

수리·보수	└ 01 repair	v. (고장 등을) **수리[수선]하다** (= fix, mend) n. **수리, 수선**	repairman n. 수리공
	02 **mend**	1. v. (고장 등을) **수리[수선]하다** (= repair, fix)	mender n. 수리[수선]하는 사람
		2. v. (구멍이 난) (옷·신발을) **수선하다** n. 수선한 부분	
	03 renovate	v. (낡은 건물·가구를) **보수[개조]하다**	renovation n. 보수, 개조
사용·활용	┌ 04 utilize	v. (효과적으로) (잘) **활용[이용]하다**	utilization n. 이용
			utility n. 유용(성): (-ies) 공익 설비
	└ 05 exploit	1. v. (무엇을) (최대한 잘) **활용하다**; (자원 등을) **개발하다**	exploitation n. (부당한) 이용: 개발: 착취
		2. v. (무엇을) (부당하게) **이용하다**; (노동력을) **착취하다**	exploiter n. (이기적인) 이용자, 착취자
		3. n. (모험적·영웅적인) **위업, 공적**	
	06 harness	1. v. (동력원으로) (자연의 힘을) **이용하다**	
		2. n. (말을 부리는 데 쓰는) **마구** v. **마구를 채우다**	

기본 | use 사용하다 recycling 재활용

---

01 **repair**
[ripέər]

He had his car repaired in an auto **repair** shop.
그는 한 자동차 정비소에서 그의 차를 수리했다.

re(again: 다시) + pair(prepare: 준비하다) → (다시) 준비하다 → 수리하다

03 **renovate**
[rénəvèit]

They **renovated** the old building and made it a modern office building.
그들은 낡은 건물을 수리해서 현대적인 사무실 빌딩으로 만들었다.

re(again: 다시) + nov(new: 새로운) → (다시) 새롭게 하다 → 보수하다

04 **utilize**
[júːtəlàiz]

Project managers need to **utilize** limited resources more effectively.
프로젝트 매니저들은 한정된 자원을 더 효과적으로 활용할 필요가 있다.

util(useful: 유용한) + ize → 유용하게 하다 → 활용하다

05 **exploit**
v. [iksplɔ́it]
n. [éksplɔit]

The company **exploited** the new technology most effectively.
그 회사는 그 새로운 기술을 가장 효과적으로 잘 활용했다.

유래: 성공(success) → (옛 로마에는 수단 방법을 가리지 않고) ┌ 1. 활용·이용·개발·착취하여
└ 2. 위업을 이루는 것을 성공으로 여겼음

06 **harness**
[háːrnis]

Mankind has **harnessed** the power of the wind for a variety of tasks.
인류는 다양한 일에 풍력을 활용해 왔다.

har(army: 군대) + ness(equipment: 장비) ┌ (기병대의 중요한) 군대 장비 → 2. 마구
└ (마구를 채워 말을) 1. 이용하다

	07 apply	1. v. (일·상황에) (원리·지식·기술을) **적용[응용]하다**	application n. 적용, 응용; 지원(서), 신청; 바르기
		2. v. (일자리·대학 등에) **지원하다**; (허가 등을) **신청하다**	applicant n. 지원[신청]자
사용·활용		3. v. (크림·페인트 등을) **바르다**	
	08 adopt	1. v. (사용하지 않던) (새로운 것을) **채용[채택, 차용]하다**	adoption n. 채용, 채택; 입양
		2. v. (남의 자식을) **입양하다**	adoptive a. 양자 관계의
	09 abuse	1. v. (무엇을 옳지 않게) **남용[오용]하다** n. 남용, 오용	abusive a. 학대[욕지거리]하는
		2. v. (사람·동물을 가혹하게) **학대하다** n. 학대	abuser n. 남용자; 학대하는 사람
	10 exert	1. v. (이루어 지도록) (권력·영향력 등을) **행사하다**	exertion n. (권력·영향력 등의) 행사; 노력, 분투
		2. v. (~ oneself) (있는 힘을 다해) **힘껏 노력하다**	
	11 practical	1. a. (실생활에서 유용·타당한): **실용적인**	practicality n. 실용성; 실제적임
		2. a. (관념적·이론적이 아닌) **실지의, 실제적인**	⊖ impractical a. 비실용[비현실]적인
유용·편리	12 constructive	a. (발전·개선의 방향으로 나아가는): **건설적인**	construct v. 건설하다
	13 convenient	a. (이용하기 쉽고 편한): **편리한, 간편한**	convenience n. 편리
			⊖ inconvenient a. 불편한
	14 available	1. a. (물품·시설을) **입수[이용]할 수 있는**	availability n. 입수[이용] 가능
		2. a. (바쁘지 않아서) (만날) **시간[여유]이 있는**	avail v. 도움이 되다, 쓸모가 있다

07 **apply**
[əplái]

Most judges do the best they can to **apply** the law fairly and objectively.
대부분의 판사들은 법률을 공정하고 객관적으로 적용하기 위해 최선을 다한다.

ap(to) + ply(fold: 포개다) ─┬─ (포개서) 접촉시키다 → (지식 등을) 접촉시키다 → 1. 적용하다,
　　　　　　　　　　　　　├─ (회사 등에 접촉해서) 2. 지원[신청]하다
　　　　　　　　　　　　　└─ (크림 등을 표면에) 접촉시키다 → 3. 바르다

08 **adopt**
[ədápt]

The English language has **adopted** words from many other languages.
영어는 많은 다른 언어에서 단어를 차용해 왔다.

ad(to) + opt(choose: 선택하다) ─┬─ (무엇을 선택하여) 1. 채용[채택]하다
　　　　　　　　　　　　　　　└─ (친자식으로 선택하여) 2. 입양하다

09 **abuse**
[əbjúːz]

He has repeatedly **abused** his authority as mayor.
그는 시장으로서의 권한을 반복적으로 남용해 왔다.

ab(away: 벗어나) + use(사용하다) → (권한 등을) 벗어나게 사용하다 → 1. 2. 남용[학대]하다

10 **exert**
[igzə́ːrt]

He **exerted** all his authority to make them change their decision.
그는 그들이 결정을 바꾸도록 하기 위해 그의 모든 권한을 행사했다.

ex(out: 밖) + ert(join: 합치다) ─┬─ (권력 등을) 밖으로 합치다 → 1. 행사하다
　　　　　　　　　　　　　　　└─ (모든 힘을) 합쳐 밖으로 내놓다 → 2. 힘껏 노력하다

Unit 14

12 **constructive**
[kənstrʌ́ktiv]

The meeting was very **constructive** and I got a lot of valuable information.
회의는 매우 건설적이었고 나는 많은 귀중한 정보를 얻었다.

con(together: 함께) + struct(build: 세우다) → (힘을 합쳐 함께) 세우는 → 건설적인

고급 중급

적합·적절	15 suit	1. v. (무엇이) (사람·상황에) **알맞다**; (옷·색상이) **어울리다** 2. n. (격식을 차린) **정장**; (특정 활동용) **~옷[복]** 3. n. (법원에 재판을 청구하는) **소송**	sue v. 소송을 제기하다 suitable a. 적합한, 알맞은 unsuitable a. 부적합한
	16 fit	1. a. **알맞은, 적합한** (= appropriate, proper, apt) v. **적합하다** 2. a. (규칙적인 운동으로) **건강한**	⊖ unfit a. 부적합한; 건강하지 않은
	17 appropriate	a. **알맞은, 적합한** (= fit, proper, apt)	⊖ inappropriate a. 부적합한
	18 proper	a. **알맞은, 적합한** (= fit, appropriate, apt)	propriety n. 적합성, 예의 바름
	19 apt	1. a. **알맞은, 적합한** (= fit, appropriate, proper) 2. a. (선천적·본질적으로) **~하는 경향이 있는**	aptitude n. 소질, 적성
	20 decent	1. a. (사회 기준에 맞아서) **제대로 된, 괜찮은** 2. a. (언행·태도·복장 등이) **예의 바른, 단정한**	decency n. 체면, 품위; 예절
	21 optimum	a. (가장 알맞은) **최적[최고]의** n. **최적 (조건)**	optimal a. 최적[최고]의 (= optimum) optimize v. 최대한 좋게 만들다
회사·기업	22 enterprise	1. n. (영리 목적의) (일반 사업체): **회사, 기업** 2. n. (위험이 따르는 대규모의) **모험적인 사업[계획]**	
기본		company 회사 start-up 신생 기업	

---

17 appropriate
[əpróupriət]

I don't think jeans would be **appropriate** at this type of party.
청바지는 이런 종류의 파티에는 적절하지 않다고 나는 생각합니다.

> ap(to) + propri(one's own: 자기 자신의) → (자기 자신에 맞추어져) 적합한

---

19 apt
[æpt]

That's a pretty **apt** description of the situation in which we are now.
나는 그것이 지금 우리가 처해 있는 상황에 대한 꽤 적절한 묘사라고 생각한다.

> 유래: 맞추어진(fitted) ┌ (맞추어진 듯이) 1. 적합한
> └ (자신에게 맞추어진 것이어서) 2. ~하는 경향이 있는

---

20 decent
[dí:snt]

I haven't had a **decent** meal since I left home. I'm absolutely starving.
나는 집을 떠난 후 제대로 된 식사를 하지 못했어요. 배가 고파서 죽을 지경입니다.

> dec(fit: 적합한) + ent → (사회적·도덕적 기준으로) 적합한 → 1. 제대로 된 2. 예의 바른

---

21 optimum
[ɑ́ptəməm]

This program provides **optimum** conditions for effective learning.
이 프로그램은 효과적인 학습을 위한 최적의 환경을 제공한다.

> optim(best: 최고의) + um → (알맞음이) 최고인 → 최적의

---

22 enterprise
[éntərpràiz]

This is a joint **enterprise** with America and several European nations.
이것은 미국과 유럽의 여러 국가와의 벌이는 공동 사업이다.

> enter(between: 사이) + prise(take: 잡다) → (양손 사이에) 움켜진 일 → 기업; 모험적인 사업

고급 중급

회사·기업	┌ 23 **firm**	1. n. (서비스업 기반의) (소규모의) **회사**	
		2. a. (형체·구조가) **단단한, 굳은**	
		3. a. (토대·태도·신념 등이) **확고[확실]한**	
	24 **corporation**	1. n. (주식회사 형태의) (대규모의) **기업, 회사**	corporate a. 대기업의; 법인의
		2. n. (법률상의 조직체): **법인**	
	25 **incorporate**	1. v. (권리·의무를 가지는) **법인체를 설립하다**	incorporation n. 법인 설립; 포함
		2. v. (구성하는) (일부로) **포함하다**	incorporated a. 법인 조직의
본사·지사	26 **headquarters**	n. (회사·조직의) **본사, 본부**	
	27 **branch**	1. n. (일정 지역의 일을 맡아보는) **지사, 지부**	
		2. n. (나무의) **나뭇가지** v. **갈라지다**	
설립	┌ 28 **establish**	v. (회사·단체·제도 등을) (새로) **설립[제정]하다**	establishment n. 설립; 기관; 기득권층
	└ 29 **found**	1. v. (필요한) (자금을 대서) **창설[설립]하다**	foundation n. 창설, 설립; 기초, 근거
		2. v. (건물·이론·계획 등) **~의 기초[근거]를 (~에) 두다**	founder n. 창설[설립]자
직원	30 **personnel**	n. (회사·단체·군대 등의) **(총)인원, (전)직원; 인사과[부]**	
	31 **colleague**	n. (직업상의) **동료**	

기본 | **staff** (전체) 직원 **secretary** 비서 **receptionist** 응접[접수]원

---

24 **corporation**
[kɔ̀ːrpəréiʃən]

The company is a multinational **corporation** that operates in 21 countries.
그 회사는 21개국에서 영업을 하는 다국적 기업이다.

corpor(body: 몸, 조직체) + ation → (하나의) 조직체를 이룬 것 — 기업; 법인

---

25 **incorporate**
[inkɔ́ːrpərèit]

In 2018, the company was **incorporated** with a capital of $200,000.
그 회사는 2018년 $200,000의 자본금으로 법인이 되었다.

in(안에) + corpor(body: 조직) ┬ (법적인) 조직을 만들다 → 1. 법인체를 설립하다
                              └ (하나의 조직 안에) 2. 포함하다

---

26 **headquarters**
[he'dkwɔ̀ːrtərz]

The company's **headquarters** is located in Helsinki, the capital of Finland.
그 회사의 본사는 핀란드의 수도인 헬싱키에 위치하고 있다.

head(머리) + quarters(주거지) → (우두머리가) 거주하는 곳 → 본사, 본부

---

30 **personnel**
[pə̀ːrsənél]

All **personnel** are required to have picture ID cards on at all times.
전 직원은 항상 사진 신분증을 착용하도록 되어 있다.

person(사람) + el → (회사의) 모든 사람 → (총)인원, (전)직원

---

31 **colleague**
[káliːg]

Harry and I work together in the same office. He is my **colleague**.
해리와 나는 같은 사무실에서 함께 일한다. 그는 나의 동료이다.

col(with: 함께) + league(depute: 위임하다) → (한 직장에서 함께 일하도록 위임 받은) 동료

Unit 14

직원	32 entrepreneur	n. (모험적인) **사업[기업]가**	entrepreneurship n. 기업가 활동[정신]
직위	33 boss	n. (직책상의) **상관, 상사**	bossy a. 두목 행세를 하는
	34 subordinate	n. (직책상의) **부하, 하급자** a. **부차적인; 종속된**	insubordinate a. 순종하지 않는
	35 appoint	1. v. (직위·임무를 맡도록) **임명[지명]하다** 2. v. (시간·장소 등을) **정하다, 지정하다**	appointment n. 임명, 지명; 약속 appointee n. 임명된 사람
	36 promote	1. v. (더 높은 직위로) **승진[진급]시키다** 2. v. (성장·증가하도록) **촉진[육성]하다**	promotion n. 승진, 진급; 촉진, 육성
경영·관리	37 operate	1. v. (제 기능대로) (회사·조직·제도 등을) **운영하다[되다]** 2. v. (기계·장비 등을) **작동하다[되다]** 3. v. (병이나 상처가 난 자리를) **수술을 하다**	operation n. 운영; 작동; 수술 operational a. 운영 [작동]상의 operator n. 조작[운전]자
	38 administration	1. n. (사무를 맡아 하는) **관리[행정] (업무); (국가) 행정부** 2. n. (약을 먹이거나 주사하는) (약물) **투여**	administer v. 운영하다; 투여하다 administrator n. 운영[관리]자
감독	39 supervise	v. (잘못되지 않도록) **감독[관리]하다** (= oversee)	supervision n. 감독 supervisor n. 감독자
기본	manage 관리하다		

---

32 entrepreneur
[ὰːntrəprənə́ːr]

Entrepreneurs need imagination to create an original idea.
기업가는 독창적인 아이디어를 창조할 상상력이 필요하다.

entre(between: 사이) + pren(take: 잡다) → (일을) 양손 사이에 움켜쥔 사람 → (모험적인) **사업가**

34 subordinate
[səbɔ́ːrdənət]

He made it a habit to consult his **subordinates** before making decisions.
그는 결정을 하기 전에 하급자들과 상의하는 것을 습관적으로 했다.

sub(under: 아래) + ordin(order: 순서) → (순서상) 아래 → **하급자, 종속된; 부차적인**

36 promote
[prəmóut]

He has been **promoted** from assistant manager to manager.
그는 대리에서 과장으로 승진했다.

pro(forward: 앞으로) + mote(move: 움직이다) → (앞으로) 움직이게 하다 → 1. **승진시키다** 2. **촉진하다**

38 administration
[ədmìnistréiʃən]

His experience in **administration** meets the requirements of the position.
그의 관리 업무 경력은 그 직책의 요구 사항을 충족시킨다.

ad(to) + ministr(serve: 제공하다) ─ (사무 서비스를 제공하는) 1. **관리[행정] (업무); (국가) 행정부**
└ (환자에게) 약을 제공하는 일 → 2. **(약물) 투여**

39 supervise
[súːpərvàiz]

His new job is to **supervise** the overall operation of the office.
그의 새로운 일은 그 사무실의 전반적인 운영을 감독하는 것이다.

super(over: 위에서) + vise(see: 보다) → (위에서) 살피면서 지켜보다 → **감독하다**

고급 중급

감독	└ 40 oversee	v. (잘못되지 않도록) 감독[관리]하다 (= supervise)	oversight n. 감독, 관리 overseer n. 감독(자/관)
직업	┌ 41 occupation	1. n. (특히, 서류·양식 등에서) (종사하는) 직업 2. n. (남의 영토·건물 등의) 점령, 점거 3. n. (장소·공간·사물 등의) 사용, 거주	occupational a. 직업의 occupy v. 점령[점거]하다; 차지하다, 거주[사용, 점유]하다
	├ 42 profession	n. (의사·변호사 등의) (지적인) 직업, 전문직	professional a. 전문적인 n. 전문가
	├ 43 career	n. (했거나 하고자 하는) 직업(의 내역), 경력	
	└ 44 vocation	n. (타고난 직업이나 직분): 천직; 소명 (의식)	vocational a. 직업(상)의, 직업 교육의
구직	45 apply	1. v. (일자리·대학 등에) 지원하다; (허가 등을) 신청하다 2. v. (원리·지식·기술 등을) 적용[응용]하다 3. v. (표면에 크림·페인트 등을) 바르다	application n. 지원신청; 적용; 바르기 applicant n. 지원[신청]자
	46 resume	1. n. (경력을 적은) 이력서 (= résumé) 2. v. (중단되었던 일을) 다시 시작하다[되다]	resumption n. 재개
	47 recruit	v. (새로) 신입 사원[회원]을 모집하다 n. 신입 사원[회원]	recruitment n. 신규 모집 recruiter n. 신인 모집자

기본   job 직업, 일자리 amateur 아마추어 work 일하다 serve 근무[복무]하다 office 사무실

---

40 oversee
[ou'vərsi,]

A project manager has been appointed to **oversee** the project.
그 프로젝트를 감독할 프로젝트 매니저가 임명되었다.

over(위) + see(보다) → (위에서) 지켜보다 → 감독[관리]하다

---

41 occupation
[àkjupéiʃən]

Please state your name, age, sex and **occupation** in the box below.
당신의 성명, 나이, 성별, 직업을 아래의 박스에 기술하십시오.

occup(occupy: 차지[사용]하다) + ation → 2. 점거 3. 사용 — 고용(사용)된 일자리 → 1. 직업

---

44 vocation
[voukéiʃən]

He regards his work as a **vocation**, not just a job or a career.
그는 그의 일을 단순한 직업이나 경력이 아니라 소명으로 여긴다.

voc(call: 부르다) + ation → (신의 부르심에 응하여 갖게 된) 소명

---

46 resume
1. [rézumèi]
2. [rizú:m]

He sent his **resume** to 70 companies, but did not get a single interview.
그는 70 군데의 회사에 이력서를 보냈지만 단 한 군데도 면접을 보지 못했다.

유래: 요약(summary) → (거쳐 온 직업·경험 등의) 요약 → 이력서
re(again: 다시) + sume(take: 취하다) → (중단한 일을 취하여) 다시 시작하다

---

47 recruit
[rikrú:t]

Recruiting and training new staff is costly in terms of time and money.
새로운 직원을 모집하고 교육시키는 일은 시간과 돈 측면에서 비용이 많이 든다.

re(again: 다시) + cruit(grow: 커지다) → (조직 구성원의 수를) 다시 커지게 하다 → 모집하다

Unit 14

노동·생산 IV
labor & production IV

15_1 고용·사직·해고

고급 중급

고용	01 **employ**	v. (일할 사람을) **고용하다** (= hire)	employment n. 고용 employer n. 고용주 employee n. 고용인
	02 **hire**	1. v. (일할 사람을) **고용하다** (= employ) n. **신입 사원** 2. v. (물품을) **빌리다**; (~ out) **빌려주다** n. **빌림**	
사직·퇴직	03 **resign**	v. (스스로) (직장·직위를) **사직[사임]하다**	resignation n. 사직, 사임
	04 **retire**	v. (물러나야 할) (정년이 되어) **퇴직[은퇴]하다**	retirement n. 퇴직, 은퇴
	05 **pension**	n. (퇴직자·장애인 등의) **연금, 생활 보조금**	pensioner n. 연금 수령자
해고·실직	06 **dismiss**	1. v. (고용된 사람을) **해고[해임]하다** 2. v. (허락을 해서) **물러가게 하다, 해산시키다** 3. v. (가치가 없다고) **묵살[일축]하다**	dismissal n. 해고; 해산; 묵살
	07 **lay-off**	n. (일감 부족으로 인한) **일시[정리] 해고**	

---

03 resign
[rizáin]

Her father **resigned** from the company to set up his own business.
그녀의 아버지는 자신의 사업을 시작하기 위해 그 회사에서 사직했다.

> re(back: 뒤로) + sign(서명하다) → (서명을 하고) 뒤로 물러나다 → **사직[사임]하다**

04 retire
[ritáiər]

He **retired** last month after nearly thirty-five years of military service.
그는 거의 35년 간의 군복무를 한 후 지난 달 퇴직했다.

> re(back) + tire(draw: 끌다) → (지친 몸을) 뒤로 끌고 가다 → **퇴직[은퇴]하다**

05 pension
[pénʃən]

The old man lived on a small **pension** after retiring from the army.
그 노인은 군대에서 퇴역한 후 적은 연금으로 생활했다.

> pens(pay: 지급하다) + ion → (지급하는) 돈 → 연금

06 dismiss
[dismís]

He claimed that he had been unfairly **dismissed** from his post.
그는 그의 직위에서 부당에서 해고당했다고 주장했다.

> dis(apart: 떨어져) + miss(send: 보내다) → (떨어져 있게) 내보내다 → 1. 2. 3. **해고[해산, 묵살]하다**

07 lay-off
[léiɔ̀(:)f]

The dramatic fall in car sales has led to massive **lay-offs** and pay cuts.
자동차 판매의 엄청난 하락은 일시 해고와 임금 삭감으로 이어졌다.

> lay(놓다) + off(떨어져) → (일시적으로 일에서 떨어뜨려 놓는) 일시 해고

해고·실직		08 unemployed	a. (직장을 잃은 상태인): **실직한, 실업자인**	unemployment n. 실직, 실업자수
급료	┌	09 wage	n. (육체 노동에 대한) **임금**	
	└	10 paycheck	n. (일의 대가로 지급하는) **급료 (지불 수표)**	
계획·음모	┌	11 project	1. n. (사업·연구·개발 등의) **계획, 프로젝트** v. 계획하다	projection n. 추정, 예측; 투영, 영사
			2. v. (규모·비용·수량 등을) **산출[추정]하다**	projector n. 영사기
			3. v. (빛·영상을) **투영[영사]하다**	
	├	12 scheme	1. n. (목적 달성을 위한) (치밀한) **계획, 제도** v. 계획하다	
			2. n. (나쁜 목적의) (치밀한) **음모, 계략** v. 음모를 꾸미다	
	├	13 initiative	1. n. (목적 달성을 위한) (새로운) **계획**	initiate v. 시작[개시, 착수]하다
			2. n. (일을 주체적으로 이끄는) **주도(권)**	initiation n. 시작, 개시; 가입, 입회
			3. n. (스스로 결정·처리하는) **진취성, 자주성**	
	└	14 strategy	n. (전반적·종합적인 계획): **전략**	strategic a. 전략의
		15 due	1. a. (언제) **~하기로 되어 있는[예정된]**	overdue a. 기한이 지난, 연체된
			2. a. (기일이 되어) (돈을) **지불해야 하는**	
			3. a. (~ to) (어떤 일의 원인·까닭): **~ 때문에**	

기본 | **pay** 급료, 보수 **salary** (사무직원의) 급료 **tip** 팁 / **plan** 계획 **schedule** 일정 **program** 프로그램

---

09 **wage**

[weidʒ]

The workers are fighting for higher **wages** and better working conditions.
그 노동자들은 임금 인상과 근로 조건 개선을 요구하며 싸우고 있다.

---

10 **paycheck**

[peiˈʧe,k]

He used part of his **paycheck** to support his aging parents.
그는 급여의 일부를 연로하신 부모님을 부양하는 데 사용했다.

pay(급료) + check(수표) → 급료 (지불 수표)

---

12 **scheme**

[skiːm]

This **scheme** is designed to encourage development in the region.
이 계획은 그 지역의 발전을 촉진하기 위해 만들어졌다.

---

13 **initiative**

[iníʃiətiv]

The President announced a government **initiative** to help small business.
대통령은 소기업을 돕기 위한 정부의 계획을 발표했다.

in(into: 안으로) + it(go: 가다) → (주체적으로 먼저) 안으로 들어감 → 3. 진취성 2. 주도(권) 1. (새로운) 계획

---

14 **strategy**

[strǽtədʒi]

A company's business **strategy** is critical to its success.
한 회사의 사업 전략은 그것의 성공에 대단히 중요하다.

strateg(군대의 장군) + y → (장군이 세운) 계획 → 전략

---

15 **due**

[djuː]

This year new branch offices are **due** to open in London and Paris.
올해 새로운 지사가 런던과 파리에 개설될 예정이다.

유래: 빚[신세]를 지다(owe) ┬ (빚을) 2. 지불해야 하는 → (기일까지) 1. ~하기로 되어 있는
　　　　　　　　　　　　└ 신세를 진 → ~ 덕분인 → 3. 때문에

Unit 15

[고급] [중급]

계획·음모	16 plot	1. n. (몰래 꾸민 나쁜 일): **음모** v. **음모하다**	plotter n. 음모자
		2. n. (책·영화 등의) **줄거리** v. **줄거리를 세우다**	
준비	17 **arrange**	1. v. (필요한 것을) (미리) **마련[주선, 준비]해 놓다**	arrangement n. 준비, 마련; 배열
		2. v. (가지런히) **배열[정돈]하다**	
	18 **willing**	a. (마다하지 않고) **기꺼이 ~하는; 자발적인**	⊖ unwilling a. 마음이 내키지 않는
	19 **improvise**	1. v. (필요한 것을) **임시 변통으로 마련하다[만들다]**	improvisation n.즉석에서 짓기[하기]
		2. v. (연주·연설·시 등을) **즉흥적으로 하다[짓다]**	
조직화	20 **organize**	1. v. (일정한) (체계를 갖추도록) **조직하다, 체계화하다**	organization n. 조직화; 단체
		2. v. (행사·모임·여행 등을) **준비[조직]하다**	organizer n. 조직자
	21 **coordinate**	v. (전체적으로) (조화를 이루도록) **조직화하다**	coordination n. 조직(화); 조화
			coordinator n. 조정자
구조·틀	22 **mold**	1. n. (모양을 만드는) **틀, 주형** v. (틀로) **모양을 만들다**	moldy a. 곰팡이가 핀
		2. n. (어둡고 습기가 찬 곳에서 자라는) **곰팡이**	
	23 **framework**	n. (구조물의) **뼈대, 골조**; (구성·이론 등의) **틀, 체계**	
[기본]	prepare 준비[하다 ready 준비된 / structure 구조, 구조물 frame 틀, 테두리, 뼈대, 액자		

---

16 **plot**
[plat]

The **plot** was discovered before they had a chance to carry it out.
그 음모는 그들이 그것을 실행할 기회를 갖기 전에 발각되었다.

유래: 한 구획의 땅(piece of land) → (땅의) 지도 ┬ (책·영화 등의) 2. 줄거리
                                                      └ (나쁜 짓을 하기 위해 만든) 줄거리 → 1. 음모

19 **improvise**
[ímprəvàiz]

There were no tools, so he had to **improvise** with what was available.
연장이 없어서 그는 이용할 수 있는 것으로 임시 변통을 해야 했다.

im(not) + provise(foresee: 예견하다) → (예견하지 못해서) 1. 임시 변통으로 마련하다 2. 즉흥적으로 하다

21 **coordinate**
[kouɔ́ːrdənèit]

We need someone to **coordinate** the whole project from start to finish.
우리는 처음부터 끝까지 전체 프로젝트를 조직화할 사람이 필요하다.

co(together: 함께) + ordin(order: 질서) → (함께 질서를) 이루게 하다 → 조직화하다

22 **mold**
[mould]

The children **molded** the clay into a variety of shapes and forms.
그 아이들은 점토로 다양한 모양과 형태를 다져서 만들었다.

유래: 푸석푸석한 흙(loose earth) ┬ (흙 반죽에 모양을 내주는) 1. 틀, 주형
                                      └ (푸석푸석한 흙 모양의) 2. 곰팡이

23 **framework**
[frei'mwər,k]

This book provides a new **framework** for economic cooperation.
이 책은 경제 협력에 대한 새로운 틀을 제공하고 있다.

frame(틀) + work(일) → (어떤 일의 바탕이 되는) 뼈대, 틀

목적·목표	24 aim	1. n. (구체적인) **목표** v. **목표로 삼다**	aimless a. 목적이 없는	
		2. v. (총·칼·활 등을) **겨누다, 겨냥하다** n. **겨냥, 조준**		
	25 objective	1. n. (업무·사업상의) **목표**	objectivity n. 객관적임, 객관성	
		2. a. (사실을 기초로 하는): **객관적인**		
	26 sake	n. (for the ~ of … / for …'s ~) (목적·이유가) **~을 위하여**		
기능·역할	27 function	n. (고유한 구실·작용): **기능** v. **기능하다**	functional a. 기능의	
	28 role	n. (맡아서 하는) **역할**; (극 중의) **배역**		
수단·방법	29 method	n. (조직적인) **방법**	methodology n. 방법론	
	30 tactic	n. (목적 달성을 위한 개개의 방법): **전술, 방책**	tactical a. 전술적인	
절차·과정	31 procedure	n. (일의 올바른) **절차, 순서**	procedural a. 절차(상)의	
	32 process	1. n. (일·현상이 진행되는) **과정**	processor n. 가공 처리용 기계, 가공하는 사람	
		2. v. (공문서나 요청 사항 등을) **처리하다**		
		3. v. (원자재·식품 등을) **가공하다** n. **공정**		

[기본] system 시스템, 체제, 제도 network 망, 네트워크 / purpose 목적, 의도 goal 목표 target 목표(물); 과녁, 표적
vision 비전, 선견 / means 수단 technique 기법, 테크닉 style 스타일, 방식, 양식

---

24 aim
[eim]

His main **aim** in life was to earn more and more money.
그의 삶은 주요한 목표는 더욱 더 많은 돈을 버는 것이다.

> 1. 겨냥하다 → (겨냥하고 있는) 2. 목표

25 objective
[əbdʒéktiv]

The company's long-term **objective** is to increase sales by 100%.
그 회사의 장기 목표는 판매를 100% 늘리는 것이다.

> object(물체, 객체) + ive → 2. 객관적인 → (객관적인 실행) 1. 목표

26 sake
[seik]

The doctor advised him to stop smoking for the **sake** of his health.
의사는 그에게 건강을 위해서 담배를 끊으라고 조언했다.

30 tactic
[tǽktik]

The proposals were a change of **tactics** rather than a change of policy.
그 제안들은 정책의 변화라기 보다는 전술의 변화이었다.

> tac(arrange: 배열하다) + tic → (전투를 위한 군대의) 배열 방식 → 전술

31 procedure
[prəsíːdʒər]

If you follow the correct **procedure**, this can be done quickly and easily.
올바른 절차를 따른다면 이것은 빠르고 쉽게 될 수 있다.

> pro(forward: 앞으로) + ced(go: 가다) → (앞으로 나아가기 위한) 절차, 순서

32 process
[práses]

Learning a foreign language is considered a long and difficult **process**.
외국어를 배우는 것은 길고 어려운 과정으로 여겨진다.

> pro(forward: 앞으로) + cess (go: 가다) ─ (앞으로 나아가는) 1. 과정
> ─ (어떤 과정을 거쳐) 2. 처리[가공]하다

16

장소·이동·운송 I
place & movement & transportation I

16_1 지역·장소·위치

고급 중급

지역·구역	01 **region**	n. (명확한 경계 없는) (지리·환경상의) **넓은 지역, 지방**	regional a. 지방[지역]의
	02 **district**	n. (주변과 구분되는) (특정 목적·특징이 있는) **지역, 구역**	
	03 **territory**	n. (국가·개인·단체의) (권한·세력이 미치는) **영토, 영역**	territorial a. 영토[영역]의
	04 **province**	n. (한 나라의) (광역 행정 단위) **주(州), 성(省); (수도 외) 지방**	provincial a. 주[성, 현]의; 지방의
	05 **expanse**	n. (육지·하늘·바다의) **광활한 공간, 넓게 트인 지역**	expansive a. 광활한; 광범위한
	06 **local**	a. (언급·거주하고 있는 그곳의): **현지의** n. 현지인	localize v. ~을 한 지방에 국한시키다
장소·위치	07 **spot**	1. n. (주변과 구분되는) (특정) **장소**; (작은) **반점; 얼룩**	spotless a. 티끌 하나 없는
		2. v. (찾기 힘든 것을) **찾아내다, 발견하다**	
	08 **site**	1. n. (중요한) (사건·건물이 있었던) **장소, 현장** v. 위치시키다	
		2. n. (쓰임이 있는) (특정 용도의) **장소, 용지, 부지**	
	09 **venue**	n. (행사·콘서트·회의 등의) **개최[회담] 장소**	

기본   **area** 지역 **zone** 지역 **block** 한 구획 **place** 장소, 곳 **position** (상대적인) 위치 **point** 지점

---

02 district
[dístrikt]

District 4 is one of the poorest school **districts** in the state of Michigan.
구역은 미시간 주에서 가장 가난한 학군 중의 하나이다.

> di(apart: 분리) + strict(bind: 묶다) → (따로 묶어) 분리시켜 놓은 곳 → **구역**

03 territory
[térətɔ̀:ri]

Unfortunately, his plane was shot down in enemy **territory**.
불행히, 그의 비행기는 적의 영공에서 격추되었다.

> terri(land: 땅) + tory → (통치권이 미치는) 땅 → **영토, 영역**

04 province
[prάvins]

Quebec is Canada's second largest **province** with over 7 million people.
퀘벡은 7백만명 넘는 인구를 가진 캐나다의 두 번째로 큰 주이다.

> pro(before: 앞에) + vince(conquer: 정복하다) → (로마) 앞에 정복된 땅 → **지방; 주, 성**

05 expanse
[ikspǽns]

There was just one cloud in the wide **expanse** of blue sky.
광활한 푸른 하늘에 한 점의 구름만이 있었다.

> ex(out: 밖) + panse(spread: 퍼지다) → (밖으로 넓게 퍼져있는) **광활한 공간, 넓게 트인 지역**

09 venue
[vénju:]

This beautiful stadium is one of the twelve **venues** for the 2026 World Cup.
이 아름다운 경기장은 2026년 월드컵 개최 예정지 중의 하나이다.

> ven(come: 오다) + ue → (행사 참석을 위해 와야 하는) **개최[회담] 장소**

16_2 위치·배치·놓다

위치시킴	10 situate	v. (무엇을 어디에) **위치시키다** (= locate)	situation n. (건물 등의) 위치: 상황
	11 locate	1. v. (무엇을 어디에) **위치시키다** (= situate) 2. v. (무엇의 정확한) **위치[소재]를 알아내다**	location n. 소재, 위치
	12 relocate	v. (회사·공장·주민 등이) **이전[이동]하다[시키다]**	relocation n. 이전, 이동
배치·배열	13 arrange	1. v. (가지런히) **배열[정돈]하다** 2. v. (필요한 것을) (미리) **마련[주선, 준비]해 놓다**	arrangement n. 배열, 정돈: 준비, 마련, 주선
	14 array	n. (인상적으로) (배열된) **무리, 집합체** v. **배열하다**	⊖ disarray n. 혼란스러움
	15 align	v. (일직선·평행을 이루게) **나란히 정렬하다, 나란하다**	alignment n. 가지런함
놓다	16 rest	1. v. (지탱이 되도록) (~ 위에) **놓(이)다**, (~에) **기대(어 있)다** 2. n. (일하지 않으면서 쉬는) **휴식** v. **휴식을 취하다** 3. n. (전체에서 일정 부분 이외의) **나머지, 잔여**	restful a. 휴식[평안]을 주는 restless a. 가만히 있지 못하는, 불안한
	17 lean	1. v. (다른 것에) **기대다, 기대어 놓다** 2. v. (똑바르지 않고) **기울(이)다; 몸을 숙이다[젖히다]** 3. a. (군살이 없이) **마른, 호리호리한**	

기본   put 놓다 place (조심스럽게) 놓다 lay 눕히다 hang 걸다, 매달다

---

10 situate [sítʃuèit]

The hotel is **situated** in the heart of the city, surrounded by shops.
그 호텔은 상점들로 둘러싸인 도시의 중심부에 위치하고 있다.

situ(site: 장소) + ate → (어떤 장소에) 위치시키다

12 relocate [rilou'keit]

The company has **relocated** manufacturing facilities to California.
그 회사는 제조 시설을 캘리포니아로 이전했다.

re(again: 다시) + locate(위치시키다) → (다시) 위치시키다 → 이전하다[시키다]

14 array [əréi]

The Internet has a vast **array** of information resources and services.
인터넷은 엄청난 정보 자원과 서비스의 집합체이다.

a(to) + ray(ready: 준비된) → (죽 벌여 놓아) 준비시키다 → 배열하다 → (배열된) 무리

15 align [əláin]

All the desks in the classroom were neatly **aligned** in rows.
그 교실의 모든 책상은 줄지어 깔끔하게 정렬되어 있었다.

a(to) + lign(line: 선) → (선에) 맞추다 → 나란히 정렬하다

17 lean [li:n]

She sat on the sofa, and the boy stood **leaning** against the wall.
그녀는 소파에 앉아 있고 그 소년은 벽에 기대어 서 있었다.

2. 기울다 ─ (기울여서 다른 것에) 1. 기대다
─ (몸을) 기울이다 → 2. 몸을 숙이다[젖히다]
─ (가늘어서 몸이 쉽게 기울어지는 → 3. 마른, 호리호리한

고급 중급

놓다	18 **insert**	v. (속 / 사이에) **삽입하다** n. **삽입물**	insertion n. 삽입
	19 **embed**	v. (다른 물건) (속에 단단히) **박다, 끼워 넣다**	
	20 **install**	v. (장치·가구 등을) **설치하다**	installation n. 설치
	21 **suspend**	1. v. (공중에 떠있게) **매달다, 걸다**	suspension n. 중단, 유예; 정직, 정학
		2. v. (일의 진행·실행을) (일시) **중단[유예]하다**	
		3. v. (학교·직장에서) **정학[정직]시키다**	
덮다	22 **apply**	1. v. (표면에) (크림·페인트 등을) **바르다**	application n. 바르기; 지원(서), 신청; 적용, 응용
		2. v. (일자리·대학 등에) **지원하다**; (허가 등을) **신청하다**	applicant n. 지원[신청]자
		3. v. (원리·지식·기술 등을) **적용[응용]하다**	
	23 **layer**	n. (표면 위나 두 면 사이를) (덮고 있는 물질): **막, 층**	
		v. **층층이 쌓다**	
쌓다	24 **wrap**	v. (종이·천 등으로) **싸다, 포장하다** n. **랩, 싸는 물건**	⊖ unwrap v. 포장을 끄르다
	25 **pile**	n. (포개어) (겹겹이) **쌓아 올린 더미** v. **쌓다**	
	26 **stack**	n. (차곡차곡) (가지런히) **쌓아 올린 더미** v. **쌓다**	
	27 **heap**	n. (어수선하게) (아무렇게나) **쌓아 올린 더미** v. **쌓아 올리다**	
기본	cover 덮다, 덮개		

---

19 embed
[imbéd]

The doctor removed pieces of broken glass **embedded** in my foot.
의사는 내 발에 박힌 깨진 유리 조각들을 제거했다.

em(in: 속) + bed(바닥) → (바닥 속에) **박다, 끼워 넣다**

20 install
[instɔ́:l]

The PC doesn't have enough memory to **install** the software package.
그 PC는 그 소프트웨어 패키지를 설치할 만큼 메모리 용량이 충분하지 않다.

in + stall(place: 장소) → (장치·기구 등을 어떤 장소에) 놓다 → **설치하다**

21 suspend
[səspénd]

Various colored balloons were **suspended** from the ceiling of the hall.
다양한 색깔의 풍선이 홀의 천장에 매달려 있었다.

sus(under: 아래) + pend(hang: 매달다) ┌ (공중에 떠있게) 1. **매달다**
                                    ├ (진행·실행 되지 못하게 매달아서) 2. **중단[유예]하다**
                                    └ (등교·출근을 못하게 매달아서) 3. **정학[정직]시키다**

23 layer
[léiər]

The old book was covered with a thick **layer** of dust.
그 낡은 책은 두꺼운 먼지 층으로 덮여 있었다.

lay(놓다) + er → (층층이) 놓여진 것 → **막, 층**

26 stack
[stæk]

The storage room was completely filled with **stacks** of books.
그 창고는 책을 쌓아 올린 더미로 완전히 채워져 있었다.

27 heap
[hi:p]

To my surprise, his dirty clothes lay in a **heap** on the bedroom floor.
내가 놀랍게도, 그의 더러운 옷들이 침실 바닥에 무더기로 쌓여 있었다.

쌓다	28 tier	n. (포개어져) (층층을 이루는 것 중 하나): **층, 단, 열**	
공간	29 spatial	a. (공간(space)와 관련된): **공간의, 공간적인** (= spacial)	space n. 공간; 우주
	30 dent	n. (물체 표면의) **옴폭 들어간 곳** v. **옴폭 들어가게 하다**	
	31 vacuum	n. (공기 등의 물질이 전혀 없는) **진공; 진공 청소기** v. **진공청소기로 청소하다**	
안팎	32 inner	a. (중심부 가까이의) **내부[안쪽]의**	⊖ outer a. 외부[바깥쪽]의
	33 internal	a. (외부에 대하여) **내부[체내, 내면]의**	⊖ external a. 외부[체외, 외면]의
	34 interior	n. (건물·자동차 등의) **내부, 실내** a. **내부[실내]의**	⊖ exterior n. 외부, 외면 a. 외부[겉]의
	35 indoor	a. (건물 안의): **실내(용)의**	indoors ad. 실내에서, 실내로 ⊖ outdoor a. 실외(용)의
	36 outermost	a. (중심에서) **가장 바깥쪽의**	
위아래	37 upper	a. (상대적으로) **더 높은[위] 쪽의, 상부[상급]의**	
	38 overhead	ad. (위치가) **머리 위에, 하늘 높이** a. **머리 위의**	
기본		space 공간 room (필요한) 공간 / hole 구멍 gap 갈라진 틈; 격차 / top 맨 위, 꼭대기 upper 더 높은[위] 쪽의 / lower 더 낮은 쪽의 bottom 맨 아래 (부분), (밑)바닥 / base 기초, 토대, 기반 / front 앞부분, 앞쪽 ahead 앞(쪽)에, 앞으로 / back 뒷부분, 뒤로 behind (~의) 뒤에 side 옆(면), 측면 beside 옆에	

28 tier
[tiər]

The cake was five **tiers** high and decorated with 100 candles.
그 케이크는 높이가 5단이었고 100개의 촛불로 장식되어 있었다.

29 spatial
[spéiʃəl]

Spatial sense is the ability to perceive objects in relation to one another.
공간 감각은 서로의 관계 속에서 사물을 인식하는 능력이다.

> space(공간) + al → 공간의

30 dent
[dent]

One day, he noticed a small **dent** in the center of the front bumper.
어느 날 그는 앞 범퍼 중앙에 작은 옴폭 들어간 자국을 인지했다.

31 vacuum
[vǽkjuəm]

She dusted the furniture and **vacuumed** all the rooms and the hall.
그녀는 가구의 먼지를 털고 모든 방과 복도를 진공청소기로 청소했다.

> vac(empty: 빈) + uum → (완전히) 비어 있는 곳 → 진공

33 internal
[intə́ːrnl]

The economic crisis facing the country was caused by **internal** factors.
그 나라가 직면하고 있는 경제 위기는 내부 요인에 의해 일어났다.

> intern(inward: 내부로) + al → 내부의

36 outermost
[auˈtərmouˌst]

Neptune is an outer planet, the **outermost** planet of the solar system.
해왕성은 외행성이며, 태양계에서 가장 바깥쪽에 있는 행성이다.

> outer(바깥쪽의) + most(가장) → 가장 바깥쪽의

앞뒤	39 rear	1. n. (특히) (차량·건물 등의) **뒷부분**	
		2. v. (아이나 동물을) **기르다**	
	40 opposite	1. a. prep. (사이를 두고) **반대[맞은]편의[에]**	
		2. a. (완전히) **(정)반대의** n. **(정)반대의 것**	
중심·중간	41 pivot	n. (회전·균형의) **중심점[축]**; (가장 중요한) **중심**	pivotal a. 중심(축)이 되는
		v. (축을 중심으로) **회전하다[시키다]**	
	42 axis	n. (사물의) **축, 중심축[선]**; (도표의) **축**	
	43 halfway	a. ad. (거리·시간상) **중간[중도]의[에서]**	
모서리·끝	44 edge	n. (중심에서 가장 먼) **끝머리, 가장자리, 모서리**	edgy a. 초조한; 신랄한
	45 tip	1. n. (길고 가느다란 물체의) (뾰족한) **끝, 첨단**	
		2. n. (시중든 사람에게 주는) **팁, 사례금** v. **팁을 주다**	
		3. n. (간단한) **조언, 정보**	
		4. v. (한 쪽으로) **기울다, 기울이다**	
기본	middle 한가운데 center 중심 / corner 모서리, 구석 side 가, 가장자리 come 오다 arrive 도착하다 reach 도달하다 call 호출하다 / go 가다 head 향하여 가다 leave 떠나다 return 돌아가다 pass 지나가다 / stay 머무르다, 그대로 있다 leave 두고 가다, 남겨 놓다		

39 rear
[riər]

She took a seat in the **rear** of the bus and stared out the window.
그녀는 버스 뒷부분의 자리에 앉아서 창 밖을 응시했다.

유래: retro(behind: 뒤)의 변형 → rear → (차량·건물 등의) 1. 뒷부분
raise(기르다)의 변형 → rear → (어린 아이나 동물을) 2. 기르다

41 pivot
[pívət]

Transportation is the **pivot** of the socio-economic development of nations.
운송은 국가의 사회경제적 발전의 중심이다.

유래: 경첩 핀(hinge pin) → (회전하는 물체의) 중심점[축]

42 axis
[æksis]

The earth turns around its **axis** once every 23 hours 56 minutes.
지구는 23시간 56분마다 한 번씩 지축 주위를 돈다.

유래: 마차의 차축(axle) → (중심이 되는) 축, 중심축[선]

43 halfway
[hæ'fwei']

About **halfway** down the page, you will find what you are looking for.
페이지 중간 정도에 찾고 있는 것을 발견할 것이다.

half(반) + way(길) → (길의 반 정도 되는) 지점 → 중간[중도]의[에서]

45 tip
[tip]

She stood on the **tips** of her toes to reach for a jar on the top shelf.
그녀는 맨 위의 선반 위에 있는 병에 닿으려고 발가락 끝으로 섰다.

유래: top(맨 위)의 변형 → tip ┌ 1. (뾰족한) 끝
└ (세워진 가는 물체의 끝이 한쪽으로) 4. 기울다
주다(give) → (남에게 주는) 돈, 정보 → 2. 팁, 사례금 3. 조언

고급 중급

호출	46 summon	v. (명령을 해서) **오라고 부르다** n. 호출, 소환, 소집	
접근·경유	47 **approach**	1. v. (장소·사람 쪽으로) **다가가다, 접근하다** n. 접근 2. n. (문제 해결을 위한) **접근법** v. (문제에) **접근하다**	approachable a. 접근 가능한; 말을 붙이기 쉬운
	48 **access**	n. (사람·물건·장소로의) **접근; 접근할 권리[기회, 방법]** v. (컴퓨터 정보에) **접속하다**	accessible a. 접근하기 쉬운
	49 **via**	prep. (중간에) **~을 경유하여[통하여]**	
출발·동행	50 **depart**	v. (사람·열차 등이) (여행을) **떠나다, 출발하다**	departure n. 출발, 떠남
	51 **accompany**	1. v. (누군가와) **함께 가다, 동행하다** 2. v. (일·현상 등이) **함께 일어나다, 동반되다**	
	52 **escort**	v. (보호·안내를 하려고) **호위[호송]하다** n. 호위대[자]	
기다림	53 **await**	v. (사람·일·상황 등이) **~을 기다리다** (= wait for)	
해산·해체	54 **dismiss**	1. v. (허락을 해서) **물러가게 하다, 해산시키다** 2. v. (고용된 사람을) **해고[해임]하다** 3. v. (가치가 없다고) **묵살[일축]하다**	dismissal n. 해산; 해고; 묵살
기본	wait 기다리다 / follow 뒤따르다, 따라가다		

46 summon
[sʌ́mən]

They **summoned** an emergency meeting to discuss the situation.
그들은 그 상황을 논의하기 위해 긴급 회의를 소집했다.

sum(under) + mon(remind: 알리다) → (알려서) 오게 하다 → 호출, 소환

48 access
[ǽkses]

Today, we can **access** all kinds of information on the Internet.
오늘날, 우리는 인터넷에서 온갖 종류의 정보에 접속할 수 있다.

ac(to: 방향) + cess(go: 가다) → (향하여) 가기 → 접근

50 depart
[dipáːrt]

This flight **departs** at 11:00 am and arrives in Chicago at 4:30 pm.
이 항공편은 오전 11시에 출발하여 시카고에 오후 4시30분에 도착합니다.

de(away: 떨어져) + part(divide: 갈라지다) → (갈라져서) 떨어지다 → 떠나다

51 accompany
[əkʌ́mpəni]

Children under eight should be **accompanied** by a parent.
여덟 살 미만의 어린이들은 부모와 동행해야 한다.

ac(to: 방향) + company(함께 있음) ― (어디로) 함께 가다 → 1. 동행하다
└ (다른 일·현상 등이) 함께 있다 → 2. 동반하다

54 dismiss
[dismís]

The class was **dismissed** after a short introduction to the curriculum.
수업은 교육 과정에 대한 짧은 소개 후 끝났다.

dis(apart: 떨어져) + miss(send: 보내다) → (떨어뜨려) 내보내다 ― (모인 사람들을) 내보내다 → 1. 해산시키다
├ (고용된 사람을) 내보내다 → 2. 해고하다
└ (남의 말을) 내보내다 → 3. 묵살[일축]하다

장소·이동·운송 II
place & movement & transportation II

17_1 해산·제명·추적

고급 중급

해산·해체	01 discharge	1. v. (떠나도록 허락하여) **제대[석방, 퇴원]시키다** n. **내보냄**	
		2. v. (기체·액체 등을) **방출하다[되다]** n. **방출(물)**	
제명·추방	02 displace	1. v. (원래 자리에서) (강제로) **쫓아내다, 옮겨 놓다**	displacement n. (쫓겨난) 이동
		2. v. (밀어내고) **대신[대체]하다**	
	03 expel	v. (조직·나라 밖으로) (부적격자를) **제명[퇴학, 추방]시키다**	expulsion n. 제명, 퇴학, 추방
	04 banish	v. (장소·지역 밖으로) (처벌로서) **내쫓다, 추방하다**	banishment n. 추방
	05 exile	n. (국외로) **추방(된 사람), 망명(자)** v. **추방하다, 망명시키다**	
추적·추월	06 chase	1. v. (붙잡으려고) **뒤쫓다, 추적하다** (= pursue) n. **추적**	
		2. v. (노력하여) (부·성공 등을) **좇다, 추구하다** n. **추구**	
	07 pursue	1. v. (붙잡으려고) **뒤쫓다, 추적하다** (= chase)	pursuit n. 추적; 추구
		2. v. (무엇을 이루려고) (꾸준히) **밀고 나가다, 추구하다**	
	08 overtake	v. (뒤에서 따라잡아서) **앞지르다, 추월[능가]하다**	

---

01 discharge
[distʃɑ́ːrdʒ]

He was **discharged** from the hospital thirteen days after operation.
그는 수술을 받고 13일 후에 병원에서 퇴원했다.

> dis(opposite: 반대) + charge(짐을 싣다) → (짐을) 내리다 ┌ 내보내다 → 1. 퇴원[제대, 석방]시키다
> └ (밖으로) 내보내다 → 2. 방출하다

---

02 displace
[displéis]

Two million people have been **displaced** by the building of the dam.
이백만 명의 사람들이 그 댐의 건설로 쫓겨났다.

> dis(away: 다른 데로) + place(놓다) ┌ (강제로) 다른 곳에 놓다 → 1. 쫓아내다
> └ (쫓아내고) 2. 대신[대체]하다

---

03 expel
[ikspél]

Anyone who breaks this rule will immediately be **expelled** from camp.
이 규칙을 어기는 사람은 누구라도 즉시 캠프에서 쫓겨날 것이다.

> ex(out: 밖) + pel(drive: 몰다) → (밖으로) 몰아내다 → 쫓아내다

---

04 banish
[bǽniʃ]

The man was found guilty and **banished** to Siberia for twenty-five years.
그 남자는 유죄 판결을 받고 25년 동안 시베리아로 추방되었다.

---

05 exile
[égzail]

He is now living in **exile** in London with his wife.
그는 현재 런던에서 부인과 함께 망명 생활을 하고 있다.

> ex(away: 떨어져) + ile(wander: 떠돌아다니다) → (떨어져서) 떠돌아다니는 상태 → 망명

고급 중급

Unit 17

주도	09 initiative	1. n. (일을 주체적으로 이끄는) **주도(권)** 2. n. (스스로 결정·처리하는) **진취성, 자주성** 3. n. (새로운) **계획**	initiate v. 시작[개시, 착수]하다 initiation n. 시작, 개시; 가입, 입회
이동	10 shift	v. (이것에서 저것으로) (장소·방향·입장 등을) **바꾸다** n. **변화, 이동, 전환**	
	11 transfer	v. (한곳에서 다른 곳으로) (장소를) **옮기다** n. **이동, 이전**	transferable a. 이동할 수 있는
이주	12 migrate	1. v. (살 곳, 일할 곳을 찾아서) (사람들이) **이주하다** 2. v. (주기적으로) (동물이 철 따라) **이동하다**	migration n. 이주, 이동 migrant n. 이주자, 이동하는 동물
	13 immigrate	v. (다른 나라에서) **이주해 오다**	immigration n. (오는) 이주, 이민 immigrant n. (오는) 이주민
	14 emigrate	v. (다른 나라로) **이주해 가다**	emigration n. (가는) 이주, 이민 emigrant n. (가는) 이주민
전진·진격	15 proceed	1. v. (서 있다가) (특정 방향으로) **나아가다** 2. v. (시작·계획된 일을) **계속 진행하다[되다]** 3. v. (다른 일을 먼저 한 후) **이어서 ~을 하다**	procession n. 행진; 행렬

기본	**lead** 이끌다, 안내하다; 지휘하다 / **move** 이동하다 **motion** 운동, 움직임; 동작

---

09 initiative
[iníʃiətiv]

Apple has lost the **initiative** in the smartphone market to Samsung.
애플은 스마트폰 시장에서 삼성에 주도권을 잃었다.

> in(into: 안으로) + it(go: 가다) → (주체적으로 먼저) 안으로 들어감 → 1. 주도(권) 2. 진취성 3. (새로운) 계획

12 migrate
[máigreit]

Many workers **migrate** in search of better jobs and higher wages.
많은 노동자들이 더 좋은 일자리와 더 높은 임금을 찾아 이주한다.

> migr(move: 이동하다) + ate → 이주[이동]하다

13 immigrate
[íməgrèit]

From 2005 to 2010, 1.4 million Mexicans **immigrated** to the United States.
2005년부터 2010년까지 백사십만 명의 멕시코 사람들이 미국으로 이주해 왔다.

> im(into: 안으로) + migr(move: 이동하다) → (안으로) 이주해 오다

14 emigrate
[émigrèit]

They **emigrated** from Europe to the U.S. in search of religious freedom.
그들은 종교적 자유를 찾아 유럽에서 미국으로 이주해 갔다.

> e (out: 밖으로) + migr(move: 이동하다) → (밖으로) 이주해 가다

15 proceed
[prəsíːd]

Flight KE 907 is now boarding. Will all passengers **proceed** to gate 18?
KE 907편이 지금 탑승하고 있다. 모든 승객들은 게이트 18로 이동해 주겠습니까?

> pro(forward: 앞으로) + ceed(go: 가다) → (앞으로) 가다 → (앞으로) 1. 나아가다 2. 계속 진행하다

전진·진격	16 progress	1. v. (서서히) (앞으로) **전진하다** n. 전진	progression n. 진행, 진전
		2. v. (점차) (일이) **진척되다, 진전을 보이다** n. 진척	progressive a. 진보적인 n. 진보주의자
	17 advance	1. v. (공격하려고) (군대가) **진격하다** n. 진격	advancement n. 향상
		2. v. (실력·수준·기술 등이) **향상되다[시키다]** n. 향상	advanced a. 선진의, 고급의
		3. a. (이전에) **미리 하는, 사전의**	
후퇴	18 withdraw	1. v. (있던 곳에서) (뒤로) **물러나다, 빼내다; 철수하다[시키다]**	withdrawal n. 철수; 철회; 탈퇴; 인출
		2. v. (했거나 하기로 한 것을) **철회하다, 도로 거둬들이다**	
		3. v. (조직·활동·경기 등에서) **탈퇴[기권]하다[시키다]**	
		4. v. (예금을) **인출하다**	
	19 recede	v. (있던 곳에서) (서서히) **물러나다, 멀어지다**	recession n. 물러남; 경기 후퇴
	20 retreat	v. (패해서 / 위험 등을 피해서) **후퇴[도피]하다** n. 후퇴, 도피	
움직임	21 mobile	a. (고정되어 있지 않고) **이동할 수 있는, 기동성 있는**	mobility n. 이동성; 사회적인 유동성
	22 portable	a. (물건이) **휴대용의, 운반에 편리한**	portability n. 휴대할 수 있음
	23 jam	1. v. (문·기계 등이) **움직이지 못하게 되다[하다]** n. 걸림	
		2. v. (좁은 공간에) **잔뜩 밀어 넣다** n. 혼잡, 교통 체증	

17 advance
[ædvǽns]

The German armies crossed the border and **advanced** deep into France.
독일 군대는 국경을 건너고 프랑스 안으로 깊숙이 진격했다.

adv(from: ~부터) + ance(before: 앞) ┌ (~로부터 앞으로) 나아가다 → 1. 진격하다 2. 향상되다
└ 현재로부터 더 앞선 시간의 → 3. 사전의, 미리 하는

18 withdraw
[wiðdrɔ́ː]

The government has decided to **withdraw** its troops from the country.
정부는 그 나라에서 병력을 철수하기로 결정했다.

with(back: 뒤) + draw(끌어당기다) → (뒤로) 끌어당기다 → 철수[철회, 탈퇴, 인출]하다

19 recede
[risíːd]

The door closed and the man's heavy footsteps **receded** into the distance.
문이 닫히고 그 남자의 무거운 발소리가 차츰 멀어져 갔다.

re(back: 뒤로) + cede(go: 가다) → (뒤로) 가다 → 물러나다; 약해지다

20 retreat
[ritríːt]

After three days of fighting, they were defeated and forced to **retreat**.
3일 간의 전투 끝에 그들은 패배하고 후퇴해야만 했다.

re(back: 뒤) + treat(draw: 끌다) → (뒤로) 끌다 → 후퇴[도피]하다

22 portable
[pɔ́ːrtəbl]

A notebook computer is a small and lightweight **portable** computer.
노트북 컴퓨터는 작고 무게가 가벼운 휴대용 컴퓨터이다.

port(carry: 갖고 다니다) + able → (갖고) 다닐 수 있는 → 휴대용의

움직임	└ 24 stick	1. v. (갇혀[빠져]서) **꼼짝하지 않다[못하게 하다]**	sticky a. 끈적거리는
		2. n. (가늘고 긴) **막대기, 나뭇가지**	sticker n. 스티커
		3. (풀 등으로) **붙이다, 붙다**	
		4. (끝이 뾰족한 것을) **찌르다, 찔리다**	
	25 stall	1. v. (시동이 꺼져서) (차량·엔진 등이) **멎다, 멎게 하다**	
		2. n. (물건을 벌여 놓은) **가판대, 좌판**	
		3. (칸칸이 갈라놓은) **마구간의 한 칸**	
출입·침입	26 admit	1. v. (장소·조직·학교 등의) **입장[가입, 입학]을 허락하다**	admission n. 입장가입; 시인, 인정
		2. v. (그렇다고) **인정하다**	admittance n. 입장, 들어감
	27 penetrate	v. (속으로) **뚫고 들어가다, 관통[침투]하다**	penetration n. 관통, 침투
	28 trespass	v. (허락 없이) **무단 침입[출입]하다** n. **무단 침입[출입]**	trespasser n. 무단출입[침입]자
	29 **squeeze**	1. v. (좁은 곳에) (억지로) **집어[쑤셔] 넣다**	
		2. v. (오므려서) **꽉 쥐다; (액체를) 짜내다** n. **쥐기, 짜내기**	
오르내림	30 ascend	v. (높은 곳이나 공중으로) **올라가다, 오르다**	ascent n. 올라감; 상승; 오르막(길)
[기본]		enter 들어가다[오다] exit 출구 / rise 오르다 climb (기어)오르다	

24 stick
[stik]

She missed the flight because she got **stuck** in a traffic jam.
그녀는 교통 체증에 갇혀 꼼짝할 수 없게 되어 비행기를 놓쳤다.

> 2. stick(막대기) → (막대기로) 4. 찌르다 → (꽂아서) 3. 붙이다 → (부쳐져서) 1. 꼼짝 못하게 하다

25 stall
[stɔːl]

All of a sudden, the car **stalled** and the radio and the lights went off.
갑자기 차가 멎고 라디오와 전짓불이 나가 버렸다.

> 유래: 세우다(stand) ─ (움직이지 못하게) 세우다 → 1. 멎게 하다, 지연시키다
> ─ (가두에 세운) 2. 가판대, 좌판
> ─ (칸막이를 칸칸이 세운) 3. 마구간의 한 칸

27 penetrate
[pénətrèit]

The company must **penetrate** new markets in order to keep growing.
그 회사는 계속해서 성장하기 위해서 새로운 시장을 뚫고 들어가야 한다.

> pene(within: 안에) + tr(enter: 들어가다) → (안으로) 들어가다 → 뚫고 들어가다, 관통하다

28 trespass
[tréspəs]

You're now **trespassing** on private property! Leave or I'll call the police.
당신은 지금 개인 소유지에 무단 침입 중입니다. 떠나지 않으면 경찰을 부르겠어.

> tres(beyond: 너머) + pass(통과하다) → (남의 사유지 너머로) 통과하다 → 무단 침입[출입]하다

30 ascend
[əsénd]

She **ascended** the steep, narrow stairs to the second floor of the barn.
그녀는 헛간의 2층으로 이르는 가파르고 좁은 계단을 올라갔다.

> a(to: 방향) + scend(climb: 오르다) → 올라가다

고급 중급

오르내림	31 descend	v. (낮은 곳으로) 내려가다[오다]	descent n. 내려감; 내리막
떨어지다	32 tumble	v. (데굴데굴) 굴러 떨어지다 n. 굴러 떨어지기	
	33 plunge	v. (앞·아래·속으로) (갑자기) 떨어지다[뜨리다] n. 떨어짐	
회전·순환	34 rotate	1. v. (일정) (축을 중심으로) 회전하다[시키다] (= revolve)	rotation n. 회전
		2. v. (주기적으로 서로 바뀌도록) 교대[순환]하다[시키다]	rotary a. 회전하는
	35 revolve	v. (일정) (축을 중심으로) 회전하다[시키다] (= rotate)	revolution n. 회전; (천체의) 공전; 혁명
	36 whirl	v. (원을 그리며) (빠르게) 빙빙 돌다[돌리다] n. 빙빙 돌기	
	37 circulate	1. v. (공기·혈액 등이) 순환하다[시키다]	circulation n. 순환; 유포, 유통
		2. v. (정보·소문·물품 등이) 유포[유통]되다[시키다]	circulatory a. 혈액 순환의
	38 circuit	n. (둘레를 도는) 순환(로); (전기) 회로	circuitous a. 빙 돌아가는
	39 roll	1. v. (둥근 물건이) 구르다, 굴리다 n. 굴리기	roller n. 롤러, 굴림대, 마는 기구
		2. v. (원통·공 모양으로) 말다, 감다 n. 둥글게 만 것, 통	
뒤집다	40 overturn	v. (위아래가) 뒤집(히)다, 전복되다[시키다]	
	41 flip	1. v. (재빨리 돌려서) 홱 뒤집(히)다 n. 공중 회전	
		2. v. (손가락으로) 톡 던지다 n. 톡 던지기	
기본	turn 돌다 spin 빙빙 돌다 / shake 흔들다, 흔들리다; 떨다, 떨리다		

---

33 plunge
[plʌndʒ]

Suddenly, he completely lost his balance and **plunged** into the river.
갑자기 그는 몸의 균형을 완전히 잃고 강 속으로 떨어졌다.

---

34 rotate
[róuteit]

The chairmanship of the committee **rotates** among the members.
위원회의 의장직은 회원들이 돌아가면서 맡는다.

rot(wheel:바퀴) + ate → (바퀴와 같이) 회전하다 → 교대[순환]하다

---

35 revolve
[rivάlv]

The moon **revolves** around the earth as the earth **revolves** around the sun.
지구가 태양 주위를 도는 것처럼 달은 지구 주위를 돈다.

re(again: 다시) + volve(roll: 돌다) → (다시 계속해서) 돌다 → 회전하다

---

36 whirl
[hwəːrl]

Summer became autumn and dead leaves **whirled** in the wind.
여름이 가을로 변했고 낙엽이 바람을 타고 빙그르르 돌았다.

---

37 circulate
[sə́ːrkjulèit]

The heart is the pump that keeps the blood **circulating** through the body.
심장은 피가 몸을 통해 순환하도록 유지시키는 펌프이다.

circul(around: 둘레에) + ate → (둘레를) 돌게 하다 → 순환[유통]시키다

---

38 circuit
[sə́ːrkit]

The red switch is used to open or close the electrical **circuit**.
그 빨간색 스위치는 전기 회로를 열거나 닫는 데 사용된다.

circu(around) + it(go) → go around(동그랗게 돌다) → 순환; (전기)회로

뒤집다	42 invert	v. (거꾸로 되게) **앞뒤를 바꾸다**; **위아래를 뒤집다**	inverse a. 반대의, 역의 inversion n. 전도, 도치
비틀다	43 twist	v. (방향이 꼬이게) **비틀다, 비틀리다** n. 비틀기	
	44 wind	1. v. (길고 가는) (실 · 끈을) **감다**; (도로 · 강이) **구불구불하다** 2. n. (공기의 움직임): **바람**	windy a. 바람이 세게 부는 ⊖ unwind v. (감긴 것 / 긴장을) 풀다
둘러싸다	45 surround	v. (대상의) (둘레를 빙) **둘러[에워]싸다**	surrounding a. 주위의 n. (-s) 환경
	46 enclose	1. v. (공간을) (담 · 벽 등으로) **둘러[에워]싸다** 2. v. (편지 봉투나 소포 속에) **동봉하다**	enclosure n. 둘러쌈; 동봉된 것
흔들리다	47 swing	v. (고정된) (한 점을 축으로) **흔들(리)다, 획 돌(리)다** n. **흔들기, 스윙; 그네**	
	48 sway	v. (전후 · 좌우로 천천히) (규칙적으로) **흔들(리)다** n. 흔들림	
	49 wag	1. v. (개가) (꼬리를) **흔들다, 흔들리다** 2. v. (불만의 표시로) (손가락 · 고개를) **흔들다** n. 흔들기	
떨다	50 vibrate	v. (가늘고 빠르게) **진동하다[시키다]**	vibration n. (가는) 떨림, 진동
	51 tremble	v. (공포 · 추위 등으로) (몸을) **떨다, 떨리다** n. 떨림	

42 invert
[invə́:rt]

The symbol is black in color and has the shape of an **inverted** triangle.
그 상징은 검은색이고 역삼각형의 모양이다.

in(안) + vert(turn: 바꾸다) → (바깥을 안으로) 되게 바꾸다 → (거꾸로 되게) 앞뒤를 바꾸다

44 wind
1. [waind]
2. [wind]

He **wound** a scarf around his neck, put on his gloves and left the room.
그는 목 둘레에 스카프를 감고 장갑을 끼고 그 방을 떠났다.

46 enclose
[inklóuz]

The prison was **enclosed** by a concrete wall that was 10 meters high.
그 교도소는 10 미터 높이의 콘크리트 담장으로 둘러싸여 있었다.

en(in: 안) + close(닫다) ┬ (안에 넣고) 닫다 → 1. 둘러싸다
└ (안에 다른 것을 같이 넣고) 닫다 → 2. 동봉하다

49 wag
[wæg]

The dog **wagged** its tail and licked her face with a rough tongue.
그 개는 꼬리를 흔들고 거친 혀로 그녀의 얼굴을 핥았다.

50 vibrate
[váibreit]

The whole house was **vibrating** to the beat of the loud music.
집 전체가 그 시끄러운 음악의 리듬에 맞추어 진동했다.

vibr(move quickly: 빠르게 움직이다) +ate → (빠르게) 움직이다 → 진동하다

51 tremble
[trémbl]

Her whole body started to **tremble** with the shock of the news.
그 소식의 충격에 그의 몸 전체가 떨리기 시작했다.

Unit 17

장소·이동·운송 III
place & movement & transportation III

18_1 떨다·먼·가까운·방향

고급 중급

떨다	01 shiver	v. (공포·추위 등으로) (몸을) **떨다** n. **떨림**	shivery a. 몸을 떠는
	02 shudder	v. (공포·추위 등으로) (몸을) **떨다**; (싫어서) **몸서리치다** n. **떨림; 몸서리**	
먼·가까운	03 distant	1. a. (거리·시간적으로) **먼, 떨어진** 2. a. (사람·친족 관계가) **친하지 않은, 소원한**	distance n. 거리
	04 remote	a. (사람 사는 곳으로부터) **외진; 원격의** n. **리모콘**	
	05 adjacent	a. (무엇에) **인접한, 가까이 있는**	
방향	06 bound	1. a. (배·기차·여행자 등이) **~행(行)인, ~로 향하는** 2. a. (늘 그러했기 때문에) **~임[할 것]이 틀림없는** 3. a. (법·도덕·의무상) **~에 얽매인, ~해야 하는**	
	07 divert	v. (방향·용도 등을) (딴 데로) **전환[전용]하다, 우회시키다**	diversion n. 전환, 우회: 전용

기본	far 멀리, 먼 near 가까운 nearby 인근의[에] close (아주) 가까운

---

01 shiver
[ʃívər]

His clothes were wet from the rain and he was **shivering** with cold.
그의 옷은 비를 맞아 젖었고 그는 추위에 떨고 있었다.

02 shudder
[ʃʌ́dər]

I **shuddered** at the thought that I could possibly lose all of this.
나는 이 모든 것을 잃을 수도 있다는 생각에 몸서리를 쳤다.

04 remote
[rimóut]

He lives in a **remote** village where there is no electricity.
그는 전기가 없는 외딴 마을에서 산다.

> re(away: 떨어진) + mote(move: 옮기다) → (떨어진 곳으로) 옮겨진 → 외딴; 원격의

05 adjacent
[ədʒéisnt]

The building is immediately **adjacent** to the River Thames in London.
그 빌딩은 런던의 템스 강에 바로 인접해 있다.

> ad(near: 가까운) + jace(lie: 위치해 있다) → (가까운 데) 위치해 있는 → 인접한

06 bound
[baund]

All trains **bound** for Seattle have been cancelled due to bad weather.
시애틀로 가는 모든 열차가 나쁜 날씨 때문에 취소되었다.

> 유래: 묶다, 구속하다(bind) ─ 3. ~에 얽매인, ~ 해야 하는
> ├ (도착지가) 구속된 → 1. ~행(行)인, ~로 향하는
> └ (결과가) 구속된 → 2. ~임[할 것]이 틀림없는

07 divert
[divə́:rt]

His plane had to be **diverted** to Chicago because of thick fog.
그의 비행기는 짙은 안개 때문에 시카고로 방향을 변경해야 했다.

> di(apart: 옆쪽으로) + vert(turn: 돌리다) → (옆으로) 돌리다 → 전환하다

Unit 18

방향	08 **deflect**	v. (무엇에 부딪히고) **진행 방향이 바뀌다[게 하다]**	deflection n. 굴절
	09 **oriental**	a. (특히 동아시아 지역): **동양(인)의**	orient n. 동양 v. (~을) 지향하게 하다
빠른·느린	10 **rapid**	a. (이루어지는 시간이 짧은): **빠른, 신속한** (= swift)	rapidity n. 빠르기, 급속
	11 **swift**	a. (이루어지는 시간이 짧은): **빠른, 신속한** (= rapid)	
	12 **prompt**	1. a. (바로) **즉각적인; 시간을 엄수하는** ad. (~시) 정각에 2. v. (하도록 / 일어나도록) **자극[유도]하다**	
	13 **express**	1. a. (운행·배달 등이) **급행의, 속달편의** 2. v. (의견·감정 등을) **표현하다**	expression n. 표현; 표정
	14 **gradual**	a. (조금씩 서서히 진행하는): **점진적인, 차츰 ~하는**	
가속	15 **accelerate**	v. (더 빨라지게) **가속화하다[되다]**	acceleration n. 가속 accelerator n. (자동차의) 가속 장치
	16 **spur**	v. (힘을 내거나 빨리 하도록) **박차를 가하다** n. **박차, 자극(제)**	
별안간	17 **sudden**	a. (뜻밖이면서 빠른): **갑작스러운, 별안간의** (= abrupt)	
기본		direction 방향 turn 돌다, 돌리다 right 오른쪽의 left 왼쪽의 east 동쪽 west 서쪽 south 남쪽 north 북쪽 compass 나침반; (-es) (제도용) 컴퍼스 / speed 속도 / fast 빠른 quick 신속한 / slow 느린	

---

08 **deflect**
[diflékt]

The goalkeeper successfully **deflected** the ball over the crossbar.
골키퍼는 크로스바를 넘어가게 공의 방향을 성공적으로 바꾸었다.

de(away: 다른 데로) + flect(bend: 휘다) → (방향이 휘어) 다른 데로 가다 → **진행 방향이 바뀌다**

11 **swift**
[swift]

Thank you so much for your **swift** reply to my letter.
제 편지에 대한 빠른 답장에 정말 감사합니다.

12 **prompt**
[prampt]

Prompt action is necessary to improve the situation and avoid risks.
상황을 개선하고 위험을 회피하기 위해서는 즉각적인 조치가 필요하다.

pro(forward: 앞으로) + mpt(take: 가져가다) ┌ (지체 없이) 앞으로 가져온 → 1. **즉각적인**
└ (앞으로 가져가도록) 2. **자극하다**

14 **gradual**
[grǽdʒuəl]

The development of new technology is a **gradual** process that takes time.
새로운 기술의 개발은 시간이 요구되는 점진적 과정이다.

grad(step: 발걸음) + ual → (한 걸음씩) 천천히 → **점진적인**

15 **accelerate**
[æksélərèit]

The driver **accelerated** to pass a slow-moving truck.
그 운전자는 느리게 가는 트럭을 추월하기 위해 속도를 높였다.

ac(강조) + celer(quicken: 빨라지다) → (더) 빨라지게 하다 → **가속화하다**

16 **spur**
[spəːr]

It was the support from his teammates that **spurred** him to perform better.
그가 더 잘 할 수 있도록 자극을 준 것은 그의 팀 동료들의 지원이었다.

별안간	└ 18 abrupt	1. a. (뜻밖이면서 빠른): 갑작스러운, 별안간의 (= sudden)	
		2. a. (말씨·행동이) 퉁명스러운	
서두르다	┌ 19 hurry	v. (빨리 하려고) 서두르다[게 하다] n. 서두름	hasten v. 서둘러 하다, 재촉하다
	└ 20 haste	n. (시간이 없어서) 서두름, 급함	hasty a. 서두르는, 성급한
	┌ 21 rush	v. (매우 빠르게) 급히 움직이다[하다, 가다] n. 급히 하기	
	└ 22 dash	v. (어디를 향해) 돌진하다, 급히 (달려)가다 n. 돌진	
차량	23 vehicle	n. (실어 나르는) 차량, 탈것; (전달하는) 매개체, 전달 수단	vehicular a. 차량[탈것]의
	24 wheel	n. (자동차 등의) 바퀴; (자동차·배 등의) 핸들	
운전	25 steer	v. (핸들·키를 다루어) (자동차·배 등을) 조종하다	
	26 propel	v. (강한) (힘을 가해) 나아가게 하다, 추진하다	propeller n. (비행기의) 프로펠러
승차·하차	27 passenger	n. (자동차·배 등을 타는 손님): 승객, 여객	
	28 mount	v. (몸을 올려) (자전거 등에) 올라타다; (계단 등을) 올라가다	

| 기본 | bicycle 자전거 motorcycle 오토바이 car 자동차 automobile 자동차 van 밴 truck 트럭 / engine 엔진 tire 타이어 gasoline 가솔린 / drive 운전하다 ride 타다, 몰다 park 주차하다 / miss (버스 등을) 놓치다 |

18 abrupt [əbrʌpt]
An **abrupt** change of plan was announced without prior warning.
사전 경고 없이 갑작스러운 계획 변경이 발표되었다.
ab(away: 분리) + rupt(break: 깨지다) ┬ (갑자기) 깨져서 분리된 → 1. 갑작스러운
└ (말·행동을) 갑자기 불쑥 하는 → 2. 퉁명스러운

20 haste [heist]
In his **haste** to leave, he forgot to lock the door and had to go back home.
그는 서둘러서 떠나려다가 문을 잠그는 것을 잊어서 집으로 돌아가야만 했다.

23 vehicle [víːikl]
Many **vehicles** were parked on both sides of the street.
많은 차량이 길 양쪽에 주차되어 있었다.
veh(carry: 나르다) + icle → (사람·짐을) 실어 나르는 것 → 차량, 탈것

25 steer [stiər]
She **steered** the car with both hands firmly on the steering wheel.
그녀는 양 손으로 핸들을 단단히 잡고 차를 몰았다.
st(stand: 서다) + eer → (똑바로 서서 가도록) 조정하다

27 passenger [pǽsəndʒər]
The bus was crowded with **passengers** going home for Thanksgiving.
버스는 추수감사절로 집으로 가는 승객들로 가득했다.
passeng(passage: 통과) + er(사람) → (탈것을 타고) 통과하는 사람 → 승객, 여객

28 mount [maunt]
He **mounted** his horse and headed back the way they had come.
그는 말에 올라타고 그가 왔던 길을 향해 되돌아갔다.

고급 중급

Unit 18

승차·하차	29 board	1. v. (배·비행기·열차 등에) **탑승[승선]하다**	boarding n. 승차, 승선, 탑승
		2. n. (나무를 켜서 만든) **판자, ~판[대]**	aboard ad. 탈것 위에
		3. v. (남의 집에서) **하숙하다; 기숙사에서 살다**	
		4. n. (회사·단체의) **이사회**	
길	30 shortcut	n. (가깝게 질러 갈 수 있는) **지름길**	
	31 detour	n. (멀리) **돌아서 가는 길, 우회로** v. **우회하다**	
	32 stray	v. (무심결에) **옆길로 새다, 길을 잃다** a. **길을 잃은**	astray ad. 길을 잃어
	33 maze	n. (빠져 나오기 힘든 길): **미로**	
	34 alley	n. (건물들 사이의) **골목(길)**	
도로·거리	35 avenue	n. (도시의 거리 이름으로) **~가(街), 대로; 가로수 길**	
	36 lane	n. (시골에 있는) (좁은) **시골길;** (도로의) **차선**	
	37 intersection	n. (도로나 선의) **교차로[점]**	intersect v. 교차하다
	38 congestion	n. (차량·사람으로 붐비는) (교통·장소 등의) **혼잡**	congested a. 교통이 혼잡한
인도	39 sidewalk	n. (보행자가 다니는) **인도, 보도** (= pavement)	
	40 pavement	n. (보행자가 다니는) **인도, 보도** (= sidewalk)	pave v. (길을) 포장하다
기본		track 트랙 / traffic 교통 / guide 안내 / road 도로 street 거리 corner 길모퉁이 bridge 다리 tunnel 터널	

---

31 **detour**
[díːtuər]

We had to make a **detour** because the road was closed for repairs.
우리는 도로가 보수 작업으로 폐쇄되어 우회해야 했다.

de(away: 멀리) + tour(turn: 돌다) → (멀리) 돌아가는 길 → 우회로

---

32 **stray**
[strei]

He lost his way and **strayed** into the most dangerous part of the forest.
그는 길을 잃고 옆길로 새서 그 숲에서 가장 위험한 부분으로 들어갔다.

---

33 **maze**
[meiz]

He searched deeper in the forest and soon he was lost in the **maze**.
그는 숲 속을 더 깊이 수색했고 곧 그는 미로에 길을 잃은 상태가 되었다.

---

34 **alley**
[ǽli]

There was a narrow **alley** between the two buildings.
두 건물 사이에는 좁은 골목길이 있었다.

유래: 걷다(walk) → (건물 사이를) 걸어 다닐 수 있게 만든 통로 → 골목(길)

---

38 **congestion**
[kəndʒéstʃən]

Traffic **congestion** is getting worse in major metropolitan areas.
주요 대도시 지역의 교통 혼잡이 점점 심해지고 있다.

con(together: 함께) + ges(carry: 나르다) → (다 함께 날라서) 붐비는 상태 → 혼잡

---

40 **pavement**
[péivmənt]

You shouldn't ride a bike on the **pavement** because it's dangerous.
위험하기 때문에 인도에서는 자전거를 타면 안 된다.

pave(포장하다) + ment → (걸어 다닐 수 있도록) 벽돌 등으로 포장한 길 → 인도

장소·이동·운송 IV

place & movement & transportation IV

19_1 보행자·항공기·배

〔고급〕 〔중급〕

인도	01 **crosswalk**	n. (찻길을 건너 다닐 수 있게 만든) **횡단보도**
보행자	02 **pedestrian**	n. (길거리를 걸어 다니는) **보행자**
	03 **passer-by**	n. (길을 가는) **행인, 통행인**
항공기	04 **aircraft**	n. (비행기·헬리콥터 등의) **항공기**
	05 **aviation**	n. (비행기 관련 기술·활동) **항공(술), 항공기 산업**
	06 **crew**	1. n. (비행기·배 등의) **승무원 (전원)**
		2. n. (특별한 기술을 가진) **팀, 조, 반**
	07 **astronaut**	n. (특수 우주 비행 훈련을 받은) **우주 비행사**
	08 **soar**	v. (높이) (새·비행기가) **날아오르다;** (가치 등이) **급증하다**
배	09 **raft**	n. (통나무를 엮어서 만든) **뗏목; 고무 보트** rafting n. 래프팅, 뗏목타기
〔기본〕		airplane 비행기 plane 비행기 helicopter 헬리콥터 captain 선장, 기장 pilot 조종사, 파일럿 / fly 날다, 비행하다 land 착륙하다 / airport 공항 terminal 공항 터미널; 종점 passport 여권

---

02 pedestrian
[pədéstriən]

Last night a **pedestrian** was hit by a car while crossing a street.
어젯밤 한 보행자가 거리를 건너다가 차에 치었다.

> pedestr(going on foot: 걸어서 가기) + ian → (걸어 다니는) 보행자

05 aviation
[èiviéiʃən]

The coronavirus has had a huge impact on the **aviation** industry.
코로나 바이러스는 항공 산업에 엄청난 충격을 주었다.

> avi(bird: 새) + ation → (새같이 나는) 비행기 → 항공

06 crew
[kru:]

Fortunately, none of the passengers and **crew** on board was hurt.
다행히 탑승한 승객과 승무원은 아무도 다치지 않았다.

07 astronaut
[ǽstrənɔ̀:t]

He was the first **astronaut** to put his foot on the moon's surface.
그는 달 표면에 발을 디딘 최초의 우주 비행사이었다.

> astro(star: 별) + naut(sailor: 항해사) → (별) 항해사 → 우주인

08 soar
[sɔ:r]

White birds **soared** high into the sky and began to circle above the lake.
흰 새들이 하늘 높이 솟구쳐 올라가더니 호수 위를 빙빙 돌기 시작했다.

09 raft
[ræft]

For three days and nights they had floated in a **raft** in the Pacific Ocean.
그들은 3일 밤낮을 뗏목에서 태평양을 떠다녔다.

배	10 vessel	1. n. (규모가 큰) (대형) 배, 선박	
		2. n. (액체를 담는) 용기, 그릇	
항구	11 port	n. (하역 시설을 갖춘) 항구, 항만 (= harbor)	
	12 harbor	n. (배의 안전한 대피처) 항구, 항만 (= port)	
항해	13 navigate	v. (지도 등으로) (길을 찾으면서) 항해[비행]하다	navigation n. 항해, 비행 navigator n. 항해[항법]사
	14 drift	v. (흐름에 따라) (물위·공중을) 떠가다, 떠돌다 n. 떠가기	
	15 row	1. v. (노를 써서) 배[노]를 젓다 n. 노 젓기	rowing n. 조정
		2. n. (길게 죽 늘어선) 열, 줄	
	16 anchor	n. (배를 멈춰 있게 하는) 닻 v. 닻을 내리다, 정박하다	anchorage n. 정박지
	17 launch	1. v. (배를) 물에 띄우다; (로켓 등을) 발사하다 n. 진수, 발사	
		2. v. (중요한 활동을) 시작[개시]하다 n. 개시	
		3. v. (상품·책 등을) 시장에 내다 n. 출시, 출간	
뜨다	18 float	v. (가라앉지 않고) 뜨다, 띄우다, 떠가다	
기본	boat (작은) 배, 보트 ship 배, 선박 ferry 연락선, 페리 cruise 유람선 여행 submarine 잠수함 / sail 항해하다; 돛 / swim 수영하다 dive 잠수하다 / bring 가져[데려] 오다 carry 나르다, 운반하다 send 보내다		

Unit 19

---

10 **vessel**

[vésəl]

The **vessel** changed course and headed for the shore.
그 배는 진로를 바꾸어 해안을 향해서 갔다.

유래: vase(꽃병) → (꽃병 모양의) 1. 배 2. 그릇, 용기

---

12 **harbor**

[háːrbər]

The boat entered a small **harbor** to escape the violent storm.
그 배는 맹렬한 폭풍우를 피해 작은 항구로 들어갔다.

---

14 **drift**

[drift]

The empty boat **drifted** out to sea in the strong winds.
그 빈 배는 강한 바람에 바다로 떠내려갔다.

유래: 몰다(drive) → (조류·기류 등에 의해) 몰아지다 → 떠가다, 떠돌다

---

16 **anchor**

[æŋkər]

We chose a spot as close to the beach as possible and dropped **anchor**.
우리는 가능한 해변에 가까운 곳을 골라서 닻을 내렸다.

---

17 **launch**

[lɔːntʃ]

The shipbuilder **launches** a new ship approximately every five days.
그 조선소는 대략 5일마다 새로운 배를 한 척씩 진수시킨다.

유래: 창을 던지다(throw a lance) ┌ (배·로켓을) 던지다 → 1. 물에 띄우다; 발사하다 2. 개시하다
└ (상품을 시장에) 던지다 → 2. 출시, 출간

---

18 **float**

[flout]

Dead leaves and little sticks **floated** on the surface of the water.
낙엽과 작은 나뭇가지들이 물의 표면 위를 떠다녔다.

117

고급 중급

가라앉다	19 sink	1. v. (떠 있지 않고) **가라앉다, 침몰하다;** 내려가다 2. n. (부엌·화장실의) **싱크대; 세면대**	
운반	20 fetch	v. (있는 곳에) (가서) **가지고[데리고, 불러] 오다**	
	21 **convey**	1. v. (물품·승객 등을) **실어 나르다, 운반하다** 2. v. (생각·감정 등을) **전하다, 알리다**	conveyance n. 운반; 전달 conveyor n. 운반 장치, 운반인
수송	22 transport	v. (차·배·비행기 등의) (운송수단으로) **수송하다** n. **수송**	transportation n. 수송 (= transport) transporter n. 수송자
	23 transit	1. n. (사람·화물의) (운송수단을 이용한) **수송** 2. n. (다른 곳으로) (가는 도중의) **통과, 환승**	
배달·전송	24 **deliver**	1. v. (편지·물품 등을) **배달하다** 2. v. (공식 석상에서) **연설[강연, 설교]하다**	delivery n. 배달, 인도
	25 transmit	1. v. (통신·방송 등을) **전송[송신]하다** 2. v. (질병·감정 등을) **전염시키다**	transmission n. 전송, 송신; 전염
	26 dispatch	v. (물품·사람 등을) **발송[파견, 급파]하다** n. **발송, 파견**	
기본	lift (들어) 올리다 raise (들어) 올리다 pick 집어 올리다, 줍다 lower 내리다, 낮추다		

---

19 **sink**
[siŋk]

The ship was severely damaged and **sank** to the bottom of the sea.
그 배는 심하게 파손되어 바다 밑바닥으로 침몰했다.

20 **fetch**
[fetʃ]

I **fetched** the children from school and helped them with their homework.
나는 학교에서 아이들을 데려와서 그 애들의 숙제를 도와주었다.

22 **transport**
v. [trænspɔ́ːrt]
n. [trǽnspɔːrt]

Such heavy items are expensive to **transport** by air.
그런 무거운 물건들을 항공으로 운송하는 데는 돈이 많이 든다.

trans(across: 횡단) + port(carry: 나르다) → (건너편으로) 실어 나르다 → **수송하다**

23 **transit**
[trǽnzit]

The carriers are responsible for goods lost or damaged in **transit**.
운송회사가 운송 중 분실되거나 파손된 제품에 대해 책임이 있다.

trans(across: 건너서) + it(go: 가다) → (물건이 다른 데로) 건너서 가는 것 → **수송**

25 **transmit**
[trænsmít]

The event will be **transmitted** live by satellite to over 30 countries.
그 행사는 30개국 이상에 위성으로 생방송될 예정이다.

trans(across: 건너서) + mit(send: 보내다) → (건너) 보내다 → 1. 전송하다 2. 전염하다

26 **dispatch**
[dispǽtʃ]

Medical teams have been **dispatched** to the disaster area.
의료팀이 그 재난 지역으로 급파되었다.

dis(away: 멀리) + patch(shackle: 족쇄) → (족쇄를 풀어) 멀리 보내다 → **발송[파견]하다**

19_4 밀다·누르다·짐

고급 중급

배달·전송	27 relay	v. (중간에서) **전달[중계]하다** n. 릴레이 경주, 교대 팀[조]	
밀다·끌다	28 thrust	v. (갑자기) (거칠게) **밀다, 밀치다; 찌르다** n. 밀침; 찌름	
	29 draw	1. v. (일정한 속도로) (부드럽게) **당기다, 끌다**	drawing n. 그림, 선묘
		2. v. (펜·연필을 써서) (선으로) **그림을 그리다**	
	30 drag	v. (무거운 것을) (질질) **끌다**	
	31 trail	v. (무엇을) (땅에 댄 채 뒤로) **끌다, 끌리다** n. 끌고 간 자국	trailer n. 트레일러; (영화 등의) 예고편
	32 strain	1. n. (심하게) (당기거나 밀 때의) **압력, 압박** v. **세게 당기다**	
		2. n. (무리한) (부담·격무로 인한) **긴장, 중압감**	
	33 squeeze	1. v. (오므려서) **꽉 쥐다;** (액체를) **짜내다** n. 쥐기, 짜내기	
		2. v. (좁은 곳에) (억지로) **집어[쑤셔] 넣다**	
짐·화물	34 load	v. (차량·용기 등에) (짐을) **싣다; 적재하다** n. 짐[화물](량)	⊖ unload v. 짐을 내리다
	35 burden	1. n. (운반이 힘든) (무거운) **짐** v. **짐을 나르다**	burdensome a. 짐[부담]이 되는
		2. n. (책임감 등의) (정신적인) **부담, 짐** v. **부담[짐]을 지우다**	
	36 baggage	n. (가방 등의) (손수 운반하는) **수하물** (= luggage)	
	37 freight	n. (트럭·배 등의) (운송) **화물; 화물 운송** v. **화물 운송하다**	freighter n. 화물선; 화물 수송기

기본 | push 밀다 press 누르다 / pull 당기다, 끌다 / pack (짐을) 꾸리다

²⁸ thrust
[θrʌst]

He **thrust** his hands deep into his pockets to keep himself warm.
그는 자신을 따뜻하게 하려고 호주머니 속으로 손을 깊숙이 밀어 넣었다.

³⁰ drag
[dræg]

Step by step, she managed to **drag** her luggage up to the second floor.
한 걸음씩 그녀는 짐을 이층까지 겨우 끌고 갔다.

³¹ trail
[treil]

As the bride walked down the aisle, her long dress **trailed** behind her.
신부가 복도를 걸어가자 그녀의 긴 드레스는 그녀의 뒤로 끌렸다.

³² strain
[strein]

This exercise can put too much **strain** your knees and ankles.
이 운동은 당신의 무릎과 발목에 지나친 압박을 가할 수 있다.

> 유래: 팽팽히 잡아당기다(draw tight) ┬ (팽팽히 잡아당길 때 느끼는) 1. 압력, 압박
> └ (심신의) 압박 → 2. 긴장, 중압감

³⁶ baggage
[bǽgidʒ]

When he reached the airport, he checked his **baggage** in at the desk.
그는 공항에 도착하고 데스크에서 수하물을 부쳤다.

> bag(bundle: 꾸러미) + age → (짐) 꾸러미 → 수하물

³⁷ freight
[freit]

The ferry carries both passengers and **freight** between the two ports.
그 연락선은 그 두 항구 사이를 승객과 화물 둘 다 운송한다.

Unit 19

119

PART 2

사람과 일상생활

사람·생활·의식주 I
human & daily life & necessities I

20_1 사람·군중·대중

`고급` `중급`

사람	01 individual	1. n. (집단 대비) 개인 a. 개인의 2. a. (집단 대비) 각각[개개]의	individuality n. 개성, 특성 individualism n. 개인주의; 개성
	02 folk	1. n. (특정 부류·집단·지역의) 사람들; (-s) 여러분 2. a. (서민들의 풍속·문화인) 민속[민간]의 n. 민요	folklore n. 민속, 전통 문화
군중·대중	03 crowd	n. (무리를 지어) (한곳에 모인) 군중, 인파 v. 가득 메우다	crowded a. 붐비는, ~이 가득한
	04 mob	n. (흥분하거나 화난) (폭력성을 띤) 군중, 폭도	
	05 public	1. n. (특권층이 아닌) 일반 사람들, 대중 a. 대중의 2. a. (국가 전체에 두루 관련되는): 공적인, 공공의 3. a. (널리 드러내는): 공개된, 공공연한	
	06 populous	a. (특정 나라·지역이) 인구가 많은[조밀한]	populate v. 거주하다; 이주하다 population n. 인구; 모든 주민

`기본` human 인간 person 사람 people 사람들

---

01 individual
[ìndəvídʒuəl]

Democratic societies respect **individual** freedom of choice.
민주주의 사회는 개인의 선택의 자유를 존중한다.

in(not) + divide(나누다) → (더 이상) 나누어지지 않는 → 1. 개인의 2. 각각의

---

02 folk
[fouk]

The cars are so expensive that ordinary **folk** cannot afford to buy them.
그 자동차들은 너무 비싸서 일반 사람들은 그것들을 살 여유가 없다.

유래: 사람들(people) ─ 1. 사람들; 여러분
└ (사람들) 사이의 → 2. 민간[민속]의

---

03 crowd
[kraud]

He made a speech before a **crowd** of more than 40,000 people.
그는 4만 명 이상의 군중 앞에서 연설을 했다.

유래: move by pushing(밀어서 움직이다) → (밀어서 움직여야 할 만큼) 가득 메우다 → (가득 메운) 군중

---

04 mob
[mab]

An excited **mob** gathered in front of the presidential palace.
흥분한 군중들이 대통령궁 앞에 모였다.

유래: 라틴어 mobile vulgus(변덕스러운 대중) → (mobile의) 축약형 → mob → 폭도

---

06 populous
[pɑ́pjuləs]

China is the most **populous** country and largest market in the world.
중국은 세계에서 가장 인구가 많은 나라이고 가장 큰 시장이다.

popul(people: 사람들) + ous → (거주하는) 사람들이 많은 → 인구가 많은

인류	07 humanity	1. n. (세상의 모든 사람): **인류** (= mankind) 2. n. (타인에 대한) **인간애**; (짐승·기계 대비) **인간임[성]**	humane a. 자비로운, 인도적인
	08 mankind	n. (세상의 모든 사람): **인류** (= humanity)	
	09 anthropology	n. (인류에 관한 연구를 하는) **인류학**	anthropological a. 인류학의 anthropologist n. 인류학자
인종·민족	10 race	1. n. (신체적 특징에 따른 구분): **인종** 2. n. (빠르기를 겨루는) **경주, 레이스** v. **경주하다**	racial a. 인종(상)의 racism n. 인종적 차별[우월감]
	11 ethnic	a. (특정) **민족[인종]의**; 민족 특유의 n. **소수 민족 사람**	ethnicity n. 민족성
	12 tribe	n. (같은 조상·언어·관습 등을 가진) **부족, 종족**	tribal a. 부족[종족]의
남성·여성	13 gender	n. (남녀·암수 구별시의) **성, 성별**	
	14 male	n. (성 구분에 따른) **남성, 수컷** a. **남성[수컷]의**	
	15 female	n. (성 구분에 따른) **여성, 암컷** a. **여성[암컷]의**	
	16 masculine	a. (외모·성격 등이) **남성다운, 남성의**	masculinity n. 남성다움
	17 feminine	a. (외모·성격 등이) **여성다운, 여성의**	femininity n. 여성다움 feminism n. 페미니즘, 남녀 동권주의

기본	sex 성 man 남자 woman 여자 gentleman 신사 lady 부인, 숙녀 sir 님 guy 남자, 녀석 boy 소년 girl 소녀

09 **anthropology**

[æ̀nθrəpálədʒi]

Anthropology is the scientific study of human culture in the past.
인류학은 과거의 인간 문화에 대한 과학적 연구이다.

anthropo(mankind: 인류) + logy(study: 학문) → (인류를 연구하는) 학문 → 인류학

11 **ethnic**

[éθnik]

The participants are from a variety of **ethnic** backgrounds.
참가자들은 다양한 민족적 배경 출신이다.

유래: 이교도(heathen) → (기독교인이 아닌) 민족[인종]의

12 **tribe**

[traib]

The Masai **tribe** in Africa is well-known for maintaining their traditions.
아프리카의 마사이족은 자신들의 전통을 지키는 것으로 유명하다.

tri(three: 셋) + be → (고대 로마를 구성하던) 세 부족에서 유래 → **부족, 종족**

16 **masculine**

[mǽskjulin]

He wasn't handsome, but there was something masculine about him.
그는 미남은 아니었지만 그에게는 뭔가 남성다운 면이 있었다.

mascul(male: 남자) + ine → 남성다운

17 **feminine**

[fémənin]

Her beautiful long hair made her look very **feminine** and elegant.
그녀의 아름다운 긴 머리는 그녀를 매우 여성스럽고 우아해 보이게 했다.

femin(female: 여성) + ine → 여성다운

남성·여성	18 **fellow**	1. n. (man / boy의 예스러운 말) **남자, 녀석**	fellowship n. 유대감, 동료애
		2. n. (직장·처지 등이 비슷한) **동료, 동배**	
		a. **동료의, 같은 처지에 있는**	
이름	19 **anonymous**	a. (이름을 드러내지 않은): **익명의, 신원 불명의**	anonymity n. 익명(성), 신원 불명
	20 **autograph**	n. (팬에게 적어주는) (유명인의) **사인** v. **사인하다**	
나이	21 **elder**	a. (혈연 관계에서) **나이가 위인, 연장의** n. **연장자**	
	22 **elderly**	a. (old의 정중한 표현): **나이가 지긋한**	
	23 **generation**	1. n. (비슷한 연령층의) **세대**	generate v. 발생시키다, 만들어 내다
		2. n. (에너지나 전에는 없던 것의) **발생**	
아기·유아	24 **infant**	n. (갓 태어났거나 아주 어린) **갓난아이, 젖먹이, 유아**	infancy n. 유아기
	25 **toddler**	n. (처음 걸음마를 시작한) **아장아장 걷는 아기**	
청년·어른	26 **adolescent**	n. (주로) (12~18세 사이의) **청소년** a. **청소년기의**	adolescence n. 청년기
	27 **youth**	n. (나이가) (10대의) **젊음; 젊은 시절; 젊은이(들)**	youthful a. 젊은, 젊은이의
	28 **adult**	n. (아이가 아닌) **어른, 성인** a. **어른[성인]의**	adulthood n. 성인임; 성인기

| [기본] | name 이름 nickname 별명 call ~이라고 부르다 signature 사인 / age 나이 young 어린 old 늙은 / baby 아기 / child 어린이 kid 어린이 / teenager 10대의 청소년 |

---

19 **anonymous**
[ənǽnəməs]

The man received an **anonymous** letter threatening to kill him.
그 남자는 자신을 죽이겠다고 협박하는 한 익명의 편지를 받았다.

> an(without: 없이) + onym(name: 이름) → (이름이) 없는 → 익명의

---

20 **autograph**
[ɔ'təgræ,f]

A group of teenage fans came up to him and asked him for his **autograph**.
한 무리의 십대 팬들이 그에게 다가가서 그에게 사인을 요청했다.

> auto(self: 자신) + graph(write: 쓰다) → (자신이 직접 쓴) 글씨 → 사인

---

24 **infant**
[ínfənt]

A newborn **infant** should be fed at least every three to four hours.
신생아는 적어도 3 시간에서 4 시간마다 젖을 먹어야 한다.

> in(not) + fant(speak: 말하다) → (아직 말을 못하는) 갓난아이

---

25 **toddler**
[tɑ́dlər]

Like a **toddler** just learning to walk, he was very unsteady.
막 걸음마를 배우고 있는 아이처럼, 그는 매우 불안정했다.

> toddle(walk unsteadily: 불안하게 걷다) + er → (불안하게) 걷는 아이 → 아장아장 걷는 아이

---

026 **adolescent**
[ædəlésnt]

Many **adolescent** problems are likely to be related to family conflicts.
많은 청소년 문제는 가족 갈등과 관련이 있을 가능성이 많다.

> ad(to: 방향) + olesc(grow up: 성장하다) → (어른으로) 성장하는 사람 → 청년

가족	29 household	n. (한 집에 사는 모든 사람): **가구, 세대** a. 가사[가정]의	
	30 domestic	1. a. (한 가정의 내부의): **가정의; 가정용의**	domesticity n. 가정 생활, 가정적임
		2. a. (한 나라의 내부의): **국내의**	
자식·형제	31 offspring	n. (사람이나 동물의) **자식; 새끼**	
	32 orphan	n. (부모가 없는) **고아** v. 고아로 만들다	orphanage n. 고아원
	33 sibling	n. (형제 또는 자매 중) (한 명의) **형제자매**	
	34 twin	n. (한꺼번에 태어난) **쌍둥이 (중의 한 명)** a. 쌍둥이의	
친척	35 relative	1. n. (집안 계통이 같은) **친척, 일가**	
		2. a. (다른 대상과) **비교상의, 상대적인**	
	36 nephew	n. (형제자매나 남편·아내 형제자매의 아들): **남자 조카**	
	37 niece	n. (형제자매나 남편·아내 형제자매의 딸): **여자 조카**	
조상·자손	38 ancestor	n. (자기 세대 이전의) **조상, 선조**	ancestral a. 조상의
	39 descendant	n. (자기 세대 이후의) **자손, 후손**	descend v. 내려가다[오다]

기본	family 가족 home 집 / parent 아버지 또는 어머니 father 아버지 mother 어머니 son 아들 daughter 딸 child 자식 brother 남자 형제 sister 여자 형제 / grandmother 할머니 grandfather 할아버지 / uncle 삼촌, 외삼촌, 고모부, 이모부 aunt 고모, 이모, (외)숙모, 아줌마 cousin 사촌

Unit 20

---

30 domestic

[dəméstik]

Domestic violence is a serious social problem and a crime.
가정 폭력을 심각한 사회문제이며 범죄이다.

유래: 집(dome) → (집의) 내부의 → 1. 가정의 → 나라(집)의 내부의 → 2. 국내의

---

31 offspring

[ɔ́ːfspriŋ]

Most parents have communication problems with their teenage **offspring**.
대부분의 부모들은 그들의 십대의 자식들과 의사 소통의 문제를 갖고 있다.

off(떨어져) + spring(튀다) → (누군가로부터) 튀어 떨어져 나간 것 → 자식; 새끼

---

32 orphan

[ɔ́ːrfən]

The child was an **orphan** who knew nothing about his family.
그 아이는 자신의 가족에 대해 아무것도 모르는 고아였다.

---

33 sibling

[síbliŋ]

I have five **siblings**: 3 brothers and 2 sisters. I'm the second youngest.
나는 다섯 명의 형제자매, 3 명의 형제와 2 명의 자매가 있다. 나는 두 번째로 가장 어리다.

sib(혈연관계가 있는) + ling → (혈연관계가 있는) 형제자매

---

39 descendant

[diséndənt]

They have discovered that he is a direct **descendant** of King Arthur.
그들은 그가 아서 왕의 직계 후손이라는 것을 발견했다.

descend(내려오다) + ant → (같은 혈통으로) 내려온 사람 → 자손

약혼	40 **engagement**	1. n. (결혼하기로 약속하는) **약혼**	engaged a. 약혼한; 바쁜; 통화 중인
		2. n. (특정 시간에의) **모임[업무상] 약속**	
	41 **fiancé**	n. (약혼한 상대편 남자): **약혼자**	fiancée n. 약혼녀
신랑·신부	42 **bride**	n. (막 결혼했거나 결혼하는) **신부**	bridal a. 신부의, 결혼식의
	43 **groom**	n. (막 결혼했거나 결혼하는) **신랑** (= bridegroom)	
미혼·이혼	44 **bachelor**	1. n. (결혼하지 않은) **미혼[독신] 남자**	
		2. n. (학부 졸업자에게 주는) **학사**	
	45 **divorce**	1. v. (부부가) **이혼하다** n. 이혼	divorcee n. 이혼한 사람, 이혼녀
		2. v. (관계가 끊어지게) **분리하다** n. 분리	
	46 **widow**	n. (남편을 잃고 혼자 사는) **미망인, 과부**	↔ widower n. 홀아비
친구	47 **companion**	n. (여행의) **동행[동반]자**; (늘 함께 하는) **친구, 벗**	companionship n. 동료[동지]애, 우정
	48 **company**	1. n. (누군가와) **함께 있음; 함께 있는 사람[손님, 친구](들)**	
		2. n. (영리를 추구하는 사업체): **회사**	
	49 **acquaintance**	n. (단순히) **아는 사람, 지인; 면식**	acquaint v. 익히다, 숙지하다

기본 marry 결혼하다 wedding 결혼식 / wife 아내, 처 husband 남편 partner 배우자; 짝 couple 부부, 연인 date 데이트 (상대) romantic 로맨틱한 / friend 친구 mate 친구, 동료

---

41 **fiancé**
[fiːaːnséi]

My friend and her **fiancé** are getting married in August.
내 친구와 그녀의 약혼자는 8월에 결혼한다.

유래: 신뢰(trust) → (결혼 대상으로) 신뢰하는 사람 → 약혼자

---

42 **bride**
[braid]

The beautiful **bride** was wearing a simple yet elegant wedding dress.
그 아름다운 신부는 단순하지만 우아한 웨딩드레스를 입고 있었다.

---

43 **groom**
[gruːm]

Everyone stood up, and the bride and **groom** walked down the aisle.
모든 사람들이 일어서고 신랑 신부가 통로를 걸어갔다.

---

44 **bachelor**
[bǽtʃələr]

I'm not really interested in marriage and want to remain a **bachelor**.
나는 결혼에 별로 관심이 없어서 독신으로 남기를 원한다.

유래: 젊은 견습 기사(a young man in training for knighthood) ┌ (대부분 미혼이어서) 1. 미혼 남자
└ (견습을 마치고 받는) 초급 학위 → 2. 학사

---

46 **widow**
[wídou]

The **widow** brought up the children herself after her husband died.
그 과부는 남편이 죽은 후 아이들을 자신이 키웠다.

유래: 헤어지다(separate) → (남편과) 영원히 헤어진 여자 → 미망인, 과부

---

49 **acquaintance**
[əkwéintəns]

He's not really my friend - just an **acquaintance**, someone I met once.
그는 내 진짜 친구가 아니라 단순히 아는 사람, 한 번 만난 사람이다.

acquaint(알고 지내다) + ance → (알고 지내는) 사람 → 지인; 면식

고급 중급

만남	50 encounter	1. v. (우연히) 만나다, 마주치다 n. 만남, 마주침	
		2. v. (문제·어려움 등에) 직면하다	
	51 engagement	1. n. (특정 시간에의) 모임[업무상] 약속	engaged a. 약혼한; 바쁜; 통화 중인
		2. n. (결혼하기로 약속하는) 약혼	
	52 hospitality	n. (손님을 후하게 대접하는) 환대, 후대, 접대	hospitable a. 환대하는
인사	53 bow	1. v. (인사·존경으로) 허리를 굽히다, 머리를 숙이다 n. 절	
		2. n. (화살을 쏘는 무기): 활	
	54 salute	n. (군대의) (거수) 경례 v. (거수) 경례하다	
삶·생존	55 exist	1. v. (실제로) 존재[실재]하다	existence n. 존재; 생존
		2. v. (어려운 상황에서) (힘들게) 살아가다	existent a. 현존하는
	56 coexist	v. (함께 어울려) 동시에 존재하다, 공존하다	coexistence n. 공존
	57 lifespan	n. (사람·동물·사물의) 수명	
	58 survive	v. (사고·질병·위기 등을 견뎌 내고) 살아남다	survival n. 생존
			survivor n. 생존자

기본 meet 만나다 appointment (만날) 약속 / invite 초대하다 visit 방문하다 host 주인 guest 손님 / introduce 소개하다 /
greet 인사하다 welcome 환영하다 / life 생명, 인생, 생활 live 살아 있는

Unit 20

---

50 **encounter**

[inkáuntər]

Quite by chance, I **encountered** an old friend of mine last week.
지난주 나는 꽤 우연히 옛 친구를 만났다.

en(make) + counter(against: 맞서서) → 맞서게 하다 → 1. 마주치다; 2. 직면하다

52 **hospitality**

[hὰspətǽləti]

Thank you for your kind **hospitality** during my recent visit to Hong Kong.
저의 최근의 홍콩 방문 동안 친절하게 환대해 주셔서 고맙습니다.

유래: hospital(guest house: 손님 숙소) → (손님을) 대접하는 일 → 환대, 후대, 접대

54 **salute**

[səlú:t]

All the soldiers jumped to their feet and **saluted** the officer.
모든 군인들은 벌떡 일어서서 장교에게 거수 경례를 했다.

sal(safe: 안전한) + ute → (안전을 기원하는) 인사 → (거수) 경례

56 **coexist**

[kòuigzíst]

Despite all of these differences, they have **coexisted** peacefully.
이러한 모든 차이에도 불구하고 그들은 평화롭게 공존해 났나.

co(together: 함께) + exist(존재하다) → (함께) 존재하다 → 공존하다

57 **lifespan**

[laifspæn]

Most sharks are believed to have a **lifespan** of 20 to 25 years.
대부분의 상어는 수명이 20년에서 25년인 것으로 여겨진다.

life(생명) + span(기간) → (생명이 유지되는) 기간 → 수명

사람·생활·의식주 II
human & daily life & necessities II

21_1 삶·운명·출생

고급 중급

삶·생존	01 outlive	v. (비교 상대보다) 더 오래 살다[남다]	
	02 longevity	n. (오래 살거나 지속되는) 장수; 오래 지속됨	
	03 lifelong	a. (전 생애에 걸친) 평생[일생]의	
운명	04 destiny	n. (필연적인) 운명, 숙명	destined a. 운명 지어진
	05 fate	n. (불가피한) 운명, 숙명	fated a. 운명 지어진 fateful a. 운명을 결정하는, 중대한
	06 doom	n. (불행한) 운명, 비운 v. 불행하게 운명 짓다	
출생	07 conceive	1. v. (아이를) 임신하다 2. v. (생각·계획 등을) 마음 속에 품다, 상상하다	conception n. 임신; 생각, 이해; 구상 conceivable a. 상상[생각]할 수 있는
	08 pregnant	a. (아이나 새끼를) 임신한	pregnancy n. 임신(기간)
	09 native	a. (태어났거나 자라난) 출생지의 n. ~ 출신인 사람	
기본	born 태어난 birth 출생 birthday 생일 hometown 고향		

---

01 outlive
[au,tli'v]

She **outlived** her husband by more than twenty years.
그녀는 남편보다 20년 이상을 더 살았다.

> out(over: 이상의) + live(살다) → (그 이상으로) 더 살다 → 더 오래 살다

---

02 longevity
[landʒévəti]

Her secret to **longevity** is staying active and always being happy.
그녀의 행복의 비결은 활동을 많이 하고 늘 행복하게 지내는 것이다.

> long(오랜) + evi(age: 나이) → (나이가 많을 때까지) 오래 사는 것 → 장수

---

06 doom
[du:m]

The project was **doomed** to failure from the start for several reasons.
프로젝트는 몇 가지 이유로 처음부터 실패할 운명이었다.

> 유래: 심판(judgment) → (하늘의 심판을) 맞게 된 처지 → 운명, 비운

---

07 conceive
[kənsí:v]

She married him and **conceived** her first child at the age of twenty-five.
그는 그와 결혼을 했고 25살에 그녀의 첫 번째 아이를 임신했다.

> con(강조) + ceive(take: 받다) ┬ (아이를 받아들여) 배 속에 품다 → 1. 임신하다
> └ (생각을 받아들여) 2. 마음 속에 품다

---

08 pregnant
[prégnənt]

At the age of twenty-eight, she became **pregnant** with her second child.
28살에 그녀는 두 번째 아이를 임신했다.

> pre(before: 전) + gn(born: 태어난) → (아기가 태어나기 바로 전) 배 속에 있는 → 임신한

출생	10 indigenous	a. (외부에서 온 것이 아닌) **토착[토종, 원산]의**	
유전	11 heredity	n. (형질이 자손에게 전해지는) **유전**	hereditary a. 유전성의
	12 gene	n. (유전 정보를 담고 있는) **유전자**	genetic a. 유전자의, 유전(학)의 genetics n. 유전학
	13 mutation	n. (유전자의 이상으로 인한) **돌연변이; 변화, 변형**	mutate v. 돌연 변이하다[시키다]
선천적	14 inborn	a. (태어날 때부터) **타고난, 선천적인** (= innate)	
	15 innate	a. (태어날 때부터) **타고난, 선천적인** (= inborn)	
양육·성장	16 nurture	1. v. (아이·식물을) **기르다, 양육하다** n. 양육 2. v. (성장·발달·성공하도록) **육성[양성]하다** n. 육성, 양성	
	17 adopt	1. v. (남의 자식을) **입양하다** 2. v. (새로운 것을) **채용[채택, 차용]하다**	adoption n. 입양; 채용, 채택
	18 foster	1. v. (남의 자식을) **수양자식으로 기르다** a. 수양- 2. v. (성장·증가하도록) **촉진[육성]하다**	
	19 mature	1. a. (사람·생물이) **다 자란, 성인이 된** v. 다 자라다 2. a. (어린 사람이) **어른스러운** v. 어른스러워지다	maturity n. 성숙 ⊖ immature a. 미숙한
기본	raise 기르다 grow 자라다		

Unit 21

---

10 indigenous
[indídʒənəs]

American Indians are the **indigenous** peoples of the United States.
아메리칸 인디언은 미국의 토착민이다.

> indi(within: 안에) + gen(beget: 낳다) → (그 지역) 안에서 낳은 → 토착[원산]의

11 heredity
[hərédəti]

Heredity explains why family members appear similar to one another.
유전은 왜 가족 구성원들이 서로 비슷하게 보이는지 이유를 설명해 준다.

> hered(heir: 상속인) + ity → 상속되는 것 → 유전

13 mutation
[mjuːtéiʃən]

A **mutation** is a change in the DNA sequence that occurs in a cell.
돌연변이는 세포 내에서 일어나는 DNA 서열의 변경이다.

> mut(change: 변화) + ation → (유전자·염색체 구조의) 변화 → 돌연변이

16 nurture
[nə́ːrtʃər]

She chose to stay at home and **nurture** her own children full time.
그녀는 집에 있으면서 전적으로 자신의 아이들을 양육하기로 정했다.

> nurt(feed: 먹이다) + ure → (영양분을) 먹이다 → 1. 기르다 2. 육성하다

18 foster
[fɔ́ːstər]

My husband and I have **fostered** over 90 children over the last 35 years.
내 남편과 나는 지난 35년에 걸쳐 90명이 넘는 아이들을 맡아서 길렀다.

> 유래: 먹이다(feed) ┌ (데려다 먹이면서) 1. 수양자식으로 기르다
└ (영양분을 먹여서) 2. 촉진[육성]하다

고급 중급

죽음	20 **deceased**	a. (dead(죽은)의 격식 차린 말): **사망한**	decease n. 사망
	21 **corpse**	n. (사람의 죽은 몸): **시체, 송장**	
	22 **perish**	v. (갑자기 / 끔찍하게) **죽다, 비명에 가다, 소멸되다**	perishable a. 잘 상하는[썩는]
	23 **drown**	v. (물에 빠져) **익사하다[시키다]**	
멸종	24 **endangered**	a. (동식물이) **멸종될 위기에 처한**	endanger v. 위험에 빠뜨리다
	25 **extinct**	a. (동식물이) **멸종된**; (사물이) **더 이상 존재하지 않는**	extinction n. 멸종
죽이다	26 **murder**	v. (의도적으로) **살인하다** n. **살인**	murderer n. 살인자
	27 **execute**	1. v. (범죄인을) **사형[처형]하다**	execution n. 사형, 집행, 실행
		2. v. (결정·계획대로) **실행하다**	executive n. 경영진 a. 경영[행정]의
	28 **assassinate**	v. (정치적인 이유로) **암살하다**	assassination n. 암살
			assassin n. 암살자
	29 **slaughter**	1. v. (고기를 얻기 위해) (가축을) **도살하다** n. **도살**	
		2. v. (특히 전쟁에서) (많은 사람을) **학살하다** n. (대량) **학살**	
	30 **sacrifice**	1. v. (자신의 것을) **희생하다** n. **희생**	sacrificial a. 제물로 바쳐진
		2. v. (신에게) **제물로 바치다** n. **산 제물**	
기본	die 죽다 dead 죽은 / kill 죽이다		

---

20 deceased
[disíːst]

One night she dreamed of her **deceased** great-grandmother.
어느 날 밤 그녀는 고인이 되신 증조할머니의 꿈을 꾸었다.

de(away) + cease(go) → go away(떠나 가다) → (하늘로) 떠나간 → 사망한

---

21 corpse
[kɔːrps]

His **corpse** was found in the woods close to where he disappeared.
그의 시체는 그가 사라졌던 곳 근처의 숲 속에서 발견되었다.

---

22 perish
[périʃ]

More than 1000 people **perished** in the earthquake and tsunami.
천명 이상의 사람들이 지진과 쓰나미로 죽었다.

per(completely: 완전히) + ish(go: 가다) → (완전히) 가버리다 → 죽다, 소멸되다

---

25 extinct
[ikstíŋkt]

Dinosaurs became **extinct** about sixty-five million years ago.
공룡은 약 6천5백만 년 전에 멸종했다.

ex(completely: 완전히) + stinct(quench: 불을 끄다) → (완전히) 불이 꺼진 → 멸종된

---

28 assassinate
[əsǽsənèit]

The president was **assassinated** by his political opponents.
대통령은 그의 정치적 반대자들에 의해 암살당했다.

십자군 전쟁 당시, 이슬람 과격 단체(hashshashin sect)에서 유래 → 암살하다

---

29 slaughter
[slɔ́ːtər]

Around 85 million pigs are **slaughtered** each year in the United States.
미국에서는 매년 8천5백만 마리의 돼지가 도축된다.

유래: 식용 고기(butcher meat) → (식용고기를 얻기 위해) 도살[학살]하다

고급 중급

죽이다	31 suicide		n. (스스로 목숨을 끊는) 자살	suicidal a. 자살의
치명적	32 fatal		a. (사고·질병 등이) (실제로) 죽음을 초래하는, 치명적인	fatality n. 사망(자)
	33 mortal		1. a. (위험성이) (생명을 위협할 만큼) 치명적인	mortality n. 죽을 운명; 사망자 수
			2. a. (언젠가는) 죽어야 할 운명의	⊖ immortal a. 죽지 않는
장례·묘지	34 funeral		n. (장사를 지내는 의식): 장례식	
	35 grave		1. n. (시신·유골을 묻은) 무덤, 묘(지)	gravity n. 중대함, 진지함; 중력
			2. a. (문제·상황·표정 등이) 심각한, 중대한	
	36 tomb		n. (돌 구조물을 갖춘 규모가) (큰) 무덤	
	37 cemetery		n. (여러 무덤이 함께 있는) 공동묘지	
	38 memorial		n. (기억하기 위해 만든) 기념비(적인 것) a. 기념의	
유언·상속	39 will		1. n. (상속에 관련한) 유언장	willing a. 기꺼이 ~하는, 자발적인
			2. n. (무엇을 이루고자 하는) 의지(력)	
	40 inherit		v. (재산을) 상속받다, 물려받다	inheritance n. 유산
	41 heir		n. (물려받는) 상속인, 계승자, 후계자	⊖ heiress n. 여자 상속인[후계자]
옷·의복	42 costume		n. (특유한) (특정 지방·시대의) 복장; (연극) 의상	
기본	clothes 옷 fashion 패션 suit 정장 dress 드레스 jacket 재킷 shirt 셔츠 pants 바지 trousers 바지 skirt 치마			

Unit 21

---

31 suicide
[sjúːəsàid]

A young man committed **suicide** after breaking up with his girlfriend.
한 젊은 사람이 여자 친구와 헤어진 후 자살을 했다.

sui(self: 자신) + cide(kill: 죽이다) → (자기 자신을) 죽이는 일 → 자살

---

33 mortal
[mɔ́ːrtl]

We are all **mortal**, but we live our lives as if that isn't true.
우리는 모두 언젠가 반드시 죽는다, 하지만 우리는 마치 그것이 사실이 아닌 듯 삶을 살아간다.

mort(death: 죽음) + al → 죽어야 할 운명의; 치명적인

---

34 funeral
[fjúːnərəl]

Though it was raining heavily, hundreds of mourners attended the **funeral**.
비가 심하게 왔지만 수백 명의 조문객이 장례식에 참석했다.

---

37 cemetery
[sémətèri]

Thousands of war veterans are buried in the national **cemetery**.
수천 명의 참전 용사들이 그 국립 묘지에 묻혀있다.

ceme(put to sleep: 잠들게 하다) + tery(장소) → (잠들게 하는) 곳 → 공동묘지

---

40 inherit
[inhérit]

He has **inherited** millions of dollars from a relative he's never met.
그는 한번도 만난 적이 없는 한 친척으로부터 수백만 달러를 상속받았다.

in(make: 만들다) + herit(heir: 상속인) → (상속인으로) 만들다 → 상속받다

---

41 heir
[ɛər]

The eldest son of the Queen is the **heir** to the throne of England.
여왕의 장남이 영국 왕위 계승자이다.

옷·의복	43 garment	n. (한 점의 옷): 옷[의복] (한 점)	
	44 outfit	n. (차려 입는) (한 세트의) 옷, 복장	
	45 apron	n. (몸 앞에 두르는) 앞치마	
옷의 부분	46 sleeve	n. (옷의) 소매	
	47 crease	n. (옷·종이·얼굴의) 주름, 구김 v. 주름을 잡다, 주름지다	
입다·벗다	48 fasten	1. v. (코트·가방·문 등을) 채우다, 잠그다, 걸다	⊖ unfasten v. 풀다, 끄르다
		2. v. (무엇을 다른 물건·장소에) 고정시키다[되다]	
	49 strip	v. (입고 있던) 옷을 벗다[벗기다]; (막·껍질 등을) 벗기다	
벌거벗은	50 naked	a. (아무것도 걸치지 않고) 벌거벗은	
	51 nude	a. (그림·조각·사진 등에서) 나체의 n. 나체화[상]	nudity n. 나체 (상태)
	52 bare	a. (몸의 특정 부분의) 살이 드러난, 맨-	
소지품	53 suitcase	n. (여행용 물품을 넣는) 여행 가방	
	54 briefcase	n. (서류를 넣고 다니기 위한) 서류 가방	
기본	collar 깃 / wear 입고[신고, 끼고] 있다 / shoe 구두 / hat (테 있는) 모자 cap (테 없는) 모자 / glove 장갑 sock 양말 / bag 가방 handbag 핸드백 backpack 배낭		

---

43 garment
[gá:rmənt]

Samples give you a chance to see how the finished **garment** will fit you.
견본은 완성된 옷이 당신에게 어떻게 맞을지 볼 수 있는 기회를 준다.

> gar(garnish: 꾸미다) + ment → (몸을) 꾸미는 것 → 의복

44 outfit
[au'tfi,t]

Yesterday she went shopping and bought a new **outfit** for the party.
어제 그녀는 쇼핑을 하러 가서 파티에서 입을 새 옷을 샀다.

> outfit → fit out(의복을 갖추다) → (갖추어 입는) 옷, 복장

47 crease
[kri:s]

He smoothed the **creases** out of his pants and then straightened his tie.
그는 바지 주름을 펴고, 넥타이를 고쳐 맸다.

> 유래: 산마루(crest) → (산마루 같이 솟아있는 모양의) 주름, 구김

48 fasten
[fǽsn]

Make it a habit to **fasten** your seatbelt whenever you get into your car.
차에 탈 때는 언제나 안전벨트 착용을 습관화 하십시오.

> fast(단단히 고정된) + en(make) ┬ (단단히) 2. 고정시키다;
> └ (고정시키기 위해) 1. 채우다, 잠그다

49 strip
[strip]

The children **stripped** their clothes off and ran into the ocean.
그 아이들은 옷을 벗고 바다 속으로 뛰어들었다.

52 bare
[bɛər]

Kids as young as 4 and 5 were running around in **bare** feet playing football.
4살에서 5살 정도의 아이들은 축구를 하면서 맨발로 뛰어다니고 있었다.

고급 중급

소지품	55 purse	n. (미국식 영어의) (여성용) **핸드백**	
		n. (영국식 영어의) (여성용) **지갑**	
	56 wallet	n. (가죽으로 된) (돈·명함 등을 넣는) **지갑**	
	57 handkerchief	n. (닦을 때 쓰는) **손수건**	
	58 jewel	n. (장신구를 만드는 데 쓰이는) **보석**	jewelry n. (집합적) 보석류
직물	59 fabric	n. (옷의 재료로서의) **직물, 옷감**	
	60 textile	n. (짜서 만든 천) **직물** a. **직물의**	
	61 fiber	1. n. (가는 실 모양의) (천·의류의 원료) **섬유**	
		2. n. (미세한 실 모양의) (식물·인체의) **섬유소[질]**	
	62 rag	n. (낡고 해진 천 조각) **넝마 (조각), 누더기**	ragged a. 누더기가 된, 누더기를 걸친
	63 cotton	n. (직물의 일종) **면직물; 목화**	
	64 wool	n. (직물의 일종) **양털; 모직**	woolen a. 양모의; 모직의
	65 silk	n. (직물의 일종) **비단; 명주실**	silky a. 비단 같은
	66 leather	n. (가공한 동물의) **가죽**	leathery a. 가죽 같은
바느질	67 thread	n. (바느질 등에 쓰는) **실** v. (바늘에) **실을 꿰다**	

기본 | cloth 옷감, 직물; 천, 헝겊

Unit 21

---

55 **purse**
[pəːrs]

She picked up her handbag from the table, and took out her **purse**.
그녀는 테이블에서 핸드백을 집어 들고, 지갑을 꺼냈다.

59 **fabric**
[fǽbrik]

Cotton **fabrics** are cool in the summer and warm in the winter.
면직물은 여름에는 시원하고 겨울에는 따뜻하다.

유래: 작업장(workshop) → (작업장에서 섬유로 엮어 짠) 직물, 천

60 **textile**
[tékstail]

The factory produces a range of **textiles** including cotton and wool.
이 공장은 면직과 모직을 포함한 다양한 직물을 생산하다.

text(weave: 짜다) + ile → (섬유로) 짠 것 → 직물

61 **fiber**
[fáibər]

Most traditional fabrics are made of natural **fibers**, such as silk or cotton.
대부분의 전통 직물은 비단, 무명과 같은 천연 섬유로 만들어진다.

유래: 실(thread) → (가는 실 모양의) 1. 섬유 2. 섬유질

62 **rag**
[ræg]

The old man wiped his greasy hands with an old, dirty **rag**.
그 노인은 낡은 더러운 해진 천으로 자신의 기름투성이의 손을 닦았다.

67 **thread**
[θred]

Will you **thread** the needle for me? I can't see the hole well enough.
나 대신 바늘에 실을 좀 꿰어줄래요? 나는 구멍이 잘 보이지 않아요.

사람·생활·의식주 III

human & daily life & necessities III

22_1 바느질·옷 짓기·음식

고급 중급

바느질	01 **needle**	n. (바느질·뜨개질·주사용) **바늘**	
	02 **sew**	v. (바늘에 실을 꿰어) **바느질하다, 꿰매다**	
	03 **stitch**	n. (한 번 들어갔다가 나온 자국) **한 바늘[땀]** v. **꿰매다**	
옷 짓기	04 **weave**	v. (가늘고 긴 재료로) (옷감·바구니 등을) **짜다, 엮다**	
	05 **knit**	v. (옷을) (뜨개질바늘로) **뜨다, 짜다**	
	06 **mend**	1. v. (구멍이 난) (옷·신발을) **수선하다** n. **수선한 부분** 2. v. (고장·파손 등을) **수리[수선]하다**	mender n. 수리[수선]하는 사람
	07 **patch**	n. (덧대기 위한) **헝겊[가죽, 금속] 조각**	patchy a. 군데군데 있는; 고르지 못한
음식	08 **diet**	1. n. (특정 사람·동물의) **일상의 음식(물)** 2. n. (체중을 줄이기 위한) **다이어트** v. **다이어트를 하다**	dietary a. 음식물의; 식이 요법의
	09 **staple**	1. n. (일상의) **기본 식료품, 주식;** (한 나라의) **주요 산물** 2. a. (가장 크고 중요한 부분) **주된, 주요한** n. **주요소**	

---

03 stitch

[stitʃ]

Try to keep the **stitches** as even as possible so that it looks neat.
깔끔해 보이도록 바늘땀을 최대한 고르게 되도록 하십시오.

유래: 찌르다(stick) → (실을 꿴 바늘을 한 번) 찌른 것 → 한 바늘[땀]

---

04 weave

[wi:v]

The baskets are **woven** from materials from various plants and trees.
그 바구니들은 다양한 식물과 나무에서 얻은 재료로 엮은 것이다.

유래: 거미줄(web) → (거미줄 모양으로 얽어서) 짜다, 엮다

---

06 mend

[mend]

Her father was a poor man. He made and **mended** shoes to earn a living.
그녀의 아버지는 가난한 남자였다. 그는 생계를 꾸리기 위해 구두를 만들고 수선했다.

유래: amend(수정하다) → 첫머리 모음 소실 → mend → 1. 2. 수선[수리]하다

---

07 patch

[pætʃ]

He was wearing a jacket with leather **patches** on the elbows.
그는 팔꿈치에 헝겊 조각을 덧댄 재킷을 입고 있었다.

유래: piece(조각) → (piece의) 변형 → patch → 헝겊[가죽, 금속] 조각

---

09 staple

[stéipl]

Olive oil is a **staple** in the diet of many Mediterranean countries.
올리브 기름은 많은 지중해 나라 음식의 기본 식료이다.

유래: 시장(market) ┌ (시장에서 주로 거래되는) 1. 기본 식료품
└ (시장에서) 가장 중요한 물품인 → 2. 주된, 주요한

식품	¹⁰ grain	n. (쌀·밀·콩 등의) **곡물(의 낟알), 곡식**	
	¹¹ flour	n. (밀을 가늘게 빻아 만든) **밀가루**	
	¹² dough	n. (물을 섞어 개어 놓은) **밀가루 반죽**	
	¹³ nut	n. (호두·밤·도토리 등의) **견과**	
	¹⁴ crust	n. (빵의 겉을 싸고 있는) **빵 껍질**	
	¹⁵ butcher	n. (소·돼지 등의 고기를 파는) **정육점 주인**	
음료	¹⁶ beverage	n. (물 이외의) **음료, 마실 것**	
	¹⁷ intoxicated	a. (과음으로) **술에 취한**	intoxicate v. 취하게 하다
맛	¹⁸ flavor	n. (특유의) **맛, 풍미** v. **맛을 내다**	flavorful a. 맛 좋은
	¹⁹ bitter	1. a. (맛이) **쓴**	
		2. a. (일·경험 등의) (불쾌함이) **쓰라린, 비통한**	
		3. a. (추위·비판 등의) (정도가) **격렬[지독, 신랄]한**	
	²⁰ sour	a. (맛이) **신** (= acid); (우유가) **상한**	
	²¹ acid	a. (맛이) **신** (= sour); (화학적 특성이) **산성인** n. **산**	acidity n. 신맛; 산성

기본	food 음식(물) dish 요리 / meat 고기 steak 스테이크 beef 쇠고기 pork 돼지고기 seafood 해산물 요리 / vegetable 채소, 야채 fruit 과일 noodle 국수 bread 빵 / taste 맛 delicious 매우 맛있는 sweet 달콤한

Unit 22

¹⁰ **grain**
[grein]

This year's **grain** harvest is expected to be about seventy million tons.
올해의 곡물 수확량은 7천만 톤 정도로 기대된다.

¹¹ **flour**
[fláuər]

Mix the **flour** and water together until you get a sticky mixture.
끈기가 있는 혼합물이 될 때까지 밀가루와 물을 함께 섞으십시오.

¹⁵ **butcher**
[bútʃər]

The **butcher** cut the meat with a long knife and placed it on the scale.
정육점 주인은 긴 칼로 고기를 잘라 그것을 저울 위에 올려놓았다.

> butch(male goat: 숫염소) + er → (숫염소를 도살, 판매하는) 정육점 주인

¹⁶ **beverage**
[bévəridʒ]

It is illegal to sell alcoholic **beverages** without a license in New York.
뉴욕에서 면허 없이 알코올 음료를 판매하는 것은 불법이다.

> bever(drink: 마시다) + age → 마실 것 → 음료

¹⁷ **intoxicated**
[intάksikèitid]

After the accident, the driver was arrested for driving while **intoxicated**.
사고 후 그 운전자는 음주운전으로 체포되었다.

> in(속에) + toxic(poison: 독) → 독(술) 속에 있는 → 술에 취한

²¹ **acid**
[ǽsid]

In some parts of the world, forests have been destroyed by **acid** rain.
세계의 일부 지역에서는 숲이 산성비에 의해 파괴되었다.

> 유래: 날카로운, 톡 쏘는(sharp) → (톡 쏘는 듯한) 맛·냄새가 나는 → 신; 산성인

맛	22 bland	a. (맛이) **특별한 맛이 나지 않는**; (무엇이) **특징 없는**	
양념	23 spice	n. (겨자·후추 등의) **양념, 향신료** v. **양념[향료]을 넣다**	spicy a. 양념을 넣은, 맛이 매운
	24 season	1. v. (음식에) **양념하다, 양념을 치다** 2. n. (기후에 따른) **계절**; (스포츠 등의) **시즌, 한창 때**	seasoning n. 양념 seasonal a. 계절적인
	25 vinegar	n. (신맛이 나는) **식초**	
음식 상태	26 rotten	a. (음식물 등이) **썩은, 부패한**	rot v. 썩다, 썩히다 n. 부패(물)
	27 stale	a. (오래되어) **신선하지 않은, 상한**	
	28 decay	1. v. (나쁜 상태로) **썩다, 썩게 만들다** n. **부패** 2. v. (힘·세력·영향력 등이) **쇠퇴하다** n. **쇠퇴**	
	29 preservative	n. (썩지 않게 하는) **방부제**	preserve v. 지키다, 보존하다
	30 raw	a. (요리·가공하지 않은): **날것의, 원료 그대로의**	
	31 edible	a. (먹기에 적합·안전해서) **먹을 수 있는, 식용에 적합한**	⊖ inedible a. 먹을 수 없는
영양	32 nutrition	n. (활동하고 살아가는 데 필요한) **영양 (섭취)**	nutritious a. 영양분이 풍부한 nutrient n. 영양분

[기본]	salt 소금 pepper 후추 sugar 설탕 sauce 소스 oil 식용 기름 / fresh 신선한

---

22 bland
[blænd]

Russian food is rather **bland** and does not have any hot, spicy dishes.
러시아 음식은 밋밋한 맛이 나고 맵고 양념 맛이 강한 요리가 없다.

유래: 순한, 밋밋한(mild) → (자극성이 없이) 밋밋한 → 특별한 맛이 나지 않는; 특징 없는

27 stale
[steil]

Unfortunately, the leftover cake has gone **stale**.
유감스럽게도, 그 남은 케이크는 신선하지가 않다.

유래: 가만히 있는(standing still) → (흐르지 않고 멈추어 있어서) 썩은 → 신선하지 않은, 상한

29 preservative
[prizə́ːrvətiv]

There are no **preservatives** in it, so it should be kept in a cool dry place.
그것에는 방부제가 들어있지 않기 때문에 시원하고 건조한 장소에 보관되어야 한다.

preserve(보존하다) + ative → (식품을 썩지 않게 보존하는) 방부제

31 edible
[édəbl]

Certain wild mushrooms are **edible**, but many are poisonous.
어떤 야생 버섯은 먹을 수 있으나 많은 것들이 독성이 있다.

ed(eat: 먹다) + ible(할 수 있는) → 먹을 수 있는

32 nutrition
[njuːtríʃən]

Without proper **nutrition**, your body cannot run as efficiently as it should.
몸은 적절한 영양 섭취 없이는 기대만큼 능률적으로 기능하지 않는다.

nutri(feed: 먹이다) + tion → (영양분을) 먹이는 것 → 영양 (섭취)

고급 중급

	33 nourish	v. (사람·생물에게) **영양분을 주다**	nourishment n. 영양분[물]
영양	34 intake	n. (음식물의) **섭취(량)**	
	35 metabolism	n. (섭취한 영양물을 에너지로 바꾸는) **물질[신진]대사**	metabolic a. 물질[신진]대사의
	36 malnutrition	n. (영양소의 부족으로 일어나는) **영양실조(증)**	
영양소	37 carbohydrate	n. (영양소 중의 하나): **탄수화물**	
	38 protein	n. (영양소 중의 하나): **단백질**	
먹다	39 consume	1. v. (특히) (많은 양을) **먹다, 마시다**	consumption n. 소비
		2. v. (연료·에너지·시간 등을) **소비[소모]하다**	consumer n. 소비자
	40 devour	v. (몹시 배가 고파서) **게걸스레 먹다**	
	41 bite	v. (아래윗니로 마주 눌러) **물다, 깨물다** n. 물기; 한 입	
	42 chew	v. (음식을 입에 넣고) **씹다** n. 씹기	chewy a. 꼭꼭 씹어 먹어야 하는
	43 swallow	1. v. (목구멍으로) **삼키다** n. 삼키기, 한 모금[입]	
		2. n. (새의 일종): **제비**	
	44 suck	v. (입 속으로) **빨다, 빨아먹다** n. 빨기	
	45 lick	v. (혀로) **핥다, 핥아먹다** n. 핥기	

기본 | calorie 칼로리 fat 지방(질) vitamin 비타민 calcium 칼슘 / eat 먹다 drink 마시다

---

33 nourish
[nə́:riʃ]

Children become better students when their bodies are well **nourished**.
아이들은 몸이 영양 상태가 좋을 때 더 좋은 학생이 된다.

nour(feed: 먹이다) + ish → (영양분을) 먹이다 → 영양분을 주다

---

35 metabolism
[mətǽbəlìzm]

You can speed up your **metabolism** if you exercise and avoid fat.
운동을 하고 지방을 피하면 신진대사를 촉진시킬 수 있다.

metabol(change: 바꾸다) + ism → (음식물을 에너지로) 바꾸는 과정 → 신진대사

---

36 malnutrition
[mæ̀,lnutríʃən]

Over a million children in Africa are suffering from severe **malnutrition**.
아프리카의 백만 명 이상의 아이들이 심각한 영양실조를 겪고 있다.

mal(bad: 나쁜) + nutrition(영양) → (나쁜) 영양 상태 → 영양실조

---

37 carbohydrate
[kὰ:rbouháidreit]

Carbohydrates are one of three main nutrients found in foods.
탄수화물은 음식물에서 발견되는 주요 3대 영양소 중의 하나이다.

carbo(탄소) + hydr(물) → 탄수화물

---

40 devour
[diváuər]

The kid **devoured** two large pizzas covered with cheese and pepperoni.
그 아이는 치즈와 페퍼로니로 덮인 두 판의 큰 피자를 게걸스레 먹어 치웠다.

de(down: 아래로) + vour(swallow: 삼키다) → (급세) 아래로 삼키다 → 게걸스레 먹다

먹다	46 **feed**	1. v. (사람·동물을) 먹이다, 음식[먹이]을 주다 n. 먹이	
		2. v. (아기·동물이) 젖[먹이]을 먹다	
	47 **sip**	v. (조금씩) (음료를) 홀짝이다 n. 한 모금	
식욕·소화	48 **appetite**	1. n. (음식을 먹고 싶어하는) 식욕	
		2. n. (무엇을 하거나 얻고 싶어하는) 욕구	
	49 **digest**	1. v. (음식물이) 소화되다[하다]	digestion n. 소화(작용)
		2. v. (지식 등을) 완전히 이해하다, 소화하다 n. 요약(문)	indigestion n. 소화 불량
배고픈	50 **starve**	v. (먹지 못하여) 굶주리다, 굶기다; 굶어 죽다, 굶겨 죽이다	starvation n. 굶주림, 기아
	51 **famine**	n. (수많은 사람이 굶주리고 죽는) 기근	
식사·연회	52 **appetizer**	n. (주요리가 나오기 전에 먹는) 전채	appetizing a. 식욕을 돋우는
	53 **feast**	n. (무엇을 축하하기 위한) 축하연	
	54 **banquet**	n. (대규모의) (공식) 연회, 만찬	
식기	55 **pottery**	n. (흙으로 빚어 만든) 도자기; 도예 (= ceramic)	potter n. 도예가, 도공
기본	hungry 배고픈 thirsty 목마른 / meal 식사 breakfast 아침 식사 lunch 점심 식사 dinner 정찬, 저녁 식사; 만찬 supper (가벼운) 저녁 식사, 야식 dessert 후식 snack 스낵, 식 buffet 뷔페 / dish 큰 접시 plate (개인용) 접시 bowl 사발, 그릇 chopstick 젓가락		

⁴⁷ **sip**
[sip]

She was sitting at the table reading the paper and **sipping** her coffee.
그녀는 신문을 읽고 커피를 홀짝이면서 테이블에 앉아 있었다.

⁴⁸ **appetite**
[ǽpətàit]

The pain was so great she lost her **appetite** and started losing weight.
그 고통은 너무 심해서 그녀는 식욕을 잃고 살이 빠지기 시작했다.

> ap(to) + pet(seek: 추구하다) → (음식을 추구한) 욕구 → 식욕; 욕구

⁴⁹ **digest**
v. [didʒést]
n. [dáidʒest]

As a child I always had trouble **digesting** meat and dairy products.
어렸을 때 나는 늘 고기와 유제품을 소화시키는 데 어려움을 겪었다.

> di(apart: 분리) + gest(carry: 나르다) → (음식물을 날라서) 분리하다 → 소화하다

⁵¹ **famine**
[fǽmin]

In the 1940s, the region suffered **famines** that cost three million lives.
그 지역은 1940년대에 3백만 명이 희생된 기근을 겪었다.

⁵³ **feast**
[fi:st]

In this country, wedding **feasts** last for three days and three nights.
이 나라에서는 결혼 피로연이 3일 밤낮으로 지속된다.

⁵⁴ **banquet**
[bǽŋkwit]

The Grammy Awards **banquet** was held at the Hilton Hotel on May 4th.
그래미 시상식 연회가 5월 4일 힐튼 호텔에서 거행되었다.

> 유래: 벤치(bench) → (벤치에서 먹는) 간단한 식사 → <의미 변화> → (공식) 연회, 만찬

고급 중급

식기	└ 56 ceramics	n. (흙으로 빚어 만든) **도자기; 도예** (= pottery)	ceramic a. 도자기의 도예의
요리	57 cuisine	n. (특정 지역 · 음식점의) (독특한) **요리; 요리법**	
	58 ingredient	n. (혼합물을 이루는) (요리의) **재료; 구성 요소**	
	59 fix	1. v. (간단한) **식사를 준비하다**	fixed a. 고정된; 확고한
		2. v. (한 곳에) **고정시키다**; (날짜 · 장소 등을) **정하다**	
		3. v. (고장 · 파손 등을) **수리[수선]하다**	
조리법	60 recipe	n. (특정 음식의) **조리[요리]법**	
	61 roast	v. (고기를) **굽다** n. **구운 고기**	
	62 grill	v. (고기를) **그릴[석쇠]에 굽다** n. **그릴, 석쇠**	
	63 boil	1. v. (음식물을) **삶다** n. **삶기**	boiler n. 보일러
		2. v. (액체가) **끓다, 끓이다** n. **비등(점)**	
부엌용품	64 utensil	n. (특히 요리할 때 쓰는) (부엌용) **기구[도구]**	
	65 pot	n. (둥글고 속이 깊은) **냄비; 항아리; 화분**	
	66 kettle	n. (물을 데우거나 따르는 데 쓰는) **주전자**	
살다 · 거주	┌ 67 dwell	v. (누가) (특정한 곳에) **살다, 거주하다** (= reside)	dweller n. 거주자

기본 | cook 요리하다 chef 요리사 / fry 튀기다, 볶다 barbecue 바비큐 bake 빵을 굽다 / pan (납작한) 냄비 / live 살다

Unit 22

56 ceramics
[sərǽmiks]

The museum has a wide range of Chinese ancient **ceramics** on display.
그 박물관은 다양한 중국 고대 도자기를 전시하고 있다.

유래: clay(점토) → (점토를 구워서 만든) 도자기; 공예

57 cuisine
[kwizíːn]

Today, Italian **cuisine** is one of the most popular types of food.
오늘날, 이탈리아 요리는 가장 인기 있는 종류의 음식 중의 하나이다.

유래: 18세기 프랑스어 부엌(kitchen) → <의미 변화> → (독특한) 요리(법)

58 ingredient
[ingríːdiənt]

She placed all the **ingredients** in a large bowl and mixed them together.
그는 모든 재료를 커다란 그릇에 넣고 그것들을 함께 섞었다.

in(안) + gredi(go: 가다) → (안에 들어가는) 재료; 구성 요소

63 boil
[bɔil]

I often eat **boiled** eggs and bread for breakfast.
나는 자주 삶은 계란과 빵을 아침식사로 먹는다.

2. 끓다 → (끓는 물에 음식물을) 1. 삶다

64 utensil
[juːténsəl]

It is necessary to wash kitchen **utensils** thoroughly, after they are used.
부엌 용품을 사용한 후에는 그것들을 철저하게 씻을 필요가 있습니다.

ut(use: 사용하다) + ensil → (유용하게) 사용하는 도구 → (부엌용) 기구[도구]

67 dwell
[dwel]

They **dwelt** in the forest and coexisted with the animals and plants.
그들은 숲 속에서 살면서 동식물과 공존했다.

사람·생활·의식주 IV
human & daily life & necessities IV

23_1 거주·임대·기숙

고급 중급

	01 reside	v. (누가) (특정한 곳에) **살다, 거주하다** (= dwell)	resident n. 거주자 a. 거주하는 residence n. 거주(지) residential a. 거주에 알맞은. 주택지의
살다·거주	02 inhabit	v. (사람·동물들이) (집단적으로) **거주[서식]하다**	inhabitant n. 거주자
	03 settle	1. v. (옮겨가서) (새로운 곳에) **정착하다** 2. v. (최종적으로) **해결[처리]하다** 3. v. (최종적으로) **결정[확정]하다**	settlement n. 정착(지): 해결, 합의 settler n. 정착자, 이주자
	04 occupy	1. v. (장소·공간·사물 등을) **차지하다, 거주[사용]하다** 2. v. (남의 영토·지역·건물 등을) **점령[점거]하다**	occupation n. 사용, 주거; 점령; 직업 occupancy n. 사용, 주거
임대·기숙	05 landlord	n. (빌려 주는) **집주인, 임대주**	⊖ landlady n. (여성형): 여자 집주인
	06 tenant	n. (빌려 쓰는) **세입자, 임차인**	tenancy n. 차용 기간, 차용권
	07 dormitory	n. (학교·회사 등의) **기숙사**	dorm n. 기숙사 (= dormitory)

---

01 reside
[rizáid]

After her divorce, she returned to New York where her family **resided**.
이혼을 한 후 그녀는 자신의 가족이 살고 있는 뉴욕으로 돌아갔다.

> re(back) + sid(sit: 앉다) → (자리를 잡고) 앉다 → 살다, 거주하다

---

02 inhabit
[inhǽbit]

The forests are **inhabited** by many wild animals, like bears and wolves.
그 숲에는 곰, 늑대 같은 많은 야생 동물들이 서식한다.

> in(안) + habit(dwell: 살다) → (안에) 살다 → 거주[서식]하다

---

03 settle
[sétl]

They moved from place to place until they finally **settled** in London.
그들은 런던에 정착할 때까지 이곳 저곳을 옮겨 다녔다.

> 유래: 자리를 잡다(seat) ┬ (이동하다가) 자리를 잡다 → 1. 정착하다
> ├ (문제·갈등 등이) 자리를 잡다 → 2. 해결하다
> └ (불확실하던 것이) 자리를 잡다 → 3. 결정하다

---

05 landlord
[lǽndlɔ,rd]

He insisted that he had already paid the rent to the **landlord**.
그는 집주인에게 이미 집세를 지불했다고 주장했다.

> land(땅) + lord(주인) → 집주인

---

06 tenant
[ténənt]

The landlord asked the **tenant** how he would like to pay the rent.
집주인은 세입자에게 집세를 어떻게 지불할 것인지 물었다.

집·건물	08 skyscraper	n. (하늘 높이 솟은) 초고층 건물, 마천루		
	09 castle	n. (적의 공격을 막기 위한) 성, 성곽		
	10 cottage	*n. (규모가 작은) 시골집		
	11 cabin	n. (나무로 지은) 오두막집; (배·항공기의) 객실, 선실		
	12 janitor	n. (학교·빌딩 등의) 수위, (건물) 관리인		
	13 shelter	1. n. (의식주 중 하나로의) 주거, 집		
		2. n. (피해를 막아 주는) 피신[대피](처) v. 피하다; 막아 주다		
시설	14 infrastructure	n. (도로·철도·통신망 등의) 기간 시설, 하부 구조	infrastructural a. 기간 시설의	
	15 facility	n. (갖추어 놓은) (편의) 시설, 기능		
건축	16 construct	v. (조직적으로) 건설하다 n. 건축[구조]물	construction n. 건설; 건축[구조]물	
			constructor n. 건설(업자)	
	17 architecture	n. (건물을 짓는) 건축 양식, 건축술[학]	architectural a. 건축의	
			architect n. 건축가	
층·계단	18 upstairs	ad. (보다 위쪽에 있는) 위층으로 a. 위층의 n. 위층	⊖ downstairs n. a. ad. 아래층[의/으로]	

기본
live 살다 / house 집 building 빌딩 apartment 아파트 mansion 대저택 tower 타워 booth 부스 tent 텐트 complex 복합 건물, (건물) 단지 address 주소 / build 짓다 / floor 층 / stair 계단 rail 난간

08 skyscraper
[skáiskrèipər]

The downtown areas of many major cities are filled with **skyscrapers**.
많은 주요 도시들의 도심 지역은 초고층 건물로 가득하다.

sky(하늘) + scrape(구멍을 파다) → (하늘에 구멍을 낼 정도의) 초고층 건물

12 janitor
[dʒǽnitər]

He locked the door and left the key with the **janitor**.
그는 문을 잠그고 열쇠를 수위에게 맡겼다.

jani(door: 문) + tor(사람) → (문을 지키는) 사람 → 수위

13 shelter
[ʃéltər]

Food, clothing, and **shelter** are the three basic necessities of life.
의식주는 생활의 세 가지 기본 요소이다.

shel(shield: 방패) + ter(soldiers: 군인들) → (방패에 보호받고 있는) 군인들 → 2. 피신(처) → 1. 주거, 집

16 construct
v. [kənstrʌ́kt]
n. [kánstrʌkt]

They are planning to **construct** a new bridge across the river.
그들은 그 강을 가로지르는 새로운 다리를 건설할 계획이다.

con(together: 함께) + struct(build: 세우다) → (함께) 세우다 → 건설하다

17 architecture
[áːrkɪtèktʃər]

In the 17th century, the baroque style of **architecture** was popular.
17세기에는 바로크 형태의 건축 양식이 인기가 있었다.

archi(chief: 우두머리) + tect(builder: 건축가) → (우두머리 건축가의) 건축 양식; 건축술[학]

층·계단	19 **basement**	n. (건물 아래의) **지하실[층]**	
	20 **ladder**	n. (디디고 오르게 만든) **사다리, 사닥다리**	
건물 내외	┌ 21 **column**	1. n. (떠받치는) (원형의 석조) **기둥**	columnist n. 칼럼니스트
		2. n. (신문의) **칼럼, 특약 기고(란)**	
	└ 22 **pillar**	n. (떠받치는) (석조·목조·철제 등의) **기둥**	
	23 **platform**	n. (올라서도록 만든) **단, 연단, 강단; (기차역의) 플랫폼**	
	24 **corridor**	n. (건물 내의) **복도**	
	25 **aisle**	n. (극장·열차·비행기 등의) **통로**	
	26 **chamber**	n. (특정 목적의 방·공간): **방, -실, 회의장**	
	27 **shed**	1. n. (물건 보관용의) **광, 헛간**	
		2. v. (밖으로) (눈물·피 등을) **흘리다, (빛을) 발산하다**	
가구	28 **furnish**	1. v. (가구 등을) **비치하다, 갖추어 놓다**	furnished a. 가구가 비치된
		2. v. (필요로 하는 것을) **제공[공급]하다**	

[기본] floor 바닥, 마루 ceiling 천장 / door 문, 문짝 gate 문, 대문 window 창문 / wall 벽, 담 fence 울타리 roof 지붕 chimney 굴뚝 / garden 정원 yard 정원; 마당 / garage 차고 / hall 현관; 복도 / room 방 bedroom 침실 / bed 침대 / kitchen 부엌 / bathroom 욕실 toilet 화장실; (양)변기

---

22 **pillar**
[pílər]

Four large wooden **pillars** supported the roof of the Hindu temple.
네 개의 커다란 목조 기둥이 그 힌두교 사원의 지붕을 떠받치고 있었다.

24 **corridor**
[kɔ́:ridər]

His office is at the end of the **corridor** on the second floor.
그의 사무실은 2층 복도 끝에 있다.

25 **aisle**
[ail]

A woman sat in the window seat and I sat in the **aisle** seat in the same row.
한 여자가 창가 쪽 좌석에 앉았고, 나는 같은 열의 복도 쪽 좌석에 앉았다.

유래: 날개(wing) → 양쪽으로 좌석(날개)이 펼쳐진 사이 → 통로

26 **chamber**
[ʧéimbər]

The annual meeting was held at the Council **Chamber** in the city hall.
연례 회의가 시청 지방 의회 회의실에서 개최되었다.

유래: 아치형 덮개가 있는 물체(object with an arched cover) → (닫힌) 공간 → 방 -실, 회의장

27 **shed**
[ʃed]

He had tools in the **shed** to make anything from a pair of shoes to a violin.
그는 광에 신발에서 바이올린까지 어떤 것도 만들 수 있는 연장을 가지고 있었다.

28 **furnish**
[fə́:rniʃ]

The meeting room was **furnished** with a long table with chairs around it.
그 회의실에는 주위에 의자가 놓인 긴 테이블이 비치되어 있었다.

유래: furniture와 같은 어원 ┌ (가구 등을) 1. 비치하다
└ (필요한 것을) 2. 제공[공급]하다

고급 중급

가구	29 shelf	n. (물건을 얹어 두기 위해 벽에 달아 놓은) **선반**	
가정기기	30 appliance	n. (세탁기·냉장고 등의) (가정용) **기기, 전기 기구**	
	31 utility	1. n. (-ies) (가스·수도·전기 등의) **공익 설비[사업]**	utilize v. 이용[활용]하다
		2. n. (실제로 쓸모가 있음): **유용(성), 효용**	
	32 tap	1. n. (수돗물을 나오게 하거나 막는) **수도꼭지**	
		2. v. (손가락 등으로) **가볍게 톡톡 두드리다** n. **톡톡 두드림**	
목욕·미용	33 detergent	n. (씻어 내는 데 쓰는) **세제**	
	34 cosmetic	n. (-s) (멋을 내는 데 쓰는) **화장품** a. **화장(용)의**	
	35 barber	n. (이발을 업으로 하는) **이발사**	
	36 comb	n. (머리) **빗, 빗질** v. **빗질하다**	
세탁·청소	37 iron	1. n. (구김·주름을 펴는) **다리미** v. **다리미질을 하다**	
		2. n. (금속 중의 하나): **철, 쇠**	
	38 sweep	v. (쓰레기 등을) (비로) **쓸다** n. **쓸기**	sweeper n. 청소기[부]

기본

furniture 가구 mirror 거울 drawer 서랍 closet 벽장, 찬장 sofa 소파 couch 긴 의자 table 테이블 carpet 카펫 curtain 커튼 desk 책상 chair 의자 / refrigerator 냉장고 sink 싱크[세면]대 / bath 목욕 shave 면도 towel 수건 toothbrush 칫솔 toothpaste 치약 make-up 화장품 haircut 이발

Unit 23

30 appliance
[əpláiəns]

These household **appliances** made women's lives easier and freer.
이러한 가정용 전기 기구들은 여성의 삶을 더 편안하고 자유롭게 만들었다.

apply(적용하다) + ance → (원리·기술을 생활에) 적용한 것 → (가정용) 기기

31 utility
[ju:tíləti]

The rent is four hundred fifty-five dollars a month including **utilities**.
집세는 공공요금을 포함하여 한 달에 455달러이다.

util(useful: 유용한) + ity ┌ 2. 유용성
　　　　　　　　　　　　 └ (유용한) 공공 설비 → 1. 공익 설비[사업]

32 tap
[tæp]

Please turn off the **tap** while you shave or brush your teeth.
면도를 하거나 이를 닦는 동안에는 수도를 잠그십시오.

33 detergent
[ditə́:rdʒənt]

This laundry **detergent** is good for people with sensitive skin and allergies.
이 세탁용 세제는 민감한 피부와 알레르기가 있는 사람들에게 좋다.

de(off: 분리) + terge(wipe: 닦다) → wiping off(닦아 내기) → 세제

35 barber
[bá:rbər]

He went to a **barber**'s shop to get his hair cut for the first time in weeks.
그는 몇 주 만에 처음으로 머리를 자르려고 이발소에 갔다.

barb(beard: 수염) + er(사람) → (수염을 자르는) 사람 → 이발사

38 sweep
[swi:p]

She **swept** the floor clean and wiped everything with a wet cloth.
그녀는 바닥을 깨끗이 쓸고 모든 것을 젖은 천으로 닦았다.

고급 중급

세탁·청소	39 broom	n. (긴 자루가 달린) **빗자루, 비**		
	40 polish	v. (문질러서) **윤[광]을 내다, (윤 나게) 닦다** n. 윤, 광택(제)		
	41 wipe	v. (거죽에 묻은 것을) **닦아 내다** n. 닦아 내기		
	42 scrape	1. v. (떼어 내려고) **긁다, 긁어내다** n. 긁기		
		2. v. (표면을) (긁어서) **상처[흠]를 내다** n. 긁기, 긁힌 자국		
정리·정돈	43 tidy	a. (집·방·책상 등이) 잘 **정돈된** v. 정돈[정리]하다	⊖ untidy a. 단정치 못한, 흐트러진	
	44 neat	a. (장소·모양·옷차림 등이) **단정한, 깔끔한**		
	45 trim	v. (가지런히) (깎아서) **다듬다, 손질하다** n. 손질 a. 잘 손질된		
장식	46 decorate	v. (보기 좋게) **장식하다, 꾸미다**	decoration n. 장식(품)	
	47 ornament	n. (아름답게 꾸미기 위한) **장식품** v. 장식하다	ornamental a. 장식용의	
깨끗한	48 transparent	a. (속이 환히 보일 만큼) **투명한;** (말·정보 등이) **명료한**	transparency n. 투명도[성]	
	49 cleanse	v. (피부·상처를) **청결하게 하다, 세척하다**	cleanser n. 클렌저, 청정[세척]제	
위생	50 hygiene	n. (질병 예방을 위한) **위생**	hygienic a. 위생적인	
	51 sanitary	a. (오물·쓰레기 등과 관련된) (공중) **위생의; 위생적인**	sanitation n. 공중 위생	
			sanitize v. 위생 처리하다, 살균하다	
기본	laundry 세탁(물); 세탁소[업] wash 씻다 rinse 헹구다 brush 브러시 order 정돈, 정리 clean 깨끗한 clear 맑은			

39 broom
[bru:m]

He picked up his **broom** and started sweeping the floor of the room.
그는 빗자루를 집어 들고 그 방의 바닥을 쓸기 시작했다.

유래: 잔나무 덤불(brushwood) → (자루에) 잔나무 덤불이 달린 것 → 빗자루

42 scrape
[skreip]

He scraped the wallpaper off the walls and painted them white.
그는 벽에서 벽지를 긁어내고 그것을 흰색으로 칠했다.

47 ornament
[ɔ́:rnəmənt]

The shelves were covered with books and **ornaments**.
선반들은 책과 장식품으로 덮여 있었다.

orna(adorn: 장식하다) + ment → 장식한 것 → 장식품

48 transparent
[trænspéərənt]

The water was so **transparent** that we could see the bottom of the lake.
물이 너무 투명해서 우리는 호수의 바닥까지도 볼 수 있었다.

trans(through: 통과) + par(show oneself: 자신을 보여주다) → (통과하여) 자신을 보여주는 → 투명한

50 hygiene
[háidʒi:n]

Maintaining good **hygiene** helps prevent illness and infection from viruses.
청결한 위생 상태를 유지하는 것은 질병과 바이러스로 인한 전염 예방에 도움이 된다.

hygie(healthy: 건강한) + ne(art: 기술) → (건강) 기술 → 위생

51 sanitary
[sǽnətèri]

Poor **sanitary** conditions led to the spread of diseases like cholera.
열악한 위생 상태는 콜레라와 같은 질병의 전염으로 이어졌다.

sanit(health: 건강) + ary → (건강에) 좋은 → 위생의

더러움	52 filthy	a. (불쾌감을 줄 정도로) 아주 더러운[불결한]	filth n. 오물, 쓰레기
	53 shabby	a. (옷·건물·물건 등이) 낡은, 해진; (사람이) 누더기를 걸친	
	54 dust	n. (작고 가벼운 티끌): 먼지 v. 먼지를 털다	dusty a. 먼지투성이의
	55 stain	n. (커피·피·잉크 등의) 얼룩 v. 얼룩지다[지게 하다]	
무질서	56 chaos	n. (극단적인) 무질서, 혼돈	chaotic a. 혼돈된, 무질서한
	57 mess	1. n. (물건들이) 어질러진 상태 v. 어질러 놓다	messy a. 어질러진, 엉망인
		2. n. (일이 엉망이 된) 혼란, 곤경 v. (~ up) 망쳐놓다	
쓰레기	58 trash	n. (못 쓰게 되어 버리는) 쓰레기 (= garbage, rubbish)	
	59 garbage	n. (못 쓰게 되어 버리는) 쓰레기 (= trash, rubbish)	
	60 rubbish	n. (못 쓰게 되어 버리는) 쓰레기 (= trash, garbage)	
	61 litter	n. (아무렇게나) (공공장소에 버려진) 쓰레기 v. 어질러 놓다	
	62 sewage	n. (쓰고 버리는 더러운 물): 하수, 오물	
	63 landfill	n. (쓰레기를 묻는) 쓰레기 매립(지)	
오염	64 pollution	n. (매연·폐수·쓰레기 등으로 인한) 오염, 공해	pollute v. 오염시키다, 더럽히다
	65 contaminate	v. (접촉으로 물질·장소를) 오염시키다	contamination n. 오염

기본	dirty 더러운　mark 자국, 얼룩

52 **filthy**
[fílθi]

The room was **filthy** with spider webs all over the ceilings and walls.
그 방은 불결해서 온 천장과 벽에 거미줄이 있었다.

53 **shabby**
[ʃǽbi]

He was wearing a **shabby** jacket that was far too big for him.
그는 자신에게 너무 큰 낡은 재킷을 입고 있었다.

유래: 저급한 녀석(low fellow) → (질이) 저급한 → 낡은, 해진

55 **stain**
[stein]

There were footprints, and several blood stains on the carpet.
카펫 위에는 발자국과 여러 개의 핏자국이 있었다.

61 **litter**
[lítər]

Never drop **litter**, especially on beaches and in national parks.
특히 해변과 국립공원에서는 절대로 쓰레기를 버리지 마세요.

lit(bed: 침대) + ter → (배설물이 놓인) 동물의 밀집 침대 → 쓰레기

62 **sewage**
[súːidʒ]

Sewage pollution has led to considerable losses in the tourist industry.
하수 공해는 관광 산업에 상당한 손실로 이어졌다.

sew(drain: 배수하다) + age → (쓰고 버려져서) 배수되는 물 → 하수, 오물

65 **contaminate**
[kəntǽmənèit]

Contaminated water can cause diseases such as cholera and typhoid.
오염된 식수는 콜레라와 장티푸스 같은 질병을 유발할 수 있다.

con(together: 함께) + tamin(touch: 접촉하다) → (서로 접촉해서) 오염시키다

24_1 육체·뚱뚱한·날씬한

고급 중급

육체	01 **physical**	1. a. (정신·마음 대비) **몸의, 육체의** 2. a. (정신·마음 대비) **물질의, 물리학(상)의**	physics n. 물리학 physicist n. 물리학자
	02 **physiology**	n. (몸이 기능·작용하는 원리): **생리(학)**	physiological a. 생리적인, 생리학의 physiologist n. 생리학자
	03 **anatomy**	n. (생물체의 내부 구조를 연구하는) **해부학**	anatomical a. 해부(학)의
뚱뚱한	04 **overweight**	a. (기준 무게에 비해) **과체중의; 중량 초과의**	⊖ underweight a. 체중[중량] 미달의
	05 **plump**	a. (보기 좋게) **통통한, 토실토실한** v. **불룩하게 하다**	
	06 **obese**	a. (해로울 정도로) **지나치게 살찐, 비만인**	
날씬한	07 **slim**	a. (사람이) **날씬한;** (수량·크기가) **빈약한** (= slender) a. (물건이) **얇은**	
	08 **slender**	a. (사람이) **날씬한;** (수량·크기가) **빈약한** (= slim)	
기본	body 몸, 육체 / fat 뚱뚱한, 살찐 diet 식이 요법, 다이어트		

---

02 physiology
[fìziάlədʒi]

Physiology is the study of how the body and its organs and cells work.
생리학은 몸과 그것의 장기, 세포가 어떻게 작동하는지에 대한 연구이다.

physio(nature: 자연) + logy(study: 학문) → (자연의 생명 현상을 연구하는) 학문 → **생리(학)**

---

03 anatomy
[ənǽtəmi]

Knowledge of human **anatomy** is essential for medical students.
인체 해부에 대한 지식은 의과 학생들에게는 필수적인 것이다.

ana(up) + tom(cut) → cut up(조각조각 자르다) → **해부학**

---

04 overweight
[òuˌvərwei't]

A person who is **overweight** should go on a diet or take more exercise.
과체중인 사람은 다이어트를 하거나 더 많은 운동을 해야 한다.

over(정상보다 많은) + weight(체중, 무게) → (체중·무게가) 정상보다 많은 → **과체중의**

---

05 plump
[plʌmp]

His daughter was a slightly **plump** girl of fourteen or fifteen years old.
그의 딸은 14살이나 15살 정도의 약간 통통한 소녀였다.

---

06 obese
[oubíːs]

The number of Americans who are **obese** has almost doubled since 1980.
비만 미국인의 수는 1980년 이후 거의 두 배가 되었다.

ob(강조) + ese(eat: 먹다) → (많이 먹어서) **비만인**

---

08 slender
[sléndər]

She was wearing a pair of jean shorts that showed off her **slender** legs.
그녀는 날씬한 다리를 과시하는 진 반바지를 입고 있었다.

날씬한	└ 09 lean	1. a. (군살이 없이) 마른, 호리호리한	
		2. v. (똑바르지 않고) 기울(이)다; 몸을 숙이다[젖히다]	
		3. v. (다른 것에) 기대다, 기대어 놓다	
자세	10 posture	n. (몸이 취하는) 자세	postural a. 자세의
장기	11 organ	1. n. (특정 기능을 수행하는) (몸 속의) 기관, 장기	organic a. 기관[장기]의; 유기체의;
		2. n. (건반 악기): 오르간	유기 재배[농법]의
	12 stomach	n. (소화 기관): 위; (가슴과 엉덩이 사이의) 배, 복부	
	13 lung	n. (호흡 기관): 폐, 허파	
	14 liver	n. (영양소 대사 · 해독 · 저장 기능을 하는) 간, 간장	
	15 kidney	n. (혈액으로부터 오줌을 걸러내는) 신장, 콩팥	
뼈 · 살	16 skeleton	n. (몸을 구성하는 뼈의 구조): 골격, 뼈대, 해골	skeletal a. 뼈대[골격]의
	17 spine	n. (몸의 중심이 되는 골격): 척추, 등뼈	spinal a. 척추의
	18 rib	n. (가슴 부분을 구성하는 뼈): 늑골, 갈빗대	
	19 muscle	n. (신체의 운동기능을 수행하는) 근육	muscular a. 근육의, 근육이 발달한
기본	stomach 배 waist 허리 back 등 hip 엉덩이 / heart 심장 / bone 뼈 skin 피부	pose 포즈, 자세 gesture 몸짓, 제스처 / stand 서다 sit 앉다 seat 자리 lie 눕다 neck 목 shoulder 어깨 chest 가슴	

09 lean
[li:n]

The T-shirt was just fitted enough to see that he had a **lean** body.
그 티셔츠는 그가 군살이 없는 몸을 가졌다는 것을 알 수 있을 만큼 꼭 맞았다.

> 2. 기울다 ┌ (몸이) 쉽게 기울어지는 → 1. 마른, 호리호리한
> ├ (몸을) 기울이다 → 2. 몸을 숙이다[젖히다]
> └ (기울여서 다른 것에) 3. 기대다, 기대어 놓다

14 liver
[lívər]

Alcoholic **liver** disease usually occurs after years of drinking too much.
수년 동안 지나친 과음을 하면 대개 알코올성 간 질환이 발생한다.

15 kidney
[kídni]

Eating or drinking too much calcium can lead to **kidney** stones.
너무나 많은 칼슘을 먹거나 마시면 신장 결석을 초래할 수 있다.

> 유래: 자궁(womb) → (신장의 모양이) 자궁처럼 생긴 데서 → 신장, 콩팥

16 skeleton
[skélətn]

The adult human **skeleton** consists of 206 bones of different sizes.
성인 인간 골격은 다양한 크기의 206개의 뼈로 구성되어 있다.

> 유래: 바싹 마르다(dry up) → (몸이 바싹 마를 때 드러나는) 골격, 뼈대, 해골

17 spine
[spain]

Make sure to keep your **spine** straight when walking or sitting.
걷거나 앉을 때는 반드시 척추를 곧게 유지하십시오.

> 유래: thorn(가시) → (등 거죽에 가시처럼) 뼈가 오돌토돌 나온 부분 → 등뼈, 척추

뼈·살	20 **flesh**	n. (피부와 뼈 사이의 연한) **살, 고기**	fleshy a. 살찐
	21 **nerve**	1. n. (외부 자극을 감지·대처하는 기관): **신경**	nervous a. 신경의; 신경질적인, 초조한
		2. n. (-s) (불안하고 과민한 상태): **신경 과민, 신경질**	
땀	22 **sweat**	v. (피부에서 분비되는) **땀을 흘리다** (= perspire) n. **땀**	sweaty a. 땀투성이의
	23 **perspire**	v. (sweat의 격식 차린 말) **땀을 흘리다** (= sweet)	perspiration n. 땀 (흘리기)
감각	24 **sensation**	1. n. (외부의 자극에 대한) **느낌, 감각**	sensational a. 선풍적인
		2. n. (갑작스럽게) **세상을 떠들썩하게 하는 것, 센세이션**	
	25 **texture**	n. (재료) (표면의) **감촉, 질감**; (음식의) **식감**	textural a. 조직[구조]의
	26 **numb**	a. (추위·충격 등으로) **감각을 잃은** v. **마비시키다**	
	27 **paralyze**	v. (느끼거나 움직일 수 없게) **마비시키다**	paralysis n. 마비
피·혈관	28 **bleed**	v. (몸에 상처를 입어) **피가 나다, 출혈하다**	bleeding n. 출혈
	29 **vein**	n. (피를 심장으로 돌려보내는) **정맥**	venous a. 정맥의
	30 **artery**	n. (몸의 각 부분으로 피를 보내는) **동맥**	arterial a. 동맥의
	31 **pulse**	n. (심장 박동으로 인한) **맥박** v. **맥이 뛰다**	

[기본] sense 감각 feel 느끼다 / blood 피, 혈액

23 **perspire**
[pərspáiər]

His clothing was wet as if he had been **perspiring** heavily.
그의 옷은 심하게 땀을 흘린 것처럼 젖어 있었다.

per(through: 통하여) + spire(breathe: 숨쉬다) → (피부를) 통해 숨쉬다 → 땀을 흘리다

25 **texture**
[tékstʃər]

I love the soft **texture** of the cake topped with vanilla ice-creams.
나는 바닐라 아이스크림을 위에 얹은 케이크의 부드러운 식감이 좋다.

text(woven: 짜여진) + ure → (짜여진) 재료 표면의 느낌 → 감촉, 질감

27 **paralyze**
[pǽrəlàiz]

The motorcycle accident left him **paralyzed** from the neck down.
그 오토바이 사고로 그는 목 아래 부분이 마비되었다.

para(beside: 옆에) + ly(loosen: 풀다) → (옆의 어느 한 부분이) 풀리다 → 마비시키다

29 **vein**
[vein]

The function of the **veins** is to return blood from organs to the heart.
정맥의 기능은 피를 기관에서 심장으로 돌려보내는 것이다.

유래: 물길(water course) → (피가) 흐르는 길 → 정맥

30 **artery**
[ά:rtəri]

The heart pumps the blood around the body through the **arteries**.
심장은 피를 동맥을 통해 펌프처럼 몸 전체로 내보낸다.

유래: 들어올리다(raise) → (심장에서) 피를 들어올려 보내는 길 → 동맥

고급 중급

얼굴	32 feature	1. n. (눈·코·귀·입 등의) **얼굴의 어느 한 부분** featureless a. 특색이 없는
		2. n. (눈에 띄는) **특징** v. **특징으로 삼다, 특징을 이루다**
	33 profile	1. n. (사람·동상의) **옆얼굴(의 윤곽)**
		2. n. (인물·장소의) **개요, 프로필** v. **개요를 쓰다[주다]**
	34 pale	a. (얼굴빛·살갗이) **창백한** v. **창백해지다**
얼굴부분	35 forehead	n. (눈썹과 머리털 사이의) **이마**
	36 eyebrow	n. (눈 위에 난) **눈썹**
	37 cheek	n. (얼굴의 양 옆의 살이 볼록한) **뺨, 볼**
	38 jaw	n. (입 위아래에 씹는 일을 하는) **턱**
	39 chin	n. (입 아래에 뾰족하게 나온) **아래턱**
	40 wrinkle	n. (얼굴·옷 등의) **주름, 구김살** v. **주름살지다[지게 하다]**
머리	41 skull	n. (머리를 이루고 있는 뼈): **두개골**
	42 nod	v. (동의·승낙의 뜻으로) **머리를 끄덕이다** n. **끄덕임**
털·수염	43 mustache	n. (코 아래에 난) **콧수염** (= moustache)
	44 beard	n. (아래턱과 뺨에 난) **턱수염**

기본 | face 얼굴 / head 머리 brain 뇌 / hair 머리털, (피부의) 털 blond 금발의 (= blonde)

---

32 feature
[fíːtʃər]

Her beautiful deep blue eyes were the most attractive **feature** in her face.
그녀의 아름답고 깊은 푸른 눈은 그녀의 얼굴에서 가장 매력적인 부분이었다.

feat(make: 만들다) + ure ─ (얼굴 위에) 만들어진 것 → 1. 얼굴의 어느 한 부분
　　　　　　　　　　 ─ (눈에 띄게) 만들어진 것 → 2. 특징

40 wrinkle
[ríŋkl]

The man had a lot of **wrinkles** on his face and a lot of gray hair.
그 남자는 얼굴에는 많은 주름이 있고 많은 흰머리가 있었다.

유래: 구불구불하다(wind) → (얼굴·옷 등의) 구불구불한 부분 → 주름, 구김살

41 skull
[skʌl]

The blow was such a powerful one that the man's **skull** was broken.
타격이 대단히 강력해서 그 남자의 두개골이 깨졌다.

유래: 머리털이 벗어진 머리(bald head) → 두개골

43 mustache
[mʌstæʃ]

The 28-year-old lawyer grew a **mustache** to make himself look older.
그 28세의 변호사는 자신을 나이가 더 들어 보이게 하려고 콧수염을 길렀다.

유래: 윗입술(upper lip) → (윗입술 위에 난) 수염 → 콧수염

44 beard
[biərd]

He was not that old, but the **beard** made him look very old indeed.
그는 그렇게 늙지 않았으나 턱수염은 그를 정말 매우 늙어 보이게 만들었다.

Unit 24

	45 **whisker**	n. (-s) (얼굴 양 옆에 난) **구레나룻**; (고양이 등의) **수염**	
털·수염	46 **curly**	a. (머리털 등이) **곱슬곱슬한**	curl n. 컬, 곱슬털 v. 곱슬곱슬해지다[하게 하다]
	47 **bald**	a. (머리털이 빠져서) **대머리의**	
눈·시각	48 **pupil**	1. n. (눈의) **동공, 눈동자** 2. n. (특히 초·중·고등 학교의) **학생**	
	49 **visual**	a. (눈으로 보는 감각) **시각의[에 관한]** n. **시각 자료**	visualize v. 마음속에 그려 보다
	50 **visible**	a. (형체가 뚜렷하여) **눈에 보이는**	visibility n. 시계, 가시도
	51 **telescope**	n. (먼 곳의 물체를 확대하여 보는) **망원경**	telescopic a. 망원경의
	52 **microscope**	n. (매우 작은 물체를 확대하여 보는) **현미경**	microscopic a. 현미경의; 미세한
	53 **blink**	v. (무의식적으로) **눈을 깜박거리다** n. **깜박거림**	
보다	54 **observe**	1. v. (학습·연구 목적으로) **관찰하다**; (관찰해서) **~을 보다** 2. v. (법·규칙·합의 등을) **지키다, 준수하다**	observation n. 관찰 observance n. 준수, 따르기
[기본]	eye 눈 sight 시각, 시력; 보기; 광경; 시계 vision 시력; 시야 glass (-es) 안경 wink 윙크 / see (보이는 것을) 보다 look (의식적으로) 보다 watch 지켜보다 monitor 추적 관찰하다		

45 **whisker**
[wískər]

He was wearing **whiskers** on his cheeks enough to make up half the face.
그는 그의 볼에 얼굴의 반을 차지할 만큼의 구레나룻이 있었다.

유래: 깃털 뭉치(a bundle of feathers) → (얼굴에 난) 깃털 뭉치 → 구레나룻

48 **pupil**
[pjú:pl]

If someone shines a bright light in your eyes, your **pupils** contract.
누군가가 당신의 눈에 밝은 빛을 비추면 동공은 수축된다.

유래: 어린아이(little child) ─ (남의 눈에) 자신이 어린아이의 모습으로 있는 곳 → 1. 동공
　　　　　　　　　　　 └ (학교를 다니는) 어린아이 → 2. 학생

51 **telescope**
[téləskòup]

He stayed up all night looking at the stars through his **telescope**.
그는 망원경을 통해 별을 보면서 온밤을 꼬박 지새웠다.

tele(far: 멀리) + scope(seeing: 보기) → (멀리 보는) 기구 → 망원경

52 **microscope**
[máikrəskòup]

Bacteria are so small that they can be seen only with a **microscope**.
박테리아는 너무 작아서 현미경으로만 볼 수 있다.

micro(small: 작은) + scope(seeing: 보기) → (작은 것을 보는) 기구 → 현미경

53 **blink**
[bliŋk]

The sweat running down into his eyes made him **blink** continuously.
그의 눈으로 흘러내리는 땀 때문에 그는 눈을 계속해서 깜박거렸다.

보다	55 overlook	1. v. (아래의 장소를) 내려다보다	
		2. v. (사실·문제·오류 등을) 못 보고 지나치다, 간과하다	
		3. v. (남의 잘못을) 눈감아 주다, 너그럽게 봐주다	
	56 witness	1. v. (사고·사건·범죄 등을) 목격하다 n. 목격자	
		2. n. (법정에서 증언을 하는) 증인	
	57 spot	1. v. (잘 보이지 않아) (찾기 힘든 것을) 찾아내다, 발견하다	spotless a. 티끌 하나 없는
		2. n. (주변과 구분되는) (특정) 장소; (작은) 반점; 얼룩	
응시하다	58 stare	v. (한동안) (시선을 고정하고) 빤히 쳐다보다 n. 응시	
	59 gaze	v. (놀람·감탄·흥미로) (무의식적으로) 뚫어지게 보다 n. 응시	
	60 glare	1. v. (화가 나서) (미운 감정으로) 노려보다 n. 노려봄	
		2. v. (눈부실 정도로) (불쾌하게) 환히 비치다 n. 눈부신 빛	
	61 peer	1. v. (불분명한 것을) (잘 보이지 않아서) 유심히 보다	peerless a. 비할 데 없는
		2. n. (나이·신분·직업 등이) 동등한 사람, 동배, 동료	
언뜻 보다	62 glimpse	v. (분명치 않게) 언뜻 보다 n. 언뜻 봄	
	63 glance	v. (시선을 돌려) 힐끗 보다 n. 힐끗 봄	

56 witness

[wítnis]

I **witnessed** an accident in which several people were badly injured.
나는 여러 사람이 심하게 부상을 입은 사고를 목격했다.

wit(knowledge: 알고 있음) + ness → (알고 있는) 사람 → 1. 목격자, 2. 증인

59 gaze

[geiz]

A young couple was strolling along the beach, **gazing** at the ocean.
한 젊은 남녀가 바다를 바라보면서 해변을 따라 산책을 하고 있었다.

60 glare

[glɛər]

His mother **glared** at him and shook her head in disapproval.
그의 어머니는 그를 노려보면서 마음에 안 든다는 듯 고개를 저었다.

유래: 강렬하게 비치다(shine strongly) ┬ (눈빛을) 강렬하게 비추다 → 1. 노려보다
└ (불쾌하게) 2. 환히 비치다

61 peer

[piər]

He turned back and **peered** into the darkness, but couldn't see anything.
그는 뒤로 돌아서 어둠 속을 유심히 보았으나 아무것도 볼 수 없었다.

유래: appear(나타나다)의 철자 변형 → (나타나게 하려고) 1. 유심히 보다
동등한(equal) → 2. 동배, 동등한 사람

62 glimpse

[glimps]

I caught a **glimpse** of her before she disappeared into the crowd.
나는 그녀가 군중 속으로 사라지기 전에 그녀를 언뜻 보았다.

63 glance

[glæns]

He **glanced** in her direction but looked away before their eyes met.
그는 그녀 쪽을 힐끗 보았지만 그들의 시선이 마주치기 전에 눈길을 돌렸다.

유래: 재빨리 움직이다(move quickly) → (재빨리 움직여서) 힐끗 보다

Unit 24

육체·건강 II
body & health II

25_1 광경·경치·나타나다

고급 중급

광경·경치	01 **outlook**	1. n. (특정 위치에서) (내다보이는) **전망, 조망**	
		2. n. (무엇의) (앞날에 대한) **전망, 예상**	
		3. n. (세상·인생을 보는) **관점, ~관**	
	02 **landscape**	n. (어느 곳의) (보이는 그대로의) **풍경; 풍경화**	
	03 **scenery**	n. (어느 곳의) (아름다운 자연의) **경치, 풍경**	scenic a. 경치가 아름다운
	04 **spectacle**	1. n. (매우 인상적이어서) (볼 만한) **구경거리, 장관**	spectacular a. 구경거리의, 장관의
		2. n. (-s) (눈에 쓰는 기구) **안경** (= glasses)	
나타나다	05 **emerge**	v. (속이나 뒤에서) (밖으로) **나오다, 모습을 드러내다**	emergence n. 출현 emergent a. 신생의
	06 **loom**	1. v. (위협적으로) **어렴풋이 나타나다**	
		2. v. (위험·걱정거리 등이) **곧 닥칠 것처럼 보이다**	

기본 | view 전망, 조망, 경치 / appear 나타나다 disappear 사라지다

---

01 outlook
[auˈtlʊ,k]

The restaurant has a wonderful **outlook** over the fields below.
그 레스토랑은 아래의 들판으로 내다보이는 전망이 멋지다.

out(밖) + look(보다) ┌ (내다보이는) 1. 조망 → (앞일의) 2. 전망
　　　　　　　　　　 └ (세상·인생을 보는) 3. 견해

---

02 landscape
[læˈndskei,p]

In the past, the **landscape** of the area was quite different than it is today.
과거에는 그 지역의 풍경이 오늘날과는 상당히 달랐다.

land(땅) + scape(condition: 상태) → (땅의) 상태 → 풍경(화)

---

03 scenery
[síːnəri]

Many tourists visit the area in order to admire the beautiful **scenery**.
많은 관광객들이 아름다운 경치를 감상하기 위해 그 지역을 방문한다.

scene(광경) + ery → (아름다운) 광경 → 경치, 풍경

---

05 emerge
[iməˈːrdʒ]

Suddenly, the full moon **emerged** from behind the clouds.
갑자기 보름달이 구름 뒤에서 나타났다.

e(out: 밖으로) + merge(sink: 잠기다) → (잠겨있던 것이) 밖으로 나오다

---

06 loom
[luːm]

All of a sudden, a huge gray shape **loomed** up in front of us.
갑자기 거대한 회색 형체가 우리 앞에 흐릿하게 나타났다.

유래:서서히 움직이다(move slowly) ┌ (서서히 움직여 오는 것이) 1. 어렴풋이 보이다
　　　　　　　　　　　　　　　 └ (서서히 움직이면서) 2. 곧 닥칠 것처럼 보이다

사라지다	07 vanish	v. (이유를 모르게) (갑자기) **사라지다**	
	08 fade	1. v. (모습·소리·기운·기억 등이) **서서히 사라지다**	
		2. v. (빛깔·밝기 등이) **희미해지다[게 하다]**	
소리	09 echo	n. (소리의) **울림, 메아리** v. **울리다, 메아리치다**	
	10 tranquil	a. (기분 좋고 편안하게) **고요한, 평온한**	tranquility n. 고요함, 평온함
외치다	11 shout	v. (큰 소리로) **소리치다 외치다** (= yell, exclaim) n. **외침**	
	12 yell	v. (큰 소리로) **소리치다 외치다** (= shout, exclaim) n. **외침**	
	13 exclaim	v. (갑자기 격하게) **소리치다, 외치다** (= shout, yell)	exclamation n. 외침
	14 scream	v. (높고 날카로운) **비명을 지르다** n. **비명**	
속삭이다	15 whisper	v. (남이 알아듣지 못하게) (작은 소리로) **속삭이다** n. **속삭임**	
	16 murmur	v. (알아듣기 힘든) (낮고 불분명한 소리로) **소곤[웅얼]거리다** n. **소곤[웅얼]거림**	
듣다	17 overhear	v. (뜻하지 않게) (남의 대화를) **우연히 듣다**	
	18 audible	a. (분명하게) **잘 들리는, 들을 수 있는**	⊖ inaudible a. 들리지 않는

기본 | ear 귀 sound 소리 noise 소음 volume 음량 / voice 목소리 tone 어조 / loud 소리가 큰 quiet 조용한 / call 부르다 shout 외치다 / hear (들리는 소리를) 듣다, 들리다 listen (주의를 기울여) 듣다

---

07 **vanish**
[vǽniʃ]

The magician **vanished** just as suddenly as he had appeared.
마술사는 그가 나타났을 때처럼 갑자기 사라졌다.

van(empty: 빈) + ish → (텅) 비다 → 사라지다

---

08 **fade**
[feid]

Little by little, wounds healed and unpleasant memories faded.
조금씩 상처는 아물었고 불쾌한 기억들은 사라졌다.

유래: 전혀 맛이 없는(tasteless) → (맛이) 없어지다 → 1. 서서히 사라지다 2. 희미해지다

---

10 **tranquil**
[trǽŋkwil]

They lived in a small **tranquil** village, where everyone knew one another.
그들은 모든 사람들이 서로를 아는 작고 조용한 마을에 살았다.

tran(강조) + quil(rest: 휴식: 휴식) → (완전히) 쉬고 있는 → 고요한, 평온한

---

13 **exclaim**
[ikskléim]

"Oh, my God! My God! What is happening?" she **exclaimed** in shock.
"오 맙소사! 맙소사! 무슨 일이 벌어지고 있는 겁니까?" 그녀는 충격에 휩싸여 소리쳤다.

ex(강조) + claim(shout: 소리치다) → (크게) 소리치다

---

16 **murmur**
[mə́:rmə(r)]

"It can't be that easy," he **murmured** to himself, unheard by the other.
"그렇게 쉬울 리가 없어"라고 다른 사람들에게 들리지 않게 혼자 중얼거렸다.

유래: 작은 소리로 딱딱 소리를 내며 타는 불(crackling fire) → (작은 소리로) 소곤거리다

Unit 25

고급 중급

코·냄새	19 sniff	1. v. (감기로 / 울면서) **코를 훌쩍거리다** n. **훌쩍거림** 2. v. (냄새를 맡으려고) **코를 킁킁거리다** n. **코를 킁킁거림**	
	20 fragrance	n. (기분 좋은) **향기; 향수** (= scent, perfume)	fragrant a. 향기로운
	21 scent	n. (기분 좋은) **향기; 향수** (= fragrance, perfume) v. **향기가 나다, 냄새를 맡다**	
	22 perfume	n. (기분 좋은) **향기; 향수** (= fragrance, perfume) v. **향기가 나다, 향수를 뿌리다**	
	23 odor	n. (강한 자극성의) (불쾌한) **냄새, 악취**	odorous a. 냄새가 나는
	24 stink	v. (매우 심한) **악취를 풍기다** n. **악취**	stinky a. 악취가 나는
입·이	25 blow	1. v. (입김을) (입으로) **불다** n. **불기** 2. v. (일정 방향으로) (바람이) **불다** 3. n. (세게 때리기): **강타, 타격**	
	26 sigh	v. (근심·실망 등으로) **한숨 쉬다** n. **한숨**	
	27 yawn	v. (졸림·피곤 등으로) **하품하다** n. **하품**	
	28 sneeze	n. (숨을 터뜨려 내뿜는) **재채기** v. **재채기를 하다**	

기본	nose 코 smell 냄새 맡다 / mouth 입 lip 입술 tongue 혀 whistle 휘파람을 불다 kiss 입맞춤

---

19 sniff
[snif]

He had a bit of a cold and couldn't stop **sniffing** and coughing all day.
그는 감기 기운이 조금 있어서 하루 종일 코를 훌쩍대기와 기침을 멈출 수가 없었다.

20 fragrance
[fréigrəns]

The air smelled sweet with the **fragrance** of roses.
공기가 장미 향기로 향기로운 냄새가 났다.

> 유래: 은은한 냄새(sweet-smelling) → (기분 좋은) 향기, 향수

21 scent
[sent]

The air was filled with the sweet **scent** of spring flowers.
공기는 봄 꽃들의 달콤한 향기로 가득했다.

> 유래: sense(감각)와 같은 어원 → (후각으로 느끼는) 좋은 느낌 → 향기; 향수

24 stink
[stiŋk]

His breath **stank** of rotten eggs and garlic as he whispered in my ear.
그가 내 귀에 귓속말을 했을 때 그의 입에서는 썩은 달걀과 마늘 냄새가 났다.

26 sigh
[sai]

He **sighed** deeply at the thought that they might never meet again.
그는 그들이 다시는 못 만날지도 모른다는 생각에 한숨을 지었다.

27 yawn
[jɔ:n]

She **yawned**, covering her mouth with her hand, and then stretched.
그녀는 손으로 입을 가리면서 하품을 하고 기지개를 켰다.

28 sneeze
[sni:z]

One day, I had a terrible cold and couldn't stop **sneezing** and coughing.
어느 날, 나는 심한 감기에 걸려서 재채기와 기침을 멈출 수가 없었다.

입·이	29 throat	n. (입 속 맨 안쪽의) 목구멍	
호흡	30 breathe	v. (코·입으로) 호흡하다, 숨쉬다	breath n. 숨, 호흡
	31 inhale	v. (숨·연기·가스 등을) 들이마시다[쉬다]	inhalation n. 흡입 ⊖ exhale v. 내쉬다
질식	32 choke	v. (호흡 장애로) 숨이 막히다[게 하다], 질식하다[시키다]	
	33 pant	v. (거친 운동, 무더위 등으로) (숨을) 헐떡이다	
	34 gasp	v. (놀람·공포·고통으로) 숨이 턱 막히다 n. 숨이 턱 막힘	
손·팔	35 limb	n. (팔과 다리 중 어느 하나): 팔다리[사지](의 하나)	
	36 fist	n. (손가락을 다 오그려 쥔) 주먹	
만지다	37 contact	1. n. (서로 맞닿음): 접촉 2. n. (정기적인) 연락, 교제, 접촉 v. 연락을 취하다	
	38 stroke	1. v. (귀여움·애정의 표시로) 쓰다듬다 n. 쓰다듬기 2. n. (배트·라켓 등으로) (공) 치기[때리기] 3. n. (뇌혈관이 막히거나 터져서 생기는) 뇌졸중	
	39 tickle	v. (살갗을) 간지럽히다, 간질간질하다 n. 간지럼, 간질임	
기본	hand 손 finger 손가락 thumb 엄지손가락 nail 손[발]톱 wrist 손목 arm 팔 elbow 팔꿈치 / touch 만지다		

---

31 inhale
[inhéil]

She closed her eyes for a moment and **inhaled** deeply through her nose.
그녀는 잠시 눈을 감고 코를 통해 깊이 숨을 들이쉬었다.

> in(안으로) + hale(breathe: 숨쉬다) → (숨을 몸 안으로) 들여보내다 →. 들이쉬다

32 choke
[tʃouk]

As a child, I nearly **choked** to death on a fish bone while eating lunch.
어릴 때 나는 점심 식사를 하다가 목에 생선 뼈가 걸려서 거의 질식해 죽을뻔했다.

34 gasp
[gæsp]

When looking out of the window, I **gasped** at the spectacular view.
창 밖을 내다보고 나는 장관을 이룬 경치에 숨이 턱 막혔다.

> 유래: yawn(하품하다) → (하품을 하듯 입이 벌어지면서) 숨이 턱 막히다

35 limb
[lim]

During the First World War, more than 50,000 French soldiers lost **limbs**.
제1차 세계대전 동안 50,000명 이상의 프랑스 군인들이 사지를 잃었다.

38 stroke
[strouk]

He kissed the top of her head and **stroked** her hair softly.
그는 그녀의 맨 위 부분에 키스를 하고 그녀의 머리를 부드럽게 쓰다듬었다.

> strike(치다)의 변형 ─ (손·팔을 흔들어) 치다 → (배트 등으로 팔을 흔들어서) 2. (공) 치기[때리기]
> ├─ (손을 가볍게 움직여서) 1. 쓰다듬다
> └─ (갑자기 세게 머리를 치는 듯한) 증상 → 3. 뇌졸중

39 tickle
[tíkl]

She **tickled** his feet with a feather and he started to laugh out loud.
그녀가 깃털로 그의 발을 간질이자 그는 큰 소리로 웃기 시작했다.

Unit 25

만지다	40 **rub**	v. (대거나 맞대고) **문지르다, 비비다** n. **문지르기**	
	41 **scrub**	v. (뻣뻣한 솔과 비눗물로) **문질러 씻다[닦다]**	
	42 **scratch**	v. (날카로운 끝으로) **긁다, 할퀴다** n. **긁음, 할큄**	
	43 **tap**	1. v. (손가락 등으로) **가볍게 톡톡 두드리다** n. **톡톡 두드림**	
		2. n. (수돗물을 나오게 하거나 막는) **수도꼭지**	
	44 **pat**	v. (손바닥으로) (애정·위안의 뜻으로) **토닥거리다** n. **토닥거림**	
잡다·놓다	45 **grasp**	1. v. (손 안에 넣고) (단단히) **꽉 잡다** n. **움켜잡음** (= grip)	
		2. v. (완전히) **이해하다**	
	46 **grip**	v. (손 안에 넣고) (단단히) **꽉 잡다** n. **움켜잡음** (= grasp)	
	47 **grab**	v. (거칠게) (와락) **붙잡다** n. **와락 붙잡기** (= seize)	
	48 **seize**	1. v. (거칠게) (와락) **붙잡다** n. **와락 붙잡기** (= grab)	**seizure** n. 압수, 몰수; 점령, 장악
		2. v. (힘·폭력으로) **점령[장악, 체포]하다**	
	9 **snatch**	v. (빼앗으려고) (잽싸고 거칠게) **잡아[낚아]채다** n. **잡아챔**	
	50 **embrace**	1. v. (대상을 품 안에) **(껴)안다, 포옹하다** n. **포옹**	
		2. v. (새로운 생각 등을) **받아들이다, 수용하다** n. **수용**	
기본		hold 들다, 붙들다, 잡다, 쥐다 catch (붙)잡다 hug (껴)안다	

---

41 scrub
[skrʌb]

She dropped to her knees and started **scrubbing** the floor with a brush.
그녀는 무릎을 꿇고 솔로 바닥을 문질러 닦기 시작했다.

> 유래: 관목(shrub) → (덤불을 이루는) 관목 → (뻣뻣한) 솔 → (뻣뻣한 솔로) 문질러 씻다[닦다]

44 pat
[pæt]

All the team members ran over to him and **patted** him on the back.
모든 팀원들이 그에게 달려와서 그의 등을 가볍게 두드렸다.

> 의성어: 가볍게 치는 소리(strike lightly) → 가볍게 치다 → 토닥거리다

46 grip
[grip]

He **gripped** his golf club tightly with both hands before taking a swing.
그는 스윙을 하기 전에 골프채를 양손으로 단단히 쥐었다.

47 grab
[græb]

She **grabbed** his arm to stop him from opening the door and going inside.
그녀는 그가 문을 열고 안으로 들어가는 것을 막으려고 그의 팔을 잡았다.

48 seize
[si:z]

The woman violently **seized** her by the hair and threw her to the floor.
그 여자는 그녀의 머리채를 잡고 그녀를 바닥으로 던졌다.

> 유래: (당연한 권리로서) 요구하다(claim) → (요구하며) 와락 붙잡다; 점령[장악]하다; 체포하다

50 embrace
[imbréis]

She threw her arms around his neck and **embraced** him affectionately.
그녀는 그의 목 주위로 팔을 뻗어 그를 사랑스럽게 껴안았다.

> em(in: 안) + brace(two arms: 두 팔) ─ (두 팔 안에) (껴)안다, 포옹하다
> └ (껴안아서) 받아들이다

고급 중급

	51 cling	v. (떨어지지 않으려고) **달라붙다, 매달리다**	clingy a. 점착성의, 들러붙는
잡다·놓다	52 release	1. v. (잡고 있던 것을) **놓다, 놓아주다** n. **놓아주기**	
		2. v. (구속한 사람을) **석방[방면]하다** n. **석방, 방면**	
		3. v. (뉴스·정보·영화 등을) **공개[발표, 개봉, 발매]하다**	
		n. **공개, 발표, 개봉, 발매**	
손동작	53 clap	v. (양 손바닥을 마주 쳐서) **박수[손뼉]를 치다** n. **박수, 손뼉**	
	54 shrug	v. (두 손바닥을 내보이며) **어깨를 으쓱하다** n. **으쓱하기**	
	55 stretch	1. v. (쭉) (팔다리를) **뻗다; 기지개를 켜다** n. **기지개**	stretchy a. 신축성이 있는
		2. v. (잡아당겨서) **늘이다, 늘어나다**	
던지다	56 toss	v. (공중으로 띄워서) **가볍게 던지다** n. **가볍게 던지기**	
	57 pitch	1. v. (목표물을) (겨냥하여) **(내)던지다** n. **던지기**	
		2. n. (소리의) **음높이**	
	58 cast	1. v. (힘껏) (그물·낚싯줄 등을) **(내)던지다**	casting n. 배역
		2. v. (대상에) (시선·빛·의혹 등을) **던지다, 보내다**	
		3. v. (영화·연극 등의) **출연자들** n. **배역을 정하다**	
기본	wave (손·팔을) 흔들다 / throw 던지다		

Unit 25

51 cling
[kliŋ]

They **clung** together in terror, and the little girls began to cry out.
그들은 두려움에 서로 매달리고 어린 소녀들은 비명을 지르기 시작했다.

유래: 뒤얽힌 실 뭉치(tangled ball of thread) → (뒤얽혀서 떨어지지 않고) 달라붙다

52 release
[rilíːs]

At the end of the celebration, the balloons were **released** into the sky.
기념 행사 끝에 풍선이 하늘로 날려 보내졌다.

re(back) + lax(loosen: 느슨하게 하다) → (느슨하게 하여) 1. 놓다 2. 석방하다 3. 공개하다

54 shrug
[ʃrʌg]

He just **shrugged** his shoulders as if he didn't know what was going on.
그는 마치 무슨 일이 있는지 모른다는 듯이 단지 어깨를 으쓱했다.

유래: 몸을 쭈그리다(crouch) → (몸을 쭈그리면서) 어깨를 으쓱하다

56 toss
[tɔːs]

He entered his home and **tossed** his jacket onto a chair in the corner.
그는 집으로 들어와서, 재킷을 구석에 있는 의자 위에 던졌다.

유래: 흩뿌리다(strew) → (흩뿌리듯) 가볍게 던지다

57 pitch
[pitʃ]

He crushed the can in his hand and **pitched** it into the nearby trash can.
그는 깡통을 쭈그려 뜨려 근처의 쓰레기통에 던졌다.

1. 던지다 → (내던진) 소리의 높이 → 2. 음높이

육체·건강 III
body & health III

26_1 발·다리·배회·걷다   〔고급〕〔중급〕

던지다	└ 01 fling	v. (거칠게 / 부주의하게) **세게 던지다, 내팽개치다**	
발·다리	02 ankle	n. (다리와 발이 이어지는 관절 부분): **발목**	
	03 sole	1. n. (발의 아래쪽의) **발바닥**	
		2. a. (여럿이 아니라) **단 하나의, 유일한; 단독의**	
배회	┌ 04 wander	v. (이리저리) (정처 없이) **돌아다니다** (= roam) n. **배회**	
	└ 05 roam	v. (이리저리) (정처 없이) **돌아다니다** (= wander)	
걷다	06 stroll	v. (즐기면서) **한가로이 거닐다, 산책하다** n. **산책**	stroller n. 산책하는 사람
	07 hike	v. (산·들·시골길 등을) **도보여행하다** n. **도보 여행**	hiking n. 도보 여행
	08 tramp	v. (천천히) (무거운 걸음으로) **터벅터벅 걷다**	
		n. **터벅터벅 걷는 소리**	
〔기본〕	foot 발 toe 발가락 heel 발뒤꿈치 leg 다리 knee 무릎 / walk 걷다 step (발)걸음, 밟다 pace 걸음, 보폭; (걷기 등의) 속도 march 행진하다		

---

01 **fling**
[fliŋ]

He opened his car door, **flung** the box into the back seat.
그는 차 문을 열고 상자를 뒷자리에 내동댕이쳤다.

유래: 채찍질하다(whip) → (채찍을 내려치듯) 세게 던지다, 내팽개치다

03 **sole**
[soul]

She discovered that she had a deep cut on the **sole** of her left foot.
그녀는 왼발 발바닥에 깊은 베인 상처가 난 것을 발견했다.

04 **wander**
[wάndər]

He had nowhere else to go and he **wandered** aimlessly around the streets.
그는 다른 갈 곳이 없어서 거리를 정처 없이 배회했다.

05 **roam**
[roum]

In India, cows are allowed to **roam** freely, not only in villages but in cities.
인도에서는 소를 마을뿐만 아니라 도시에서도 자유롭게 돌아다니도록 내버려둔다.

06 **stroll**
[stroul]

They were **strolling** along the beach collecting seashells.
그들은 조개껍데기를 모으면서 해변을 따라 한가로이 거닐고 있었다.

07 **hike**
[haik]

He is an adventurous young man who likes to go **hiking** in the mountains.
그는 산으로 도보여행을 하는 것을 좋아하는 모험심이 강한 젊은이이다.

08 **tramp**
[træmp]

He **tramped** the streets of London all day for six months, looking for a job.
그는 일자리를 찾아서 런던 거리를 6개월 동안 하루 종일 터벅터벅 걸어 다녔다.

유래: 세게 누르다(press heavily) → (바닥을 세게 누르면서) 터벅터벅 걷다

걷다·밟다	09 stride	v. (빠르게) (큰 걸음으로) **성큼성큼 걷다** n. **큰 걸음**	
	10 shuffle	1. v. (바닥에) 발을 (질질) **끌며 걷다** n. **발을 끌며 걷기**	
		2. v. (순서·위치를) **이리저리 바꾸다** n. (카드) **섞기**	
	11 tread	1. v. (걷는 중에) (어디를) **디디다** (무엇을) **밟다**	
		2. v. (세게 디뎌서) **짓밟다, 밟아 뭉개다**	
기다	12 crawl	v. (바닥에 엎드리고) **기다, 기어가다** n. **기어가기**	
	13 creep	v. (남이 모르게) **살금살금 움직이다[걷다, 기다]**	creepy a. 오싹하게 하는.
뛰다	14 sprint	v. (짧은 거리를) **전속력으로 달리다** n. **전력 질주**	sprinter n. 단거리 주자, 스프린터
	15 leap	v. (한 곳에서 다른 곳으로) **뛰어오르다, 뛰어넘다** n. **도약**	
	16 skip	1. v. (발걸음을) (경쾌하게) **깡충깡충 뛰다** n. **깡충깡충 뜀**	
		2. v. (일의 어느 부분을) **거르다, 건너뛰다**	
	17 hop	1. v. (사람이) (한 발로) **깡충깡충 뛰다** n. **깡충깡충 뜀**	
		2. v. (동물이) (발을 모아) **깡충깡충 뛰다**	
	18 bounce	v. (부딪힌 후) (공 등이) **튀다, 튀기다; 튀어 오르내리다** n. **튐**	
기본		run 달리다, 뛰다 jog 조깅하다 / jump 뛰다, 뛰어오르다[내리다, 넘다]	

09 **stride**
[straid]

He picked up his bag and **strode** out of the room without looking back.
그는 가방을 집어 들고는 뒤를 돌아보지도 않고 방 밖으로 성큼성큼 걸어나갔다.

> 유래: 싸움(fight) → (싸울 때의) 걸음걸이 → 성큼성큼 걷다

10 **shuffle**
[ʃʌfl]

The old man **shuffled** slowly forward, leaning on his walking stick.
그 노인은 지팡이에 의지하고 천천히 발을 질질 끌면서 앞으로 걸어갔다.

> 유래: 밀치다(shove) ┬ (발을) 밀면서 걷다 → 1. 발을 (질질) 끌며 걷다
> └ 카드를 이리저리 밀어 넣다 → 2. 이리저리 바꾸다

11 **tread**
[tred]

He had never danced before and kept **treading** on her toes.
그는 전에 춤을 처본 적이 없어서 계속 그녀의 발을 밟았다.

13 **creep**
[kriːp]

She **crept** into the house and went quietly upstairs to her bedroom.
그녀는 살금살금 집으로 들어간 후 위층 침실로 조용히 올라갔다.

> 유래: 몸을 굽히다(bend down) → (몸을 굽혀서 낮은 자세로) 살금살금 움직이다

17 **hop**
[hap]

He injured his leg and had to **hop** around on crutches for over a month.
그는 다리를 다쳐서 한 달 이상 목발을 집고 한 발로 깡충깡충 뛰면서 다녀야 했다.

18 **bounce**
[bauns]

The player **bounced** the tennis ball a few times before making his serve.
그 선수는 서브를 넣기 전에 테니스 공을 몇 차례 튀겼다.

Unit 26

고급 중급

넘어지다	19 collapse	1. v. (맥없이) (바닥에) **쓰러지다, 주저앉다** n. **쓰러짐** 2. v. (건물 등이) **무너지다, 붕괴하다** n. **붕괴**	
	20 trip	1. v. (발이) **걸려서 (거의) 넘어지다[게 하다]** 2. n. (잠시 갔다 되돌아오는) (짧은) **여행**	
	21 stagger	v. (불안정하게) **비틀거리다** (= stumble) n. **비틀거림**	staggering a. 충격적인, 믿기 어려운
	22 stumble	1. v. (불안정하게) **비틀거리다** (= stagger) 2. v. (거의 넘어질 정도로) **발이 걸리다, 발을 헛디디다**	
미끄러짐	23 slip	v. (잘못하여) (중심을 잃고) **미끄러지다** n. **미끄러짐**	slippery a. 미끄러운
	24 slide	v. (표면 위를) (부드럽게) **미끄러져 움직이다[게 하다]** n. **미끄러짐; 미끄럼틀**	
	25 glide	v. (별 노력 없이) (조용히) **미끄러지듯 움직이다; 활공하다** n. **미끄러지듯 움직임; 활공**	glider n. 글라이더, 활공기
건강	26 fit	1. a. (규칙적인 운동으로) **건강한** 2. a. (상황·조건에) **알맞은, 적합한** v. **적합하다**	↔ unfit a. 부적당한; 건강하지 않은
기본	fall 넘어지다 / healthy 건강한 well 몸 상태가 정상인 fine 몸 상태가 정상인		

19 collapse
[kəlǽps]

The patient suddenly lost consciousness and **collapsed** on the floor.
그 환자는 갑자기 의식을 잃고 바닥에 쓰러졌다.

col(together: 함께) + lap(fall: 넘어지다) → (함께) 넘어지다 → 1. 주저앉다 2. 붕괴하다

20 trip
[trip]

She **tripped** over his foot and hit her head on the edge of the table.
그녀는 그의 발에 걸려 넘어져서 머리를 테이블 모서리에 부딪혔다.

유래: 발을 디디다(step) ┬ (발을) 잘못 디디다 → 1. 걸려 넘어지다
　　　　　　　　　 └ (가까운 곳에) 발은 디딤 → 2. (짧은) 여행

21 stagger
[stǽgər]

The old man lost his balance, **staggered** a few steps and fell to the floor.
그 노인은 중심을 잃고 몇 걸음 비틀거리다가 바닥으로 넘어졌다.

유래: 밀다(push) → (이리저리 밀려서) **비틀거리다**

22 stumble
[stʌ́mbl]

Right after the start of his race, he **stumbled** and fell flat on his stomach.
경주가 시작되자마자 바로, 그는 발을 헛디뎌 비틀거리다가 배를 깔고 납작 엎어지다.

유래: 말을 더듬다(stammer) → (말을 더듬는 것처럼) 걸음이 매끄럽지 못하다 → **비틀거리다**

26 fit
[fit]

He tries to keep **fit** by playing tennis at least two or three times a week.
그녀는 일주일에 적어도 두세 번 테니스를 침으로써 건강을 지키려고 한다.

2. 알맞은 → (건강 상태가) 알맞은 → 1. 건강한

활기	27 energetic	a. (사람이) **정력적인**; (일·운동 등이) **정력을 요하는**	energize v. 활기를 북돋우다
	28 vigorous	a. (일·활동 등이) **활발한, 격렬한**; (사람이) **강건한**	vigor n. 활기, 힘
	29 animate	v. (대상에) **생기를 불어넣다** a. **살아 있는**	animation n. 생기; 애니메이션
피로	30 exhausted	1. a. (몸이) **지칠 대로 지친, 기진맥진한** 2. a. (힘·자원을) **다 써버린, 고갈된**	exhaust v. 기진맥진하게 하다; 고갈시키다 n. 배기가스 exhaustion n. 기진맥진; 고갈
	31 weary	a. (장시간 일을 해서) **몹시 피곤한[지친]** v. **피곤하게 하다**	weariness n. 피로
	32 fatigue	n. (극도로 지친 상태): **피로**	fatigued a. 피로한
	33 overwork	v. (몸이 힘들 정도로) **과로하다[시키다]** n. **과로**	
휴식	34 recess	n. (학교·의회·법정 등의) **쉬는 시간; 휴회; 휴정**	
	35 relax	v. (몸과 마음의) **긴장이 풀리다, 긴장을 풀다**	relaxation n. 긴장 풀기, 이완
	36 refresh	v. (휴식, 음식 섭취 등으로) **원기를 회복시키다**	refreshment n. 원기 회복
수면·꿈	37 nap	n. (낮에) (잠깐 자는) **낮잠** v. (낮에) **잠깐 자다**	
[기본]		tired 피곤한 / rest 휴식 break 잠깐의 휴식 / vacation 휴가, 방학 holiday 휴가, 방학; (공)휴일 / sleep 잠, 수면 wake 잠이 깨다, 깨우다 dream 꿈	

---

28 vigorous

[vígərəs]

Your body needs at least thirty minutes of **vigorous** exercise every day.
당신의 몸은 매일 적어도 30분 정도의 격렬한 운동이 필요하다.

> vig(liveliness: 활기) + or → 활기찬, 격렬한

---

30 exhausted

[igzɔ́ːstid]

He sat back on the sofa as though **exhausted** after a long day's work.
그는 긴 하루의 일을 마친 후 완전히 기진맥진한 듯 소파에 가만히 앉아 있었다.

> ex(off) + haust(draw) → draw off(물을 다 빼내다) ┌ (기운이) 다 빠진 → 1. **기진맥진한**
> └ (힘·자원이) 다 빠진 → 2. **고갈된**

---

31 weary

[wíəri]

The two leaders looked **weary** after hours of intense negotiations.
두 지도자는 여러 시간에 걸친 강도 높은 협상 후 피곤해 보였다.

---

32 fatigue

[fətíːg]

He was suffering from **fatigue** due to long hours of overtime.
그는 장시간의 초과 근무로 인해 피로를 겪고 있었다.

> fati(hunger: 배고픔) + gue(drive: 몰다) → (과로로 인해) 배고품으로 내몰린 상태 → **피로**

---

34 recess

[ríːsəs]

At recess, the boys played football and the girls jumped rope.
쉬는 시간에 남자 아이들은 축구를 하고 여자 아이들은 줄넘기를 했다.

> re(back: 뒤) + cess(go: 가다) → (뒤로 가서) 쉬는 시간, 휴회, 휴정

수면·꿈	38 doze	v. (낮에) 잠깐 잠이 들다, 꾸벅꾸벅 졸다 n. 잠깐 잠		
	39 drowsy	a. (자고 싶은 느낌이 드는): 졸리는, 나른한		
	40 oversleep	v. (의도보다 늦게) 늦잠 자다		
	41 insomnia	n. (잠을 자지 못하는) 불면(증)	insomniac n. 불면증 환자	
	42 snore	v. (잠잘 때) 코를 골다 n. 코 고는 소리		
	43 nightmare	n. (몹시 무섭고 불길한) 악몽		
증상	44 symptom	n. (병에 걸렸을 때 나타나는) 증상, 증세	symptomatic a. 증상을 나타내는	
	45 fever	n. (병으로 인한) 열, 발열	feverish a. 열이 있는; 몹시 흥분한	
	46 cough	n. (목구멍에서 터져 나오는) 기침 v. 기침을 하다		
	47 vomit	v. (먹은 것을) 토하다 n. 토사물	vomiting n. 구토, 토하기	
	48 dizzy	a. (몸을 제대로 가눌 수 없는) 어지러운, 현기증 나는		
	49 itch	v. (피부가) 가렵다, 가렵게 하다	itchy a. 가려운, 가렵게 하는	
기절	50 faint	1. v. (정신을 잃고) 기절하다 n. a. 기절(할 듯한) 2. a. (빛·소리·냄새 등이) 희미한; 아주 적은		

[기본] headache 두통 stomachache 복통, 위통 sick 메스꺼운

38 doze
[douz]

He was **dozing** in his chair in front of the fireplace when they came in.
그들이 들어왔을 때 그는 벽난로 앞의 의자에서 졸고 있었다.

39 drowsy
[dráuzi]

This medicine can make you **drowsy** or tired so you must not drive.
이 약은 졸리거나 피곤하게 만들 수도 있으니 운전을 해서는 안 됩니다.

느릿느릿한(lazily slow) → (몸이) 느릿느릿해지는 → 졸리는

41 insomnia
[insάmniə]

I have been suffering from **insomnia** for years due to stress.
나는 스트레스로 인해 여러 해 동안 불면증을 겪어 왔다.

in(not) + somnia(sleep: 잠) → (잠을 자지 못하는) 불면(증)

44 symptom
[símptəm]

The most common **symptoms** of the disease are pain and bleeding.
그 병의 가장 흔한 증상은 통증과 출혈이다.

sym(together: 함께) + ptom(fall: 떨어지다) → (병을 앓을 때) 함께 떨어지는 것 → 증상

47 vomit
[vάmit]

The man got drunk and **vomited** all over our bathroom floor and toilet.
그 남자는 술이 취해서 온 욕실 바닥과 변기에 토했다.

유래: 뱉다(spit) → (먹은 것을) 뱉다 → 토하다

50 faint
[feint]

I **fainted**, and the next thing I remember was lying in a hospital bed.
나는 기절을 했고 내가 기억하는 다음 것은 병원 침대에 누워있던 것이다.

2. 희미한 → (정신이 희미해지며) 1. 기절하다

고급 중급

기절	51 stun	1. v. (머리를 때려서) **기절시키다**	stunning a. 굉장히 아름다운[멋진]
		2. v. (놀람·기쁨 등이) **어리벙벙하게 하다**	
고통	52 pain	n. (육체적·정신적인 괴로움): **고통, 아픔**	painful a. 아픈, 고통을 주는
	53 agony	n. (육체적·정신적인) **극심한 고통** (= torment)	agonize v. 고뇌하다
	54 torment	n. (육체적·정신적인) **극심한 고통** (= agony) v. **괴롭히다**	
	55 ache	v. (심하진 않지만) (지속적으로 묵직하게) **아프다** n. 아픔	
	56 sore	a. (따끔따끔) **아픈, 쓰린**; (근육이) **뻐근한**	
	57 sting	1. v. (곤충·식물이) (독침·가시로) **찌르다, 쏘다** n. 침, 가시	
		2. v. (찔리는 듯이) **따끔거리다[게 하다]** n. 따끔거림	
고통 완화	58 relieve	v. (고통·불쾌감·심각성을) **덜어주다, 안도하게 하다**	relief n. 완화; 안도, 안심; 구호품
	59 soothe	1. v. (아픈 곳의) (고통을) **덜어주다, 완화시키다**	
		2. v. (좋지 않은) (마음을) **달래다, 진정시키다**	
발병	60 ill	1. a. (몸이) **병든, 앓는**	illness n. 병
		2. a. **나쁜, 유해한** ad. **나쁘게, 불쾌하게** n. 해, 해악	

기본   hurt 아프다 / sick 병든

---

51 stun
[stʌn]

We were all shocked and completely **stunned** by his sudden death.
우리는 그의 갑작스러운 죽음에 모두 충격을 받았고 완전히 망연자실했다.

유래: 천둥(thunder) → (벼락이 머리를 때려) 기절시키다, 어리벙벙하게 하다

---

53 agony
[ǽgəni]

The boy slipped on the ice, fell to the ground, and screamed in **agony**.
그 소년은 얼음판에 미끄러져 땅바닥에 쓰러졌고 고통스러워 비명을 질렀다.

유래: 레슬링 경기에서 '승리를 위한 몸부림'(struggle for victory) → 극심한 고통

---

54 torment
n. [ˈtɔːrment]
v. [tɔːrmént]

She suffered terrible mental **torment** for what had happened to her.
그녀는 자신에게 일어난 일 때문에 극심한 정신적 고통을 겪었다.

tor(twist: 비틀다) + ment → (몸·마음이 뒤틀리는) 극심한 고통

---

56 sore
[sɔːr]

That night I had a **sore** throat and experienced difficulty in swallowing.
그날 밤 나는 목이 따끔따끔하게 아팠고 삼키는 데 어려움을 겪었다.

---

57 sting
[stiŋ]

She got **stung** by a bee and, the whole right side of her face swelled up.
그녀는 벌에 쏘여서 오른쪽 얼굴 전체가 부어 올랐다.

---

59 soothe
[suːð]

I usually take a warm bath to **soothe** sore muscles and joints.
나는 보통 뻐근한 근육과 관절을 풀기 위해 따뜻한 목욕을 한다.

유래: 사실인(true) → (남이 하는 말이 사실이라고 동감해 주어) 2. (마음을) 달래다 → 1. (고통을) 덜어주다

UNIT 27

육체·건강 IV
body & health IV

27_1 발병·질병

고급 중급

발병	01 **suffer**	1. v. (육체적·정신적) **고통을 받다**; (병을) **앓다**	**suffering** n. 고통
		2. v. (좋지 않은 일을) **겪다, 당하다**	
	02 **contract**	1. v. (심각한) (병에) **걸리다**	**contractual** a. 계약(상)의
		2. n. (합의 내용을 담은) **계약(서)** v. **계약하다**	**contraction** n. 수축, 축소
		3. v. (크기·범위·부피 등이) **수축[축소]되다[시키다]**	
질병	03 **disease**	n. (병의 원인이 규명된) (특정한) **병, 질병**	**ail** v. 괴롭히다; 병을 앓다[앓게 하다]
	04 **ailment**	n. (별로 심각하지 않은) (가벼운) **병**	
	05 **chronic**	a. (병이 오래 지속되는): (병이) **만성적인, 고질의**	
	06 **terminal**	1. a. (나을 가망이 없는) (병이) **말기의, 불치의**	
		2. n. (항공·버스 등의) **터미널, 종착역**	
	07 **flu**	n. (바이러스에 의한) **유행성 감기[독감]** (= influenza)	
기본	cold 감기		

---

01 **suffer**
[sʌfər]

She **suffered** from depression and other emotional problems.
그녀는 우울증과 다른 감정적 문제들에 시달렸다.

> suf(under: 아래) + fer(bear: 견디다) → (밑에서) 견디다 → 1. 고통을 받다 2. 겪다

02 **contract**
v. [kənˈtrækt]
n. [kántrækt]

He **contracted** malaria while traveling with his family in Africa.
그는 아프리카를 가족들과 여행하다가 말라리아에 걸렸다.

> con(together: 함께) + tract(draw: 끌다) ─ (병을) 끌어당기다 → 1. (병에) 걸리다
> ├ (합의를) 함께 이끌다 → 2. 계약하다
> └ (속으로) 함께 끌어당기다 → 3. 수축되다

04 **ailment**
[éilmənt]

Headache is one of the most common **ailments** in the United States.
두통은 미국에서 가장 흔한 병 중의 하나이다.

> ail(괴롭히다) + ment → (몸을) 괴롭히는 것 → (가벼운) 병

05 **chronic**
[kránik]

He has **chronic** heart disease and needs to take medicine regularly.
그는 만성 심장 질환이 있어서 약을 규칙적으로 복용할 필요가 있다.

> chron(time: 시간) + ic → (병이) 시간적으로 오래 지속되는 → 만성적인

06 **terminal**
[təˈrmənl]

The elderly man is suffering from **terminal** liver cancer.
그 노인은 말기 간암을 앓고 있다.

> termin(end: 끝) + al → (병의) 끝 단계인 → 1. 말기의 → (대중교통 노선의) 끝 지점 → 2. 종착역

질병	08 cancer	n. (비정상적인 세포 성장으로 인한) 암	
	09 diabetes	n. (소변에 당이 많이 나오는) 당뇨병	diabetic a. 당뇨병의
	10 allergy	n. (특정 물질에 대한) 알레르기	allergic a. 알레르기(성)의
전염	11 infectious	a. (병이 옮겨지는): (병이) 전염되는, 전염성의	infection n. 전염 infect v. 전염[감염]시키다
	12 contagious	a. (병이 접촉에 의해 옮겨지는): (병이) 접촉 전염성의	contagion n. 접촉 전염
	13 transmit	1. v. (질병·감정 등을) 전염시키다 2. v. (통신·방송 등을) 전송[송신]하다	transmission n. 전염; 전송, 송신 transmitter n. 전송기; 전달자
	14 epidemic	n. (널리 퍼지는) 유행병 a. (병이) 유행성의	
	15 vaccinate	v. (질병 예방을 위해) 백신[예방] 주사를 놓다	vaccination n. 예방 접종 vaccine n. 백신
	16 immune	1. a. (특정 질병에) 면역성이 있는; ~에 면역이 된 2. a. (좋지 않은) ~이 면제된, ~을 면한	immunity n. 면역성; 면제 immunize v. (백신으로) 면역성을 주다
병균·세균	17 germ	n. (병을 일으키는) 병균	

기본 virus 바이러스 vaccine 백신

---

09 diabetes
[dàiəbíːtis]

People with **diabetes** must pay careful attention to diet and weight.
당뇨병이 있는 사람들은 식사와 체중에 세심한 관심을 가져야 한다.

> dia(through: 통하여) + bêtes(pass: 통과하다) → (당분이 소변을 통해 통과해 버리는) 당뇨병

---

12 contagious
[kəntéidʒəs]

It is a highly **contagious** disease that spreads by direct contact.
그것은 직접적인 접촉을 통해 퍼지는 매우 전염성이 강한 병이다.

> con(together: 함께) + tag(touch: 접촉하다) → (서로의 접촉에 의해) 옮는 → 접촉 전염성의

---

14 epidemic
[èpədémik]

The **epidemic** is spreading rapidly and has infected over 20 villages.
그 유행병은 빠르게 확산하고 있고 20개 이상의 마을을 감염시켰다.

> epi(among: 사이) + dem(people: 사람들) → (사람들 사이에 퍼지는) 유행병

---

16 immune
[imjúːn]

Once we've recovered from the disease, we're **immune** to it for life.
일단 그 병에서 회복되면 우리는 평생 그것에 면역력을 갖는다.

> im(not) + mun(duty: 의무) → (의무가) 없는 → (의무가) 면제된 → (질병에) 면역성이 있는

---

17 germ
[dʒəːrm]

Coughing can spread **germs** from the nose and throat into the air.
기침은 병균을 코와 목구멍에서 공기 속으로 퍼뜨릴 수 있다.

> 유래: 씨앗(seed) → (병의) 씨앗 → 병균

병균·세균	18 sterilize	v. (세균을 죽여서) **살균[소독]하다**	sterile a. 살균한, 소독한 sterilization n. 살균, 소독
	19 mold	1. n. (어둡고 습기가 찬 곳에서 자라는) **곰팡이** 2. n. (모양을 만드는) **틀, 주형** v. (틀로) **모양을 만들다**	moldy a. 곰팡이가 핀
부상	20 injury	n. (사고를 당해 입은) (사고로 인한) **부상**	injure v. 부상을 입히다, 다치게 하다
	21 wound	n. (총·칼 등의) (흉기에 의한) **부상** v. **부상을 입히다**	wounded a. 부상한
	22 trauma	n. (마음 속 깊은) **정신적 외상, 트라우마**; (몸의) **외상**	traumatic a. 정신적 외상의; 충격적인
	23 bruise	n. (맞거나 부딪쳐서 생긴) **멍, 타박상** v. **멍이 들다[게 하다]**	
	24 fracture	n. (뼈가 부러짐): **골절** v. **골절이 되다[되게 하다]**	
	25 scar	n. (상처가 아물고 남은) **흉터**	
	26 limp	1. v. (한쪽 다리가 탈이 나서) **다리를 절다** n. **절름거리기** 2. a. (힘이 없거나 단단하지 않은): **기운이 없는, 흐물흐물한**	
	27 lame	a. (다리나 발이 탈이 나서) **절뚝거리는**	
	28 sprain	v. (발목·손목 등을) **삐다** n. **삠**	

[기본] hurt 다치게 하다 wheelchair 휠체어 / hospital 병원 / doctor 의사 dentist 치과 의사 nurse 간호사

---

18 sterilize
[stérəlàiz]

Every container must be **sterilized** by boiling for 10 minutes before use.
모든 용기는 사용 전에 10분 동안 삶아서 살균되어야 한다.

> sterile(균이 없는) + ize → (균이) 없게 하다 → 살균하다

19 mold
[mould]

The whole ceiling in the shower room was gray with **mold** and dust.
샤워실의 천장 전체가 곰팡이와 먼지로 회색이었다.

23 bruise
[bru:z]

His whole body was covered in **bruises** and his eyes were swollen.
그의 온 몸은 멍이 들어 있었고 그의 눈은 부어올라 있었다.

> 유래: 때리다(pound) → (맞아서 생긴) 상처 → 타박상, 멍

24 fracture
[frǽktʃər]

The singer fell off the stage during a concert and **fractured** his leg.
그 가수는 한 콘서트에서 무대에서 떨어져 다리가 골절되었다.

> frac(break: 부러지다) + ture → (뼈가) 부러지는 것 → 골절

26 limp
[limp]

The boy had hurt his right ankle and was **limping** quite badly.
그 소년은 오른쪽 발목을 다쳐서 상당히 심하게 다리를 절었다.

> 유래: 축 늘어진 (hanging loose) ┬ (축 늘어져) 2. 흐물흐물한
└ (다리를 다쳐서) 흐물흐물하다 → 1. 절뚝거리다

27 lame
[leim]

He injured his ankle while playing football and was **lame** for a while.
그는 축구를 하다가 발목에 부상을 입고 한동안 절뚝거렸다.

부상	29 casualty	n. (사고·전쟁에서의) **사상자**; (사건·상황의) **피해자**	
신체장애	30 disabled	a. (몸의 일부가 정상이 아닌) **신체 장애의, 장애를 가진**	disability n. 신체 장애 disable v. 장애를 입히다
	31 cripple	n. (정상적으로 걷지 못하는) **불구자** v. **불구로 만들다**	
	32 blind	a. (시각 장애의): **눈이 먼, 장님인** v. **눈멀게 하다**	
	33 deaf	a. (청각 장애의): **귀머거리의**	deafen v. 귀를 먹게[먹먹하게]하다
	34 dumb	1. a. (언어 장애의): **벙어리의, 말을 못 하는** 2. a. (stupid의 비격식어): **멍청한, 바보 같은**	
의료·병원	35 medical	a. (병이나 치료와 관련된): **의학[의술, 의료]의**	
	36 clinic	n. (특정 병·장애를 담당하는) **진료소, 클리닉**	clinical a. 진료소의; 임상의
의사·환자	37 physician	n. (특히 수술을 하지 않는) (내과) **의사**	
	38 surgeon	n. (수술을 전문으로 하는) **외과 의사**	
	39 veterinarian	n. 동물을 치료하는 **수의사** (= vet)	vet n. veterinarian의 축약형
	40 psychiatrist	n. (정신병을 치료하는) **정신과 의사**	psychiatric a. 정신 의학[질환]의 psychiatry n. 정신 의학, 정신과학

---

29 **casualty**
[kǽʒuəlti]

The house was destroyed in the earthquake, but there were no **casualties**.
그 집은 지진으로 파괴되었지만 사상자는 없었다.

casual(우연한) + ty → (우연히 발생한 사고·사건의) **사상자; 피해자**

37 **physician**
[fizíʃən]

The **physician** examined him but could find nothing wrong with him.
그 의사가 그를 진찰했지만 그에게서 아무런 이상도 발견하지 못했다.

physic(medical science: 의술) + ian → (내과) **의사**

38 **surgeon**
[sə́:rdʒən]

An experienced **surgeon** performed the operation successfully.
한 경험이 많은 외과 의사가 그 수술을 성공적으로 해냈다.

sur(hand: 손) + geon(일하다) → 손으로 수술(일)을 하는 사람 → (정신을 치료하는) 사람 → **외과 의사**

39 **veterinarian**
[vètərənέəriən]

He is a **veterinarian** who specializes in taking care of horses.
그는 말 돌보기를 전문적으로 하는 수의사이다.

veterinari(소: cattle) + an(사람) → (소를 치료하는) 사람 → **수의사**

40 **psychiatrist**
[saikáiətrist]

Many of those suffering from mental illnesses refuse to see a **psychiatrist**.
정신 질환을 앓고 있는 많은 사람들은 정신과 의사를 보는 것을 거부한다.

psych(mind: 정신) + iatr(healing: 치료) + ist(사람) → (정신병을 치료하는) 사람 → **정신과 의사**

Unit 27

고급 중급

의사·환자	41 **patient**	1. n. (치료를 받는) **환자**	patience n. 인내, 참을성
		2. a. (괴로움·어려움에 대해) **인내심[참을성]이 있는**	⊖ impatient a. 인내심이 없는
진단·치료	42 **diagnose**	v. (병의 원인·상태를) **진단하다**	diagnosis n. 진단
	43 **treat**	1. v. (병을 낫게 하려고) (투약·수술 등으로) **치료하다**	treatment n. 치료; 대우
		2. v. (특정 태도·방식으로) **대하다, 다루다**	
		3. n. (음식·향응 등의) **대접, 한턱** v. **대접하다**	
	44 **cure**	v. (병을 없애서) (건강한 상태로) **병을 고치다** n. **치유법**	curable a. 병을 고칠 수 있는
	45 **heal**	v. (부상·골절로 인한) (상처가) **치유되다[하다]**	healing n. 치유
	46 **therapy**	n. (장기간의) (체계적 과정을 통한) **치료(법), 요법**	therapist n. 치료사
	47 **remedy**	n. (질병·문제의) (효과적인) **치료법, 해결[개선]책** v. **바로잡다**	remedial a. 치료[교정, 개선]를 위한
	48 **inject**	v. (약물을) **주사[주입]하다**	injection n. 주사, 주입
	49 **bandage**	n. (다친 데를 감는) **붕대** v. **붕대를 감다**	
수술	50 **operate**	1. v. (병이나 상처가 난 자리를) **수술을 하다**	operation n. 수술; 작동·운영
		2. v. (기계·장비 등을) **작동하다[되다]**	operational a. 작동[운영]상의
		3. v. (회사·조직·제도 등을) **운영[경영]하다[되다]**	operator n. 조작[운전]자

---

42 **diagnose**
[dáiəgnòus]

He was **diagnosed** with stomach cancer at the age of thirty-seven.
그녀의 남편은 37살의 나이에 위암 진단을 받았다.

> dia(apart: 분리) + gnose(know: 알다) → (병의 원인을) 분리하여 알아내다 → 진단하다

---

44 **cure**
[kjuər]

It is a serious disease, but it can be **cured** by relatively simple surgery.
그것은 심각한 병이지만 비교적 간단한 수술로 치료될 수 있다.

> 유래: 돌보다(care) → (환자를 돌보아서) 병을 고치다

---

45 **heal**
[hi:l]

It can take several months for the wounds to **heal** completely.
그 상처들이 완전히 치유되는 데는 몇 달이 걸릴 수 있다.

> 유래: 온전한(whole) → (외상·골절 부위가) 온전하게 되다 → (상처가) 치유되다

---

46 **therapy**
[θérəpi]

Since then, she has been receiving X-ray **therapy** daily for 15 minutes.
그때 이후로, 그녀는 매일 15분 동안 엑스선 치료를 받아 왔다.

> 유래: 간병인(attendant) → (간병을 해서 치료하는) 치료(법), 요법

---

47 **remedy**
[rémədi]

There are a number of possible **remedies** to this kind of problem.
이러한 종류의 문제에는 여러 가지 가능한 처리법이 있다.

> re(again: 다시) + medy(heal: 치료하다) → (다시 좋아지게 치료하는) 치료법; 개선책

고급 중급

수술	51 surgery	n. (째거나 도려내어 치료하는) **수술**	surgical a. 외과의, 수술의
의약품	52 drug	n. (치료 여부를 불문한) (모든 종류의) **약, 약품; 마약**	
	53 medication	n. (환자에게 투약되는) (치료용의) **약, 약물, 약품**	medicate v. 약을 투여하다
	54 medicine	1. n. (먹어서 치료하는) **(내복)약** 2. n. (병을 고치는 기술·학문): **의술, 의학**	medicinal a. 약용의
	55 pill	n. (작고 둥글 모양의 약): **알약**	
	56 tablet	1. n. (작고 둥글넓적한 모양의 약): **정제** 2. n. (금속·돌·나무 등의) **판, 평판**	
	57 antibiotic	n. (세균의 번식을 막는) **항생제, 항생 물질** a. 항생의	
투약	58 administer	1. v. (환자에게) (약을) **투여[투약]하다** 2. v. (사무·행정 관련 일을) **운영[관리, 집행]하다**	administration n. 관리, 행정(부): 투여 administrator n. 운영[관리]자
	59 dose	n. (약의 1회 사용 분량): (약의) **복용[투여]량**	overdose n. 과다 복용
처방·약국	60 prescribe	1. v. (약·치료법을) **처방하다** 2. v. (법·규칙·명령 등으로) **규정[지시]하다**	prescription n. 처방(전)
	61 pharmacy	n. (약을 판매하는) **약국** (= drugstore)	pharmacist n. 약사

---

51 **surgery**
[sə́:rdʒəri]

Her husband had **surgery** on his injured left foot.
그녀의 남편은 부상당한 왼쪽 발 수술을 했다.

sur(hand: 손) + ger(work: 일하다) → (손으로 일을 해서 치료하는) 수술

56 **tablet**
[tǽblit]

Children over the age of seven should take two tablets after meals.
7살이 넘는 아이들은 식사 후 정제 두 알을 복용해야 합니다.

유래: 축 늘어진 (hanging loose) : 테이블(table) → (테이블 모양의) 2. 평판 → (둥글넓적한 모양의) 1. 정제

57 **antibiotic**
[æntibaiάtik]

The doctor prescribed her some **antibiotics** to help fight the infection.
의사는 그녀에게 전염병과 싸우는 데 도움이 될 항생제를 처방해 주었다.

anti(against: ~에 맞서) + biotic(생물의) → 생물(세균)의 증식에 맞서는 약 → 항생제, 항생 물질

58 **administer**
[ədmínistər]

In Africa, the vaccines were **administered** to roughly one million people.
아프리카에서 그 백신은 대략 백만 명의 사람들에게 투여되었다.

ad(to) + minister(serve: 제공하다) ┬ (약을) 제공하다 → 1. 투여하다
 └ (행정 서비스를) 제공하다 → 2. 운영하다

60 **prescribe**
[priskráib]

After examining the patient, the doctor **prescribed** some medicine.
환자를 진찰한 후 의사는 약을 처방했다.

pre(before: 미리) + scribe(write: 적다) ┬ (약·치료를 받기 전에) 미리 적다 → 1. 처방하다
 └ (법·규칙을) 미리 적다 → 2. 규정하다

Unit 27

성격·마음·감정 I

personality & mind & emotion 1

28_1 성격·개성·성향

[고급] [중급]

성격	01 **personality**	n. (한 개인의) (고유한) **성격, 개성**	
	02 **trait**	n. (한 개인의) (성격상의) **특성**	
	03 **temperament**	n. (한 개인의) (정서적 특징): **기질**	
성향	04 **tend**	v. (성향상) **~하는 경향이 있다, ~하기 쉽다**	tendency n. 경향
	05 **inclined**	1. a. (성향상) **~하는 경향이 있는, ~하기 쉬운** (= apt)	incline v. 마음이 기울다[어지게 하다]
		2. a. (마음이 기울어) **(~을) 하고 싶은, 마음이 내키는**	inclination n. 의향: 성향
	06 **apt**	1. a. (성향상) **~하는 경향이 있는, ~하기 쉬운** (= inclined)	aptitude n. 소질, 적성
		2. a. (상황·조건에) **알맞은, 적합한**	
	07 **prone**	a. (성향상) (좋지 않은) **~을 하기[당하기] 쉬운** (= liable)	
	08 **liable**	1. a. (성향상) (좋지 않은) **~을 하기[당하기] 쉬운** (= prone)	liability n. 법적 책임; (-ties) 부채
		2. a. (법적으로) **책임을 져야 할**	
[기본]	habit 습관, 버릇		

---

02 **trait**
[treit]

It's a typically British **trait** to complain about small things and situations.
작은 일과 상황에 대해 불평을 하는 것은 전형적인 영국인의 특징이다.

---

03 **temperament**
[témpərəmənt]

He has an artistic **temperament** and spends much of his time in painting.
그는 예술가적인 기질이 있어서 많은 시간을 그림을 그리면서 보낸다.

> tempera(mix properly: 적절히 섞다) + ment → (여러 성질이) 적절히 섞인 상태 → 기질

---

05 **inclined**
[inkláind]

He is **inclined** to be lazy and irresponsible, but she is hard-working.
그는 게으르고 무책임한 경향이 있지만 그녀는 열심히 일한다.

> in(toward: ~쪽으로) + cline(lean: 기울다) → (~쪽으로) 기우는 → ~하는 경향이 있는, (~을) 하고 싶은

---

07 **prone**
[proun]

At this age, children tend to be very active and are **prone** to injury.
이 나이 때에 아이들은 매우 활동적인 경향이 있어서 부상을 입기가 쉽다.

> 유래: 앞으로 기운(leaning forward) → (편향되게) 하기[당하기] 쉬운

---

08 **liable**
[láiəbl]

The current global economy is **liable** to break down at any time.
현재의 세계 경제는 언제라도 와해될 수 있다.

> li(bind: 묶다) + able ┬ (어떤 것에) 묶여 있는 → 1. ~하기 쉬운
> └ (법에 의해) 묶여 있는 → 2. 책임을 져야 할

성향	09 addict	n. (약물·술·도박 등의) **중독자**	addiction n. 중독 addicted a. 중독된
태도·행실	10 attitude	n. (일·상황을 대하는) **태도, 자세**	attitudinal a. 태도의
	11 courtesy	n. (정중하고 공손한 언행): **예의 (바름)**	courteous a. 예의 바른
	12 behavior	n. (전형적·반복적인) (특정 방식의) **행동, 행위, 처신**	behave v. 행동[처신]하다 behavioral a. 행동의
	13 conduct	1. n. (공적인 장소·상황에서의) (도덕·윤리적) **행동, 행실** v. **행동[처신]하다** 2. v. (일·업무를) **수행[실행]하다** n. **수행** 3. v. (오케스트라·합창단 등을) **지휘하다**	⊖ misconduct n. 비행 conductor n. 지휘자
	14 deed	n. (특히) (매우 좋거나 매우 나쁜) **행위, 행동**	⊖ misdeed n. 비행, 악행
	15 treat	1. v. (특정 태도·방식으로) **대하다, 다루다** 2. v. (투약·수술·간호 등으로) **치료하다** 3. n. (음식·향응 등의) **대접, 한턱** v. **대접하다**	treatment n. 대우: 치료
친절	16 considerate	a. (미리 헤아려 배려하는): **이해심[동정심]이 많은**	⊖ inconsiderate a. 배려하지 않는
기본		manner 태도; (-s)예의범절 etiquette 에티켓 / kind 친절한 gentle 점잖은, 온순한 / polite 공손한	

09 **addict**
[ǽdikt]

He was a gambling **addict** and lost everything including his business.
그는 도박 중독자이었고 그의 사업체를 포함한 모든 것을 잃었다.

ad(to: ~에게) + dict(say: 말하다) → (약물 등에) 충성을 선언한 사람 → **중독자**

11 **courtesy**
[kə́ːrtəsi]

The guy didn't even have the **courtesy** to apologize for being delayed.
그 남자는 늦어진 것에 대해 사과를 하는 예의 조차도 없었다.

court(궁중, 왕실) + esy → (궁중의) 언행 → **예의**

13 **conduct**
n. [kándʌkt]
v. [kəndʌ́kt]

The students were expected to follow a strict code of **conduct**.
학생들은 엄격한 행동 수칙을 따를 것을 요구 받았다.

con(together: 함께) + duct(lead: 이끌다) ┬ (이끄는 결과가 도덕적인지의 관점의) 1. 행동, 행실
├ (함께 이끌어 일을) 2. 수행하다
└ (오케스트라를) 이끌다 → 3. 지휘하다

14 **deed**
[diːd]

So many evil **deeds** are done in the name of religion and God.
너무 많은 사악한 행위들이 종교와 하느님의 이름으로 자행되고 있다.

16 **considerate**
[kənsídərət]

He was always **considerate** and kind to me and treated me as a friend.
그는 내게 늘 배려가 깊고 친절했고 나를 친구로 대해주었다.

consider(배려하다) + ate → (남을) 배려하는 → 이해심이 많은

28_3 친절·무례·친근

친절	17 **generous**	a. (남을 위해 돈·시간을) **아끼지 않는, 너그러운**		generosity n. 관대함
	18 **tender**	1. a. (말·행동이) **다정한, 애정이 담긴**		
		2. a. (고기·야채가) **연한, 부드러운**		
무례	19 **insolent**	a. (존중해야 할 대상에게) **무례한, 버릇없는**		insolence n. 무례함, 버릇없음
	20 **abrupt**	1. a. (말씨·행동이) **퉁명스러운**		
		2. a. (뜻밖이면서 빠른): **갑작스러운, 별안간의**		
	21 **spoil**	1. v. (응석을 받아줘서) (아이를) **버릇없게 만들다**		
		2. v. (더 이상) (매력·가치가 없게) **망쳐놓다**		
	22 **indulge**	v. (좋지 않은 것을) **마음껏[제멋대로] 하다[게 하다]**		indulgence n. 멋대로 함[하게 함]
친근·친밀	23 **cordial**	a. (정중하지만) (태도·분위기가) **친근한, 화기애애한**		cordiality n. 진심. 충정
	24 **intimate**	a. (개인적인) (관계가) **친밀한**		intimacy n. 친밀
	25 **sociable**	a. (남들과 어울리기를 좋아하는): **사교적인**		⊖ unsociable a. 비사교적인
	26 **goodwill**	n. (친절하고 도움을 주려는 마음): **친선, 호의**		
	27 **extrovert**	n. (사교적이고 활동적인) **외향적인 사람** a. **외향적인**		extroverted a. 외향적인 (= extrovert)
				⊖ introvert a. n. 내성적인 (사람)

[기본] rude 무례한 / friendly 친근한, 우호적인 formal 격식을 차린 casual 격의 없는

---

19 insolent

[ínsələnt]

He was frequently criticized for his **insolent** attitude toward his superiors.
그는 윗사람에 대한 무례한 태도로 자주 비난을 받았다.

in(not) + solent(accustomed: 익숙한) → (익숙하지 않은) 언행을 서슴지 않는 → **무례한**

---

20 abrupt

[əbrʌpt]

She was very **abrupt** with him when he asked her a question.
그가 그녀에게 질문을 했을 때 그녀는 그에게 매우 퉁명스러웠다.

ab(away: 분리) + rupt(break: 깨지다) ─ (말·행동을 갑자기) 불쑥 하는 → 1. 퉁명스러운
　　　　　　　　　　　　　　　　　　└ (갑자기) 깨져서 분리된 → 2. 갑작스러운

---

22 indulge

[indʌldʒ]

He **indulged** himself in gambling, leaving his family unattended.
그는 가족을 돌보지 않고 내버려 둔 채 도박에 빠졌다.

in(안) + dulge(engage oneself: 참여하다) → (~ 안에) 참여하다 → **마음껏 하다**

---

23 cordial

[kɔ́ːrdʒəl]

The meeting went so well and was conducted in a **cordial** atmosphere.
그 회의는 잘 되어서 우호적인 분위기에서 진행되었다.

cord(heart: 마음) + ial → (마음에서) 우러난 → **친근한, 화기애애한**

---

27 extrovert

[ékstrəvə̀ːrt]

His open and **extrovert** personality was passed down from his mother.
그의 개방적이고 외향적인 성격은 그의 어머니로부터 물려받았다.

extro(outside: 밖) + vert(turn: 돌리다) → (마음을 밖으로 돌리는) **외향적인 사람**

고급 중급

친근·친밀	28 alienate	v. (멀리하여) (남을) 소원하게[소외감을 느끼게] 만들다	alienation n. 소원하게 하기, 소외
유머	29 humor	n. (남을 웃기거나 즐겁게 하는) 유머, 익살	humorous a. 유머가 있는
	30 wit	1. n. (영리하고 재미있게 말하는) 재치 (있는 사람)	witty a. 재치[기지] 있는
		2. n. (-s) (재빠르고 영리하게 판단·결정하는) 지혜	
진지함	31 earnest	a. (무엇에 임하는 자세가) 성실[진지]한	
	32 solemn	a. (사람·의식·분위기 등이) 엄숙[근엄]한	solemnity n. 엄숙
자부·자랑	33 self-esteem	n. (스스로를 당당히 여기는) 자부심	
	34 dignity	n. (자신의 품격을 지키는) 품위, 위엄, 존엄(성)	dignify v. ~에 위엄을 주다 dignified a. 위엄 있는 ⊖ indignity n. 수모, 모욕
	35 boast	v. (자기에 관한 것을) 자랑하다 n. 자랑(거리)	boastful a. 자랑하는
	36 brag	v. (불쾌감을 줄 만큼) (심하게) 자랑하다, 뽐내다	
거만·자만	37 arrogant	a. (우월감으로) 거만한, 건방진	arrogance n. 거만함
	38 conceited	a. (스스로 자랑하며 뽐내는) 자만심이 강한 (= vain)	conceit n. 자만(심)

기본 | funny 웃기는 comedy 코미디 joke 농담 / serious 진지한 / proud 자랑스러워하는; 뽐내는

---

28 **alienate**
[éiljənèit]

She felt **alienated** from her family, which was never supportive.
그녀는 전혀 힘이 되어주지 않는 가족에게서 소외감을 느꼈다.

al(other: 다른) + ien → (이전과 다르게 대해서) 소원하게 만들다

---

31 **earnest**
[ə́:rnist]

His son is an **earnest** young man who works hard early and late.
그의 아들은 아침 일찍부터 밤늦게까지 열심히 일하는 성실한 젊은이이다.

---

32 **solemn**
[sɑ́ləm]

The funeral service was held in a grave and **solemn** atmosphere.
장례식은 무겁고 엄숙한 분위기 속에서 거행되었다.

종교 의식(religious ritual)에서 유래 → (종교 의식의) 무거운 분위기 → 엄숙한, 근엄한

---

33 **self-esteem**
[selfistí:m]

Low **self-esteem** is closely related to stress, depression and anxiety.
낮은 자존심은 스트레스, 우울증, 불안과 밀접하게 관련되어 있다.

self(자신) + esteem(존중하다) → (자기 자신을) 존중함 → 자부심

---

34 **dignity**
[dígnəti]

He behaved with **dignity** in what must have been a difficult situation.
그는 자신에게 분명히 힘들었을 상황에서도 품위 있게 행동했다.

dign(worthy: 훌륭한) + ity → (훌륭함을) 지킴 → 품위, 위엄

---

38 **conceited**
[kənsí:tid]

Believe in yourself, but don't be **conceited** or make others jealous.
자기 자신을 믿어라, 하지만 자만하거나 다른 사람들이 질투하게 만들지 마라.

con(강조) + ceit(take: 받다) → (자신이 대단하다는 생각을) 받아들인 → 자만심이 강한

Unit 28

　　　　　　　　　　　　　　　　　　　　　[고급] [중급]

거만·자만	∟ ³⁹ vain	1. a. (스스로 자랑하며 뽐내는) **자만심이 강한** (= conceited)	vanity n. 자만심
		2. a. (아무 쓸모나 득이 없는): **헛된, 소용없는**	
	⁴⁰ snobbish	a. (고상한 체, 교양 있는 체하는): **속물적인**	snob n. 속물
겸손·온건	┌ ⁴¹ humble	1. a. (자기) (자신을 낮추어) **겸손한** v. 겸허하게 하다	
	∟ ⁴² modest	2. a. (신분·지위·가치 등이) **비천한, 보잘것없는**	
		1. a. (자신을) (과시하지 않고) **겸손한**	modesty n. 겸손: 적당함, 수수함
		2. a. (그다지) **크지[많지, 비싸지] 않은, 보통의**	⊖ immodest a. 무례한, 뻔뻔스러운
	⁴³ moderate	1. a. (정치적으로) **중도의, 온건한** n. 온건주의자	moderation n. 온건, 절제;
		2. a. (극단에 흐르지 않고) **적당한, 보통[중간]의**	알맞음, 중용
		v. **누그러지다[뜨리다]**	
엄격	┌ ⁴⁴ strict	a. (관대함·융통성 없이) **엄격한, 엄한** (= rigorous, stern, rigid)	
	├ ⁴⁵ rigorous	1. a. (관대함·융통성 없이) **엄격한, 엄한** (= strict, stern, rigid)	rigor n. 엄격함, 철저함
		2. a. (세세한 부분까지) **철저한, 빈틈없는**	
	├ ⁴⁶ stern	a. (관대함·융통성 없이) **엄격한, 엄한** (= strict, rigorous, rigid)	
	∟ ⁴⁷ rigid	1. a. (관대함·융통성 없이) **엄격한, 엄한** (= strict, rigorous, stern)	rigidity n. 엄격: 단단함
		2. a. (잘 휘거나 구부러지지 않고) **뻣뻣한, 굳은**	

³⁹ **vain**
[vein]

He was so **vain**, he fell in love with his own image reflected in a pool.
그는 너무 자만심이 강해서 웅덩이에 비친 자신의 모습과 사랑에 빠졌다.

유래: 빈(empty) → (아무 보람·실속 없이) 빈 → 2. 헛된 → (헛된 것을) 쫓는 → 1. 자만심이 강한

⁴⁰ **snobbish**
[snábiʃ]

His **snobbish** attitude prevented him from making new friends.
그의 속물적인 태도는 그가 새로운 친구를 사귀는 것을 막았다.

유래: 구두 수선공(shoemaker) → (미천한) 구두 수선공 → <대상 확대> → (체 하는) 속물

⁴³ **moderate**
[mádərət]

He was a **moderate** socialist and opposed violence.
그는 온건한 사회주의자였으며 폭력을 반대했다.

moder(measure: 척도) + ate → 늘 일정한 기준(척도)을 유지하는 → 1. 온건한 2. 적당한

⁴⁵ **rigorous**
[rígərəs]

They failed to meet the **rigorous** standards required by the contract.
그들은 계약서가 요구하는 엄격한 기준을 맞추지 못했다.

rigor(stiffness: 뻣뻣함) +ous → (융통성 없이) 뻣뻣한 → 1. 엄격한 2. 철저한

⁴⁶ **stern**
[stə:rn]

He received a **stern** warning not to tell anyone what had just happened.
그는 무슨 일이 있어났는지 누구에게도 말하지 말라는 엄중한 경고를 받았다.

⁴⁷ **rigid**
[rídʒid]

They argue that some of the new rules are too **rigid** and cost too much.
그들은 새로운 규정의 몇 가지는 너무 엄격하고 비용이 너무 많이 든다고 주장한다.

2. 뻣뻣한(stiff) → (규칙·방법·사고방식 등이) 뻣뻣한 → 1. 엄격한, 엄한

고급 중급

단호함	48 resolute	a. (굳게 결심한): **단호한, 확고한**	⊖ irresolute a. 결단력이 없는
	49 perseverance	n. (어려움에 굴하지 않는) **불굴(의 노력), 인내(심)**	persevere v. 인내하며 계속하다
고집	50 stubborn	a. (기질·성격상) **고집 센, 완고한**	
	51 arbitrary	a. (기준·원칙·계획 없이) **제멋대로인, 임의[독단]적인**	arbiter n. 결정권자
용기·비겁	52 courage	n. (난관·저항·도전 등에 굴하지 않는) **용기**	courageous a. 용감한
	53 bold	a. (무모하다 싶을 정도로) **대담한, 용감한**	
	54 dare	v. aux. (위험을 무릅쓰고) **감히 ~하다**	
	55 venture	v. (모험을 하듯) **과감히 하다[가다, 말하다]** n. 모험적 사업	
	56 cowardly	a. (용감하지 못하고) **겁 많은, 비겁한**	cowardice n. 비겁 coward n. 겁쟁이
도덕·윤리	57 righteous	a. (도덕적으로) **옳은, 바른, 정당한**	
	58 principle	1. n. (바탕이 되는) (도덕적인) **원칙, 주의, 신념** 2. n. (바탕이 되는) (사물·현상·이론의) **법칙, 원리**	principled a. 절조 있는: 원칙에 입각한
	59 conscience	n. (옳고 그름을 구분하는 도덕 의식): **양심**	conscientious a. 양심적인, 성실한
기본	brave 용감한 hero 영웅		

48 resolute
[rézəlù:t]

His son remained **resolute** in his intention to become a police officer.
그의 아들은 경찰관이 되겠다는 목표가 확고했다.

> resolve(결심하다)의 형용사형 → (굳게) 결심한 → 단호한, 확고한

49 perseverance
[pə̀:rsəvíərəns]

Hard work and **perseverance** increase opportunities for success.
근면과 인내는 성공의 기회를 증대시킨다.

> per(thoroughly: 철저히) + sever(strict: 엄격한) → (철저하게) 엄격함 → 불굴, 인내

50 stubborn
[stʌ́bərn]

He was too **stubborn** to admit that he had behaved like a fool.
그는 자신이 바보같이 행동했다는 사실을 인정하기에는 너무 고집이 셌다.

51 arbitrary
[ɑ́:rbətrèri]

That is a completely **arbitrary** decision which has no logical justification.
그것은 논리적인 타당한 이유가 없는 완전히 제멋대로의 결정이다.

> arbiter(judge: 결정권자) + ary → (결정권자로서) 하고 싶은 대로 하는 → 임의[독단]적인

58 principle
[prínsəpl]

Morals are the **principles** of what is right and wrong in behavior.
도덕률은 행동에 있어서의 옳고 그름의 원칙이다.

> prin(first: 처음) +cip(take: 잡다) → (맨 처음 잡아 놓은) 기준 → 원칙, 원리

59 conscience
[kɑ́nʃəns]

Religious belief is a matter of individual **conscience** and personal choice.
종교적 믿음은 개인의 양심과 개인의 선택의 문제이다.

> con(together: 함께) + sci(know: 알다) → (옳고 그름을) 다 알고 있는 것 → 양심

Unit 28

성격·마음·감정 II

personality & mind & emotion II

29_1 도덕·선함·악함

고급 중급

도덕·윤리	01 **moral**	a. (지켜야 할 도리): **도덕의, 도덕적인** n. (-s) **도덕률**	morality n. 도덕성, 도덕 체계 ⊖ immoral a. 비도덕적인, 부도덕한
	02 **ethical**	a. (도덕 규범·체계): **윤리의, 윤리적인**	ethics n. 윤리(학) ⊖ unethical a. 비윤리적인
선함	03 **virtue**	n. (올바르고 착한 품성): **덕, 덕행, 미덕**	virtuous a. 덕이 있는
	04 **decent**	1. a. (언행·태도·복장 등이) **예의 바른, 단정한** 2. a. (사회 기준에 맞아서) **제대로 된, 괜찮은**	decency n. 체면, 품위; 예절
	05 **noble**	1. a. (인격·도덕성 등이) **고결[숭고]한** 2. a. (가장 높은 계급): **귀족의** n. **귀족**	nobility n. 고결[숭고]함; 귀족 (계급) nobleman n. 귀족 (남성)
악함	06 **evil** 07 **wicked**	a. (도덕적으로) **사악한, 못된** (= wicked) n. **악(행)** a. (도덕적으로) **사악한, 못된** (= evil)	
기본	good 훌륭한, 착한 right 옳은, 바른 / bad 나쁜 wrong 나쁜, 옳지 못한		

---

02 ethical
[éθikəl]

The media, including newspapers, must have high **ethical** standards.
신문을 포함한 대중 매체는 높은 윤리적 기준을 가지고 있어야 한다.

> 유래: 관습(custom) → (관습에) 맞는 → 윤리의, 윤리적인

---

03 virtue
[vəː́rtʃuː]

It shows that crime does not pay and that **virtue** will finally be rewarded.
그것은 범죄 행위는 득이 되지 않으며 결국 덕행이 보상을 받는다는 것을 보여준다.

> vir(man: 남자) + tue → 남자다움 → 덕, 덕행

---

04 decent
[díːsnt]

He was a **decent** person with a sense of responsibility and honor.
그는 책임감과 도의심을 가진 단정한 사람이었다.

> dec(fit: 적합한) + ent → (사회적·도덕적 기준으로) 적합한 → 1. 예의 바른 2. 제대로 된

---

05 noble
[nóubl]

They argued that Socialist ideals were **noble** but impractical.
그들은 사회주의자의 이상은 고결하지만 비현실적이라고 주장했다.

> no(know: 알다) + ble(할 수 있는) → (유명해서 널리 알려진) 1. 귀족 → (귀족처럼) 2. 고결한

---

07 wicked
[wíkid]

The **wicked** witch turned the prince into a frog with her magic.
사악한 마녀는 마법으로 왕자를 개구리로 변하게 했다.

> witch(마녀) + ed → (마녀처럼) 사악한, 못된

악함		08 naughty	a. (어른에게) (어린아이가) 버릇이 없는, 말을 안 듣는	
		09 mischievous	a. (장난스럽게) 짓궂은, 말썽꾸러기의	mischief n. 짓궂은 짓, 장난(기)
		10 vice	n. (도덕적으로 나쁜) 악덕, 부도덕	vicious a. 악덕의, 악의가 있는
		11 villain	n. (나쁜 짓을 일삼는) 악당, 악인; (극·소설 등의) 악역	
정직		12 frank	a. (숨김없이) 솔직한 (= candid)	
		13 candid	a. (숨김없이) 솔직한 (= frank)	candor n. 솔직함
		14 sincere	a. (거짓·꾸밈이 없이) 진실된, 진심 어린	sincerity n. 진심
		15 integrity	1. n. (늘 정직한 곧은 성품): 고결, 진실성, 청렴	integral a. 필수적인; 완전한
			2. n. (하나의 전체로서) 완전(한 상태), 온전함	integrate v. 통합시키다[되다]
거짓말		16 invent	1. v. (사실이 아닌 것을 지어내) 날조하다	invention n. 날조; 발명(품)
			2. v. (새로운 것을) 발명하다	inventor n. 발명가
		17 mislead	v. (그릇된 정보·사실로) 오도하다, 잘못 인도하다	misleading a. 오도하는
		18 misrepresent	v. (고의로) 잘못[부정확하게] 전하다	misrepresentation n. 그릇되게 전하기
과장·허세		19 exaggerate	v. (실제보다 부풀려서) 과장하다	exaggeration n. 과장
[기본]		honest 정직한 / lie 거짓말 trick 속임수		

09 **mischievous**
[místʃəvəs]

The boys were very **mischievous**, always getting into trouble at school.
그 소년들은 매우 장난이 심해서 항상 학교에서 말썽을 일으켰다.

mis(badly: 안 좋게) + chiev(end: 끝나다) → (안 좋게) 끝이 난 → 짓궂은

13 **candid**
[kǽndid]

To be **candid** with you, I think you have done quite wrong.
당신에게 솔직히 말한다면, 나는 당신이 상당히 잘못했다고 생각한다.

cand(white: 흰) + id → (거짓·숨김이 없이) 흰 → 솔직한

15 **integrity**
[intégrəti]

He was a man of great moral **integrity**, doing what is right and just.
그는 옳고 정당한 일을 하는 도덕적으로 매우 청렴한 사람이다.

integr(whole: 전체) + ity(상태) → (전체인) 상태 → 2. 완전 → (도덕성의) 완전함 → 1. 고결

18 **misrepresent**
[mìsreprizént]

He complained bitterly that he had been **misrepresented** by the press.
그는 자신이 언론에 의해 잘못 전해지고 있다고 몹시 불평을 했다.

mis(wrongly: 잘못) + represent(표현하다) → (잘못) 표현하다 → 잘못 전하다

19 **exaggerate**
[igzǽdʒərèit]

Everyone knows he's just **exaggerating** to make things more interesting.
일을 좀 더 흥미롭게 하려고 그가 과장하고 있다는 것을 모든 사람들은 안다.

ex(강조) + agger(heap: 쌓다) → (지나치게) 쌓다 → 과장하다

과장·허세	20 **bluff**	v. (그런 척) **허세를 부리다, 엄포를 놓다** n. **허세, 엄포**	
위선·변장	21 **pretend**	v. (거짓으로 꾸며) **~인 체하다**	pretense n. 체하기
	22 **hypocrisy**	n. (겉으로만 척하는) **위선**	hypocrite n. 위선자 hypocritical a. 위선의, 위선적인
	23 **disguise**	v. (다른 옷차림·모습으로) **변장[위장]시키다** n. **변장, 위장**	
속이다	24 **deceive**	v. (남을) (거짓을 사실로 믿게) **속이다, 기만하다**	deceit n. 사기 (= deception)
	25 **cheat**	v. (남을) (부정한 방법으로) **속이다** n. **부정행위(자)**	
	26 **delude**	v. (남을) (정신을 홀려) **속이다, 현혹하다**	delusion n. 망상; 착각, 오해
	27 **fraud**	n. (속여서 돈·재산을 빼앗는) **사기(꾼)**	fraudster n. 사기꾼 fraudulent a. 사기의
	28 **cunning**	a. (남을 속이는 데 능한): **교활한, 간사한**	
부패·뇌물	29 **corruption**	n. (권력·직위를 악용하는) **부패, 타락**	corrupt a. 부패[타락]한 v. 타락시키다
	30 **bribe**	n. (부정한 금품): **뇌물** v. **뇌물을 주다**	bribery n. 뇌물 수수
공정	31 **justice**	1. n. (올바르고 공정한 도리): **정의, 공정함** 2. n. (법을 적용하는 활동): **사법 (체계)**	⊖ injustice n. 부당, 불공평

---

22 **hypocrisy**

[hipάkrəsi]

Hypocrisy means saying something and then doing the opposite.
위선은 어떤 말을 하고는 그 반대의 행동을 하는 것이다.

그리스어 hypokrisis(무대에서의 연기: acting on the stage)에서 유래 → 위선

---

23 **disguise**

[disgáiz]

He **disguised** himself as Santa Claus and handed out toys to children
그는 산타클로스로 변장을 하고 아이들에게 장난감을 나누어 주었다.

dis(off: 제거) + guise(appearance: 겉모습) → (겉모습을) 없애다 → 변장[위장]시키다

---

26 **delude**

[dilú:d]

He's **deluding** himself if he thinks he has a chance to win the election.
만약 그가 자신이 선거에서 이길 가능성이 있다고 생각한다면 그는 자기 자신을 속이고 있는 것이다.

de(down) + lude(play: 장난을 치다) → (장난을 쳐서) 속이다, 현혹하다

---

27 **fraud**

[frɔ:d]

He was arrested for credit card **fraud** and spent two years in jail.
그는 신용카드 사기로 체포되었고 감옥에서 2년을 보냈다.

---

29 **corruption**

[kərΛpʃən]

Corruption is widespread in almost all departments of the government.
부패가 정부의 거의 모든 부처에 만연해 있다.

cor(강조) + rupt(break: 깨지다) → (도덕이) 완전히 깨진 것 → 부패, 타락

---

30 **bribe**

[braib]

They were arrested for taking **bribes** from construction companies.
그들은 건설회사로부터 뇌물을 받은 혐의로 체포되었다.

유래: 거지에게 주는 빵 조각(morsel of bread given to beggars) → <의미 변경> → 뇌물

〔고급〕 〔중급〕

		32 impartial	a. (치우치지 않고) **공정한**	impartiality n. 공평무사 ⊖ partial a. 편파적인; 부분적인
공정		33 disinterested	a. (이해 관계가 없어서) **사심이 없는, 객관적인**	disinterest n. 사심이 없음. 무관심
		34 **neutral**	a. (어느 편에도 들지 않고) **중립적인, 중립(국)의**	neutrality n. 중립 neutralize v. 중립화하다
편파·차별		35 **biased**	a. (어느 한쪽으로 치우친) **편파적인, 편향된**	bias n. 편견 v. 편견을 갖게 하다
		36 **discriminate**	v. (부당하게) **차별하다, 차별 대우하다**	discrimination n. 차별
믿음·신뢰		37 **rely**	1. v. (~ on) (진실성·우수성 등을) **믿다, 신뢰하다** 2. v. (~ on) (남이나 다른 것에) **의존[의지]하다**	reliable a. 신뢰할 수 있는 reliant a. 의존적인
		38 **faith**	1. n. (능력·우수성·진실성에 대한) **신뢰** 2. n. (신·종교에 대한) **신앙(심)**	faithful a. 충실한
		39 **credible**	a. (진실성·성실성을 믿는) **믿을[신뢰할] 수 있는**	credibility n. 믿을 수 있음 ⊖ incredible a. 믿어지지 않는, 놀라운
		40 **plausible**	a. (진술·주장·구실 등이) **그럴듯한, 타당한 것 같은**	⊖ implausible a. 그럴듯하지 않은
〔기본〕		heart 마음 feel 느끼다 sense 느낌, ~감		

---

32 impartial
[impáːrʃəl]

They'll give you **impartial** advice on any problem you may have.
그들은 당신이 갖고 있을지 모를 어떤 문제에 대해서도 공정한 조언을 해 줄 것이다.

im(not) + partial(불공정한) → (불공정하지) 않은 → 공정한

---

33 disinterested
[disíntərèstid]

It generally requires a lawyer to give **disinterested** advice to his client.
변호사에게는 고객에게 사심 없는 조언을 해 주는 것이 일반적으로 요구된다.

dis(not) + interest(이해관계) → (이해관계가) 없는 → 사심 없는

---

35 biased
[báiəst]

It is no wonder that the media is **biased** against African Americans.
대중매체가 흑인들에 대해 편파적이라는 것은 전혀 놀랄 일이 아니다.

유래: 사선의(oblique) → (사선처럼) 한쪽으로 비스듬한 → 편파적인, 편향된

---

36 discriminate
[diskrímənèit]

It is illegal to **discriminate** against people on the grounds of religion.
종교 때문에 사람을 차별하는 것은 불법이다.

dis(apart: 분리) + crimin(separate: 떼어놓다) → (분리하여) 떼어놓다 → 차별하다

---

40 plausible
[plɔ́ːzəbl]

The story sounded **plausible**. There was no reason not to believe it.
그 이야기는 그럴듯하게 들렸고 그것을 믿지 않을 이유가 없었다.

plaus(applaud: 박수를 치다) + ible → (박수를) 칠 만한 → 그럴듯한

Unit 29

179

충성·배신	41 **loyal**	a. (국가·친구·원칙 등에) **충성스러운**	loyalty n. 충성(심) ⊖ disloyal a. 불충한
	42 **betray**	v. (자신을 믿는 상대를) **배신[배반]하다**	betrayal n. 배반, 배신
	43 **traitor**	n. (사람·국가·주의 등의) **배반[배신]자**	traitorous a. 배신하는, 반역의
감정·정서	44 **emotion**	n. (희로애락의) **감정**	emotional a. 감정의, 감정적인
	45 **passion**	n. (강렬한 감정) **열정, 격정**	passionate a. 열정적인
	46 **sentiment**	1. n. (상황에는 맞지 않는) (지나친) **감정, 감상** 2. n. (어떤 것에 대한) (감정에 근거한) **의견, 정서**	sentimental a. 감상적인, 감정적인
	47 **sensitive**	a. (외부의 자극에 대해) **민감한, 감수성이 강한**	sensitivity n. 민감(성), 감수성
심리·기분	48 **psychology**	n. (마음의 작용과 의식의 상태) **심리(학)**	psychological a. 심리(학)의 psychologist n. 심리학자
	49 **atmosphere**	1. n. (대상과 그 주변의) **분위기** 2. n. (둘러싸고 있는) (지구의) **대기**; (특정 장소의) **공기**	atmospheric a. 대기(중)의; 분위기의[를 내는]
	50 **mood**	n. (특정 시점의) (일시적인) **기분, 심리 상태**	moody a. 기분이 변덕스러운
웃음·미소	51 **giggle**	v. (터져 나오는) (소리를 죽여) **낄낄[킬킬] 웃다** n. **낄낄 웃음**	

---

42 **betray**
[bitréi]

He **betrayed** his country and provided information to the enemy.
그는 조국을 배신하고 적에게 정보를 제공했다.

be(강조) + tray(hand over: 넘겨주다) → (적에게 정보를) 넘겨주다 → 배신하다

---

43 **traitor**
[tréitər]

He afterward turned **traitor** to his country, and went over to the enemy.
그는 나중에 자신의 나라의 반역자가 되어 적에게로 넘어갔다.

trait(hand over: 넘겨주다) + or(사람) → (적에게 정보를 넘겨주는) 배반자

---

46 **sentiment**
[séntəmənt]

They say that there is no such thing as **sentiment** in business.
사람들은 사업에는 감상 같은 그런 것은 없다고 말한다.

senti(feel: 느끼다) + ment → (지나친 느끼는) 감정 → 감상 → (감정적) 의견 → 감상; 정서

---

48 **psychology**
[saikálədʒi]

Sigmund Freud is known as the founder of modern scientific **psychology**.
지그문트 프로이트는 현대 과학 심리학의 창시자로 알려져 있다.

psycho(soul: 마음) + logy(study: 학문) → (마음을 연구하는) 학문 → 심리학

---

49 **atmosphere**
[ǽtməsfiər]

The **atmosphere** in our office is relatively warm, friendly and informal.
우리 사무실의 분위기는 비교적 따뜻하고 친밀하고 형식에 얽매이지 않는다.

atmos(vapor: 증기) + sphere(globe: 지구) ┌ (지구를 둘러싼) 증기 → 2. 대기
└ (주변을 둘러싼) 1. 분위기

29_6 웃음·울음·기쁨

웃음·미소	52 grin	v. (소리 없이) (이를 드러내고) **활짝 웃다** n. 활짝 웃음	
	53 beam	1. v. (행복한 표정으로) **환하게 미소 짓다**	
		2. n. (뻗어 나오는 빛의 흐름): **빛줄기** v. 비추다	
	54 frown	v. (불쾌감을 보이며) **얼굴을 찌푸리다** n. 찌푸린 표정	
울음	55 weep	v. (몹시 슬퍼서) (눈물을 흘리며) **울다**	weepy a. 눈물이 날 것 같은
	56 sob	v. (훌쩍훌쩍) (소리를 내며) **흐느껴 울다** n. 흐느낌	
	57 wail	v. (슬픔·고통으로) (소리를 높여) **울부짖다, 통곡하다**	
	58 tear	1. n. (-s) (눈에서 흘러나오는) **눈물**	tearful a. 울먹이는: 눈물을 자아내는
		2. v. (천·종이 등을) **찢다, 찢어지다** n. 찢어진 곳	
얼굴붉힘	59 blush	v. (당황·창피해서) **얼굴이 붉어지다** n. 얼굴 붉힘 (= flush)	
	60 flush	1. v. (분노·당황해서) **얼굴이 붉어지다** n. 얼굴 붉힘 (= blush)	
		2. v. (변기 등에) **물을[이] 쏟아내리다[쏟아지다]** n. 물 내림	
기쁨·유쾌	61 delight	n. (강렬한) (큰) **기쁨, 즐거움** (= joy)	delightful a. 매우 기쁜
	62 joy	n. (강렬한) (큰) **기쁨, 즐거움** (= delight)	joyful a. 매우 기뻐하는, 기쁨을 주는
	63 rejoice	v. (행동으로 드러날 만큼) **크게 기뻐하다**	

기본	laugh 웃다 / smile 미소 / cry 울다 / happy 행복한 glad 기뻐하는 please 기쁘게 하다 merry 웃고 즐기는

---

52 grin
[grin]

She looked up at him and **grinned**, showing beautiful white teeth.
그녀는 그를 바라보고 아름다운 흰 이를 드러내면서 방긋 웃었다.

> 유래: 벌어진(be open) → (입을 벌리고) 활짝 웃다

54 frown
[fraun]

He **frowned** at me as if to ask why I would do such a stupid thing.
그는 마치 내가 왜 그런 바보 같은 짓을 하려는지 묻는 듯 얼굴을 찌푸렸다.

> 유래: 콧구멍(nostril) → (코웃음을) 치다 → 얼굴을 찌푸리다

55 weep
[wi:p]

She put her face in her hands and started to **weep** uncontrollably.
그녀는 손을 얼굴에 갖다 대고 주체할 수 없이 울기 시작했다.

56 sob
[sab]

The woman began **sobbing** uncontrollably and covered her face.
그 여자는 주체할 수 없이 흐느끼기 시작했고 얼굴을 가렸다.

> 유래: 빨아들이다(suck) → (숨을) 빨아들이다 → 훌쩍이다 → 흐느껴 울다

57 wail
[weil]

"Mommy, my finger hurts so much.......!" the little boy **wailed** in pain.
"엄마, 손가락이 너무 아파요…!" 그 어린 소년은 고통스러워 울부짖었다.

> 유래: 비통(woe) → (비통한 일을 당해) 울부짖다, 통곡하다

63 rejoice
[ridʒɔ́is]

The whole country **rejoiced** at the news of the young prince's marriage.
온 나라가 젊은 왕자의 결혼 소식에 기뻐했다.

> re(강조) + joi(be glad: 기뻐하다) → 크게 기뻐하다

Unit 29

UNIT 30 성격·마음·감정 III

personality & mind & emotion III

30_1 기쁨·실망·유감

고급 중급

기쁨	01 **pleasant**	a. (기쁨·즐거움 등을 주는): **기분이 좋은, 유쾌한**	unpleasant a. 불쾌한, 싫은
	02 **optimistic**	a. (앞으로의 일에 대해) **낙관적인**	optimism n. 낙관 optimist n. 낙천주의자
실망	03 **dismay**	n. (충격적인 일로 인한) **실망, 경악** v. **경악하게 만들다**	
	04 **despair**	n. (모든 희망이 끊어진) **절망** v. **절망하다**	
유감	05 **shame**	1. n. (마음에 남아있는) **유감스러운 일** (= pity) 2. n. (잘못에 대한) **수치심, 창피함** v. **창피스럽게 하다**	shameful a. 부끄러운 shameless a. 부끄러운 줄 모르는
	06 **pity**	1. n. (마음에 남아있는) **유감스러운 일** (= shame) 2. n. (남의 불행·곤경을) **불쌍히 여김** v. **불쌍히 여기다**	pitiful a. 가엾은 pitiless a. 무자비한, 매정한
안녕	07 **welfare**	1. n. (건강·편안·행복한 상태): **안녕, 행복** (= well-being) 2. n. (생활 향상·사회 보장을 위한) **복지[후생] (사업)**	
기본	disappoint 실망시키다		

---

02 **optimistic**

[ὰptəmístik]

Most businessmen are **optimistic** about the country's economic future.
대부분의 사업가들은 그 나라의 경제적 미래에 대해 낙관적이다.

optim(best: 가장 좋은) + istic → (전망이) 가장 좋은 → **낙관적인**

---

03 **dismay**

[disméi]

To his **dismay**, there were hundreds of people ahead of him in line.
실망스럽게도 그의 앞에는 줄을 서고 있는 수백 명의 사람들이 있었다.

d(강조) +is(out: 밖) + may(power: 힘) → (힘이 완전히 밖으로) 빠짐 → **실망, 경악**

---

04 **despair**

[dispέər]

After several unsuccessful attempts, we finally gave up in **despair**.
여러 차례의 성공하지 못한 시도 끝에 우리는 결국 절망감 속에서 포기했다.

de(without: 없는) + spair(hope: 희망) → (희망이) 없음 → **절망**

---

06 **pity**

[píti]

It's a **pity** that you can't stay longer, as you have to go back to New York.
뉴욕으로 돌아가셔야 해서 더 오래 머무를 수 없으시다니 유감스러운 일이네요.

---

07 **welfare**

[wélfɛər]

He was very concerned about the **welfare** of his elderly mother.
그는 연세가 드신 어머니의 안녕에 대해 매우 염려를 했다.

wel(well: 잘) + fare(get along: 지내다) ┬ (잘) 지내는 것 → 1. 안녕, 행복;
└ (안녕·행복을 주기 위한) 2. 복지, 후생

고급 중급

안녕	L 08 **well-being**	n. (건강·편안·행복한 상태): **안녕, 행복** (= welfare)	
흥분	09 **thrill**	n. (공포·쾌감으로 오싹하는 느낌): **스릴, 전율** v. **전율[황홀]하게 하다**	thrilled a. 몹시 흥분한
	10 **sensation**	1. n. (갑작스럽게) **세상을 떠들썩하게 하는 것, 센세이션** 2. n. (외부의 자극에 대한) **느낌, 감각**	sensational a. 선풍적인
만족	11 **satisfy**	v. (남이 원하는 바를) (모자람이 없이) **만족시키다**	satisfied a. 만족하는 satisfaction n. 만족
	12 **gratify**	v. (만족시켜서) (남을) **기쁘게 하다**, (욕구 등을) **충족시키다**	gratification n. 만족감(을 주는 것)
	13 **content**	1. a. (그런대로) (큰 불만 없이) **만족하는** n. v. **만족(시키다)** 2. n. (-s) (용기·상자 등의) **내용물** 3. n. (책·문서 등의) **내용; (-s) 목차**	contentment n. 만족 contented a. 만족[자족]해 하는
	14 **complacent**	a. (변화·발전하려 하지 않고) (현실에) **자기만족적인**	complacency n. 자기 만족
슬픔·우울	15 **sorrow**	n. (불행한 일 등으로 인한) (깊은) **슬픔, 비애**	sorrowful a. 슬퍼하는
	16 **depress**	v. (희망·의욕을 꺾어) **의기소침[우울]하게 하다**	depression n. 의기소침, 우울; 불경기
	17 **gloomy**	a. (상황·전망·장소가) **우울[울적, 음침]한** (= dismal)	gloom n. 우울; 음침함
기본	excite 흥분시키다		

---

¹² **gratify**

[grǽtəfài]

Throughout her life, nothing **gratified** her more than her family.
그녀의 전 생애에 걸쳐, 아무것도 그녀의 가족보다 더 그녀를 기쁘게 한 것은 없었다.

> grat(pleasing: 만족스러운) + ify(make: 만들다) → 기쁘게 하다, 충족시키다

---

¹³ **content**

n. [kántent]
v. a. [kəntént]

He could not regain his lead and had to be **content** with second place.
그는 선두를 되찾을 수 없었고 2등에 만족해야만 했다.

> con(together: 함께) + tain(hold: 가지다) ─ (다 가지고 있어서) 1. 만족하는
> └ 다 담고(가지고) 있는 것 → 2. 내용물 → 3. (내용의) 목차

---

¹⁴ **complacent**

[kəmpléisnt]

We must not become **complacent** about our situation.
우리는 우리의 상황에 대하여 자기 만족해서는 안 된다.

> com(강조) + place(pleased: 만족해 하는) → (자기 자신에) 매우 만족해 하는 → 자기 만족적의

---

¹⁵ **sorrow**

[sárou]

He expressed his **sorrow** at the news of her father's death.
그는 그녀의 아버지의 사망 소식에 큰 슬픔을 표했다.

---

¹⁶ **depress**

[diprés]

I would sometimes get so **depressed** that I wanted to end my life.
나는 때때로 너무 우울해져서 내 삶을 끝내고 싶어 하곤 했다.

> de(down: 아래) + press(누르다) → (아래로) 누르다 → 의기소침하게 하다

---

¹⁷ **gloomy**

[glú:mi]

The economic forecast is **gloomy**, and recovery will be slow.
경제 전망은 비관적이고 회복은 늦을 것이다.

Unit 30

슬픔·우울	18 dismal	a. (상황·전망·장소가) 우울[울적, 음침]한 (= gloomy)	
	19 melancholy	n. (뚜렷한 이유 없는) (막연한) 깊은 우울 a. 우울한	
	20 distress	n. (극도의) (정신적) 괴로움; (물질적) 곤경 v. 괴롭히다	
	21 pessimistic	a. (앞으로의 일에 대해) 비관적인	pessimism n. 비관 pessimist n. 비관주의자
애도·한탄	22 mourn	1. v. (사람의) (죽음을) 몹시 슬퍼하다, 애도하다 (= grieve) 2. v. (잃거나 사라져서) (없어진 것을) 애석해 하다	mourning n. 애도, 한탄 mournful a. 슬픔에 잠긴
	23 grieve	1. v. (사람의) (죽음을) 몹시 슬퍼하다, 애도하다 (= mourn) 2. v. (누구를) (불쾌한 일이) 몹시 슬프게 하다	grief n. 큰 슬픔, 비탄
	24 lament	v. (드러내어) (울분을 토하며) 몹시 슬퍼하다 n. 애도의 시	lamentation n. 애통, 한탄, 애도
불쌍한	25 miserable	a. (처지나 형편이 어려워) 불쌍한, 가없은 (= pathetic)	misery n. 비참함
	26 pathetic	a. (처지나 형편이 어려워) 불쌍한, 가없은 (= miserable)	
외로운	27 solitary	a. (다른 사람[것] 없이) 혼자 있는[하는]; 혼자 잘 지내는	solitude n. 고독
동정·연민	28 pity	1. n. (남의 불행을) 불쌍히 여김 v. 불쌍히 여기다 2. n. (마음에 남아있는) 유감스러운 일	pitiful a. 가없은 pitiless a. 무자비한, 매정한
기본	sad 슬픈 / lonely 외로운 miss 그리워하다		

18 dismal
[dízməl]

Unless these problems are solved soon, we will face a **dismal** future.
이 문제들이 곧 해결되지 않는다면 우리는 침울한 미래에 직면할 것이다.

> dis(day: 날) + mal(bad: 나쁜) → bad day(나쁜 날) → 우울[울적]한

20 distress
[distrés]

Her parents' sudden divorce caused her extreme emotional **distress**.
부모의 갑작스러운 이혼은 그녀에게 극도의 감정적 고통을 안겨 주었다.

> di(apart: 분리) + stress(draw tight: 팽팽이 당기다) → (팽팽히 당겨서 분리되는) 괴로움

22 mourn
[mɔːrn]

Thousands of people gathered to **mourn** the death of a religious leader.
수천 명의 사람들이 한 종교 지도자의 죽음을 애도하기 위해 모였다.

23 grieve
[griːv]

It **grieved** me that I would not be able to see her again for a long time.
내가 그녀를 오랫동안 다시 볼 수 없다는 사실이 나를 너무나 슬프게 했다.

24 lament
[ləmént]

They **lamented** the destruction of the environment in favor of development.
그들은 개발을 위한 환경의 파괴에 대해 한탄했다.

> la(cry: 울다) + ment → (울면서) 몹시 슬퍼하다

26 pathetic
[pəθétik]

He sighed and looked at her with a **pathetic** expression on his face.
그는 한숨을 쉬고 얼굴에 불쌍한 표정으로 짓고 그녀를 쳐다보았다.

> pathet(suffer: 겪다) + ic → (슬픔을) 겪게 하는 → 가없은, 불쌍한

동정·연민	29 sympathy	n. (남의 불행을) (함께 슬퍼하고 걱정하는 마음): **동정, 연민**	sympathize v. 동정[동감]하다 sympathetic a. 동정적인
	30 compassion	n. (남의 불행에) (적극 도우려는 마음): **동정, 연민**	compassionate a. 동정적인
	31 empathy	n. (남의 감정을 자신도 똑같이 느끼는) **공감, 감정이입**	empathetic a. 감정이입의 (= empathic) empathize v. 공감하다
위로·진정	32 comfort	1. v. (남의 괴로움·슬픔을) **위로하다** (= console) n. **위로** 2. n. (불편·거북함 등이 없는) **편안함**	⊖ discomfort n. 불편, 불쾌 comfortable a. 편(안)한
	33 console	v. (남의 괴로움·슬픔을) **위로하다** (= comfort)	consolation n. 위안(을 주는 것[사람])
	34 soothe	1. v. (좋지 않은) (마음을) **달래다, 진정시키다** 2. v. (아픈 곳의) (고통을) **덜어주다, 완화시키다**	
	35 reassure	v. (근심·걱정을 덜어주어) (상대를) **안심시키다**	reassurance n. 안심시킴
	36 subside	1. v. (감정·고통·날씨 등의) (격렬함이) **진정되다** 2. v. (아래로) (땅·건물이) **내려[가라]앉다**	subsidence n. 함몰, 침하
자신감	37 confident	1. a. (무엇을 해낼 수 있음을) **자신하는, 자신만만한** 2. a. (바라는 대로 될 것을) **확신하는**	confidence n. 자신(감); 확신, 신뢰
	38 self-confident	a. (자기 자신에 대해) **자신감이 있는**	self-confidence n. 자신감

---

30 **compassion**

[kəmpǽʃən]

He is a cruel man with no **compassion** for others, not even his own family.
그는 다른 사람들에게, 자기 자신의 가족 조차에게도 연민을 보이지 않는 잔인한 사람이다.

> com(together: 함께) + pass(suffer: 고통을 겪다) → (함께) 고통을 겪음 → 동정

---

31 **empathy**

[émpəθi]

You need warmth and **empathy** for other people's pain and misfortune.
당신은 다른 사람들의 고통과 불행에 대한 따뜻함과 공감이 필요하다.

> e(in: 안에) + path(feel: 느끼다) → (남의 감정 안으로 들어가) 함께 느낌 → 공감

---

33 **console**

[kənsóul]

He sat next to her and tried to **console** her but she would not stop crying.
그는 그녀의 옆에 앉아서 그녀를 위로하려고 했으나 그녀는 울음을 멈추지 않았다.

> con(with) + sole(comfort: 위안) → (위안을) 주다 → 위로하다

---

34 **soothe**

[suːð]

"Don't worry so much, everything will be fine." my mother **soothed** me.
"너무 걱정하지 마라. 모든 것이 괜찮아 질 거야" 엄마가 나를 달랬다.

> 유래: 사실인(true) → (남의 말이 사실이라고 동감해 주어) 1. (마음을) 달래다 → 2. (고통을) 덜어주다

---

36 **subside**

[səbsáid]

Before long, the pain in my stomach **subsided** gradually.
얼마 후 내 배의 통증이 점차 가라앉았다.

> sub(under: 아래) + side(sit: 앉다) ┬ (감정·고통 등이) 아래로 앉다 → 1. 진정되다
　　　　　　　　　　　　　　└ (땅·건물 등이) 아래로 앉다 → 2. 내려[가라]앉다

자신감	39 morale	n. (자신감·열의 등의 수준): **사기, 의욕**	
소심	40 shy	a. (숫기가 없어서) **수줍어하는, 부끄럼 타는**	
	41 timid	a. (자신감·용기가 없어서) **소심한, 겁이 많은**	timidity n. 겁, 자신 없음
	42 introvert	n. (사교적·활동적이지 않고) **내성적인 사람** a. **내성적인**	introverted a. 내성적인 (= introvert) ⊖ extrovert a. n. 외향적인 (사람)
	43 reserved	a. (감정·생각을 드러내지 않는): **속을 터놓지 않는**	reserve n. 내성적임; 비축물 v. 예약하다; 남겨두다
수치심	44 shame	1. n. (잘못에 대한) **수치심, 창피함** v. 창피스럽게 하다 2. n. (마음에 남아있는) **유감스러운 일**	shameful a. 부끄러운 shameless a. 부끄러운 줄 모르는
	45 ashamed	a. (잘못에 대해) **수치스러워[부끄러워]하는**	
	46 guilty	1. a. (잘못에 대해) **가책을 느끼는, 죄 의식이 있는** 2. a. (법률·도덕상의) **죄를 범한, 유죄의**	guilt n. 죄의식; 유죄
	47 disgrace	n. (남의 신망을 잃는) **불명예, 수치** v. 명예를 더럽히다	disgraceful a. 불명예스러운
	48 humiliate	v. (사람들 앞에서) **창피를 주다, 굴욕감을 느끼게 하다**	humiliation n. 굴욕(감)
난처·당황	49 awkward	1. a. (입장·분위기가) **난처한, 어색한** 2. a. (동작·자세가) **서투른, 불편한**	

---

42 introvert
[íntrəvəːrt]

Her son spent a lot of time alone and gradually became an **introvert** child.
그녀의 아들은 많은 시간을 혼자 보냈으며 점점 내성적인 아이가 되었다.

> extro(inside: 안) + vert(turn: 돌리다) → (마음을 안으로 돌리는) 내성적인 사람

---

43 reserved
[rizəːrvd]

He is a very **reserved** child and he doesn't talk to a lot of people.
그는 매우 내성적인 아이여서 많은 사람들과 말하지 않는다.

> re(back: 뒤) + serve(keep: 간직하다) → (생각·감정을) 뒤에 간직하는 → 속을 터놓지 않는

---

47 disgrace
[disgréis]

His unacceptable behavior has brought **disgrace** on his family.
그의 용납할 수 없는 행동은 가족에게 수치를 안겨 주었다.

> dis(opposite: 반대) + grace(신의 은총) → '신의 은총'의 반대 → 불명예

---

48 humiliate
[hjuːmílièit]

The teacher scolded and **humiliated** him in front of the whole class.
선생님은 반 전체 앞에서 그를 야단치고 창피를 주었다.

> humili(humble: 보잘것없는) + ate → (보잘것없게) 만들다 → 굴욕감을 느끼게 하다

---

49 awkward
[ɔ́ːkwərd]

That little child is always asking **awkward** questions.
저 어린 아이는 항상 난처한 질문을 한다.

> awk(backward: 거꾸로) + ward(방향) → (방향이 뒤바뀌어) 엉망이 된 → 1. 난처한 2. 서투른

난처·당황	50 embarrass	v. (남을) 당황스럽게[난처하게] 하다	embarrassment n. 당황, 난처
후회	51 regret	v. (저지른 잘못을) 후회하다 n. 후회	regretful a. 후회하는
	52 repent	v. (과거의 잘못·죄를) 회개하다	repentance n. 회개
화·분노	53 temper	1. n. (갑자기) (화를 잘 내는 성향): 성미, 성깔 2. n. (일시적인) (특정 시점의) 기분	tempered a. 성격 [기질]이 ~한
	54 annoy	v. (일시적으로 약간) 짜증나게[신경질 나게] 하다 (= irritate)	annoyance n. 짜증, 화 annoyed a. 짜증난, 화난
	55 irritate	v. (지속·반복되는 일이) 짜증나게[신경질 나게] 하다 (= annoy)	irritation n. 짜증, 화 irritable a. 짜증을 (잘) 내는, 화가 난
	56 bother	1. v. (남을) 신경 쓰이게 하다, 귀찮게 하다 n. 성가심 2. v. (무엇을 하려고) (일부러) 애쓰다, 신경 쓰다	bothersome a. 성가신
	57 upset	v. (좋지 않은 일이) 마음을 뒤집어 놓다, 속상하게 하다 a. 기분이 안 좋은, 속상한 n. 심란, 동요	
	58 resent	v. (부당·억울한 일을) 몹시 분하게 여기다, 분개하다	resentment n. 분개
	59 furious	a. (극도로) (몹시) 화가 난	fury n. 분노, 격노, 격분
기본	sorry 미안한 / angry 화난 mad 화난		

52 repent
[ripént]

He **repented** of his sins and asked for forgiveness.
그는 자신의 죄를 회개하고 용서를 구했다.

re(강조) + pent(regret: 후회하다) → (깊이) 후회하다 → 회개하다

53 temper
[témpər]

It's quite scary because I've never seen him lose his **temper** like this.
그가 이렇게 화를 내는 것을 본 적이 없기 때문에 나는 아주 무섭다.

유래: 섞다(mingle) ┬ (잘 섞어서 억눌러 놓은 것이) 쉽게 폭발할 수 있는 상태 → 성미, 성깔
　　　　　　　　 └ (억누른 것이) 폭발한 것 → (화, 분노 등의) 기분

54 annoy
[ənɔ́i]

My mom used to get **annoyed** with me when I got my clothes dirty.
엄마는 내가 옷을 더럽히면 내게 짜증을 내곤 했다.

유래: 혐오(hatred) → (일시적으로) 혐오감을 주다 → 짜증나게[신경질 나게] 하다

55 irritate
[írətèit]

It's **irritating** when people ask stupid questions.
사람들이 바보 같은 질문을 할 때면 짜증이 난다.

유래: 자극하다(stimulate) → (불쾌하게 자극을 하여) 짜증나게[신경질 나게] 하다

58 resent
[rizént]

He regarded himself as a man and **resented** being treated like a child.
그는 자신을 성인 남자로 여겼고, 어린아이로 취급 받는 것에 대해 분개했다.

re(강조) + sent(feel: 느끼다) → (분함을) 강렬하게 느끼다 → 분개하다

59 furious
[fjúəriəs]

His father was **furious** about his bad manners and rude behavior.
그의 아버지는 그의 나쁜 태도와 무례한 행동에 몹시 화가 났다.

Unit 30

31

성격·마음·감정 IV
personality & mind & emotion IV

31_1 화·걱정·불안

`고급` `중급`

화·분노	01 rage	n. (격렬한) **분노, 격노** v. **격노하다**	
걱정·염려	02 concern	1. n. (타인이나 공공문제에 대한) **걱정, 염려** v. **염려시키다**	concerned a. 염려하는, 관계하고 있는; 관심이 있는
		2. v. (일·상황이) (누구에게) **관련되다**	concerning prep. ~에 관하여
		3. v. (책·이야기 등이) (무엇에) **관한 것이다**	
		4. n. (주목의 대상이 되는) **관심사, 중요한 것**	
	03 anxious	1. a. (마음을 조이며) **걱정하는, 불안해하는**	anxiety n. 걱정, 근심; 열망, 갈망
		2. a. (마음을 조이며) **간절히 바라는, 열망하는**	
불안·긴장	04 uneasy	a. (좋지 않은 일이 일어날 것 같아) **불안한**	unease n. 불안
	05 agitation	n. (걱정·불안으로 인한 흔들림): (마음의) **동요**; (정치적) **소요**	agitate v. 동요시키다
	06 nervous	1. a. (걱정·두려움 등으로) **신경질적인, 초조한**	nerve n. (-s) 신경 과민, 신경질; 신경
		2. a. (사람·동물 몸의) **신경의**	
`기본`	worry 걱정, 근심 stress 스트레스, 압박 complex 콤플렉스, 강박관념		

---

01 rage
[reidʒ]

She noticed that his hands were shaking with **rage** and jealousy.
그의 손이 분노와 질투심으로 떨고 있는 것을 그녀는 알아차렸다.

> 유래: 광견병(rabies) → (미친) 상태 → (미친 듯이 폭발하는) 분노, 격노

02 concern
[kənsə́ːrn]

She was always **concerned** about her husband's health and safety.
그녀는 남편의 건강과 안전을 늘 걱정했다.

> con(together) + cern(sift: 체로 거르다) ┌ (흥미 있는 것만) 체로 걸러내다 → 3. 관심사 2. 관련되다
> └ (너무 많은 관심으로 인한) 1. 염려, 걱정

03 anxious
[ǽŋkʃəs]

I promised to be home early, and my wife gets **anxious** if I'm late.
나는 집에 일찍 가겠다고 약속했기 때문에 내가 늦으면 내 아내는 불안해 한다.

> anx(strangle: 목을 조이다) ┌ (목이 조여 들어오는 듯이) 1. 불안해 하는
> └ (불안해 하면서) 2. 열망하는

04 uneasy
[ʌníːzi]

I had an **uneasy** feeling that something bad was about to happen.
나는 뭔가 나쁜 일이 일어날 것 같은 불안한 느낌이 있었다.

> un(not) + easy(편안한) → 편안하지 않은 → (마음이) 불안한

05 agitation
[æ̀dʒitéiʃən]

She could neither eat nor sleep and was in a state of great **agitation**.
그녀는 먹을 수도 잠을 잘 수도 없었고 심한 동요의 상태에 있었다.

> agit(move to and fro: 앞뒤로 움직이다) +ate 앞뒤로 움직임(흔들림) → 동요

31_2 불안·놀람·공포

불안·긴장	07 **tense**	a. (사람이) **긴장한**; (상황이) **긴박한** v. **긴장하다[시키다]**	tension n. 긴장 (상태), 긴박
놀람·충격	08 **astonish**	v. (충격적인 일로) **몹시 놀라게 하다** (= astound, amaze)	astonishment n. 놀라움, 경악 astonishing a. 매우 놀라운
	09 **astound**	v. (충격적인 일로) **몹시 놀라게 하다** (= astonish, amaze)	astounding a. 몹시 놀라게 하는
	10 **amaze**	v. (충격적인 일로) **몹시 놀라게 하다** (= astound, astonish)	amazing a. 놀라운
	11 **startle**	v. (순간적으로) **깜짝 놀라게 하다**	
	12 **outrageous**	a. (도가 지나쳐) **너무 충격적인; 터무니 없는**	outrage n. 격분 v. 격분하게 만들다
공포	13 **fear**	n. (무섭고 두려운 느낌): **공포(심)** v. **무서워[두려워]하다**	fearful a. 무서운, 무서워하는
	14 **dread**	n. (예상되는 안 좋은 일에 대한) **두려움** v. **두려워하다**	dreadful a. 두려운
	15 **alarm**	1. a. (불쾌한 예감으로 인한) **불안, 공포** v. **불안하게 만들다** 2. n. (위험·사고 등을 알리는) **경보(기)**	alarming a. 걱정스러운, 두려운
	16 **horror**	n. (혐오스러운 대상에 대한) (극도의) **공포, 경악**	horrify v. 무섭게 하다 horrible a. 몹시 싫은[불쾌한], 끔찍한
	17 **panic**	n. (미친 듯 허둥대는) **공황, 패닉** v. **공황에 빠지다[게 하다]**	panicky a. 공황의
겁먹음	18 **afraid**	a. (해를 입을까 봐) **무서워[두려워]하는**	
기본	surprise 놀라게 하다 shock 충격		

---

08 **astonish**
[əstániʃ]

I'm **astonished** that you don't even know the name of our President.
나는 당신이 우리 대통령 이름 조차도 모른다는 사실에 매우 놀랐다.

> as(out) + ton(thunder: 천둥) → (벼락 맞은 것 같이) **몹시 놀라게 하다**

09 **astound**
[əstáund]

The man has **astounded** doctors and nurses with his miraculous recovery.
그 남자는 기적적인 회복으로 의사들과 간호사들을 경악시켰다.

> as(out) + tound(thunder: 천둥) → (벼락 맞은 것 같이) **몹시 놀라게 하다**

11 **startle**
[stá:rtl]

The sudden noise **startled** me. It was so loud it hurt my ears.
그 갑작스러운 소리가 나를 깜짝 놀라게 했고, 그 소리는 너무 커서 내 귀를 아프게 했다.

> start(갑자기 움직이다) + le → (갑작스러운 움직임이) **깜짝 놀라게 하다**

12 **outrageous**
[autréidʒəs]

It is **outrageous** that such things should happen in the twenty-first century.
그러한 일들이 21세기에 일어난다는 것은 너무 충격적인 일이다.

> out(밖) + rage(분노) → (분노 인내의 한계) 밖에 있는 → **너무 충격적인; 터무니 없는**

14 **dread**
[dred]

Some people **dread** Friday the 13th and think the number 13 is unlucky.
일부의 사람들은 13일의 금요일을 두려워하고 숫자 13이 재수 없다고 생각한다.

17 **panic**
[pǽnik]

She **panicked** when she lost her four-year-old son in the crowd.
그녀는 4살 된 아들을 군중 속에서 잃어버렸을 때 공포에 질려 어쩔 줄을 몰랐다.

겁먹음	19 frighten	v. (갑자기) 깜짝 겁먹게[놀라게] 하다 (= scare)	fright n. 공포, 소스라쳐 놀람
	20 scare	v. (갑자기) 깜짝 겁먹게[놀라게] 하다 (= frighten) n. 공포	scary a. 무서운
	21 terrify	v. (극도로) (몹시) 겁먹게[무섭게] 하다	terror n. 공포; 정치적 (테러)
평온	22 calm	a. (태도·날씨·바다 등이) 침착[평온, 잔잔]한 v. 가라앉(히)다 n. 침착, 평온	
	23 cozy	a. (작은 공간이) 아늑한	
좋아함	24 fond	a. (깊은 애정으로) 좋아하는	
	25 adore	v. (깊은 애정·존경심으로) 아주 좋아하다, 흠모하다	adoration n. 흠모, 경애 adorable a. 흠모할 만한
	26 prefer	v. (선택 시) ~을 더 좋아하다, 선호하다	preference n. 더 좋아함 preferable a. 오히려 나은
	27 favorite	a. (여럿 중에서) 가장 좋아하는 n. 가장 좋아하는 것	
	28 affection	n. (아끼고 소중히 여기는) 애정	affectionate a. 애정이 넘치는
싫어함	29 reluctant	a. (하기는 하지만) 마지못해 하는, 마음 내키지 않는	reluctance n. 마지못해 함
[기본]	peace 평온, 평안 comfortable 편안한 / like 좋아하다 love 사랑하다 / dislike 싫어하다 hate 미워하다 mind 싫어하다, 언짢게 여기다		

21 terrify
[térəfài]

Her husband's threats and uncontrollable violence always **terrified** her.
남편의 위협과 제어할 수 없는 폭력은 그녀를 항상 두려움에 떨게 했다.

terri(frighten: 무섭게 하다) + fy → 겁먹게[무섭게] 하다

23 cozy
[kóuzi]

That night we all slept in one tent together, and it was very warm and **cozy**.
그날 밤 우리는 모두 텐트 하나에서 함께 잠을 잤는데 매우 따뜻하고 아늑했다.

24 fond
[fand]

He had become very **fond** of her and really didn't want to see her leave.
그는 그녀는 매우 좋아하게 되어서 그녀가 떠나는 것을 정말로 보고 싶지 않았다.

유래: 바보(fool) → (사랑하는 대상에게 푹 빠진) 바보 → 좋아하는

25 adore
[ədɔ́ːr]

She **adored** her grandson and took him with her everywhere she went.
그는 손자를 너무 좋아해서 그녀가 가는 어느 곳이든 그를 데리고 다녔다.

ad(to~에게) + ore(pray: 기도하다) → (신에게 기도하며 숭배하듯) 흠모하다

28 affection
[əfékʃən]

He had a deep **affection** for animals, especially horses.
그는 동물들, 특히 큰 말에 대해 깊은 애정을 갖고 있었다.

af(to:방향) + fect(do:행하다) → (상대에게) 사랑을 행하는 것 → 애정

29 reluctant
[rilʌ́ktənt]

She was **reluctant** to talk about her past and gave few details.
그녀 자신의 과거에 대해 말하기를 꺼렸고 세부적인 것은 거의 말하지 않았다.

re(against: ~에 맞서) + luct(struggle: 싸우다) → (~에 맞서) 싸우는 → 마음 내키지 않는

싫어함	30 antipathy	n. (강하게 싫어하는 감정): 반감	
	31 prejudice	n. (다른 인종·문화 등에 대한) 편견 v. 편견을 갖게 하다	
	32 hostile	a. (적으로 여기거나 대하는): 적대적인; 적[적국]의	hostility n. 적의, 적개심
	33 grudge	1. n. (과거에 당한 일에 대한) 원한, 앙심, 유감	grudging a. 마지못해 주는[하는]
		2. v. (못마땅하게 여겨) ~을 하기[주기]를 억울해 하다	
	34 disgust	v. (구역질이 날 만큼) 혐오감을 주다 n. 혐오감	disgusting a. 혐오스러운
관심·흥미	35 attention	n. (어떤 대상에 기울이는) 주의, 주목, 관심	attend v. 주의하다; 참석하다; 돌보다
	36 curious	a. (새롭고 신기한 것이) 호기심을 끄는; 호기심이 많은	curiosity n. 호기심
	37 intriguing	a. (특이·기이하거나 뜻밖이어서) 아주 흥미로운	intrigue v. 흥미를 돋우다 n. 흥미로움
	38 engage	1. v. (계속해서 누군가의) 주의[관심]을 끌다	engagement n. 관계함; 약속; 약혼
		2. v. (일·활동·업무 등에) 관여[참여, 종사]하다[시키다]	engaged a. 바쁜; 통화 중인; 약혼한
			engaging a. 호감이 가는, 매력적인
	39 note	1. v. (알아차리고 그것에) 주의[주목]하다 n. 주의, 주목	notable a. 주목할 만한, 중요한
		2. n. (간단히 적은) 기록, 메모 v. 메모하다	noted a. 주목을 받는, 유명한
	40 regardless	ad. (~ of) (영향·구애를 받지 않고): ~에 상관[관계]없이	
기본	interest 흥미, 관심 care 마음을 쓰다, 상관하다		

30 antipathy
[ǽntípəθi]

He had a deep **antipathy** towards politicians and the political parties.
그는 정치인들과 정당들에 대해 강한 반감을 가지고 있었다.

anti(against: 반대하여) + feeling(감정) → (반대하는) 감정 → 반감

31 prejudice
[prédʒudis]

Today, women still face **prejudice** and discrimination in their daily lives.
오늘날에도 여성들은 여전히 일상 생활에서 편견과 차별에 직면해 있다.

pre(before: 미리) + judice(judgment: 판단) → (미리 내린) 판단 → 편견

33 grudge
[grʌdʒ]

She has a **grudge** against him because of the money.
그 돈 때문에 그녀는 그에게 원한을 품고 있다.

유래: grumble(투덜대다) ┬ (과거에 당한 일에 대한) 투덜댐 → 1. 원한, 앙심, 유감
└ (주기[하기] 싫어서) 투덜대다 → 2. 주기[하기]를 억울해 하다

37 intriguing
[intríːgiŋ]

It sounds very **intriguing** to me. I've never experienced anything like that.
그것은 내게 매우 흥미롭게 들린다. 나는 그런 경험을 한 적이 없다.

in(into) + trigue(perplexity: 당혹) → (당혹스러울 정도로) 아주 흥미로운

38 engage
[ingéidʒ]

The book didn't engage me as much as the others and wasn't interesting.
그 책은 다른 책만큼 나의 관심을 끌지 못했고 재미가 없었다.

en(make) + gage(pledge: 서약) ┬ (서약으로) 시간·활동·관계·주의를 묶어두다
└ 1. 주의[관심]을 끌다 2. 관여[참여, 종사]시키다

몰두·집중	41 immerse	1. v. (온 정신을 기울여) ~에 몰두하다[하게 하다]	immersion n. 몰두, 몰입:
		2. v. (액체 속에 푹 들어가도록) 담그다	(액체 속에) 담금
	42 concentrate	v. (하고 있는 일에만) 집중하다[시키다]	concentration n. 집중
집착·강박	43 obsess	v. (특정) (생각·감정이) 마음을 사로잡다 (= preoccupy)	obsession n. 강박 (관념), 집착
	44 preoccupy	v. (특정) (생각·감정이) 마음을 사로잡다 (= obsess)	preoccupation n. 사로잡힘, 몰두
즐거움	45 amuse	v. (익살스러운 언행으로) 즐겁게[재미있게] 하다	amusement n. 즐거움
			amusing a. 즐거운, 재미있는
	46 monotonous	a. (지루할 정도로 변화가 없이) 단조로운	monotony n. 단조로움
욕구·열망	47 desire	n. (무엇을 몹시 바라는) 욕구, 갈망 v. 바라다	desirable a. 바람직한
	48 crave	v. (무엇을) (아주) 간절히 바라다	craving n. 갈망
	49 aspire	v. (무엇의) (성취·성공을) 열망하다	aspiration n. 열망
	50 long	1. v. (현실적으로) (이루기 힘든 것을) 갈망하다 (= yearn)	longing n. 갈망
		2. a. (길이·시간 등이) 긴, 오랜 ad. 오랫동안	
	51 yearn	v. (현실적으로) (이루기 힘든 것을) 갈망하다 (= long)	yearning n. 갈망
기본	focus 초점, 집중 / fun 재미, 즐거움 interesting 재미있는 enjoy 즐기다 play 놀다 / boring 지루한 tired 지겨운, 싫증난 want 원하다 wish 소원, 바람 hope 희망 / fan 팬, 지지자		

---

41 immerse
[imə:rs]

Since his wife's death, he has totally **immersed** himself in his work.
아내가 죽은 후 그는 완전히 일에만 몰두해 왔다.

> im(in: 속에) + merse(dip: 살짝 담그다) ┬ (일 속에 완전히) 담그다 → 1. 몰두하다
> └ (액체 속에) 2. 담그다

43 obsess
[əbsés]

Nowadays teenagers are **obsessed** with computer games.
요즘 십대들은 컴퓨터 게임에 사로잡혀 있다.

> ob(opposite: 맞은편의) + sess(sit: 앉다) → (늘 맞은편에) 앉아 붙어있다 → 마음을 사로잡다

44 preoccupy
[pria'kjəpai,]

She was completely **preoccupied** with her problems, and felt depressed.
그녀는 자신의 문제에 완전히 마음을 빼앗겼고 우울함을 느꼈다.

> pre(beforehand: 미리) + occupy(차지하다) → (어떤 생각·걱정이) 미리 차지하다 → 마음을 사로잡다

48 crave
[kreiv]

She **craved** attention from people around her, especially her parents.
그녀는 자신 주위 사람들, 특히 부모님의 관심을 간절히 바랐다.

49 aspire
[əspáiər]

As a child, he **aspired** to be a major league baseball player like his father.
어릴 때 그는 자신의 아버지처럼 메이저리그 야구 선수가 되기를 열망했다.

> a(to) + spire(breathe: 숨쉬다) → (숨이 찰 정도로 몹시) 열망하다

51 yearn
[jə:rn]

Mankind has always **yearned** for utopia or paradise on earth.
인류는 늘 지구상에 유토피아나 낙원을 열망했다.

31_6 열망·욕심·질투

고급 중급

열망하는	52 eager	a. (무엇을) 간절히 바라는, 열망하는 (= anxious, keen)	
	53 keen	a. (무엇을) 간절히 바라는, 열망하는 (= anxious, eager)	
	54 anxious	1. a. (무엇을) 간절히 바라는, 열망하는 (= eager, keen)	anxiety n. 열망, 갈망; 걱정, 근심
		2. a. (마음을 조이며) 걱정하는, 불안해하는	
열광·열의	55 enthusiastic	a. (강한 애정·흥분을 보이는): 열광적인, 열렬한	enthusiasm n. 열광 enthusiast n. 열광하는 사람
	56 zeal	n. (성취에 대한) 열의, 열성	zealous a. 열정적인, 열심인
욕심	57 impulse	n. (순간적인 강렬한 욕구): 충동, 자극	impulsive a. 충동적인
	58 ambition	n. (성공·권력·부 등에 대한) 야망, 야심	ambitious a. 야심[야망]을 가진
	59 greedy	a. (분수에 넘치게) 욕심 많은, 탐욕스러운	greed n. 욕심
	60 selfish	a. (자신의 이익만을 꾀하는): 이기적인	⊖ unselfish a. 이기적이 아닌
질투	61 jealous	a. (남이 가진 것을 미운 마음으로) 질투[시기]하는	jealousy n. 질투
	62 envy	v. (자기도 갖고 싶어서) 부러워하다 n. 부러움	envious a. 부러워하는

52 eager
[íːgər]

The government is **eager** to attract foreign investment and technology.
정부는 해외의 투자와 기술을 끌어들이기를 열망하고 있다.

53 keen
[kiːn]

He was very **keen** to start his own business as soon as possible.
그는 가능한 빨리 자기 사업을 시작하기를 매우 열망했다.

54 anxious
[ǽŋkʃəs]

I've been unemployed for so long, I'm **anxious** to get back to work.
나는 너무 오랫동안 실직 상태이어서, 일터로 돌아가기를 갈망한다.

> anx(strangle: 목을 조이다) ┌ (목이 조여 들어오는 듯이) 2. 불안해 하는
> └ (불안해 하면서) 1. 열망하는

55 enthusiastic
[inθùːziǽstik]

He received an enthusiastic welcome from a large crowd.
그는 수많은 군중으로부터 열렬한 환영을 받았다.

> en(in: 안) + thus (god: 신) → (신이 안으로 들어와) 영감을 받은 → **열광적인, 열렬한**

56 zeal
[ziːl]

They were so filled with missionary **zeal** that their religion spread rapidly.
그들은 전도에 대한 열의로 가득 차 있어서 그들의 종교는 급속히 퍼져나갔다.

57 impulse
[ímpʌls]

She covered her face with her hands, fighting a sudden **impulse** to cry.
그녀는 갑작스러운 울고 싶은 충동과 싸우면서 손으로 얼굴을 가렸다.

> im(in: 안) + pul(drive: 몰다) → (안에서 몰려오는) 욕구 → **충동**

32_1 무관심·무시·매력

고급 중급

무관심	01 **indifferent**	a. (무엇에) (전혀 관심·흥미가 없는): **무관심한**	indifference n. 무관심
	02 **apathetic**	a. (못마땅하게) (관심을 가져야 할 일에) **무관심[무감각]한**	apathy n. 무관심
무시	03 **ignore**	v. (의도적으로) (관심을 두지 않고) **무시하다, 못 본 척하다**	ignorance n. 무지, 무식 ignorant a. 잘 모르는: 무지[무식]한
	04 **disregard**	v. (무엇을) (하찮게 여겨) **무시[경시]하다** n. 무시, 경시	
	05 **neglect**	v. (게으름·부주의 등으로) (책임·의무를) **소홀히 하다** n. 소홀	neglectful a. 소홀한
유기	06 **abandon**	1. v. (더 이상) (돌보지 않고) **버리다, 유기하다** (= desert) 2. v. (도중에) **포기[단념]하다**	abandonment n. 유기, 버림: 포기, 단념
	07 **desert**	1. (더 이상) (돌보지 않고) **버리다, 유기하다** (= abandon) 2. n. (모래·자갈로 뒤덮인) **사막**	desertion n. 버리기, 유기
매력·매혹	08 **attract**	1. v. (남의) (관심·흥미 등의) **마음을 끌다** 2. v. (가까이 오게) (자력·중력이) **끌어당기다**	attraction n. 매력, 끌어당김: 명소 attractive a. 매력적인

02 **apathetic**
[æpəθétik]

Most Americans are ignorant of public affairs and **apathetic** about politics.
대부분의 미국인들은 사회 문제에 대해 무지하고 정치에 대해 무관심하다.

> a(without: ~없이) + path(feeling: 감각) → (감각이) 없는 → 무감각한, 무관심한

04 **disregard**
[dìsrigá:rd]

He completely **disregarded** my advice and did what I told him not to do.
그는 나의 충고를 완전히 무시하고 내가 그에게 하지 말라고 말한 것을 했다.

> dis(not) + regard(존중하다) → (존중하지 않고) 무시[경시]하다

05 **neglect**
[niglékt]

After his wife's death, he began to drink and **neglected** his children.
아내가 죽은 후 그는 술을 마시기 시작했고 자신의 아이들을 방치했다.

> neg(not) + lect(gather: 모으다) → (주의를) 모으지 않다 → 소홀히 하다

06 **abandon**
[əbǽndən]

She divorced him and **abandoned** her own children without looking back.
그녀는 그와 이혼을 하고 뒤돌아보지 않고 자신의 자식들을 버렸다.

> a(to: 방향) + bandon(power: 권한) → (권한을) 남에게 넘기다 → 1. 버리다 2. 포기하다

07 **desert**
1. [dizə́:rt]
2. [dézərt]

The husband **deserted** his wife and children, and went abroad.
그 남편은 아내와 아이들을 버리고 외국으로 갔다.

> de(away: 떨어져) + sert(join: 합치다) ┬ (합쳐져 있던 것을) 떨어뜨리다 → 1. 버리다
> └ (버려진) 땅 → 2. 사막

매력·매혹	09 **fascinate**	v. 매혹시키다, 반하게 하다 (= charm, enchant)	fascination n. 매혹 fascinating a. 매혹적인
	10 **charm**	v. 매혹시키다, 반하게 하다 (= fascinate, enchant) n. 매력	charming a. 매력적인
	11 **enchant**	v. 매혹시키다, 반하게 하다 (= fascinate, charm)	enchantment n. 황홀감; 마법
	12 **appeal**	1. v. (대상이) (~의) 마음에 들다 n. 매력 2. v. (도움·지지 등을) 호소하다 n. 호소	appealing a. 호소하는 듯한; 마음을 끄는
유혹	13 **tempt**	v. (현혹하여) (나쁜 길로) 유혹하다	temptation n. 유혹
	14 **lure**	v. (매력적인) (미끼로) 유혹하다 n. 유혹	
유명·명성	15 **reputation**	n. (세상 사람들의 평가): 평판, 명성	repute v. ~이라고 평하다 n. 평판
	16 **celebrity**	n. (명성이 널리 알려진) 유명 인사, 명사 (= celeb)	
	17 **well-known**	a. (평가와 관계없이) (세상에) 잘[널리] 알려진	⊖ unknown a. 알려지지 않은; 무명의
	18 **renowned**	a. (찬사를 받는) (훌륭함·특별함으로) 유명한, 명성 있는	renown n. 명성
악명·무명	19 **notorious**	a. (악하기로 소문난): 악명 높은, 평판이 나쁜	notoriety n. 악명
	20 **obscure**	1. a. (세상에) 잘 알려지지 않은, 무명의 2. a. (분명하지 않고) 애매한, 모호한 v. 모호하게 하다	obscurity n. 무명. 세상에 알려지지 않음; 불명료

⁰⁹ **fascinate**

[fǽsənèit]

He was **fascinated** by her beauty and fell in love with her at first sight.
그는 그녀의 아름다움에 매혹되어 첫눈에 그녀와 사랑에 빠졌다.

> fascin(spell: 마법) + ate → (마법을 걸어) 홀리다 → 매혹시키다

---

¹¹ **enchant**

[intʃǽnt]

He was so **enchanted** by the beauty of the island that he decided to stay.
그는 그 섬의 아름다움에 너무나 매혹되어 머무르기로 결정했다.

> en(in: 안) + chant(sing: 노래하다) → (노래(주문)을 해서) 마음 안으로 집어넣다 → 매혹시키다

---

¹⁴ **lure**

[luər]

People are often **lured** into buying more than they can really afford.
사람들은 자주 꾐에 빠져 실제의 구매 여력 이상으로 물건을 산다.

> 유래: 미끼(bait) → (미끼로) 유혹하다

---

¹⁸ **renowned**

[rináund]

The island is **renowned** for its breathtaking natural beauty.
그 섬은 숨 막히게 멋있는 자연의 아름다움으로 유명하다.

> re(강조) + nown(name: 이름) → 널리 이름이 알려진 → 유명한

---

²⁰ **obscure**

[əbskjúər]

He was an **obscure** writer who died before the novel was published.
그는 그 소설이 출간되기 전에 죽은 무명 작가였다.

> ob(over: 위에) + scure(covered: 덮인) → (위가 덮여서) 어두운 → 1. 잘 알려지지 않은 2. 애매한

저명	21 prominent	1. a. (세상에) (중요해서 잘 알려진): 중요한, 유명한	prominence n. 저명: 두드러짐
		2. a. (두드러져서) 눈에 띄는, 현저한; (바깥쪽으로) 돌출된	
	22 eminent	a. (종사하는) (특정 전문 분야에서) 저명한	eminence n. 저명
	23 distinguished	a. (아주) (큰 성공으로) 유명한, 성공한	
	24 prestige	n. (사회적) (성공·지위에 따른) 위신, 명성 a. 위신 있는	prestigious a. 명성이 있는, 일류의
존경·존중	25 respect	v. (높게 평가하여) 존경[존중]하다 n. 존경, 존중	respectful a. 존경심을 보이는
	26 esteem	v. (높게 평가하여) (매우) 존경하다 n. (큰) 존경	self-esteem n. 자부심
	27 admire	v. (대단히 인상적이어서) 감탄[탄복]하다	admiration n. 감탄
			admirable a. 감탄할 만한
	28 worship	1. v. (맹목적으로) 숭배하다 n. 숭배	worshipper n. 예배를 보는 사람, 숭배자
		2. v. (신에게) 예배하다 n. 예배(식)	
감명·경탄	29 impress	v. (어떤 대상이) 깊은 인상을 주다, 감명을 주다	impression n. 인상, 감명
			impressive a. 인상적인
	30 marvel	n. (몹시 놀라며 감탄함): 경탄, 경이 v. 경탄하다 (= wonder)	marvelous a. 경탄할 만한
[기본]	popular 인기 있는 fashion 유행 / famous 유명한 icon 우상, 아이콘		

21 prominent
[prάmənənt]

He was a **prominent** politician, and served as mayor for several years.
그는 유명한 정치가였고 수년 간 시장으로 봉직했다.

pro(forward:앞으로) + min(project:돌출되다) ― (명망이) 앞으로 돌출된 → 1. 유명한
― (앞으로 돌출되어) 2. 눈에 띄는

22 eminent
[émənənt]

The professor was **eminent** in the field of educational psychology.
그 교수는 교육 심리학 분야에서는 저명했다.

e(out: 밖) + min(project: 돌출되다) → (밖으로) 돌출된 → 저명한

23 distinguished
[distíŋgwiʃt]

He was a **distinguished** philosopher and sociologist in his day.
그는 그의 시대에 유명한 철학자이며 사회학자이었다.

distinguish(구별하다) + ed → (남들과 확실히 구별될 정도로) 유명한

24 prestige
[prestí:ʒ]

The band has become more popular and gained international **prestige**.
그 밴드는 더 인기가 많아졌고, 국제적인 명성을 얻게 되었다.

pre(before: 앞) + stige(bind: 묶다) → (눈을 묶어) 앞을 못 보게 함 → (눈부실 정도의) 명성

26 esteem
[istí:m]

I knew him very well and held him in high **esteem** as a role model.
나는 그를 잘 알았고, 그를 모범이 되는 사람으로 늘 높이 존경했다.

유래: 가치(value) → (가치를) 높게 평가하다 → 존경하다

Unit 32

감명·경탄	└ 31 **wonder**	1. n. (몹시 놀라며 감탄함): **경탄, 경이** v. **경탄하다** (= marvel)	wonderful a. 놀랄 만한, 훌륭한
		2. v. (스스로에게 자문하면서) **~인지 궁금하다**	
		3. v. (상대에게 정중하게) **~인지[할지] 알고 싶다**	
	32 **awe**	n. (공경하면서 두려워하는) **경외감** v. **경외하게 하다**	awful a. 끔찍한, 지독한 awesome a. 굉장한, 경탄할 만한
영광	33 **glory**	1. n. (세상) (사람들이 보내는 찬사): **영광, 영예** 2. n. (위대한) (하느님에 대한) **찬양, 찬미**	glorious a. 영광스러운, 명예로운 glorify v. 미화하다, 찬미하다
	34 **honor**	1. n. (인정·존경을 받아) (스스로 느끼는) **영광, 명예** v. **~에게 영광을 베풀다**	honorable a. 고결한, 존경할 만한 honorary a. 명예(직)의
		2. n. (누군가의) (업적·미덕에 대한) **존경, 경의**	
경멸·비하	┌ 35 **contempt**	n. (깔보아 업신여기는) **경멸, 멸시** (= scorn)	contemptuous a. 경멸하는
	├ 36 **scorn**	n. (깔보아 업신여기는) **경멸, 멸시** (=contempt) v. **경멸하다**	scornful a. 경멸하는
	└ 37 **despise**	v. (깔보아 업신여겨) **경멸하다**	
	38 **degrade**	v. (남의 품위를 떨어뜨려) **비하하다**	degradation n. 체면 손상, 격하
모욕	┌ 39 **insult**	v. (무례한 언행으로) **모욕하다** n. **모욕**	insulting a. 모욕적인
기본	hurt 감정을 상하게 하다		

---

32 **awe**
[ɔː]

We looked in **awe** at the Statue of Liberty and the skyline of New York.
우리는 자유의 여신상과 뉴욕의 스카이라인을 경외심을 갖고 보았다.

---

35 **contempt**
[kəntémpt]

She looked at him with **contempt** and turned her back on him.
그녀가 그를 경멸스러운 눈초리로 쳐다보았고 그에게 등을 돌렸다.

> con(강조) + tempt(despise: 얕보다) → (매우) 얕봄 → 경멸

---

36 **scorn**
[skɔːrn]

He looked at me with **scorn**, as if to say he wished I was not there.
그는 마치 내가 거기에 없는 것을 바란다고 말하는 것처럼 경멸스럽게 나를 쳐다보았다.

---

37 **despise**
[dispáiz]

I absolutely **despise** people who force their religion onto others.
나는 자신의 종교를 남에게 강요하는 사람들을 정말 경멸한다.

> de(down: 아래로) + spice(look: 보다) → (아래로) 내려보다 → 경멸하다

---

38 **degrade**
[digréid]

He publicly and shamelessly lied, and **degraded** women and minorities.
그는 공개적이고 뻔뻔스럽게 거짓말을 했고 여성과 소수집단을 비하했다.

> de(down: 아래로) + grade(등급) → (등급을 아래로) 떨어뜨리다 → 비하하다

---

39 **insult**
[insʌlt]

He personally felt **insulted** by her thoughtless words and rude behavior.
그는 그녀의 무심한 말과 무례한 행동에 개인적으로 모욕감을 느꼈다.

> in(on: 위) + sult(leap: 뛰어오르다) → (위로 뛰어올라) 덮쳐서 공격하다 → 모욕하다

33

성격·마음·감정 VI
personality & mind & emotion VI

33_1 모욕·조롱·비꼼

`고급` `중급`

모욕	┗ 01 **offend**	1. v. (무례한 언행이) 감정을 상하게 하다	offense n. 감정 해치기; 위법, 범죄
		2. v. (벌을 받아야 할) 범죄를 저지르다	offensive a. 모욕적인; 공격의 n. 공격
욕·악담	┏ 02 **swear**	1. v. (모욕적인) 욕을 하다 (= curse)	
		2. v. (자신이 한 말·약속이 틀림없음을) 맹세하다	
	┗ 03 **curse**	1. v. (모욕적인) 욕을 하다 (= swear); 악담을 하다 n. 욕설	
		2. v. (미워하는 대상을) 저주하다 n. 저주	
조롱	┏ 04 **tease**	v. (남을) (장난으로 / 악의로) 놀리다, 괴롭히다	teaser n. 어려운 문제; 예고 광고
	05 **ridicule**	v. (남을) (악의적으로) 비웃다, 조롱하다 n. 조롱	ridiculous a. 터무니없는, 웃기는
	┗ 06 **mock**	1. v. (남을) (흉내를 내며) 놀리다, 조롱하다	mockery n. 조롱(거리)
		2. a. (비슷하게 흉내를 낸) 모의의, 가짜의	
비꼼·풍자	07 **sarcastic**	a. (에둘러서) 비꼬는, 빈정대는	sarcasm n. 비꼼, 빈정댐
	08 **satire**	n. (비웃으면서 비판하는) 풍자 (작품)	satirical a. 풍자적인

---

01 offend
[əfénd]

If I've done something to **offend** you, I truly do apologize.
제가 기분을 상하게 한 일을 했다면, 정말 진심으로 사과 드립니다.

of(against) + fend(strike: 때리다) ┬ (감정을) 때리다 → 1. 감정을 상하게 하다
                                      └ (법을) 때리다 → 2. 범죄를 저지르다

---

05 ridicule
[rídikjù:l]

The boy has become an object of **ridicule** among his schoolmates.
그 소년은 학우들 사이에서 조롱거리가 되었다.

ridi(laugh:웃다) + cule → (웃음거리로) 만들다 → 조롱하다

---

06 mock
[mak]

His classmates **mocked** his French accent and called him 'the Frog'.
그의 반 친구들은 그의 프랑스 악센트를 놀렸고 그를 '개구리'라고 불렀다.

2. 가짜의 → (가짜로) 흉내내다 → (흉내내며) 1. 놀리다, 조롱하다

---

07 sarcastic
[sa:rkǽstik]

Please don't be **sarcastic** with me! You know I didn't mean it that way.
내게 빈정대지 마세요! 그런 뜻이 아니었다는 걸 알잖아요.

sarc(flesh: 살) + astic → (개처럼) 살을 물어뜯는 → 비꼬는, 빈정대는

---

08 satire
[sǽtaiər]

His first novel is a biting **satire** on American politics and politicians.
그의 첫 번째 소설은 미국의 정치와 정치인들에 대한 신랄한 풍자이다.

유래: 시적인 메들리(poetic medley) → (시적으로) 비판하는 글 → 풍자 (작품)

칭찬·아첨	09 **praise**	v. (잘한 일 / 좋은 점을) **칭찬하다** n. **칭찬** (= compliment)	praiseworthy a. 칭찬할 만한
	10 **compliment**	v. (잘한 일 / 좋은 점을) **칭찬하다** n. **칭찬** (= praise)	complimentary a. 칭찬하는; 무료의
	11 **acclaim**	v. (업적 등을) (공개적으로) **칭송하다, 환호하다** n. **찬사**	acclamation n. 환호, 갈채
	12 **flatter**	v. (과장된 칭찬으로) **아첨하다** n. **아첨**	flattery n. 아첨
축하·갈채	13 **congratulate**	v. (남에게 생긴 좋은 일을) **축하하다**	congratulation n. 축하
	14 **cheer**	1. v. (칭찬·지지의 뜻으로) **환호하다** n. **환호**	cheerful a. 쾌활한, 명랑한
		2. v. (격려·위로하여) **기운을 북돋우다**	
		3. n. (표정·태도의 밝고 활기참): **쾌활, 명랑**	
	15 **applaud**	v. (칭찬·환영의 뜻으로) (큰) **박수를 보내다, 갈채하다**	applause n. 박수 갈채, 칭찬
감사	16 **appreciate**	1. v. (무엇에 대해) **감사하게 생각한다**	appreciation n. 감사; 진가를 알기; 가치 상승
		2. v. (참된 가치 등의) **진가를 알아보다[인정하다]**	
		3. v. (무엇의) **가치가 오르다**	
	17 **grateful**	a. (호의·도움에 대해) **고마워하는, 감사하는**	gratitude n. 고마움, 감사
고발·고소	18 **blame**	v. (잘못·죄에 대해) **~에게 책임 지우다** n. **책임; 비난**	blameworthy a. 나무랄[비난할] 만한
	19 **accuse**	v. (부정·범죄 등의 혐의로) **~를 고발[고소, 비난]하다**	accusation n. 혐의 (제기), 고발, 고소
기본	thank 감사하다		

Unit 33

---

10 **compliment**
[kámpləmənt]

He **complimented** her on her new hairstyle and how beautiful she looked.
그는 그녀의 헤어스타일과 그녀가 얼마나 아름답게 보이는지에 대해 찬사를 보냈다.

com(강조) + pli(fill: 채우다) → (상대의 마음을) 채워주다 → 칭찬하다

11 **acclaim**
[əkléim]

He has been **acclaimed** by critics as one of the world's greatest pianists.
그는 비평가들로부터 세계에서 가장 위대한 피아니스트 중의 한 사람으로 격찬을 받아왔다.

ac(to) + claim(shout: 환호하다) → (환호하면서) 칭송하다

12 **flatter**
[flǽtər]

She knew he was only **flattering** her because he wanted something.
그녀는 그가 뭔가를 바라기 때문에 그녀에게 아첨을 하고 있다는 것을 알았다.

15 **applaud**
[əplɔ́:d]

The audience **applauded** when the actors bowed on the stage.
관객들은 배우들이 무대에서 머리를 숙여 인사를 하자 큰 박수를 보냈다.

ap(to: 방향) + plaud(clap: 박수를 치다) → (~에게) 박수를 보내다

19 **accuse**
[əkjú:z]

A young woman **accused** him of stealing money and jewelry from her.
한 젊은 여자가 그가 그녀의 돈과 보석을 훔쳤다고 그를 고발했다.

ac(to: 방향) + cuse(cause: 원인) → (잘못의 원인을 누구라고 지목하고) 고발[고소]하다

		20 criticize	1. v. (남의) (잘못·결점 등을) **비난[비판]하다**	criticism n. 비난; 비판
비난·비판			2. v. (좋고 나쁨, 잘되고 잘못된 것을) **비평하다**	critical a. 비판적인; 위기의; 결정적인
				critic n. 비평가
		21 condemn	1. v. (강하게) (도덕적인 이유로) **비난[규탄]하다**	condemnation n. 비난
			2. v. (특히 사형·종신형 등의) **형을 선고하다**	
		22 deplore	v. (공개적으로) **통렬하게 비난하다, 개탄하다**	deplorable a. 통탄할
질책·야단		23 admonish	v. (잘못에 대해) (심하게) **꾸짖다**; (강력히) **충고하다**	admonition n. 질책; (강한) 충고
		24 scold	v. (부모·교사가) (아이를) **꾸짖다, 야단치다**	
책임		25 fault	1. n. (비난 받아 마땅한) **잘못, 과실, 과오**	faulty a. 잘못된; 결점이 있는
			2. n. (잘못되거나 모자라는 점) **결점, 단점, 결함**	faultless a. 결점이 없는
		26 liable	1. a. (법적으로) **책임을 져야 할**	liability n. 법적 책임; (-ties) 부채
			2. a. (좋지 않은) **~을 하기[당하기] 쉬운**	
불평·항의		27 complain	v. (못마땅한 것을) **불평하다**	complaint n. 불평
		28 grumble	v. (불만을) (중얼대며) **불평하다, 투덜거리다** n. 투덜거림	
		29 protest	v. (부당한 일을) **항의하다** n. 항의	protester n. 항의자

21 **condemn**
[kəndém]

Their military action was **condemned** as another example of imperialism.
그들의 군사행동은 제국주의의 또 다른 예라고 비난을 받았다.

> con(강조) + demn(damn: 비난하다, 천벌을 내리다) → 1. 비난하다 2. 형을 선고하다

22 **deplore**
[diplɔ́:r]

They **deplored** the fact that corruption was widespread in their country.
그들은 부패가 그들 나라에 만연해 있다는 사실을 개탄했다.

> de(강조) + plore(weep: 울다) → (몹시) 슬프게 울다 → 통렬하게 비난하다

23 **admonish**
[ædmɑ́niʃ]

His mother **admonished** him for his rudeness and lack of respect.
그의 어머니는 그의 무례함과 존중 결여에 대해 그를 꾸짖었다.

> ad(to) + mon(warn: 경고, advise: 충고) → 경고[충고]하다 → 꾸짖다; 충고하다

24 **scold**
[skould]

His mother **scolded** him bitterly for breaking his promise.
그의 엄마는 그가 약속을 어긴 것에 대해 그를 심하게 꾸짖었다.

26 **liable**
[láiəbl]

You will be **liable** for any damage done to your vehicle in an accident.
만약 사고가 생기면 차량에 야기되는 모든 손상에 대해서는 당신이 법적 책임을 지게 됩니다.

> li(bind: 묶다) + able ┬ (법에 의해) 묶여 있는 → 1. 책임을 져야 할
> └ (어떤 것에) 묶여 있는 → 2. ~을 하기 쉬운

28 **grumble**
[grʌ́mbl]

He kept **grumbling** that I'd made him late for his important appointment.
그는 내가 그를 중요한 약속에 늦게 만들었다고 계속해서 투덜거렸다.

불평·항의	30 **demonstrate**	1. v. (항의나 지지의) **시위 운동[데모]을 하다**	demonstration n. 시위: 실증, 입증, 실연
		2. v. (증거·실연·실물 등을 통해) **명백히 보여주다**	demonstrator n. 시위자: 증명[실연]하는 사람
인내	31 **tolerate**	1. v. (불쾌한 일 등을) (싫지만 불평 없이) **참다**	tolerance n. 용인, 관용: 내성, 저항력; 허용 오차
		2. v. (다른 생각·행동·신앙 등을) **용인[허용]하다**	tolerant a. 관대한: 잘 견디는
	32 **endure**	v. (고통·불행·고난 등의) (어려움을) **견디다, 인내하다**	endurance n. 인내
			enduring a. 오래가는, 지속되는
	33 **withstand**	v. (열·압력·공격 등의) (외부의 작용을) **견뎌 내다**	
	34 **patient**	1. a. (괴로움·어려움에 대해) **인내심[참을성]이 있는**	patience n. 인내, 참을성
		2. n. (치료를 받는) **환자**	⊖ impatient a. 인내심이 없는
	35 **durable**	a. (물체가 오래 견디는) **내구성이 있는**	durability n. 내구성
사과·용서	36 **apologize**	v. (자신의 잘못에 대해) **사과하다**	apology n. 사과
			apologetic a. 미안해하는, 사과하는
	37 **forgive**	v. (잘못·죄를) (꾸짖거나 벌하지 않고) **용서하다**	forgivable a. 용서할 수 있는
	38 **pardon**	1. v. (남의) (사소한 잘못·실수를) **용서하다** n. **용서**	pardonable a. 용서[사면]할 수 있는
		2. v. (관용을 베풀어) (죄인을) **사면하다** n. **사면**	
	39 **mercy**	n. (응징·처벌하지 않고 베푸는) **자비**	merciful a. 자비로운

Unit 33

---

31 **tolerate**
[tάlərèit]

I couldn't **tolerate** the noise of the washing machine, especially at night.
나는 그 세탁기의 소음을 특히 밤에 참을 수가 없었다.

toler(bear: 참다) + ate → 참다, 용인[허용]하다

---

32 **endure**
[indjúər]

They had to **endure** a severe energy crisis amid record cold temperatures.
그들은 기록적인 추운 기온 속에서 혹독한 에너지 위기를 견뎌야 했다.

en(make: 만들다) + dure(last: 지속하다) → (지속되게) 만들다 → 견디다

---

33 **withstand**
[wiðstǽnd]

It is very durable and can **withstand** almost every weather condition.
그것은 매우 내구성이 있어서 거의 모든 기상 조건에도 견딜 수 있다.

with(against: 대항하여) + stand(서다) → (대항하여) 맞서다 → 견뎌 내다

---

35 **durable**
[djúərəbl]

Leather is a **durable** material that lasts longer than any other material.
가죽은 다른 어떤 직물보다도 더 오래 지속되는 내구성이 있는 직물이다.

dur(last: 지속하다) + able → 지속할 수 있는 → 내구성이 있는

---

39 **mercy**
[mə́ːrsi]

He was cruel and showed no **mercy** to anyone who dared stand in his way.
그는 잔인했고 그의 길을 감히 방해하는 어떤 사람에게도 자비를 보이지 않았다.

유래: 프랑스어 merci(thank you: 감사합니다)와 같은 어원 → (고마운 일을) 베풂 → 자비

언어·의사소통 I
language & communication I

34_1 언어·어휘·문자

고급 중급

언어	01 **language**	n. (한 국가·지역의 사용) **언어**	
	02 **linguistic**	a. (언어와 관련된): **언어(학)의**	linguistics n. 언어학
	03 **bilingual**	a. **두 언어를 구사하는** n. **2개 국어 구사자**	
	04 **dialect**	n. (어느 한 지방에서만 쓰는) **사투리, 방언**	
어휘	05 **vocabulary**	n. (특정 사람·부문·언어의 전체 사용 단어): **어휘**	
	06 **phrase**	n. (단어가 모인) **구, 어구** v. **말로 나타내다**	phrasal a. 구의
	07 **term**	1. n. (특정 분야에서 사용하는 말): **용어** v. **~라고 칭하다**	
		2. n. (미리 정해 놓은) **기간, 기한, 임기, 학기**	
		3. n. (-s) (정해 놓은) (계약·지불 등의) **조건**	
문자	┌ 08 **letter**	1. n. (소릿값을 갖은) (알파벳의 각각의) **글자, 문자**	
	└	2. n. (전하고 싶은 말을 적어 보내는) **편지**	

기본 language 언어 spell 철자하다 word 단어 sentence 문장 text 글, 텍스트 accent 악센트 grammar 문법

---

02 linguistic
[liŋgwístik]

There are many ways of promoting children's **linguistic** development.
아이들의 언어 발달을 촉진시키는 데는 많은 방법이 있다.

lingu(language: 언어) + ist → 언어의

---

03 bilingual
[bailíŋgwəl]

I am **bilingual** in English and Spanish but speak in English all the time.
나는 영어와 스페인어 두 개 언어를 구사하지만 늘 영어로 말한다.

bi(two: 둘) + lingua(language: 언어) + al → 2개 언어의

---

04 dialect
[dáiəlèkt]

Chinese has many different **dialects** spoken in different regions of China.
중국어는 중국의 다른 지역에서 사용되는 많은 다양한 방언이 있다.

dia(between: 사이에) + logue(speak: 말하다) → (그곳 사람들 사이에서만) 통하는 말 → 방언

---

06 phrase
[freiz]

He used the **phrase** "creative society" several times in his speech.
그는 연설에서 "창조적인 사회"라는 어구를 여러 차례 사용했다.

유래: 말하다(speak) → (말을 해서) 의미를 이룬 것 → 구, 어구

---

07 term
[tə:rm]

A process is the technical **term** for any program running on your system.
프로세스는 시스템에서 작동하고 있는 어떤 프로그램을 뜻하는 기술적 용어이다.

유래: limit(한계, 제한) ┌ (한계를 지어) 정의해 놓은 말 → 1. 용어
├ (제한된) 기간 → 2. 기간, 기한, 임기
└ (계약서상의) 제한적 사항 → 3. 조건

고급 중급

문자	└ 09 **character**	1. n. (시각적인) (언어 기호 체계): **문자**		**characteristic** a. 특유의 n. 특징
		2. n. (고유의 종합적인) **성격, 특징**		**characterize** v. 특징이 되다. 특징짓다
		3. n. (연극·영화·소설 등의) **등장인물**		
표시·신호	10 **token**	n. (상징적으로 보여주는) **표시, 징표; 토큰**		
	11 **cue**	n. (무엇을 하라는) **신호, 단서** v. **신호를 주다**		
	12 **trace**	1. n. (그곳에 있었던 것이 남긴) **흔적, 자취**		
		2. v. (소재·행방·유래 등을) **추적해서 찾아[밝혀]내다**		
	13 **seal**	1. n. (문서·증서 등에 찍는) **직인, 인장, 도장**		
		2. v. (틈이 없이) **봉하다, 밀폐하다** n. **봉쇄**		
		3. n. (바다짐승): **바다표범, 물개**		
의미	14 **define**	v. (개념·사물 등의) **정의를 내리다, 규정하다**		**definition** n. 정의
	15 **context**	1. n. (말·글의) **문맥, 전후 관계**		**contextual** a. 문맥상의, 전후 관계의
		2. n. (일·사건의) **정황, 배경, 맥락**		
나타내다	┌ 16 **represent**	1. v. (무엇을) (사물·기호 등이) **나타내다, 상징하다** (= denote)		**representation** n. 표현; 대표, 대리
		2. v. (개인·조직을) **대리[대표]하다**		**representative** n. 대표자 a. 대표하는

기본 sign 기호 mark 표시 symbol 상징 signal 신호 code 코드 flag 기, 깃발 / mean 의미하다

---

¹⁰ **token**
[tóukən]

Please accept this gift as a **token** of our appreciation for your support.
이 선물을 당신의 지원에 대한 우리의 감사의 표시로 받아 주십시오.

유래: 보여주다(show) → (무엇을 상징적으로) 보여주는 것 → 표시, 징표

---

¹² **trace**
[treis]

A ship carrying over 150 people mysteriously vanished without a **trace**.
150명이 넘는 사람을 실은 배 한 척이 미스터리 하게도 흔적도 없이 사라졌다.

유래: 끌다(draw) → (끌고 간) 1. 흔적, 자국 → (자국을) 2. 추적해서 찾아내다

---

¹³ **seal**
[siːl]

The certificate was marked with the official **seal** of the City of Los Angeles.
그 증명서에는 로스앤젤레스시의 공식 직인이 찍혀 있었다.

sign의 축소형 → 작은 sign ┌ 1. 직인, 인장, 도장
                          └ (봉투의 밀봉한 자리에 찍힌) 도장 → 2. 봉하다, 밀폐하다

---

¹⁵ **context**
[kántekst]

It is often possible to guess the meaning of the word from the **context**.
문맥을 통해 단어의 의미를 종종 추측할 수 있다.

con(together: 함께) + text(weave: 짜다) → (함께 짜여져) 연결된 관계 → 1. 문맥 2. 정황

---

¹⁶ **represent**
[rèprizént]

The dark green areas on the map **represent** parks and recreation areas.
지도 상의 짙은 녹색 지역은 공원과 레크리에이션 지역을 나타낸다.

re(강조) + present(place before: 앞에 놓다) → (맨 앞에) 놓다 → 1. 나타내다 2. 대표하다

203

나타내다	―17 denote	v. (무엇을) (사물·기호 등이) **나타내다, 상징하다** (= represent)	denotation n. 지시; 명시적 의미
	⌐18 indicate	1. v. (무엇이 다른 것을) (가리켜서) **나타내다, 보여 주다** 2. v. (무엇을) (손가락 등으로) **가리키다, 지적하다**	indication n. 지적, 징후, 조짐 indicator n. 지표, 척도
	└19 reflect	1. v. (무엇이) (다른 것에서 받은 영향을) **나타내다, 반영하다** 2. v. (빛·소리·열 등이) **반사되다[하다]** 3. v. (거울·유리 등이) **상을 비추다** 4. v. (되돌아보면서) **곰곰이 생각[숙고]하다**	reflection n. 반사; 반영; 숙고 reflective a. 반영[반사]하는; 숙고하는
	20 embody	v. (무형적인 것을) **구체적으로 나타내다, 구현하다**	embodiment n. 구체화된 것, 화신
	21 barometer	n. (변화·동향을 보여주는) **지표, 바로미터; 기압계**	
말하다	22 utter	1. v. (입 밖으로) **어떤 소리를 내다; 말을 하다** 2. a. (특히 나쁜 정도가) **전적인, 완전한**	utterance n. 입밖에 내기, 발음, 발언
	23 pronounce	1. v. (말을 이루는 소리를) **발음하다** 2. v. (의견·결정을) (공식적·공개적으로) **말하다, 표명하다**	pronunciation n. 발음
	⌐24 oral	1. a. (글이 아니라) **말로 된, 구두의** (= verbal) n. **구두시험** 2. a. (입과 관련이 된): **입의, 입 부분의**	
기본	speak 말하다		

17 denote
[dinóut]

A flashing red light **denotes** danger or emergency in every country.
반짝이는 붉은 불빛은 모든 나라에서 위험 또는 비상 사태를 나타낸다.

> de(thoroughly: 확실하게) + note(mark: 표시하다) → (확실하게) **나타내다, 상징하다**

18 indicate
[índikèit]

His tone of voice **indicated** that he was in a very bad mood.
그의 어조는 그녀 기분이 아주 좋지 않다는 것을 보여 주었다.

> in(into: 방향) + dic(say: 말하다) ⌐ (특정 방향을 말로) 2. 가리키다
> └ (가리켜서) 1. 보여 주다, 나타내다

19 reflect
[riflékt]

It is said that literature **reflects** society and society shapes literature.
문학은 사회를 반영하고 사회는 문학을 만든다고 한다.

> re(back) + flect(bend: 굽다) ⌐ (방향이 뒤로 굽어져) 2. 반사하다 1. 반영하다
> └ (뒤로 구부려 과거 일을) 3. 곰곰이 숙고하다

20 embody
[imbádi]

The player **embodied** good sportsmanship throughout the game.
그 선수는 경기 내내 훌륭한 스포츠맨 정신을 구현했다.

> em(in: 속) + body(형체) → (무형적인 것 속에) 형체를 불어 넣다 → **구체적으로 나타내다**

22 utter
[Átər]

I felt very miserable, and did not **utter** a word during the dinner.
나는 매우 비참한 기분이 들어서 저녁 식사 동안에 한마디도 하지 않았다.

> 유래: (가장) 바깥쪽(outer) ⌐ (소리를) 입 밖으로 내다 → 1. 어떤 소리를 내다
> └ (나쁜 정도가) 가장 바깥쪽인 → 2. 전적인

고급 중급

말하다	25 **verbal**	1. a. (글이 아니라) 말로 하는, 구두의 (= oral)	verbalize v. 말로 표현하다	
		2. a. (말·언어 구사와 관련된): 말[언어]의		
	26 **fluent**	a. (외국어가) 유창한	fluency n. 유창함	
	27 **speechless**	a. (극도의 충격·분노 등으로) 말을 못 하는, 말문이 막힌		
	28 **silent**	1. a. (말을 하지 않고) 침묵을 지키는, 무언의	silence n. 침묵; 정적	
		2. a. (소리·말소리가 없이) 조용한, 정적의		
읽다·쓰다	29 **literate**	a. (교육을 받아) 글을 읽고 쓸 줄 아는	⊖ illiterate a. 글을 읽고 쓸 줄 모르는	
	30 **transcribe**	v. (말·글을 그대로) (옮겨서) 기록하다, 베끼다	transcript n. 글로 옮긴 것; 성적 증명서 transcription n. 글로 옮김	
	31 **dictate**	1. v. (받아쓰도록) 구술하다, 받아쓰게 하다	dictation n. 받아쓰게 하기	
		2. v. (위압적으로) 지시[명령]하다 n. 지시, 명령	dictator n. 독재자	
	32 **script**	n. (직접) 손으로 쓴 글씨(체); (연극 등의) 대본		
진술·표명	33 **state**	1. v. (무엇에 대해) (정식으로 분명히) 말하다, 진술하다	statement n. 진술(서), 성명(서)	
		2. n. (정치적 공동체로서의) 국가; (행정 구역): 주		
		3. n. (사물·현상이 처한) 상태		

기본 | read 읽다 / write 쓰다, 적다 type 입력하다, 타자 치다 enter 써넣다, 기입하다 / say 말하다

---

25 **verbal**
[və́ːrbəl]

I made a **verbal** agreement with him to sell the land to him for $2 million.
나는 그 토지를 이백만 달러에 그에게 팔기로 그와 구두 합의를 했다.

verb(word: 말) + al → (글이 아니라) 말로 하는, 구도의; 말[언어]의

---

29 **literate**
[lítərət]

Only 30% of the children were **literate** and the rest were illiterate.
그 아이들의 30%만이 글을 읽고 쓸 줄 알고 나머지는 몰랐다.

liter(letter: 글자) + ate → 글을 읽고 쓸 줄 아는

---

30 **transcribe**
[trænskráib]

The full interview with him was **transcribed** and posted on their website.
그와의 전체 인터뷰는 그대로 글로 옮겨져서 그들의 웹사이트에 게시되었다.

trans(across: 건너서) + cribe(write: 적다) → (옮겨) 적다 → 베끼다

---

31 **dictate**
[diktéit]

She **dictated** to her secretary a letter to him, rejecting his offer to visit her.
그녀는 그녀를 방문하겠다는 그의 제의를 거절하는 편지를 비서에게 받아쓰게 했다.

dict(say: 말하다) + ate → (말로 불러주고) 1. 받아쓰게 하다 → (말로) 2. 지시하다

---

33 **state**
[steit]

The reasons for the decision are **stated** in the report of the committee.
그 결정에 대한 이유는 위원회의 보고서에 서술되어 있다.

유래: 서다(stand) ┌ (공식석상에 서서) 정식으로 말하다 → 1. 진술하다
　　　　　　　├ (정부가) 세워진 상태 → 2. 국가; 주
　　　　　　　└ 무엇이 서있는(처한) 3. 상태

Unit 34

205

진술·표명	34 **pronounce**	1. v. (의견·결정을) (공식적·공개적으로) **말하다, 표명하다**	pronunciation n. 발음
		2. v. (말을 이루는 말소리를) **발음하다**	
	35 **specify**	v. (무엇에 대해) (구체적으로 명확히) **명기[상술]하다**	specification n. 명세(서), 설명서
언급·거론	⌐ 36 **remark**	n. (자신의) (생각·의견을 나타내는) **말, 발언** v. 말[발언]하다	
	└ 37 **comment**	n. (판단·평가 등을) (덧붙인 짧은 의견): **논평, 비평, 해설** v. 논평[비평, 해설]하다	commentary n. 실황 방송, 해설
	⌐ 38 **mention**	v. (무엇을) (간단하게) **언급하다** (= refer) n. 언급	
	└ 39 **refer**	1. v. (~ to) (무엇을) (간단하게) **언급하다** (= mention)	reference n. 언급; 참조, 문의; 추천서[인]
		2. v. (알아내기 위해) (~에게) **~을 참조[문의]하다[하게 하다]**	
		3. v. (~ to) (어떤 것이) **~과 관련되다; ~을 나타내다**	
묘사	⌐ 40 **describe**	v. (보고 느낀 것을) (있는 그대로) **묘사[서술]하다**	description n. 묘사
	├ 41 **portray**	v. (주관적으로) (글·그림으로) **묘사하다, 그리다** (= depict)	portrayal n. 묘사, 기술 portrait n. 초상화
	└ 42 **depict**	v. (객관적으로) (글·그림으로) **묘사하다, 그리다** (= portray)	
[기본]	**seem** ~처럼 보이다 **look** ~처럼 보이다 **appear** ~처럼 보이다 / **explain** 설명하다		

---

34 pronounce
[prənáuns]

The court **pronounced** the man guilty who was accused of murder.
법정은 살인죄로 기소된 그 남자에게 유죄를 선고했다.

> pro(forth: 앞으로) + nounce(announce: 발표하다) ─ (앞으로) 발표하다 → 1. 표명하다
> └ (말소리를) 앞으로 내다 → 2. 발음하다

---

35 specify
[spésəfài]

The agreement **specifies** the rights and responsibilities each party has.
그 합의서는 각 당사자가 갖고 있는 권리와 책임을 분명하게 명기하고 있다.

> speci(kind: 종류) + fy(make) → (구체적으로) 종류화 하다 → 명기[상술]하다

---

39 refer
[rifə́:r]

I met him, but he did not **refer** to the matter again and neither did I.
나는 그를 만났지만 그는 그 문제에 대해 다시 언급하지 않았고 나도 하지 않았다.

> re(back) + fer(carry: 가져가다) ─ (말을 특정 대상으로 가져가서 그것을) 1. 언급하다
> ├ (어느 곳으로 가져가서) 2. 참조[문의]하다
> └ (특정 주제·대상으로) 가져가다 → 3. 관련되다, 나타내다

---

41 portray
[pɔ:rtréi]

The hero in the novel is **portrayed** as an evil and greedy man.
소설에서 주인공은 사악하고 탐욕스러운 남자로 그려지고 있다.

> por(forth: 앞으로) + tray(draw :끌다) → (표현할 대상을) 앞으로 끌어내다 → 묘사하다, 그리다

---

42 depict
[dipíkt]

The novel **depicts** the real lives of British women in the nineteenth century.
그 소설은 19세기 영국 여자들의 실제의 삶을 묘사하고 있다.

> de(강조) + pict(paint: 그리다) → (구체적이고 생생하게) 묘사하다, 그리다

묘사	43 **profile**	1. n. (인물·장소의) **개요, 프로필** v. **개요를 쓰다[주다]**	
		2. n. (사람·동상의) **옆얼굴(의 윤곽)**	
	44 **account**	1. n. (사건·상황에 대한) **설명, 기술** v. (~ for) **설명하다**	accounting n. 회계
		2. n. (금융 기관의) (예금) **계좌**	accountant n. 회계사
		3. n. (-s) (돈의 출납을 기록·관리하는) (회계) **장부**	
설명	45 **elaborate**	1. v. (정보를 덧붙여) **더 자세히 설명하다**	elaboration n. 공들여 만듦; 상세한 말
		2. a. (모양·구조 등이) **정교한;** (일·계획 등에) **정성을 들인** v. **정교하게 만들어 내다**	
	46 **demonstrate**	1. v. (증거·실연·실물 등을 통해) **명백히 보여주다**	demonstration n. 시위; 실증, 입증
		2. v. (항의나 지지의) **시위 운동[데모]을 하다**	demonstrator n. 증명자; 시위자
	47 **enlighten**	v. (정보·지식을 제공하여) **깨달아 알게 하다, 계몽하다**	enlightenment n. 깨우침, 이해, 계몽
번역·통역	48 **translate**	v. (다른 나라의 말·글로) **번역하다**	translation n. 번역
			translator n. 번역가
	49 **interpret**	1. v. (다른 언어 사용자들 사이에서) **통역하다**	interpretation n. 통역
		2. v. (특정한 의미로) **해석하다**	interpreter n. 통역자
	50 **literal**	a. (번역·해석이) **글자대로의, 원문에 충실한**	

Unit 34

44 **account**
[əkáunt]

She has given us a very detailed **account** of what happened on that night.
그녀는 우리에게 그 날 밤 무슨 일이 벌어졌는지 매우 자세히 설명해 주었다.

ac(to: 방향) + count(계산하다) ― (돈을 계산하듯이 상세하게 하는) 1. 설명
― (돈을) 계산한 것 → 3. 장부 2. 예금계좌

45 **elaborate**
v. [ilǽbərèit]
a. [ilǽbərət]

He refused to **elaborate** on his reasons for leaving his job.
그는 직장을 그만두는 이유에 대해서 자세히 설명하기를 거부했다.

e(out) + labor(work: 일하다) ― (정성을 들여) 1. 더 자세히 설명하다
― (정성을 다해) 일을 해서 만든 → 2. 정성을 들인; 정교한

46 **demonstrate**
[démənstrèit]

The flight attendants **demonstrated** how to use the life jackets.
비행기 승무원들은 구명조끼 사용법을 시범 보여주었다.

de(강조) + monstr(show: 보여주다) ― 1. 명백히 보여주다
― (항의·지지의 뜻을) 명백히 보여주다 → 2. 시위 운동을 하다

47 **enlighten**
[inláitn]

I would appreciate if someone **enlightened** me as to what is happening.
누군가 무슨 일이 벌어지고 있는지 설명해 주시면 감사하겠습니다.

en(make) + light(빛) → (볼 수 있게) 빛을 비추어 주다 → 계몽하다

50 **literal**
[lítərəl]

This is grammatically correct, but the translation is too **literal**.
이것은 문법적으로는 맞지만 번역이 너무 글자대로이다.

liter(letter: 글자) + al → 글자대로의

35_1 암시·통지·보고

고급 중급

암시·단서	01 imply	v. (바로 밝히지 않고) **넌지시 비치다, 암시[시사]하다**	implication n. 암시; 영향; 연루
	02 clue	n. (문제 해결, 범죄 수사 등의) **단서, 실마리**	
통지	03 inform	v. (공식적으로) **알리다, 통보하다** (= notify)	information n. 정보 informative a. 많은 정보를 주는
	04 notify	v. (공식적으로) **알리다, 통보하다** (= inform)	notification n. 통지, 통보, 신고
	05 notice	1. n. (미리 알리는) **통지(서); 안내(판), 공고(문)** 2. v. (보거나 느껴서) **알아차리다** n. 알아챔	noticeable a. 눈에 띄는
보고	06 relate	1. v. (상세히) (겪은 일·사건에 대해) **이야기하다** 2. v. (서로) **관련시키다, 관련이 있다**	relation n. 관계, 연관; 친척
	07 narrate	1. v. (사건·경험을) (전개 순서에 따라) **이야기하다** 2. v. (다큐멘터리·영화 등에서) **내레이션을 하다**	narration n. 이야기, 내레이션 narrator n. 내레이터

기본   **suggest** 넌지시 비치다 / **hint** 힌트, 귀띔 / **tell** 알리다, 말하다 / **report** 보고[보도]하다

---

01 imply
[implái]

Freedom **implies** that we are responsible for our actions and our words.
자유는 우리가 우리의 행동과 말에 대해 책임이 있음을 시사한다.

im(in: 안) + ply(fold: 접다) → (바로 밝히지 않고) 안으로 접어 넣다 → 암시하다

---

02 clue
[klu:]

The police searched, but could not find any **clue** to the identity of the killer.
경찰은 수색을 했지만 살인자의 정체에 대한 어떠한 단서도 찾을 수가 없었다.

유래: 실 뭉치(a ball of thread) → (미로 탈출에 쓰이던) 길잡이 실 → 단서, 실마리

---

04 notify
[nóutəfài]

Please **notify** us of any schedule changes within twenty-four hours.
일정 변경이 있는지 24시간 내에 우리에게 통보해 주시기 바랍니다.

noti(know: 알다) + fy(make: 만들다) → (알게) 만들다 → 알리다, 통보하다

---

06 relate
[riléit]

His father always **related** his childhood experiences to his children.
그의 아버지는 항상 그의 아이들에게 어린 시절의 경험에 대한 이야기를 들려주었다.

re(back) + late(carry: 나르다) ┬ (뒤로 서로 서로 날라서) 2. 관련시키다
                               └ (서로 관련 지어 상세히) 1. 이야기하다

---

07 narrate
[nǽreit]

He vividly **narrated** his adventures in the various countries he had seen.
그는 그가 본 여러 나라에서의 모험에 대해 생생하게 이야기했다.

narr(know: 알다) + ate → (알아 듣도록) 이야기하다; 내레이션을 하다

---

	08 **announce**	v. (어떤 사실·결과 등을 공개하여) **발표하다**	announcement n. 발표
발표·선언	09 **declare**	1. v. (정식으로) (외부에) **선언[선포]하다** (= proclaim) 2. v. (과세 물품, 소득 등을) **신고하다**	declaration n. 선언; 신고(서)
	10 **proclaim**	v. (정식으로) (외부에) **선언[선포]하다** (=declare)	proclamation n. 선언, 선포
	11 **profess**	1. v. (개인적 감정·신조 등을) (공개적으로) **말하다, 밝히다** 2. v. (사실이 아닌 것을 사실처럼) (거짓으로) **주장하다**	profession n. 공언; (전문적인) 직업
연설·낭독	12 **speech**	n. (자기의 생각·주장을 발표하는) **연설**	speechless a. 말을 못 하는
	13 **eloquent**	a. (말솜씨가 뛰어난) **웅변의**	eloquence n. 웅변
	14 **recite**	v. (시·산문 등을) **읊다, 암송[낭독]하다**	recitation n. 암송, 낭송 recital n. 리사이틀, 독주[창]회
강조·요약	15 **emphasize**	v. (중요성을 부여하여) **강조하다**	emphasis n. 강조
	16 **summary**	n. (중요한 것만을 추려 낸) **요약**	summarize v. 요약하다
	17 **condense**	1. v. (짧게 줄여) (말·글을) **간략하게 하다** 2. v. (기체가 액체로) **응축되다[시키다]** 3. v. (액체가 진하게) **농축되다[시키다]**	condensation n. 간략화; 응축; 농축

---

10 **proclaim**
[proukléim]

In 1810, Mexico **proclaimed** its independence from Spain.
1810년 멕시코는 스페인으로부터의 독립을 선포했다.

pro(before: 앞) + claim(cry out: 외치다) → (앞을 향해) 큰 소리로 외치다 → 선언[선포]하다

---

11 **profess**
[prəfés]

The young man got down on one knee, and **professed** his love for her.
그 젊은 남자는 한쪽 무릎을 꿇고 그녀에 대한 그의 사랑을 공언했다.

pro(forth: 앞) + fess(speak: 말하다) ┌ (앞을 향해) 말하다 → 1. (공개적으로) 말하다, 밝히다
　　　　　　　　　　　　　　　　　└ (거짓으로) 말하다 → 2. (거짓으로) 주장하다

---

13 **eloquent**
[éləkwənt]

He is an **eloquent** speaker with a great sense of humor.
그는 대단한 유머 감각을 가진 웅변가이다.

e(out: 밖) + loqu(speak: 말하다) → (밖을 향해 말하는) 능력이 뛰어난 → 웅변의

---

14 **recite**
[risáit]

The little girl surprised people by **reciting** the whole poem from memory.
어린 소녀는 그 시 전체를 기억하여 낭송을 해서 사람들을 놀라게 했다.

re(again: 다시) + cite(summon: 부르다) → (기억에서 다시 불러내) 암송[낭독]하다

---

17 **condense**
[kəndéns]

We **condensed** over two hundred pages of report into a single page.
우리는 200 페이지가 넘는 리포트를 단 한 페이지로 압축했다.

con(강조) + dense(조밀한) → (더) 조밀하게 하다 → 1. 요약하다 2. 응축[농축]되다

제안·제의	18 **propose**	v. (논의를 위한) (안건으로) 제안[제의]하다; 청혼하다	proposal n. 제안, 청혼
	19 **suggest**	1. v. (의견·계획 등을) (고려해 줄 것을) 제안[제의]하다 2. v. (바로 밝히지 않고) 넌지시 비치다, 암시[시사]하다	suggestion n. 제안; 암시, 시사 suggestive a. (~을) 연상시키는
	20 **recommend**	v. (좋거나 유용한 것을) 권하다, 추천하다	recommendation n. 추천
	21 **offer**	1. v. (원하면) (무엇을 주거나 하겠다고) 제의하다 n. 제의 v. (장소·사물 등을) (이용할 수 있도록) 제공하다 2. v. (물건의) 가격을 제시하다 n. 가격 제시	
요청·요구	22 **request**	v. (무엇을) (정식으로 정중히) 요청하다 n. 요청	
	23 **demand**	1. v. (상대가 원치 않는 것을) (강력히) 요구하다 n. 요구 2. n. (상품·서비스 등의) 수요 v. 필요로 하다	demanding a. 지나치게 요구하는; 큰 노력을 요하는
	24 **claim**	1. v. (권리로서) (돈·소유권·배상 등을) 청구하다 n. 청구 2. v. (~이 사실이라고) 주장하다 n. 주장	claimant n. 요구자
	25 **appeal**	1. v. (간곡히) (도움·지지 등을) 호소하다 n. 호소 2. v. (대상이) (~의) 마음에 들다 n. 흥미를 끄는 힘	appealing a. 호소하는 듯한; 마음을 끄는
[기본]	ask 부탁하다		

20 **recommend**
[rèkəménd]

Can you **recommend** a good and inexpensive restaurant nearby?
근처에 괜찮으면서도 비싸지 않은 레스토랑을 추천해 주시겠습니까?

re(강조) + commend(칭찬하다) → (강하게) 칭찬하다 → 권[추천]하다

22 **request**
[rikwést]

They **requested** that the next meeting be held in February.
그들은 다음 회의를 2월에 개최하자고 요청했다.

re(again: 다시) + quest (seek: 구하다) → (다시) 구하다 → 요청하다

23 **demand**
[dimǽnd]

The workers went on strike, **demanding** higher pay and benefits.
그 노동자들은 더 높은 임금과 특전을 요구하며 파업에 들어갔다.

de(강조) + mand(order: 명령하다) → (강하게) 명령하다 → 1. 요구하다 → (요구하는) 2. 수요

24 **claim**
[kleim]

They **claimed** damages from the company for breach of agreement.
그들은 계약 위반에 대해 그 회사에 배상금을 청구했다.

claim(shout: 큰 소리치다) → (큰 소리치며) 2. 주장하다 1. 청구하다

25 **appeal**
[əpíːl]

The government **appealed** for international aid for the flood victims.
정부는 홍수 피해자들을 위한 국제적인 원조를 호소했다.

ap(to: 방향) + peal(drive: 몰다) ┌ (도움 등을) 어떤 방향으로 몰다 → 1. 호소하다
                               └ (마음을) 어떤 방향으로 몰다 → 2. 마음에 들다

간청·애원	26 plead	1. v. (애처롭게) **애원[간청]하다** (= beg)	plea n. 탄원, 간청; (피고측의) 답변
		2. v. (법정에서) (유죄 / 무죄라고) **주장하다**	
	27 beg	1. v. (애처롭게) **애원[간청]하다** (= plead)	beggar n. 거지, 걸인
		2. v. (돈·물건·음식 등을) **구걸하다**	
	28 petition	n. (처리·해결을 요구하는) **청원[탄원]서** v. **청원하다**	petitioner n. 청원자
명령·지시	29 instruct	1. v. (무엇을 하라고) (공식적으로) **지시하다**	instruction n. 지시; 가르침; (-s) 설명
		2. v. (순서·체계에 따라) **가르치다, 교육하다**	instructor n. 가르치는 사람, 강사
	30 command	v. (공식적으로) (상급자가) **명령[지휘]하다** n. **명령, 지휘**	commander n. 지휘관, 사령관
	31 dictate	1. v. (불쾌하게) (위압적으로) **지시[명령]하다** n. **지시, 명령**	dictator n. 독재자
		2. v. (받아쓰도록) **구술하다, 받아쓰게 하다**	dictation n. 받아쓰게 하기
	32 prescribe	1. v. (법·규칙·명령 등의) (권한으로) **규정[지시]하다**	prescription n. 처방(전)
		2. v. (약·치료법을) **처방하다**	
충고·조언	33 counsel	v. (전문가·연장자 입장에서) **조언하다** n. **조언**	counseling n. 카운슬링, 상담
			counselor n. 조언자
	34 consult	v. (전문가·권위자에게) **조언을 구하다, 상담하다**	consultation n. 협의, 상의; 상담

기본 | please 제발 / tell 시키다 order 명령하다 advice 충고 mentor 멘토 tip (간단한) 조언, 정보

26 plead
[pli:d]

They got down on their knees and **pleaded** with God to save their lives.
그들은 무릎을 꿇고 하나님에게 자신들의 목숨을 구해달라고 간청했다.

유래: 간절함을 나타내는 please(제발)와 같은 어원 ┌ 1. 간청[애원]하다
└ (간절히) 2. 주장하다

28 petition
[pətíʃən]

A young man asked me to sign a **petition** against animal cruelty.
한 젊은이가 내게 동물 학대에 반대하는 탄원서에 서명해 달라고 부탁했다.

petit(seek: 구하다) + ion → (공공 기관에) 구하는 것 → 청원[탄원]서

31 dictate
[díkteit]

It seems to me you are in no position to **dictate** what I should.
내게는 당신이 내가 무엇을 해야 하는지 지시할 위치에 있지 않다고 보입니다.

dict(say: 말하다) + ate ┌ (말로) 1. 지시[명령]하다
└ (말로 불러주고) 2. 받아쓰게 하다

32 prescribe
[priskráib]

The law **prescribes** that all citizens should be treated equally.
법률은 모든 시민은 동등한 대우를 받아야 한다고 규정하고 있다.

pre(before: 미리) + scribe(write: 적다) ┌ (법·규칙으로 미리 적어) 1. 규정하다
└ (약·치료를 받기 전에 미리 적어) 2. 처방하다

33 counsel
[káunsəl]

Speaking about eating habits, he **counseled** them to avoid fast food.
식습관에 대해 얘기하면서 그는 그들에게 패스트푸드를 피하라고 조언했다.

Unit 35

충고·조언	35	**urge**	v. (강력히) 촉구[재촉]하다 n. (강한) 욕구, 충동	urgent a. 긴급[시급]한
대화	36	**conversation**	n. (서로) (마주하여 주고받는) 대화	conversational a. 대화의; 회화(체)의
	37	**dialogue**	1. n. (등장 인물 간의) (소설·연극에서의) 대화 (= dialog)	
			2. n. (공식적인) (국가·단체간의) 대화 (= dialog)	
	38	**chat**	n. (한가로이 나누는) 한담, 담소 v. 한담[담소]하다	chatty a. 수다스러운
	39	**monologue**	n. 혼자서 말하는 긴 이야기; 독백(극) (= monolog)	
	40	**gossip**	n. (남의 사생활에 관한) 험담, 가십 v. 험담을 하다	
질문	41	**inquire**	v. (정보를 얻기 위해) 묻다, 문의하다 (= enquire)	inquiry n. 문의
	42	**interrogate**	v. (특히 강압적으로) 심문[추궁]하다	interrogation n. 심문, 추궁
	43	**questionnaire**	n. (질문하는 내용을 적은) 설문지	
대답	44	**reply**	v. (질문·요구·서신 등에) (말·글로) 대답[답장]하다 n. 대답	
	45	**respond**	v. (상대에 대응하여) (말·행동으로) 응답[응수]하다	response n. 응답, 응수
	46	**retort**	v. (상대의 말을 받아) 반박[대꾸]하다 n. 반박, 대꾸	

기본	talk 말하다, 이야기하다 speak 이야기[대화]하다 conversation 대화 / question 질문, 의문 ask 묻다, 질문하다 interview 인터뷰, 면접, 면담 answer 대답하다

---

37 dialogue
[dáiəlɔ̀ːg]

The play begins with a **dialogue** between two young ladies at a party.
그 연극은 파티에서 두 명의 젊은 여자들 사이의 대화로 시작한다.

dia(between: 사이에) + logue(speak: 말하다) → (사이를 두고) 마주하여 말하기 → 대화

---

39 monologue
[mánəlɔ̀ːg]

She went into a long **monologue** about her activities in the past few days.
그녀는 지난 며칠 동안의 자신의 활동에 대해 혼자서 말하는 긴 이야기를 시작했다.

mono(alone: 혼자) + logue(speak: 말하다) → (혼자) 말하기 → 독백

---

41 inquire
[inkwáiər]

I am writing to **inquire** about job openings or internship opportunities.
저는 일자리 공석이나 인턴직 기회가 있는지 문의하고자 메일을 드립니다.

in(안) + quire(ask: 묻다) → (어디의) 내부에 정보를 묻다 → 문의하다

---

42 interrogate
[intérəgèit]

He gave inconsistent answer when the police **interrogated** him.
경찰이 그를 심문했을 때 그는 일관성이 없는 답변을 했다.

inter(between: 사이) + rog(ask: 묻다) → (사건의 행간을) 묻다 → 심문하다

---

46 retort
[ritɔ́ːrt]

"Why don't you just shut up? It's none of your business." he **retorted**.
"입 닥치는 게 어때요? 그건 당신이 상관할 일이 아니라고요"라고 그는 대꾸했다.

re(back: 뒤로) + tort(twist: 비틀다) → (상대의 말을) 비틀어 되받아 치다 → 반박[대꾸]하다

[고급] [중급]

대답	47 react	1. v. (외부 자극에) (행동·태도·심리가) **반응을 나타내다**	reaction n. 반응
		2. v. (화학·물리적으로) (물질이) **반응하다**	
토론·협상	48 discuss	v. (서로) (의견을 주고받으며) **토론[논의]하다**	discussion n. 논의, 토론
	49 debate	v. (서로) (상반된 의견을 펼치며) **토론[논쟁]하다** n. 토론, 논쟁	debater n. 토론자
	50 negotiate	v. (합의를 이루기 위해) **협상하다**	negotiation n. 협상
논쟁	51 dispute	n. (서로) (격렬히 대립하는) **논쟁, 분쟁** v. **논쟁[분쟁]하다**	disputable a. 논쟁의 여지가 있는
	52 controversy	n. (장기간 지속된) (찬반양론이 팽팽한) **논쟁, 논란**	controversial a. 논쟁의 여지가 있는
언쟁	53 argue	1. v. (이유·근거를 대면서) **언쟁[말다툼]하다**	argument n. 언쟁; 논거, 이유
		2. v. (이유·근거를 들어) **주장하다**	argumentative a. 논쟁적인
	54 quarrel	n. (화가 나서 하는) (감정적인) **(말)다툼, 언쟁** v. **언쟁하다**	quarrelsome a. 말다툼을 좋아하는
대립	55 conflict	1. n. (서로의) (입장·견해 차로 인한) **갈등** v. **상충하다**	
		2. n. (대립하는) (집단·국가간의) **물리적 충돌**	
	56 friction	1. n. (입장 차이로 인한) (사람 간의) **마찰, 알력**	frictional a. 마찰의
		2. n. (서로 닿아 비벼져서 생기는) (물체 간의) **마찰**	
회의·집회	57 conference	n. (보통 며칠간 지속되는) (공식적인 대규모) **회의**	confer v. 의논하다; 수여하다

[기본] | meeting 회의 chairman 의장, 회장 / issue 문제, 쟁점

Unit 35

---

51 **dispute**
[dispjúːt]

The history of the border **dispute** between the two countries is very long.
두 나라 사이의 국경 분쟁의 역사는 매우 오래되었다.

dis(apart: 분리) + pute(think: 생각하다) → (서로 생각이 나뉘어) 논쟁하다

---

52 **controversy**
[kántrəvəːrsi]

The policy has caused considerable **controversy** since it was introduced.
그 정책은 도입된 이후 상당한 논란을 불러일으켰다.

contro(against) + verse(turn: 돌다) → turn against(~에게 등을 돌리다) → 논쟁, 논란

---

54 **quarrel**
[kwɔ́ːrəl]

My wife and I always **quarreled** about money more than anything else.
내 아내와 나는 다른 어떤 것보다 돈 문제로 늘 말다툼을 했다.

quar(complaint: 불평) + rel → (서로간의) 불평 → (말)다툼, 언쟁

---

55 **conflict**
n. [kánflikt]
v. [kənflíkt]

He was in **conflict** with his parents about his relationship with his girlfriend.
그는 여자친구와의 관계 문제로 부모님과 갈등을 빚고 있었다.

con(together: 함께) + flict(strike: 때리다) → (서로) 때리기 → 1. 갈등; 2. 물리적 충돌

---

56 **friction**
[fríkʃən]

The issue has caused a lot of **friction** between the two nations.
그 문제는 두 나라 사이에 많은 마찰을 일으켜 왔다.

frict(rub: 비비다) + ion → (서로 맞닿아) 비벼지는 일 → 마찰, 알력

언어·의사소통 III
language & communication III

36_1 회의·집회·주제
고급 중급

회의·집회	└ 01 convention	1. n. (소속원들이 참여하는) (정당·단체 등의) 대회, 집회	conventional a. 관습[관례]적인
		2. n. (당연시 여기는) 관례, 관습	
	02 summit	1. n. (공식적인) (국가 지도자들 간의) 정상 회담	
		2. n. (산의 맨 꼭대기): (산의) 정상	
	03 session	1. n. (집단으로 어떤 활동을 하는) (특정) 활동 시간[기간]	
		2. n. (의회·법정 등의) 회기; 개정(기)	
	04 preside	v. (회의·집회 등의) 의장을 맡아보다, 사회를 보다	
	05 agenda	n. (회의의) 의제[안건] (목록)	
주제	┌ 06 subject	1. n. (대화·토의·연구 등이) (다루고 있는 대상): 주제	
		2. n. (교과의 구분): 과목, 학과	
		3. n. (실험·시험의 대상이 되는) 피험자, 실험[시험] 대상	
		4. a. (~ to) ~을 당하기 쉬운; ~에 종속된; ~에 달려 있는	

---

01 **convention**
[kənvénʃən]

The national Democratic Party **convention** will be held in New York.
전국 민주당 전당 대회가 뉴욕에서 개최될 예정이다.

con(together: 함께) + vent(come: 오다) ┌ (함께 와서) 모임 → 1. 집회, 대회
└ (한 사회가) 함께 받아들여 온 습관 → 2. 관례, 관습

---

02 **summit**
[sʌ́mit]

The two leaders agreed to hold a **summit** at least once a year.
두 지도자들은 적어도 1년에 한번 정상 회담을 갖기로 합의했다.

sum(highest: 가장 높은) + it ┌ (가장) 높은 곳 → (산의) 2. 정상
└ (국가 정상들의) 회담 → 1. 정상 회담

---

03 **session**
[séʃən]

At the end of the presentation there'll be a question and answer **session**.
프레젠테이션 끝에는 질의응답 시간이 있습니다.

sess(sit: 앉다) + ion → 함께 모여서(앉아서) 하는 활동·모임 → 활동 시간; 회기

---

04 **preside**
[prizáid]

Mr. White **presided** over the meeting in the absence of the Chairman.
화이트 씨가 회장의 부재로 그 회의를 주재했다.

pre(before: 앞에) + side(sit: 앉다) → (앞에 앉아서) 의장을 맡아보다

---

05 **agenda**
[ədʒéndə]

Strengthening the banking system is high on the government's **agenda**.
은행 시스템을 강화하는 일은 정부의 의제들 중에 상위에 있다.

ag(do: 하다) + enda → (회의에서) 해야 할 것들 → 의제

고급 중급

주제	└ 07 theme	n. (예술 작품 등의) (중심 내용): **주제, 테마**	thematic a. 주제의
인용	┌ 08 quote	1. v. (남의 말·글을) **인용하다** (= cite) n. **인용(구, 문)** 2. v. (가격을 계산하여) **견적을 내다** n. **견적(서)**	quotation n. 인용(문, 구); 견적(서)
	└ 09 cite	v. (남의 말·글을) **인용하다** (= quote): **예[이유]로 들다**	citation n. 인용(문)
주장	┌ 10 insist	1. v. (남이 믿지 않는) (~이 사실이라고) **주장하다** (= claim) 2. v. (반대·저항에도) (~을 해야 한다고) **고집하다, 우기다**	insistence n. 주장 insistent a. 주장하는; 고집하는
	├ 11 claim	1. v. (미확인된) (~이 사실이라고) **주장하다** (= insist) n. **주장** 2. v. (돈·소유권·배상 등을) **청구하다** n. **청구**	claimant n. 요구자
	├ 12 argue	1. v. (정당한) (이유·근거를 들어) **주장하다** 2. v. (이유·근거를 대면서) **언쟁[말다툼]하다**	argument n. 언쟁; 논거, 이유 argumentative a. 논쟁적인
	├ 13 maintain	1. v. (남들이 믿지 않음에도) (계속해서 강력히) **주장하다** 2. v. (원래 상태를 그대로) **유지하다** 3. v. (기계·시설물 등을) **보수[정비]하다**	maintenance n. 유지; 보수, 정비
	├ 14 assert	v. (확신에 차서) (단호하게) **주장[단언]하다**	assertion n. 단언, 주장
	└ 15 contend	1. v. (논쟁·언쟁 중에) (다투듯이) **주장하다** 2. v. (무엇을) (획득하려고) **다투다, 겨루다**	contention n. 논쟁, (논쟁의) 주장 contender n. 경쟁자

Unit 36

---

08 quote
[kwout]

He **quoted** a passage from Hemmingway's The Old Man and the Sea.
그는 헤밍웨이의 노인과 바다의 한 구절을 인용했다.

> 유래: what number (몇 번) → (책의 몇 번째 페이지에 나온 말을) 1. 인용하다
> how many (얼마) → (얼마인지) 2. 견적을 내다

---

09 cite
[sait]

He **cited** two reasons why many people have not benefitted from the law.
그는 왜 많은 사람들이 그 법으로부터 득을 보지 못했는지 두 가지 이유를 들었다.

> 유래: 부르다 (call) → (남의 말·글을 예로) 불러오다 → 인용하다, 예로 들다

---

13 maintain
[meintéin]

Many scientists **maintain** that the universe is made up of pure energy.
많은 과학자들은 우주가 순수 에너지로 이루어져 있다고 주장한다.

> main(hand: 손) + tain(hold: 잡다) ┌ (유지 되도록) 손으로 잡고 있다 → 2. 유지[보수]하다
> └ (일관되게) 1. 주장하다

---

14 assert
[əsə́:rt]

Instead of apologizing, he continued to **assert** that he did nothing wrong.
사과를 하는 대신 그는 자신이 아무 잘못도 하지 않았다고 계속해서 주장했다.

> s(to) + sert(join: 합치다) → (특정 견해에) 자기 자신을 합치다 → 주장[단언]하다

---

15 contend
[kənténd]

The attorney **contended** that his client was completely innocent.
변호사는 자신의 의뢰인은 완전히 무죄라고 주장했다.

> con(together: 함께) + tend(stretch: 뻗다) ┌ (획득하려고) 서로 손을 뻗다 → 2. 겨루다
> └ (겨루듯이) 1. 주장하다

215

설득·유도	16 persuade	v. (상대를 잘 설명하거나 타일러서) **설득하다**	persuasion n. 설득
	17 convince	v. (믿지 않는 상대에게) **확신[납득]시키다**	conviction n. 확신, 신념; 유죄 판결
	18 induce	v. (남을) **유도[설득]하여 ~하게 하다**	inducement n. 유인책
동의·찬성	19 agree	v. (의견이 일치하여) **동의[합의, 승낙]하다**	
	20 favor	1. n. (개인적 선호에 따른) **찬성, 지지**; **편애** v. **선호하다**	favorable a. 호의적인; 유리한
		2. n. (남에게 베푸는) **친절한 행위, 호의**	
	21 approve	1. v. (~ of) (긍정적으로 평가하여) **찬성하다, 좋다고 생각하다**	approval n. 찬성; 승인
		2. v. (위원회·의회 등이 정식으로) **승인하다**	
	22 positive	1. a. (좋게 평가할 만한): **긍정적인** n. 긍정	
		2. a. (전적으로) **확신하는, 확실한**	
합의	23 consensus	n. (일치된 의견): **의견 일치, 합의**	
	24 unanimous	a. (모든 사람의 의견이 같은): **만장일치의**	unanimity n. 만장일치
	25 compromise	1. v. (서로 양보·절충하여) **타협하다** n. 타협	
		2. v. (불명예스럽게) **원칙을 굽히다, 양보하다**	
지지·	┌ 26 advocate	v. (지지함을 밝혀) (공개적으로) **옹호[지지]하다** n. **옹호자**	advocacy n. 옹호, 지지
기본	accept 받아들이다 support 지지하다		

18 induce
[indjú:s]

Nothing would **induce** me to spend another day in this horrible place.
아무것도 나를 이 끔찍한 곳에서 하루를 더 보내도록 설득하지 못할 겁니다.

in(안) + duce(lead: 이끌다) → (안으로) 이끌다 → 유도하여 ~하게 하다

23 consensus
[kənsénsəs]

The meeting's participants failed to reach a **consensus** on the issue.
회의 참석자들은 그 쟁점에 대해 의견 일치를 보지 못했다.

con(with: 함께) + sens(feel: 느끼다) → (모두 함께 느끼는) 의견 → 의견 일치

24 unanimous
[ju:nǽnəməs]

Finally, the committee reached a **unanimous** decision on that matter.
마침내 위원회는 그 문제에 대해 만장일치의 결정에 이르렀다.

un(one: 하나) + anim(mind: 마음) → (마음이) 하나인 → 만장일치의

25 compromise
[kámprəmàiz]

The government has said consistently it will not **compromise** with terrorists.
정부는 일관되게 테러리스트와는 타협을 하지 않겠다고 말해왔다.

com(together: 함께) + promise(약속하다) → (함께) 약속하다 → 타협하다

26 advocate
v. [ǽdvəkèit]
n. [ǽdvəkət]

Most religious leaders do not **advocate** violence in any shape or form.
대부분의 종교 지도자들은 폭력을 어떤 형태의 것이든 옹호하지 않는다.

ad(to) + voc(call: 부르다) → (자신 측의 증인·조언자로) 부른 사람 → 옹호자

고급 중급

지지·	└ 27 uphold	v. (기존의 정당한 법·원칙 등의) (유지·존속을) **옹호하다**	
반대	┌ 28 oppose	v. (강력히) (저항하면서) **반대하다**	opposition n. 반대
	└ 29 object	1. v. (~ to) (무엇을) (옳지 않아서) **반대하다, 이의를 제기하다**	objection n. 반대
		2. n. (일정한 형체를 가진) **물체, 물건**	objectionable a. 불쾌한, 무례한
		3. n. (의도하거나 바라는 결과): **목적, 목표**	
	30 contradict	1. v. (그 반대가 옳다고) **반박하다**	contradiction n. 반박, 모순
		2. v. (서로 상반되어) **모순되다**	
	31 negative	a. (그렇지 않거나 옳지 않다고 반대하는): **부정적인** n. 부정	
인정	┌ 32 admit	1. v. (그렇다고) (마지못해) **인정하다** (= concede)	admission n. 시인, 인정; 입장, 가입
		2. v. (장소·조직·학교 등의) **입장[가입, 입학]을 허락하다**	admittance n. 입장, 들어감
	├ 33 concede	1. v. (그렇다고) (마지못해) **인정하다** (= admit)	concession n. 인정; 양보, 양해
		2. v. (마지못해) (권리·특권 등을) **내주다, 허용하다**	
	├ 34 acknowledge	v. (그렇다고) (확실하게) **인정하다**	acknowledgement n. 인정
	└ 35 recognize	1. v. (무엇의) (존재·진실성·가치를) **인정[공인]하다**	recognition n. 인정; 인식
		2. v. (이전에 보거나 들어서) **알아보다, 인식하다**	
	36 confess	v. (잘못·죄·허물 등을) **자백[고백]하다**	confession n. 자백, 고백

Unit 36

---

²⁷ **uphold**

[ʌphóuld]

As public officials, we have a duty to **uphold** the law.
공직자로서 우리는 법을 유지시킬 의무가 있다.

up(위) + hold(들다) → (떠받치려고) 위로 들어올리다 → **옹호하다**

---

³⁰ **contradict**

[kàntrədíkt]

He **contradicted** everything I said, and made fun of decisions I'd made.
그는 내가 한 모든 말에 반박을 했고 내가 내린 결정을 비웃었다.

contra(against: 대항하여) + dict(say: 말하다) → (서로 상반되게) 말하다 → **모순되다; 반박하다**

---

³³ **concede**

[kənsíːd]

She **conceded** defeat and congratulated her rival on his victory.
그녀는 패배를 인정하고 그녀의 경쟁자에게 그의 승리에 대해 축하를 해주었다.

con(강조) + cede(yield: 양보하다) → (다) 양보하다 → 2. 내주다 1. 인정하다

---

³⁴ **acknowledge**

[æknάlidʒ]

He **acknowledged** that he had done so due to personal reasons.
그는 개인적 이유 때문에 그렇게 했다고 인정했다.

ac + knowledge(알고 있음) → (알고 있음을) 인정하다

---

³⁶ **confess**

[kənfés]

The man finally **confessed** that he had stolen the money.
그 남자는 결국 돈을 훔쳤음을 자백했다.

con(together: 모두) + fess(speak: 말하다) → (모든 것을) 말하다 → **자백하다**

고급 중급

부인	37 **deny**	1. v. (인정하지 않고) **부인[부정]하다**	denial n. 부인, 부정 ; 거부
		2. v. (남이 갖거나 하려는 것을) **허락하지 않다**.	
거절·보류	38 **refuse**	v. (무엇을) (수락 의사가 없어서) **거절[거부]하다**	refusal n. 거절, 거부
	39 **reject**	v. (무엇을) (기대·기준에 못 미쳐서) **거절[거부]하다**	rejection n. 거절
	40 **decline**	1. v. (무엇을) (정중하게) **거절[사양]하다**	
		2. v. (지속적으로) **줄어들다, 감소되다** n. 감소	
	41 **withhold**	v. (남에게 무엇을) **(내)주기를 거부하다, 보류하다**	
	42 **dismiss**	1. v. (가치가 없다고) **묵살[일축]하다**	dismissal n. 묵살; 해산; 해고
		2. v. (허락을 해서) **물러가게 하다, 해산시키다**	
		3. v. (고용된 사람을) **해고[해임]하다**	
약속·계약	43 **promise**	v. (어떤 일을 하기로) **약속하다** n. 약속	promising a. 유망한
	44 **swear**	1. v. (자신이 한) (말·약속이 틀림없음을) **맹세하다**	swearing n. 욕, 욕설
		2. v. (무시·비난하는) **욕을 하다**	
	45 **pledge**	n. (확실하게 한) (공식적·공개적인) **굳은 약속, 맹세**	
		v. **약속[맹세]하다**	
	46 **vow**	n. (개인적인) (엄숙·결연한) **맹세, 서약** v. **맹세[서약]하다**	

---

³⁹ **reject**
[ridʒékt]

He applied for several jobs, but he was **rejected** because of his age.
그는 여러 곳에 구직을 했으나 그의 나이 때문에 거절을 당했다.

re(back: 뒤로) + ject(throw: 던지다) → (뒤로) 던지다 → 거절하다

---

⁴⁰ **decline**
[dikláin]

When I saw him, I invited him to join me for lunch, but he politely **declined**.
내가 그를 만났을 때, 나는 점심을 함께 하자고 그를 초대했지만 그는 정중하게 거절했다.

de(down: 아래로) + cline(bend: 굽다) ― (머리를 아래로 굽혀 정중하게) 1. 거절하다
                                     └ (아래로) 굽다 → 2. 줄어들다

---

⁴¹ **withhold**
[wiðhóuld]

He **withheld** payment until the work was completed to his satisfaction.
그는 일이 만족스럽게 끝날 때까지 지불을 보류했다.

with(back: 뒤) + hold(잡다) → (주지 않고) 뒤로 붙잡아 끌다 → 보류하다

---

⁴² **dismiss**
[dismís]

Many conservative critics **dismissed** his work as meaningless trash.
많은 보수적인 비평가들은 그의 작품을 무의미한 쓰레기라고 묵살했다.

dis(apart: 떨어져) + miss(send: 보내다) → (떨어져 있게) 내보내다 → 묵살[해산, 해고]하다

---

⁴⁵ **pledge**
[pledʒ]

The new government **pledged** to improve the health care system.
새 정부는 보건의료체계를 개선하겠다고 약속했다.

---

⁴⁶ **vow**
[vau]

I made a **vow** to myself that I wouldn't make the same mistake again.
나는 다시는 같은 실수를 하지 않겠다고 내 자신에게 맹세했다.

유래: 신에게 한 약속(a promise to a god) → (엄숙하고 결연하게) 맹세[서약]하다

약속·계약	47 guarantee	v. (확실함을 책임지고) **보장[보증]하다** n. 보장, 보증(서)	
	48 contract	1. n. (합의 내용을 담은) **계약(서)** v. **계약하다**	contractual a. 계약(상)의
		2. v. (크기·범위·부피 등이) **수축[축소]되다[시키다]**	contraction n. 수축, 축소
		3. v. (심각한) (병에) **걸리다**	
연락·소통	49 contact	1. n. (정기적인) **연락, 교제, 접촉** v. **연락을 취하다**	
		2. n. (서로 맞닿음): **접촉**	
	50 interact	v. (서로) **상호 작용[소통]하다**	interaction n. 상호 작용[소통]
	51 medium	1. n. (중간의) **전달 수단, 매개(물), 매체**	media n. medium의 복수
		2. a. (크기·정도·등급 등이) **중간의** n. **중간**	
우편	52 envelope	n. (편지를 넣는) **봉투**	
	53 parcel	n. (특히 우편으로 보내는) **소포, 꾸러미** v. **꾸러미로 만들다**	
	54 enclose	1. v. (편지 봉투나 소포 속에) **동봉하다**	enclosure n. 동봉된 것;
		2. v. (울타리·담·벽 등으로) **둘러[에워]싸다**	둘러쌈, 둘러싼 땅
[기본]	communicate 의사소통하다, 연락을 주고받다 / telephone 전화 call 전화하다 / mail 우편(물) post 우편(물) letter 편지 postcard (그림) 엽서 message 메시지 stamp 우표 package 소포, 꾸러미		

Unit 36

47 guarantee
[gærəntí:]

We **guarantee** to deliver your order within twenty-four hours.
우리는 주문품을 24시간 이내에 배달해 드릴 것을 보장합니다.

guarant(protect: 보호하다) + ee → (확실함을) 보호해 주는 일 → 보증

48 contract
n. [kántrækt]
v. [kənˈtrækt]

Make sure that you read the **contract** carefully before you sign it.
서명을 하기 전에 반드시 계약서를 주의 깊게 읽으십시오.

con(together: 함께) + tract(draw: 끌다) ┬ (합의를) 함께 이끌다 → 1. 계약하다
└ (속으로) 함께 끌어당기다 → 2. 수축되다
└ (병을) 끌어당기다 → 3. (병에) 걸리다

52 envelope
[énvəlòup]

He put the papers back into the **envelope** and placed it on the table.
그는 서류를 봉투에 다시 집어넣고 그것을 테이블 위에 놓았다.

en(in: 안) + velope(wrap: 싸다) → (안에 넣고) 겉에 싸는 것 → 봉투

53 parcel
[pá:rsəl]

The postman has just delivered the **parcel** that I've been waiting for.
우체부가 내가 기다리던 소포를 방금 배달해 주었다.

유래: small part(작은 부분) → (한데 싸서 묶어서 만든) 작은 부분 → 꾸러미, 소포

54 enclose
[inklóuz]

Please **enclose** a copy of your driver's license or other identification.
운전 면허증이나 다른 신분증의 사본을 동봉하십시오.

en(in: 안) + close(닫다) ┬ (다른 것을 같이) 안에 넣고 닫다 → 1. 동봉하다
└ (안에 넣고) 닫다 → 2. 둘러싸다

UNIT 37 사고·판단·지식 I
thinking & judgment & knowledge 1

37_1 의식·이성·생각

고급 중급

의식·정신	01 conscious	1. a. (지각·인식할 수 있는) **의식이 있는, 제정신인** 2. a. (사실·상황을) **알고[의식하고] 있는**	consciousness n. 의식
	02 subconscious	a. (드러나지 않은) **잠재 의식의** n. **잠재 의식**	
	03 mental	a. (정신(mind)과 관련된): **정신[마음]의**	mentality n. 정신[심리] 상태
이성·논리	04 rational	a. (감정적이 아니고) **이성[합리]적인**	⊖ irrational a. 비이성적인
	05 logical	a. (사고·추리·판단 등이) **논리적인**	logic n. 논리
	06 valid	1. a. (주장·이유 등이) **정당[타당]한** 2. a. (표·증서·계약서 등이) **효력이 있는, 유효한**	validity n. 정당[타당]성: 유효(성)
생각·관념	07 notion	n. (무엇에 대한) (막연한 생각): **관념, 견해**	notional a. 관념의
	08 concept	n. (개별 사물·현상을) (일반화한 생각): **개념**	conceptual a. 개념의 conception n. 구상: 생각, 이해; 임신

기본	mind 정신, 마음 / reason 이성 / idea 생각 image 이미지

---

01 conscious
[kάnʃəs]

After the accident, he was not **conscious** and was bleeding heavily.
사고 후 그는 의식이 없었고 심하게 피를 흘리고 있었다.

> con(together: 함께) + sci(know: 알다) → (다) 2. 알고 있는 → 1. 의식이 있는

---

02 subconscious
[səbka'nʃəs]

More than 95% of your thoughts are buried deep in the **subconscious**.
당신 생각의 95% 이상은 잠재의식 속에 깊숙이 묻혀있다.

> sub(under: 아래) + conscious(의식이 있는) → (아래에 있는) 의식의 → 잠재 의식의

---

04 rational
[rǽʃənl]

We often make decisions based on emotion rather than **rational** thought.
우리는 자주 합리적인 생각이 아니라 감정을 기초로 결정을 한다.

> rat(reason: 이성) + ion + al → 이성적인

---

06 valid
[vǽlid]

He decided not to go there, and had **valid** reasons for not doing so.
그는 그곳에 가지 않기로 결정했고 그렇게 하지 않는 타당한 이유가 있었다.

> val(strong: 강력한) + id ┌ (근거나 논리가) 강력한 → 1. 정당[타당]한
└ (법적·공적 효과가) 강력한 → 2. 효력이 있는, 유효한

---

07 notion
[nóuʃən]

He still has the **notion** that men are superior to women in his mind.
그는 마음 속에 여전히 남자가 여자보다 더 우월하다는 관념을 가지고 있다.

> not(know: 알다) + ion → (머릿속으로) 알고 있는 것 → 생각, 관념

고급 중급

생각 · 관념	∟ 09 stereotype	n. (굳어진 생각): **고정 관념** v. **정형화하다**	stereotypical a. 정형화된, 진부한
	10 **reckon**	1. v. (think의 영국 구어): **~라고 생각하다**	
		2. v. (어림잡아) **추산[추정]하다**	
	┌ 11 contemplate	v. (오랫동안) (차분히 진지하게) **생각[숙고]하다**	contemplation n. 숙고
	├ 12 deliberate	1. v. (무엇을) (결정하기 전에) **숙고[심의]하다**	deliberation n. 숙고; 신중함
		2. a. (우연이 아니라) **의도적인, 고의의**	
생각하다		3. a. (서두르지 않고) **신중한, 사려 깊은**	
	├ 13 reflect	1. v. (무엇을) (되돌아보면서) **곰곰이 생각[숙고]하다**	reflection n. 숙고; 반사; 반영
		2. v. (빛 · 소리 · 열 등이) **반사되다[하다]**	reflective a. 숙고하는; 반영[반사]하는
		v. (거울 · 유리 등이) **상을 비추다**	
		3. v. (다른 것에서 받은 영향을) **나타내다, 반영하다**	
	∟ 14 ponder	v. (장시간) (시간을 두고) **곰곰이 생각[숙고]하다**	
	15 meditate	v. (고요히) (정신을 집중하고) **명상[묵상]하다**	meditation n. 명상, 묵상
영감 ·	16 inspire	1. v. (무엇이) (창작 · 발명의) **영감을 주다**; (감정을) **불어넣다**	inspiration n. 영감; 격려, 고무
		2. v. (힘을 내도록) **격려[고무]하다**	inspirational a. 영감을 주는; 고무하는
기본	think 생각하다 consider 숙고하다, ~으로 여기다 regard ~으로 여기다		

Unit 37

---

09 stereotype
[stériətàip]

Negative **stereotypes** about women's qualities as leaders still exist.
지도자로서의 여성의 자질에 대한 부정적 고정 관념이 여전히 존재한다.

stereo(굳은) + type(활자) → (인쇄에서, 같은 것을 찍어내는) 금속 조판 → **고정 관념**

---

11 contemplate
[kántəmplèit]

During his journey, he had plenty of time to **contemplate** his future.
그의 여행 동안, 그는 자신의 장래에 대해 숙고할 충분한 시간을 가졌다.

con(강조) + temple(사원) + ate → (사원에서 묵상하듯) **생각[숙고]하다**

---

12 deliberate
a. [dilíbərət]
v. [dilíbərèit]

The committee **deliberated** for several months before reaching a decision.
위원회는 결정에 이르기까지 몇 달간을 숙고했다.

de + liber(weigh: 저울질하다) → (저울질하듯) 3. 신중한; 2. 의도적인 → (신중히) 1. 숙고하다

---

13 reflect
[riflékt]

We need to take time to **reflect** on where we are and what our goals are.
우리는 우리가 어디에 있고 우리의 목표가 무엇인지 깊이 생각할 시간을 가질 필요가 있다.

re(back: 뒤) + flect(bend: 굽다) ┌ (뒤로 구부려 과거 일을) 1. **곰곰이 숙고하다**
└ (방향이 뒤로 굽어져) 2. 3. **반사[반영]하다**

---

14 ponder
[pándər]

Edison began to **ponder** the question as he held his chin in his hand.
에디슨은 턱을 손에 받치고 그 의문에 대해 깊이 생각하기 시작했다.

유래: 저울질하다(weigh) → (저울질하듯) 이것저것 따져 보다 → **곰곰이 생각하다**

37_3 영감·의견·철학

영감	17 strike	1. v. (생각이) **머리에 떠오르다** (= occur); (~) **인상을 주다**	
		2. v. (세게) **때리다, 치다** n. **때리기, 타격**	
		3. v. (세게) **부딪치다, 충돌하다**	
	18 occur	1. v. (~ to) (생각이) **머리에 떠오르다** (= strike)	occurrence n. 발생(하는 일)
		2. v. (일·사건 등이) **일어나다, 발생하다**	
의견·관점	19 perspective	1. n. (사물을 바라보는) (특정 개인의) **관점, 시각**	
		2. n. (전체적으로 파악하는) **균형 잡힌 관점, 균형감**	
	20 outlook	1. n. (특정한) (세상·인생을 바라보는) **관점, ~관**	
		2. n. (무엇인가) (앞날에 대한) **전망, 예상**	
		3. n. (특정 위치에서) (내다보이는) **전망, 조망**	
	21 stance	n. (어떤 일에 대한) (공개적인) **입장, 태도; 선 자세**	
철학·이념	22 philosophy	n. (본질과 근본 원리를 탐구하는) **철학**	philosophical a. 철학의 philosopher n. 철학자
	23 ideology	n. (관념·믿음의 체계): **이데올로기, 이념**	ideological a. 이데올로기[이념]의
기본	opinion 의견 view 견해		

18 occur
[əkə́ːr]

It never **occurred** to me that he might be lying, he seemed so sincere.
나는 그가 거짓말을 하고 있다는 생각은 전혀 들지 않았다. 그는 매우 진실해 보였다.

oc(toward: 방향) + cur(run: 달리다) ─ (생각이 머리를 향해 달려와서) 1. 머리에 떠오르다
└ (서로를 향해 마주 달려가서) 충돌하다 → 2. 발생하다

19 perspective
[pərspéktiv]

Your coaching really helped me to see things from a different **perspective**.
당신의 코치는 내가 다른 시각에서 사물을 보는 데 정말 도움을 주었다.

per(through: 관통) + spect(look: 보다) → (사물을) 꿰뚫어 봄 → (균형 잡힌) 관점

20 outlook
[au'tlʊˌk]

Those with an optimistic **outlook** are more likely to achieve their goals.
삶에 대해 낙관적인 견해를 가진 사람들은 그들의 목표를 달성할 가능성이 더 높다.

out(밖) + look(보다) ─ (내다보이는) 3. 조망 → (앞날에 대한) 2. 전망, 예상
└ (세상·인생을 보는) 1. 관점

22 philosophy
[filásəfi]

Descartes is generally considered the founder of modern **philosophy**.
데카르트는 일반적으로 현대 철학의 창시자로 여겨진다.

philo(loving: 사랑하는) + sophy(wisdom: 지혜) → (지혜를) 사랑하는 일 → **철학**

23 ideology
[àidiálədʒi]

Liberalism is an **ideology** that emphasizes the importance of the individual.
자유주의는 개인의 중요성을 강조하는 이데올로기이다.

ideo(idea: 생각) + logy(logic: 논리) → (생각의) 논리 → 이데올로기

철학·이념	24 creed	n. (굳게 지키는) (삶의) 신념, 신조; (종교적) 교리	
주관·객관	25 subjective	a. (자신의 견해를 기초로 하는): 주관적인	subjectivity n. 주관적임, 주관성
	26 objective	1. a. (사실을 기초로 하는): 객관적인	objectivity n. 객관적임, 객관성
		2. n. (업무나 사업상의 구체적인 실행) 목표	
추상·구체	27 abstract	a. (개념에 근거한): 추상적인 n. 추상화 v. 추출하다	abstraction n. 추상 관념[개념]
	28 concrete	a. (사실·실체에 근거한): 구체적인	
법칙·이론	29 principle	1. n. (바탕이 되는) (사물·현상·이론의) 법칙, 원리	principled a. 절조 있는: 원칙에 입각한
		2. n. (바탕이 되는) (도덕적인) 원칙, 주의, 신념	
	30 theory	n. (이치·지식을 논리적으로 설명한) 이론, 학설	theoretical a. 이론(상)의
			theorize v. 이론[학설]을 세우다
	31 hypothesis	n. (임시로 세운 이론): 가설	hypothetical a. 가설의
			hypothesize v. 가설을 세우다
기억·망각	32 recall	1. v. (떠올려서) (지난 일을) 생각해 내다, 상기하다 n. 기억(력)	
		2. v. (어떤 것이) (다른 것을) 생각나게 하다	
기본	remember 기억하다 memory 기억(력) forget 잊다		

Unit 37

---

24 creed
[kri:d]

He changed his political **creed** and has since been a democrat.
그는 정치적 신념을 바꾸었고 이후로 민주주의자이었다.

credo (I believe: 나는 믿는다)의 변형 → (내가 굳게 믿는) 교리: 신념, 신조

---

27 abstract
a. v. [æbstrǽkt]
n. [ǽbstrækt]

It's not easy to put these **abstract** ideas into more concrete form.
이 추상적인 생각을 더 구체적인 형태로 표현하기는 쉽지 않다.

abs(away: 떨어져) + tract(draw: 끌다) → (끌어 당겨져) 실제로부터 떨어진 → 추상적인

---

28 concrete
[kánkri:t]

No **concrete** evidence to support this theory is yet available.
이 이론을 뒷받침하는 구체적인 증거가 아직 없다.

con(together) + crete(grow: 자라다) → (잘 자라서 단단하게 굳어져) 형태를 갖춘 → 구체적인

---

29 principle
[prínsəpl]

Engineers apply scientific **principles** to solve engineering problems.
엔지니어들은 공학 문제를 해결하기 위해 과학적 원리를 적용한다.

prin(first: 처음) +cip(take: 잡다) → (맨 처음) 잡아 놓은 기준 → 원칙, 원리

---

31 hypothesis
[haipáθəsis]

In fact, there are a number of **hypotheses** for the origin of life on earth.
사실, 지구상의 생명의 기원에 대해서는 많은 가설이 있다.

hypo(under) + the(put: 놓다) → (결론 아래에) 가정해 놓은 것 → 가설

고급 중급

기억·망각	33 recollect	v. (노력해서) (희미한 일을) **생각해 내다, 회상하다**	recollection n. 회상
	34 **remind**	v. (할 일, 잊고 있던 일을) (기억하도록) **상기시키다**	
	35 **commemorate**	v. (과거의 사건·인물 등을) **기념하다**	commemoration n. 기념(식)
	36 **oblivion**	1. n. (세상에서) **잊혀진 상태, 망각**	oblivious a. 의식하지 못하는
		2. n. (정신을 잃거나 잠이 들어서) **인식[자각]이 없는 상태**	
상상·공상	37 conceive	1. v. (생각·계획 등을) **마음 속에 품다, 상상하다**	conception n. (계획 등의) 구상; 임신
		2. v. (아이를) **임신하다**	conceivable a. 상상[생각]할 수 있는
	38 illusion	1. n. (있다고 여기는 것이) (현실에는 없는) **환상, 환각**	illusory a. 환상에 불과한
		2. n. (그렇다고 여기는 것이) (실제와는 다른) **착각, 오해**	
	39 fancy	1. n. (엉뚱한) (제멋대로의) **공상, 상상** v. **공상[상상]하다**	fanciful a. 상상[공상]의
		2. a. (물건이) **장식이 많은, 화려한**	
		3. a. (호텔·식당·자동차 등이) **값비싼, 고급의**	
	40 fantasy	n. (터무니없는) (비현실적인 기분 좋은) **공상, 상상**	fantastic a. 환상적인; 굉장한
			fantasize v. 공상하다

기본 imagine 상상하다 dream 꿈꾸다 vision 환상, 상상

---

33 **recollect**
[rèkəlékt]

There were people with me, but I can't **recollect** who they were.
나와 함께 사람들이 있었지만 그들이 누구인지 기억해 낼 수 없다.

re(again) + collect(모으다) → (기억을) 다시 모으다 → **회상하다**

35 **commemorate**
[kəmémərèit]

It was built to **commemorate** the 100th anniversary of the university.
그것은 그 대학의 100주년을 기념하기 위해 세워졌다.

com(altogether: 함께) + memor(remind: 상기시키다) → (과거 일을) 함께 상기시키다 → **기념하다**

36 **oblivion**
[əblíviən]

Many great civilizations in the history have disappeared into **oblivion**.
역사의 많은 위대한 문명이 망각 속으로 사라졌다.

obliv(forget: 잊다) + ion → 잊혀진 상태; 인식이 없는 상태

37 **conceive**
[kənsíːv]

Nowadays, most people can hardly **conceive** of life without the Internet.
요즘은 대부분의 사람들이 인터넷이 없는 삶을 상상할 수 없다.

con(강조) + ceive(take: 받다) ― (생각을 받아) 1. 마음 속에 품다
ceive(take: 받다) ― (아이를 받아) 배 속에 품다 → 2. 임신하다

38 **illusion**
[ilúːʒən]

Everything you see, hear or feel is just an **illusion** of the mind.
당신이 보거나 듣거나 느끼는 모든 것은 단지 마음의 환상이다.

il(in: 안) + lus(play: 장난하다) + ion → (자기 마음 속의) 장난 → 환상; 착각

고급 중급

상상·공상	41 fallacy	n. (많은 사람들의) **그릇된 생각[믿음]; 인식 오류**	fallacious a. 잘못된, 틀린
추측·추론	42 suppose	1. v. (알고 있는) (불확실한 정보를 근거로) **추정[추측]하다** 2. v. (무엇을 사실인 것처럼) **가정[상정]하다** 3. v. (be -ed to) **~하기로 되어 있다, ~해야 하다**	supposition n. 추정, 추측
	43 assume	1. v. (근거는 없지만) (일단 사실일 것으로) **추정[추측]하다** 2. v. (책임·권한을) **(떠)맡다**	assumption n. 추정; 인수, 떠맡기
	44 presume	v. (근거는 없지만) (당연히 사실일 것으로) **추정[추측]하다**	presumption n. 추정, 가정 presumably ad. 아마, 추측하건대
	45 speculate	1. v. (상세한 사실·정보 없이) (미루어) **추정[추측]하다** 2. v. (큰 이익을 노리고) **투기하다**	speculation n. 추측, 사색; 투기 speculative a. 추론적인; 투기적인
가능성	46 likely	a. (가능성이 비교적 큰) **~할 것 같은** ad. **아마**	likelihood n. 있음 직함
	47 probable	a. (그럴 가능성이) **거의 확실한, 틀림없을 것 같은**	probability n. 개연성, 그럴듯함
	48 perhaps	ad. (불확실한 추측) **아마, 어쩌면**	

기본	guess 추측[짐작]하다 whether ~인지 아닌지 / if 만약 ~이면 unless 만약 ~이 아니라면 otherwise (만약) 그렇지 않으면 / possible 가능성이 있는 maybe 아마 chance 가망, 기회

Unit 37

---

41 fallacy
[fǽləsi]

It is a common **fallacy** that money brings happiness and power.
돈이 행복과 권력을 가져다 준다는 것은 흔한 그릇된 생각이다.

유래: 속임수(deception) → (속임수를 당해 갖게 된) **그릇된 생각; 오류**

---

43 assume
[əsúːm]

The lights were off so I **assumed** you'd already gone to bed.
불이 꺼져 있어서 나는 당신이 잠자리에 들었다고 추정했다.

as(to: 방향) + sume(take: 취하다) ─ (짐작을 취해서) 1. **추정하다**
└ (역할을 취해서) 2. **(떠)맡다**

---

44 presume
[prizúːm]

From the way she talked, I **presumed** her to be a doctor or a nurse.
그녀가 말하는 것으로 봐서 나는 그녀가 의사나 간호사일 것으로 추정했다.

pre (before: 미리) + sume(take: 취하다) → (미리 확신을) 취하다 → (당연히) **~라고 추정하다**

---

45 speculate
[spékjulèit]

All I can **speculate** is that he might have seen something happen.
내가 추정할 수 있는 모든 것은 그가 뭔가가 벌어지는 것을 보았을 지 모른다는 것이다.

spec(look: 보다) + ulate → (유심히 살펴보고) 1. **추측하다** → (추측하여) 2. **투기하다**

---

47 probable
[prɑ́bəbl]

The **probable** cause of the fire was a fault in the electrical system.
화재의 거의 확실한 원인은 전기 시스템의 고장이었다.

prob(prove: 증명하다) + able → 증명할 수 있는 → **거의 확실한**

38_1 기회·예상·기대

고급 중급

기회·가망	01 **opportunity** n. (이루기에 적절한) **기회, 호기**		**opportune** a. 때가 알맞은
	02 **prospect**	1. n. (미래에) (어떤 일이 있을) **가능성, 가망**	**prospective** a. 유망한, 장래의
		2. n. (-s) (사람·사업·경제 등이) **성공할 가능성[가망]**	
	03 **potential** a. (발달·성장·성공할) **잠재력이 있는** n. **잠재력**		
예상·예견	04 **predict** v. (일어날 일을) (경험·지식을 바탕으로) **예측[예견]하다**		**prediction** n. 예측
	05 **foresee** v. (일어날 일을) (미리 내다보고) **예견하다**		**foresight** n. 예견
	06 **forecast** v. (가용한) (정보를 근거로) **예측[예보]하다** n. **예측, 예측**		**forecaster** n. 예측자, (일기) 예보관
	07 **prophesy** v. (신비한) (종교적·마법적인 힘으로) **예언하다**		**prophecy** n. 예언
			prophet n. 예언자
	08 **foretell** v. (신비한) (마법의 힘으로) **예언하다**		
기대·전망	09 **anticipate** v. (기대감을 갖고) **고대[예상]하다**; (예상하고) **준비하다**		**anticipation** n. 예상, 기대
기본	**expect** 기대하다		

---

02 **prospect**
[práspekt]

She was really excited at the **prospect** of traveling to a foreign country.
그녀는 외국으로 여행을 간다는 기대감에 정말 흥분했다.

> pro(forward: 앞에) + spect(look: 보다) → (앞에) 보여지는 것 → 가능성, 성공할 가망

---

05 **foresee**
[fɔrsí']

It is impossible to **foresee** what changes may take place in the future.
미래에 어떤 변화가 일어날지를 예견하는 것은 불가능하다.

> fore(before: 미리) + see(보다) → (앞일을) 미리 보다 → 예견하다

---

07 **prophesy**
[práfəsài]

Jesus **prophesied** that Peter would deny Him three times before dawn.
예수님은 베드로가 날이 새기 전에 그를 세 번 부인할 것이라고 예언했다.

> pro(before: 앞)+phes(speak: 말하다) + y → (앞에서) 하늘의 말을 전하다 → 예언하다

---

08 **foretell**
[fɔrteʹl]

They **foretold** the future by observing the positions of the stars.
그들은 별의 위치를 관찰하여 미래를 예언했다.

> fore(before: 미리) + tel(말하다) → (앞일을) 미리 말하다 → 예언하다

---

09 **anticipate**
[æntísəpèit]

The company's third-quarter results were much better than **anticipated**.
그 회사의 3분기 결과는 기대보다 훨씬 더 좋았다.

> anti(before: 미리) + cip(take: 집다) → (앞일을) 미리 집어내다 → 고대[예상]하다

기대·전망		10 outlook	1. n. (무엇의) (앞날에 대한) 전망, 예상	
			2. n. (특정 위치에서) (내다보이는) 전망, 조망	
			3. n. (세상·인생을 보는) 관점, ~관	
이해·통찰		11 comprehend	v. (어렵고 복잡한 것을) (완전히) 이해하다 (= grasp)	comprehension n. 이해(력)
		12 grasp	1. v. (어렵고 복잡한 것을) (완전히) 이해하다 (= comprehend)	
			2. v. (단단히) 꽉 잡다, 움켜잡다 n. 움켜잡음	
		13 appreciate	1. v. (참된 가치 등의) 진가를 알아보다[인정하다]	appreciation n. 진가 알기; 감사;
			2. v. (무엇에 대해) 감사하게 생각한다	가치 상승
			3. v. (무엇의) 가치가 오르다	
		14 assimilate	1. v. (정보·지식 등을) 자기 것으로 흡수[소화]하다	assimilation n. 흡수; 동화
			2. v. (국가·사회·집단 등에) 동화되다[시키다]	
		15 insight	n. (꿰뚫어보고 이해하는) 통찰(력)	insightful a. 통찰력이 있는
분명·명확		16 obvious	a. (보거나 이해하기에) 분명한, 명백한	
		17 apparent	1. a. (보거나 이해하기에) 분명한, 명백한	
			2. a. (외견상) ~인 것처럼 보이는	
[기본]		understand 이해하다 / clear 분명한, 명확한		

¹¹ **comprehend**
[kὰmprihénd]

He doesn't seem to fully **comprehend** the functions of the machine.
그는 그 기계의 기능들을 완전히 이해하고 있는 것처럼 보이지 않는다.

com(completely: 완전히) + prehend(grasp: 이해하다) → (완전히) 이해하다

¹³ **appreciate**
[əprí:ʃièit]

It seems that his abilities are not fully **appreciated** by his boss.
그의 능력은 그의 상사에 의해 충분히 인정받지 못하고 있는 것처럼 보인다.

ap(to) + preci(price: 가격) ─ (가격을 높게 평가하고) 1. 진가를 알아보다
                              ├ (진가를 이해하여) 2. 감사하게 생각하다
                              └ (가격을) 높게 매기다 → 3. 가치가 오르다

¹⁴ **assimilate**
[əsíməlèit]

All children need time to **assimilate** what they have learned in school.
모든 아이들은 학교에서 배운 것을 소화할 시간이 필요하다.

as(to) + simil(like: 비슷한) → (비슷하게) 만들다 → 2. 동화시키다 1. 자기 것으로 흡수하다

¹⁵ **insight**
[ínsàit]

This book gives us new **insights** into today's environmental problems.
이 책은 우리에게 오늘날의 환경 문제에 대해 새로운 통찰을 준다.

in(속)+sight(꿰뚫어보기) → (속을) 꿰뚫어보기 → 통찰력

¹⁷ **apparent**
[əpǽrənt]

A group of young men suddenly beat him for no **apparent** reason.
한 무리의 젊은이들이 뚜렷한 이유 없이 갑자기 그를 때렸다.

ap(to) + par(visible: 보이는) + ent → (눈에 확실하게 보여서) 분명한

Unit 38

분명·명확	18 evident	a. (보거나 이해하기에) **분명한, 명백한**	evidence n. 증거 v. (증거로) 증명하다
	19 manifest	a. (보거나 이해하기에) **분명한, 명백한** v. **분명히 나타내다[나타나다]**	manifestation n. 나타남; 징후, 표명
	20 plain	1. a. (보거나 이해하기에) **분명한, 명백한** 2. a. (꾸미지 않고) **소박[수수]한**; (특별하지 않고) **평범한** 3. n. (넓고 평평한) **평원, 평지**	
	21 definite	1. a. (보거나 이해하기에) **분명한, 명백한** 2. a. (이미 정해진 일이어서) **확실한, 확정된**	⊖ indefinite a. 명확하지 않은; 한계가 없는
	22 vivid	a. (아주 뚜렷해서) (묘사·기억 등이) **생생한**; (색이) **선명한**	
	23 explicit	a. (말·글·묘사가) (숨김이 없이) **노골적인, 솔직한; 분명한**	⊖ implicit a. 암시적인, 내포된
	24 clarify	v. (자세히) (설명을 더해) **명확하게 하다**	clarity n. 명백, 명료 clarification n. 명확화
눈에 띄는	25 noticeable	a. (두드러져서) **눈에 띄는, 현저한** (= prominent)	
	26 prominent	1. a. (두드러져서) **눈에 띄는, 현저한**; (바깥쪽으로) **돌출된** 2. a. (중요해서 잘 알려진): **중요한, 유명한**	prominence n. 두드러짐, 현저함; 저명

19 manifest
[mǽnəfèst]

At the age of 12, he **manifested** his intention to become a baseball player.
12살에 그는 야구 선수가 되겠다는 의사를 분명히 밝혔다.

> mani(hand: 손) + fest(seizable: 잡을 수 있는) → (손 안에 잡을 수 있는 만큼) 분명한

22 vivid
[vívid]

He still has **vivid** memories of his trip to New York twenty-five years ago.
그는 25년 전 뉴욕에 여행 갔던 일을 여전히 생생하게 기억하고 있다.

> viv(live) + id → (살아있는 것처럼) 생생한; 선명한

23 explicit
[iksplísit]

The book contains some pretty **explicit** love scenes and violence.
그 책은 몇몇 꽤 노골적인 사랑 장면과 폭력을 담고 있다.

> ex(out: 밖) + plic(fold: 접다) → (접힌 것을) 밖으로 편 → 노골적인, 분명한

24 clarify
[klǽrəfài]

I still didn't understand. Could you **clarify** it for me, please?
나는 여전히 이해를 못하겠습니다. 내게 명확하게 말씀해 주시겠습니까?

> ▷ clar(clear: 명확한) + ify(make: 만들다) → 명확하게 하다

26 prominent
[prámənənt]

The new hotel is in a **prominent** position in the heart of the town.
그 새 호텔은 도시의 중심부의 눈에 띄는 위치에 있다.

> pro(forward: 앞으로) + min(project: 돌출되다) ┌ (앞으로 돌출되어 있어서) 1. 눈에 띄는
 └ (지위·명망이 눈에 띄어서) 2. 유명한

고급 중급

불분명	27 obscure	1. a. (분명하지 않고) 애매한, 모호한 v. 모호하게 하다 2. a. (세상에) 잘 알려지지 않은, 무명의	obscurity n. 불명료; 무명, 세상에 알려지지 않음	
	28 ambiguous	a. (분명하지 않고) 애매한, 모호한 (=obscure, vague)	ambiguity n. 애매함	
	29 vague	1. a. (분명하지 않고) 애매한, 모호한 (= obscure, ambiguous) 2. a. (뚜렷하지 않고) (기억·형체 등이) 희미한, 어렴풋한		
	30 subtle	a. (감지·포착하기가 어려운): 미묘한, 교묘한	subtlety n. 미묘, 교묘	
	31 faint	1. a. (불분명하게) (빛·소리·냄새 등이) 희미한; 아주 적은 2. v. (정신을 잃고) 기절하다 n. a. 기절(할 듯한)		
	32 blur	v. (형체·경계 등이) 흐릿해지다[하게 만들다] n. 흐릿한 것	blurry a. 흐릿한, 모호한	
혼란·혼동	33 confuse	1. v. (질서 없이 뒤섞여서) 혼란스럽게 하다 2. v. (서로 다른 것들을) 혼동하다	confusion n. 혼란, 혼동	
	34 perplex	v. (이해가 되지 않아) 당황[당혹, 난처]하게 하다 (= bewilder)		
	35 bewilder	v. (혼란스러워) 당황[당혹, 난처]하게 하다 (= perplex)	bewilderment n. 당황, 당혹, 난처	
수수께끼	36 riddle	n. (이상하고 모호한 질문) 수수께끼 (같은 일)		
	37 puzzle	n. (글자·그림 찾기 등의) 알아맞히기 놀이, 퍼즐; 수수께끼 v. (이해가 되지 않아서) 어쩔 줄 모르게 하다		

Unit 38

---

27 **obscure**

[əbskjúər]

For some **obscure** reason, he didn't show up for his appointment.

무슨 알 수 없는 이유 때문인지, 그는 약속시간에 나타나지 않았다.

ob(over: 위에) + scure(covered: 덮인) → (위가 덮여서) 어두운 → 1. 애매한 2. 잘 알려지지 않은

---

28 **ambiguous**

[æmbígjuəs]

This part of the agreement is somewhat **ambiguous**.

계약서의 이 부분이 약간 애매하다.

ambi(both: 양쪽) + gu(lead: 이끌다) + ous → (해석이 양쪽으로 이끌려져서) 애매한

---

32 **blur**

[blə:r]

The car's yellow headlights were **blurred** by the fog.

그 차의 노란색 헤드라이트는 안개로 흐릿해졌다.

유래: 눈이 침침한(bleary) → (침침한 눈으로 보는 형체·경계 등이) 흐릿해지다

---

34 **perplex**

[pərpléks]

His worsening condition **perplexed** the doctors.

그의 악화되는 건강 상태는 의사들을 당혹스럽게 했다.

per(thoroughly: 완전히) + plex(twine: 꼬다) → (일이 완전히 꼬여서) 당황하게 하다

---

35 **bewilder**

[biwíldər]

He was completely **bewildered** by her sudden change of expression.

그녀의 갑작스런 표정 변화에 그는 완전히 어리둥절했다.

be(thoroughly: 완전히) + wilder(길을 잃다) → (완전히) 길을 잃게 하다 → 당황하게 하다

고급 중급

선택·대안	38 **choose**	v. (여럿 중) (원하는 것을) **고르다, 선택하다**	**choice** n. 선택 (기회)
	39 **select**	v. (여럿 중) (가장 적합한 것을) **선택[선정]하다** a. **엄선된**	**selection** n. 선발(된 것)
	40 **option**	n. (한 가지를 취할 수 있는) (취사) **선택(권)**	**opt** v. (선)택하다 **optional** a. 선택권이 있는
	41 **designate**	v. (특정 직책·목적·이름으로) **지명[지정]하다** a. **지명[지정]된**	**designation** n. 지명, 지정
	42 **alternative**	n. (대신할 수 있는 다른) **대안** a. **대안[대체]의**	
판단·결론	43 **judge**	v. (논리·기준에 따라) **판단[판정, 판결]하다** n. **심판, 판사**	**judgment** n. 판단(력); 판정, 판결
	44 **infer**	v. (주어진 정보·사실을 근거로) **추론하다** (= infer)	**inference** n. 추론
	45 **deduce**	v. (주어진 정보·사실을 근거로) **추론하다** (= deduce)	**deduction** n. 추론, 연역; 공제(액)
	46 **conclude**	1. v. (신중한 검토 후) (최종적으로) **결론을 내리다** 2. v. (하던 일을 완전히) **결말짓다, 종결하다**	**conclusion** n. 결론; 결말
결정·결심	47 **resolve**	1. v. (무엇을 하기로) (굳게) **결심하다** n. **결심** 2. v. (회의·위원회 등에서) (투표로) **의결하다** n. **의결** 3. v. (확실하게) **해결하다**	**resolution** n. 결심, 결정; 해결 **resolute** a. 결심이 굳은

기본 | **pick** 고르다, 뽑다 / **decide** 결정[결심]하다 **set** 정하다, 설정하다

---

41 **designate**

v. a. [dézignèit]
a. [dézignət]

The region was **designated** as a national park in 1964.
그 지역은 1964년 국립공원으로 지정되었다.

de(out) + sign(mark: 표시) → mark out(표시하다) → (표시를 하여) **지정[지명]하다**

---

42 **alternative**

[ɔ:ltə́:rnətiv]

Many scientists are working to develop **alternative** energy sources.
많은 과학자들이 대체 에너지 자원을 개발하기 위해 일하고 있다.

alter(other: 다른) + native → (대신하는) 다른 것 → **대안**

---

44 **infer**

[infə́:r]

From the evidence, we can **infer** that the mistake was accidental.
증거로부터 우리는 그 실수는 우연이었다는 것을 추론할 수 있다.

in(안) + fer(carry: 나르다) → (정보·사실 등을 안으로 날라 모아서) **추론하다**

---

45 **deduce**

[didjú:s]

From this, we can **deduce** that the universe must be a certain size.
이것으로부터, 우리는 우주가 어느 정도의 크기일 것이라고 추정할 수 있다.

de(down) + duce(lead: 이끌다) → (판단을) 이끌어 내다 → **추론하다**

---

47 **resolve**

[rizálv]

He **resolved** that he would never drink more than four glasses a day.
그는 절대로 하루에 4잔 이상 술을 마시지 않겠다고 결심했다.

re(강조) + solve(loosen: 풀다) ┌ (문제를 풀고) 1. **결심하다**
└ (문제를 확실히) 풀다 → 2. **해결하다**

고급 중급

결정·결심	48 determine	1. v. (영향을 미쳐) (어떤 것이 다른 것을) **결정하다**	determination n. 결정: 결단력, 투지
		2. v. (일정·방침 등을) (공식적으로) **확정[결정]하다**	determined a. 굳게 결심한, 단호한
		3. v. (사실·진실을) **알아내다, 밝히다**	
	49 settle	1. v. (불확실하던 일을) (최종적으로) **결정[확정]하다**	settlement n. 해결, 합의: 정착(지)
		2. v. (최종적으로) **해결[처리]하다**	settler n. 정착자, 이주자
		3. v. (새로운 곳에) **정착하다**	
지식·지혜	50 intellectual	a. (지식·지성에 관련된): **지적인** n. **지식인**	intellect n. 지성
	51 wit	1. n. (-s) (재빠르고 영리하게 판단·결정하는 능력): **지혜**	witty a. 재치[기지] 있는
		2. n. (영리하고 재미있게 말하는) **재치[기지] (있는 사람)**	
	52 profound	1. a. (지식·이해력 등이) **깊은, 심오한**	profundity n. 심오, 깊음
		2. a. (받은 느낌·영향 등이) **강렬한, 매우 깊은**	
전문가	53 expert	n. (무엇의) (전문 지식·경험을 가진) **전문가** a. **전문가의**	expertise n. 전문 지식[기술]
	54 veteran	1. n. (무엇의) (오랜 경험을 가진) **전문가, 베테랑**	
		2. n. (전쟁에 참가했던) **참전 용사, 퇴역 군인**	
기본	knowledge 지식 experience 경험		

Unit 38

48 **determine**
[ditə́ːrmin]

The event will be postponed, and a new date has yet to be **determined**.
그 행사는 연기될 예정이고 새 날짜는 아직 확정이 되지 않았다.

de(completely) + termine(limit: 한계 짓다) ┌ (어떤 일에 한계를 지어) 1. 결정하다
└ (한계를 짓고, 거짓을 배제하여 진실을) 2. 알아내다

50 **intellectual**
[ìntəléktʃuəl]

This job requires considerable **intellectual** effort and practical ability.
이 일은 상당한 지적인 노력과 실질적인 능력을 필요로 한다.

intel(between: 사이) + lect(read: 읽다) → (행간을) 읽을 줄 아는 → 지적인

51 **wit**
[wit]

He needed all his **wits** to escape from the dangerous situation.
그는 위험한 상황을 벗어나기 위해 모든 지혜를 동원해야 했다.

유래: 알다(know) → 지식(knowledge) → 1. 지혜 → (지혜로운) 말재주 → 2. 재치, 기지

52 **profound**
[prəfáund]

The spiritual experience had a very **profound** effect on me.
그 경험은 내게 매우 깊은 영향을 주었다.

pro(forth:앞으로) + found(bottom:바닥) → (바닥을 향해) 앞으로 가는 → 깊은, 심오한

54 **veteran**
[vétərən]

He is a twenty-eight-year **veteran** of the New York City Fire Department.
그는 뉴욕시 소방국의 28년 경력의 전문가이다.

veter(old: 오래된, 늙은) + an ┌ (오랜 경험을 가진) 전문가
└ (늙은) 퇴역 군인

사고·판단·지식 III
thinking & judgment & knowledge III

39_1 능력·재능·소질

고급 중급

전문가	01 **specialize**	v. (특정 분야만을) **전문적으로 다루다, 전공하다**	specialization n. 전문[특수]화 specialist n. 전문가
능력	02 **capable**	a. (필요한 능력·자격을 갖춰서) **~할 수 있는, 유능한**	capability n. 능력, 역량 capacity n. (최대) 수용력, 용량, 능력
	03 **enable**	v. (사물이 사람·사물에게) **~을 할 수 있게 하다**	
	04 **competence**	n. (능숙하게 특정 일을 잘하는) **능력, 역량**	competent a. 유능한
	05 **proficient**	a. (훈련·연습으로) **숙달된, 능숙한**	proficiency n. 숙달, 숙련
	06 **instinct**	n. (타고나는 기능·성향·감각): **본능**	instinctive a. 본능적인
재능·소질	07 **gift**	1. n. (타고난 능력): **재능** (= talent)	
		2. n. (인사·축하 등의 뜻으로 주는) **선물**	
	08 **talent**	n. (타고난 능력): **재능** (= gift)	
기본	able 능력이 있는, ~할 수 있는 gift 재능 talent 재능		

---

02 **capable**
[kéipəbl]

I think he's quite **capable** of holding such a responsible position.
나는 그가 그런 책임이 막중한 직위를 맡을 능력이 충분히 있다고 생각하다.

> cap(hold: 수용하다) + able → (수용할 수 있는) 능력이 있는 → ~ 할 수 있는, 유능한

---

03 **enable**
[inéibl]

The Internet **enabled** us to find information and people easily.
인터넷은 우리가 정보와 사람을 쉽게 찾을 수 있게 만들었다.

> en(make: 만들다) + able(할 수 있는) → ~할 수 있게 하다

---

04 **competence**
[kámpətəns]

They need continuing education to maintain their technical **competence**.
그들은 기술적인 역량을 유지하기 위해 지속적인 교육이 필요하다.

> compete(경쟁하다) + ence → (경쟁을 이겨낼 수 있는) 능력, 역량

---

05 **proficient**
[prəfíʃənt]

He is **proficient** in several languages including English and Chinese.
그는 영어와 중국어를 포함한 여러 나라 언어에 능숙하다.

> pro(forward: 앞) + fic(make: 만들다) → (실력이) 만들어져 앞쪽에 있는 → 숙달된

---

06 **instinct**
[ínstiŋkt]

The strongest natural **instinct** all animals have is the survival instinct.
모든 동물이 가지고 있는 가장 강한 자연적인 본능은 생존의 본능이다.

> in(안) + stinct(prick: 찌르다) → 마음 속에서 일어나는(찌르는) 자극 → 본능

재능·소질	09 aptitude	n. (타고난 학습·적응 능력): **소질, 적성**	apt a. 적절한; ~하기 쉬운: 이해가 빠른
정보·기록	10 statistics	n. (분석 내용을 숫자로 나타내는) **통계(학)**	statistical a. 통계의
	11 register	v. (명부·목록 등에) **등록[기록]하다** n. 등록부, 명부	registration n. 등록, 기록
	12 research	n. (특정 주제에 대한) (학술적) **연구, 조사** v. **연구[조사]하다**	researcher n. 연구[조사]원
	13 analyze	v. (복잡한 것을 나누어) **분석하다**	analysis n. 분석 analyst n. 분석가 analytical a. 분석적인 (= analytic)
연구·실험	14 experiment	v. (관찰·측정을 위한) (과학) **실험** v. **실험하다**	experimental a. 실험의
	15 laboratory	n. (장비·설비를 갖춘) **실험실** (= lab)	
	16 subject	1. n. (실험·시험의 대상이 되는) **피험자, 실험[시험] 대상** 2. n. (대화·토의·연구 등의) **주제** 3. n. (교과의 구분) **과목, 학과** 4. a. (~ to) **~을 당하기 쉬운; ~에 종속된; ~에 달려 있다**	
기본		information 정보 fact 사실 detail 세부 사항 data 데이터 record 기록 document 문서, 서류 form 양식, 서식 note 기록, 메모 diary 일기 label 라벨, 상표 list 리스트, 목록 / study 연구, 학문 test 테스트, 검사 try 실제로 해 보다, 시험삼아 써 보다	

09 aptitude
[ǽptətjùːd]

Aptitude tests are widely used for selecting people for various jobs.
적성 검사는 다양한 직업에서 사람을 뽑는 데 폭넓게 사용된다.

apt(적합한) + itude → (어떤 일에) 적합함 → 소질, 적성

10 statistics
[stətístiks]

Statistics show that 68 percent of all users of the Internet are male.
통계는 모든 인터넷 사용자 중 68퍼센트가 남성이라는 것을 보여준다.

유래: state(국가) → (국가의 제정상태를 조사하는) 학문 → 통계(학)

13 analyze
[ǽnəlàiz]

For this study, they analyzed data from over three thousand people.
이 연구를 위하여 그들은 3천명 이상의 사람의 데이터를 분석했다.

ana(throughout: 구석구석까지) + lyze(loosen: 풀다) → (구석구석) 풀다 → 분석하다

14 experiment
[ikspérəmənt]

He has actually conducted scientific experiments to test his ideas.
그는 자신의 생각을 테스트하기 위해 실제로 과학적인 실험을 했다.

ex(out) + per(try) → try out(시험해 보다) → 실험하다

15 laboratory
[lǽbərətɔ̀ːri]

The collected blood samples were sent to a laboratory for analysis.
채취된 혈액 샘플은 분석을 위해 실험실로 보내졌다.

labor(work: 일하다) + atory → 실험(일)을 하는 장소 → 실험실

조사·검사	17 **examine**	1. v. (더 자세히) (알기 위해서) **조사[검사]하다**	examination n. 조사, 검사; 시험; 진찰
		2. v. (실력·재능 등을) **시험하다**	exam n. 시험 (= examination)
		3. v. (환자의 증상을) **진찰하다**	
	18 **scrutinize**	v. (주의를 기울여) **면밀히 조사[검사]하다**	scrutiny n. 면밀한 조사[검사]
	19 **scan**	1. v. (무엇을 찾기 위해) (특정 구간을) **유심히 살피다**	
		2. v. (빠르게) (신문 등을) **대충 훑어보다**	
	20 **inspect**	v. (기준·규격에 맞게) (제대로인지) **점검[검사, 검열]하다**	inspection n. 검사 inspector n. 검사자[관]
	21 **investigate**	v. (진실을 밝히기 위해) (사건·범죄 등을) **수사[조사]하다**	investigation n. 조사, 수사 investigator n. 조사원[관], 수사관
	22 **censor**	v. (통제하기 위해 출판물·영화 등을) **검열하다** n. **검열관**	
	23 **probe**	1. v. (자세히) (비밀·정보 등을) **캐묻다** n. (철저한) **조사**	
		2. v. (길고 가느다란) (탐침 등으로) **탐색하다** n. **탐침**	
	24 **survey**	n. (의견·성향을 묻는) **설문 조사** v. (설문) **조사하다**	
〔기본〕	check 점검, 조사, 검사		

---

18 **scrutinize**
[skrú:tənàiz]

They **scrutinized** every document, down to the lunch receipts.
그들은 점심식사 영수증에 이르기까지 모든 서류를 면밀히 조사했다.

> scru(shred: 갈기갈기 자른 조각) + tinize → (갈기갈기 자른 조각까지도) **면밀히 조사하다**

19 **scan**
[skæn]

He **scanned** her face, looking for any signs of her true feelings.
그는 그녀의 진짜 감정의 기색이라도 찾아보려고 그녀의 얼굴을 유심히 살폈다.

20 **inspect**
[inspékt]

Be sure to **inspect** the goods before you sign the delivery receipt.
배달 영수증에 서명을 하기 전에 물품을 반드시 검사하십시오.

> in(into: 안으로) + spect(look: 보다) → (속까지) 샅샅이 들여다보다 → **점검[검사, 검열]하다**

21 **investigate**
[invéstəgèit]

Police are **investigating** the exact cause of the accident.
경찰은 정확한 사고 원인을 수사 중이다.

> in(안) + vestig(track: 추적하다) → (사건·범죄의) 속을 추적하다 → **수사[조사]하다**

22 **censor**
[sénsər]

All books and magazines were heavily **censored** before publication.
모든 책과 잡지는 출간 전에 심하게 검열을 당했다.

> cens(assess: 평가하다) + or → (내용을 평가해서) 단속하다 → **검열하다**

23 **probe**
[proub]

In questioning, the police **probed** into the details of his personal life.
심문에서 경찰은 그의 사생활의 상세한 부분을 캐물었다.

조사·검사	25 review	1. v. (변경·수정할 것이 있는지) **재검토하다** n. **재검토**	
		2. v. (배운 것을) **복습하다** n. **복습**	
인식·인지	26 aware	a. (어떤 사실·상황을) **알고[의식하고] 있는** (= conscious)	awareness n. 알고 있음, 의식
	27 conscious	1. a. (어떤 사실·상황을) **알고[의식하고] 있는** (= aware)	consciousness n. 의식
		2. a. (지각·인식할 수 있는) **의식이 있는, 제정신인**	
	28 intuition	n. (곧바로 느껴서 아는 능력): **직관**	intuitive a. 직관적인
	29 cognitive	a. (분별·판단하여 아는) **인식[인지]의**	cognition n. 인식, 인지
익숙함	30 familiar	1. a. (자주 접하거나 겪어서) **익숙한** (= accustomed)	familiarity n. 익숙함; 정통함
		2. a. (자주 접하거나 겪어서) **잘 아는, 정통한**	
	31 accustomed	a. (자주 접하거나 겪어서) **익숙한** (= familiar)	accustom v. 습관들이다, 길들이다
알아차림	32 notice	1. v. (무엇을) (보거나 느껴서) **알아차리다** n. **알아챔**	noticeable a. 눈에 띄는
		2. n. (미리 알리는) **통지(서); 안내(판), 공고(문)**	
	33 realize	1. v. (갑자기) (새로운 것, 몰랐던 것을) **깨닫다, 알아차리다**	realization n. 깨달음, 인식; 실현
		2. v. (희망·계획 등을) **실현[달성]하다**	
기본	know 알다 familiar 익숙한		

26 aware
[əwéər]

Smokers continue to smoke, although **aware** of the dangers of smoking.
흡연자들은 흡연의 위험성에 대해 인식하고 있지만 담배를 계속 피운다.

a(강조) + ware(wary: 경계하는) → (매우 경계하기 때문에) 알고 있는

27 conscious
[kánʃəs]

I was **conscious** of the fact that something had gone terribly wrong.
나는 뭔가가 아주 잘못되었다는 사실을 알고 있었다.

con(together: 함께) + sci(know: 알다) ┬ (사실·상황을) 다 알고 있는 → 1. 알고 있는
└ (깨어 있어서) 다 알고 있는 → 2. 의식이 있는

28 intuition
[ìntjuːíʃən]

The moment he saw her, his **intuition** told him that something was wrong.
그가 그녀를 보는 순간, 그는 직관적으로 뭔가가 잘못되었다는 것을 알았다.

in(속) + tuit(look: 보다) → (사물의 속을) 곧장 보는 능력 → 직관

29 cognitive
[kágnitiv]

Language plays a key role in children's **cognitive** development.
언어는 아이들의 인지 발달에 핵심적인 역할을 한다.

cognit(known: 알려진) + ive → (무엇을 알아 가는) 과정의 → 인식[인지]의

31 accustomed
[əkʌ́stəmd]

Slowly his eyes became **accustomed** to the darkness.
서서히 그의 눈은 어둠에 익숙해졌다.

ac(to: 방향) + custom(습관) → (습관) 들여진 → 익숙한

39_5 알아차림·현실감

고급 중급

알아차림	34 recognize	1. v. (이전에) (보거나 들어서) **알아보다, 인식하다** 2. v. (존재·진실성·가치를) **인정[공인]하다**		recognition n. 인식; 인정
	35 perceive	v. (감각적으로) (오감을 통해) **지각[감지]하다**		perception n. 지각(력)
	36 discern	v. (분명치 않은 것을) (구별하여) **알아차리다, 식별하다**		
	37 identify	1. v. (보고 나서) (신원·정체 등을) **확인[식별]하다** 2. v. (똑같은 것으로) (~과) **동일시하다**		identification n. 신분증; 식별; 동일시 identity n. 신원, 정체, 본인임
	38 ignorant	1. a. (정보·지식이 없어서) **잘 모르는, 생소한** 2. a. (배우지 못해서) **무식[무지]한**		ignorance n. 알지 못함, 무식
현실감	39 practical	1. a. (관념적·이론적이 아닌) **실지의, 실제적인** 2. a. (실생활에서 유용·타당한); **실용적인**		practicality n. 실제적임; 실용성
	40 realistic	a. (이상적이 아닌) **현실적인, 현실주의의**		realism n. 현실주의 realist n. 현실주의자
	41 empirical	a. (이론이 아니라) **경험[실험]에 근거를 둔, 실증적인**		empiricism n. 경험[실증]주의, 경험론
	42 sophisticated	1. a. (사람·스타일 등이) **세련된, 교양이 있는** 2. a. (기계·시스템·방법 등이) **정교한, 복잡한**		sophistication n. 세련됨; 정교함
기본	wise 현명한			

---

35 perceive
[pərsíːv]

He watched her closely and **perceived** a slight change in her appearance.
그는 그녀를 면밀히 지켜봤고 그녀의 외모의 약간의 변화를 감지했다.

per(thoroughly: 완전히) + ceive(grasp: 파악하다) → (완전히) 파악하다 → 인지하다

---

36 discern
[disə́ːrn]

Are you able to **discern** any difference between these two photographs?
당신은 이 두 개의 사진 사이에 어떤 차이점을 알아차릴 수 있으신가요?

dis(apart:: 분리) + cern(separate: 떼어놓다) → (분리하여) 떼어놓다 → 식별하다

---

37 identify
[aidéntəfài]

According to police, the dead man was **identified** as her husband.
경찰에 따르면 사망한 남자는 그녀의 남편인 것으로 확인되었다.

identi(same: 동일한) + fy ┌ (어떤 것과 다른 것을) 동일한 것으로 여기다 → 2. 동일시하다
└ (신원·정체가 동일한지를) 1. 확인[식별]하다

---

41 empirical
[impírikəl]

There is considerable **empirical** evidence to support such a belief.
그러한 믿음을 뒷받침할 상당한 실증적인 증거는 있다.

em(in) + piri(experiment: 실험) → (논리·이론이 아니라) 실험[경험]에 근거한

---

42 sophisticated
[səfístəkèitid]

The young man was tall, handsome, and **sophisticated** in his behavior.
그 젊은 남자는 키가 크고 잘생기고 행동이 세련되었다.

유래: sophist(고대 그리스의 철학·수사학 교사) ┌ (세상일에 밝아) 1. 세련된
└ (세련된 고도의 지식을 이용해서) 2. 정교한

총명함	43 **intelligent**	a. (지적인 능력이 높은): **머리가 좋은, 똑똑한**	**intelligence** n. 지능, 총명함; 정보, 첩보
	44 **brilliant**	1. a. (영리하고 재능이 있는): **명석한, 재기가 넘치는**	**brilliance** n. 뛰어난 재기; 광휘, 광채
		2. a. (빛·색채가) **아주 밝은, 눈부신**	
우둔함	45 **dumb**	1. a. (stupid의 미국식 비격식어): **멍청한, 바보 같은**	
		2. a. (언어 장애의): **벙어리의, 말을 못 하는**	
	46 **dull**	1. a. (머리·칼날 등이) **둔한, 무딘** v. 둔해지다	
		2. a. (단조로워서) **따분한, 재미없는**	
		3. a. (색·빛·날씨 등이) **흐릿한, 우중충한** v. 흐릿해지다	
	47 **idiot**	n. (어리석은 짓을 하는) **바보, 멍청이**	**idiotic** a. 바보스러운
불합리	48 **absurd**	a. (이치·도리에 맞지 않고) **불합리한, 어리석은** n. 불합리	**absurdity** n. 불합리, 부조리
	49 **ridiculous**	a. (비웃지 않을 수 없는): **웃기는, 터무니없는**	**ridicule** v. 비웃다 n. 비웃음
미친	50 **insane**	a. (정신에 이상이 생겨) **미친, 제정신이 아닌**	**insanity** n. 정신 이상, 미친 짓 ⊖ **sane** a. 제정신인; 분별 있는
	51 **frantic**	a. (다급함·흥분·공포 등으로) **미친 듯이 날뛰는[서두는]**	

기본	clever 영리한 smart 영리한 bright 영리한 genius 천재 / stupid 어리석은 foolish 어리석은 silly 어리석은 nonsense 터무니없는 짓[말, 생각] childish 유치한 / crazy 미친 mad 미친

43 **intelligent**
[intélədʒənt]

He was an **intelligent** student who spoke several languages fluently.
그는 여러 개의 언어를 유창하게 구사하는 머리가 좋은 학생이었다.

intel(between: 사이) + lig(read: 읽다) → (행간을) 읽을 줄 아는 → 똑똑한

46 **dull**
[dʌl]

Everyone considered him as a **dull** and stupid child but he was a genius.
모든 사람들은 그를 둔하고 바보 같은 아이라고 여겼지만 그는 천재이었다.

유래: 어리석은(foolish) ─ 머리가 어리석은 → 1. 둔한 → (칼날이) 둔한 → 1. 무딘
└ (예리·선명하지 않고) 무딘 → 3. 흐릿한 2. 재미없는

48 **absurd**
[æbsə́ːrd]

It seemed an **absurd** waste of time, but I made up my mind to try it.
그것은 터무니 없는 시간 낭비처럼 보였지만 나는 그것을 해보기로 결정했다.

ab(강조) + surd(stupid: 어리석은) → (완전히) 어리석은 짓인 → 불합리한

50 **insane**
[inséin]

He went completely **insane** and could not possibly control himself.
그는 완전히 미쳐서 자신을 통제할 수가 없었다.

in(not) + sane(제정신인) → (제정신이) 아닌 → 미친

51 **frantic**
[frǽntik]

Her mother was **frantic** with worry about her daughter going missing.
그녀의 엄마는 행방불명 중인 딸에 대한 걱정으로 제정신이 아니었다.

fran(mind: 정신) + tic → (정신에) 문제가 있는 → 미친 듯이 날뛰는

40_1 진실·실제·거짓

고급 중급

순진함	01 **innocent**	1. a. (세상 물정을 몰라서) **순진한** (= naive) 2. a. (죄가 없는): **무죄의**		innocence n. 순진, 천진난만; 무죄
	02 **naive**	a. (세상 물정을 몰라서) **순진한** (= innocent)		
진실·진짜	03 **genuine**	a. (사물·사람이) (가짜·거짓이 아닌) **진짜의; 참된**		
	04 **authentic**	a. (사물이) (출처·근거가 확실해서) **진본[진품, 진짜]의**		authenticity n. 진품[진짜]임
실제·현실	05 **actual**	a. (정확히) (있는 그대로의): **실제의, 사실상의**		actuality n. 현존, 실재, 사실
	06 **virtual**	a. (다름없이) (거의 비슷하거나 같은): **사실상의; 가상의**		
	07 **reality**	n. (현재 실제로 존재하는) **현실(성)**		⊖ unreality n. 비현실(성). 실재하지 않는 것
	08 **tangible**	a. (분명한 실체가 있는): **유형의, 만져서 알 수 있는**		tangibility n. 만져서 알 수 있음
거짓·가짜	09 **fake**	a. (무엇이) (남을 속이려고 만든): **위조[모조]의** n. **위조[모조]품** v. **위조[모조]하다**		

기본	true 진실의, 참된 real 진짜의, 정말의

---

01 innocent
[ínəsənt]

He didn't know anything; he was just an **innocent** little child.
그는 아무것도 몰랐다. 그는 단지 순진한 어린아이일 뿐이었다.

> in(not) + noc(harm: 해) ─ (남에게 해 끼치는) 법을 모르는 → 1. 순수한, 천진난만한
> └ (남에게) 해를 끼치지 않은 → (죄가) 없는 → 2. 무죄의

02 naive
[na:íːv]

The young man is so **naive** that everyone takes advantage of him.
그 젊은이는 너무 순진해서 모든 사람이 그를 이용한다.

> 유래: 타고난(inborn) → (세상에 물들지 않고) 타고난 그대로의 → 순진해 빠진, 순진한

04 authentic
[ɔ:θéntik]

There is no doubt that the painting is **authentic**.
그 그림이 진품인 것은 의심할 여지가 없다.

> aut(self: 자신의) + hent(doer: 하는 사람) → (자신이 직접 한 사람이어서) 진본[진품]인, 진짜인

06 virtual
[və́:rtʃuəl]

The tension between the two was developing into a state of **virtual** war.
그 둘 사이의 긴장은 사실상의 전쟁 상태로 발전하고 있었다.

08 tangible
[tǽndʒəbl]

I don't believe it because there is no **tangible** evidence of it.
그것의 실체적인 증거가 없기 때문에 나는 그것을 믿지 않는다.

> tang(touch: 만지다) + ible(할 수 있는) → (실체가 있어서) 만질 수 있는 → 유형의

09 fake
[feik]

He was arrested when he tried to leave the country with a **fake** passport.
그는 가짜 여권으로 그 나라를 떠나려고 하다가 체포되었다.

거짓·가짜	10 artificial	a. (무엇이) (천연물이 아니라) 인공[인조, 모조]의	artificiality n. 인공(물) 인위, 모조(품)
	11 mock	1. a. (무엇을) (비슷하게 흉내를 낸) 모의[가짜]의	mockery n. 조롱(거리)
		2. v. (흉내를 내며) 놀리다, 조롱하다	
	12 counterfeit	a. (특히) (돈·상품·문서가) 위조의 n. 위조(품) v. 위조하다	
옳고 그름	13 correct	a. (오류나 실수가 없이) 옳은, 틀림없는 v. 고치다	⊖ incorrect a. 틀린
	14 blunder	n. (어리석음·부주의로 인한) 큰 실수 v. 큰 실수를 하다	
정확성	15 accurate	a. (무엇이) (오류·실수 없이) 정확한	accuracy n. 정확
	16 precise	a. (무엇이) (세세한 부분까지) 정확[정밀]한	precision n. 정밀
	17 approximate	a. (무엇이) (기준에) 아주 가까운, 거의 정확한 v. 가깝다	approximation n. 접근, 근사(치)
			approximately ad. 대략, 거의
	18 rough	1. a. (무엇이) (정확하지 않고) 대략[대강]의	roughly ad. 대략: 거칠게
		2. a. (성질·행동이) 난폭한, 거친	roughen v. 거칠게 되다, 거칠게 하다
		3. a. (겉면이) 거칠거칠한, 거친	
의심·냉소	19 doubt	v. (무엇이) (사실이 아닐지 모른다고) 의심하다 n. 의심	doubtful a. 의심을 품은, 의심스러운

| 기본 | right 옳은 wrong 틀린, 잘못된 false 틀린; 거짓의 mistake 실수 error 오류 / exact 정확한 |

---

¹⁰ **artificial**

[à:rtəfíʃəl]

The **artificial** flowers looked wonderful and I thought they were real.
그 조화는 멋져 보여서 나는 그것이 진짜라고 생각했다.

art(기술) +fic(make: 만들다) → (사람의 기술로) 만든 → 인공[인조]의

---

¹¹ **mock**

[mak]

His results in the **mock** examinations were a real disappointment.
모의시험에서의 그의 성적은 정말 실망스러웠다.

1. 가짜의 → (가짜의 말·행동으로) 흉내내다 → (흉내내며) 2. 놀리다, 조롱하다

---

¹² **counterfeit**

[káuntərfit]

The man possessed a **counterfeit** $100 bill when he was arrested.
그 남자는 체포되었을 때 100달러짜리 위조 지폐를 소지하고 있었다.

counter(반대로) + feit(make: 만들다) → (진짜의) 반대의 것을 만든 → 위조의

---

¹⁴ **blunder**

[blʌndər]

The USA committed a major political **blunder** by starting the war in Iraq.
미국은 이라크에서 전쟁을 시작함으로써 커다란 정치적 실수를 범했다.

blund(blind: 눈이 먼) + er → (눈이 먼 것처럼 저지른) 큰 실수

---

¹⁷ **approximate**

a. [əpráksəmət]
v. [əpráksəmèit]

His answer to the question was only **approximate**, not exact.
그 문제에 대한 그의 답변은 정확한 것이 아니라 근사치일 뿐이었다.

ap(to) + proxim(come near: 가까이 오다) → (~에) 가깝다, 거의 정확한

Unit 40

고급 중급

의심·냉소	˪ 20 suspect	1. v. (무엇이) (사실일지 모른다고) **의심하다** 2. n. (혐의를 받고 있는) **용의자** v. 범죄의 혐의를 두다	suspicion n. 의심 suspicious a. 의심이 많은: 의심스러운
	21 skeptical	a. (잘 믿으려 하지 않고) **회의적인, 의심 많은**	skepticism n. 회의 skeptic n. 회의론자
	22 cynical	a. (남의 진심·정직성 등에 대해) **냉소적인, 비웃는**	cynicism n. 냉소 cynic n. 냉소적인 사람
확신·장담	23 bound	1. a. (늘 그러했기 때문에) **~임[할 것]이 틀림없는** 2. a. (배·기차·여행자 등이) **~행(行)인, ~로 향하는** 3. a. (법·도덕·의무상) **~에 얽매인, ~해야 하는**	
	┌ 24 confident	1. a. (자신이) (바라는 대로 될 것을) **확신하는** 2. a. (무엇을 해낼 수 있음을) **자신하는, 자신만만한**	confidence n. 확신, 신뢰: 자신(감) self-confidence n. 자신감
	˪ 25 positive	1. a. (의심의 여지 없이) (전적으로) **확신하는, 확실한** 2. a. (좋게 평가할 만한): **긍정적인** n. 긍정	
	26 bet	1. v. (어떤 사실이나 상황이) **틀림없다, 분명하다** 2. v. (승부를 겨루는 일에) **내기[돈]를 걸다** n. 내기	betting n. 내기(에 거는 돈)
기본	certain 확신하는 sure 확신하는		

20 **suspect**

v. [səspékt]
n. [sʌ́spekt]

She wasn't sure why, but she **suspected** he was not telling her the truth.
그녀는 왜인지는 확실하진 않지만 그가 그녀에게 진실을 말하지 않고 있다고 의심했다.

sus(under: 아래) + spect(look: 보다) → (의심하며) 아래에서 위로 훑어보다 → 1. 의심하다 2. 용의자

21 **skeptical**

[sképtikəl]

Some people were **skeptical** about the project's chances of success.
일부의 사람들은 프로젝트의 성공 가능성에 대해 회의적이었다.

유래: 사색하다(reflect) → (늘 의심을 품고) 사색하는 → 회의적인, 의심 많은

22 **cynical**

[sínikəl]

The public is becoming increasingly **cynical** about politics and politicians.
대중들은 정치와 정치인에 대해 점점 더 냉소적이 되어가고 있다.

유래: 고대 그리스 키니코스학파 → (관습·제도를) 무시하는 학파 → 냉소적인, 비웃는

23 **bound**

[baund]

You've studied so hard that you're **bound** to pass the exams.
공부를 정말 열심히 했으니 그 시험에 꼭 합격할거야.

유래: 묶다, 구속하다(bind) ┬ 3. ~에 얽매인, ~ 해야 하는
├ (도착지가) 구속된 → 2. ~행(行)인, ~로 향하는
└ (결과가) 구속된 → 1. ~임[할 것]이 틀림없는

26 **bet**

[bet]

Young lady, I **bet** you can't guess how old I am. Go on, have a guess.
젊은 숙녀분, 내가 몇 살인지 추측할 수 없으리라 장담해요. 어서, 추측해 봐요.

2. 내기를 걸다 → (내기를 걸어도 될 만큼) 1. 틀림없다, 분명하다

40_4 증명·증거·확인

확신·장담	27 **assure**	v. (상대를 안심시키기 위해) 장담[확언]하다	assurance n. 보증, 보장
	28 **ensure**	v. (어긋남이 없이) 반드시 ~하게[이게] 하다	
증명·논박	29 **prove**	v. (사실임을) (증거를 들어) 증명하다; 판명되다	proof n. 증거, 증명
	30 **validate**	v. (진실성·유효성·합법성을) (공식적으로) 입증[인증]하다	validation n. 입증, 인증
	31 **certify**	v. (무엇이 사실임을) (공식 문서로) 증명[보증]하다	certification n. 증명, 보증, 인증
	32 **refute**	v. (남의 의견·주장 등을) 반박[논박]하다	refutation n. 논박, 반박
증거	33 **evidence**	n. (범죄·의혹·주장 등의) 증거 v. (증거로써) 증명하다	evident a. 분명한, 명백한
	34 **certificate**	n. (사실임을 밝혀주는) 증명서; 면허[자격]증	
	35 **warranty**	n. (상품의) 품질 보증서	warrant v. 보증하다 n. 보증서
확인	36 **verify**	v. (사실인지 등을) (실제로 그런지) 확인하다, 확인해 주다	verification n. 검증, 확증
	37 **confirm**	v. (사실이나 확정 여부를) (증거를 들어) 확인해 주다	confirmation n. 확인, 확증
	38 **affirm**	v. (사실임을 분명하게) (공개적으로) 확언[단언]하다	affirmation n. 확언, 단언
알아내다	39 **uncover**	1. v. (들추어 내어) (비밀, 숨겨진 일을) 알아내다, 적발하다	
		2. v. (덮여 있던) 덮개[뚜껑]를 열다	
기본		find 알아내다, 찾아내다 discover 발견하다	

---

30 validate
[vǽlədèit]

He conducted a series of famous experiments to **validate** his theory.
그는 자신의 이론을 입증하기 위해 일련의 유명한 실험을 했다.

valid(유효한) + ate → (유효성을) 인증하다 → (옳음을) 입증하다

---

31 certify
[sə́:rtəfài]

I **certify** that the above statements are true to the best of my knowledge.
나는 내가 아는 한 상기의 진술이 사실임을 증명합니다.

cert(sure: 확실한) + ify(make) → 확실하게 하다 → 증명[보증]하다

---

32 refute
[rifjú:t]

She **refuted** his arguments one by one with solid evidence and facts.
그녀는 그의 주장을 확실한 증거와 사실로서 하나씩 반박했다.

re(back: 뒤로) + fute(beat: 때리다) → (뒤로) 되받아 때리다 → 논박[반박]하다

---

35 warranty
[wɔ́:rənti]

The company offers a one-year **warranty** on all its new computers.
그 회사는 모든 새 컴퓨터에 대해 1년 품질 보증을 제공한다.

war(protect: 보호하다) + ant → 품질을 보호(보증)해 주는 문서 → 품질 보증서

---

36 verify
[vǽlədèit]

We have no way of **verifying** whether the information is true or not.
우리는 그 정보가 사실인지 아닌지 확인할 방법이 없다.

---

38 affirm
[əfə́:rm]

They **affirmed** their will to cooperate with each other to preserve peace.
그들은 평화를 지키기 위해 서로 협력하겠다는 의지를 확인했다.

a(to) + firm(확실한) → (확실하게) 말하다 → 확언[단언]하다

고급 중급

알아내다	40 **detect**	v. (발견하기 쉽지 않은 것을) (잘 살펴서) **간파[탐지]하다**	detection n. 간파, 탐지 detector n. 탐지기
	41 **locate**	1. v. (무엇이 있는) 위치[소재]를 **알아내다** 2. v. (무엇을 어디에) **위치시키다**	location n. 소재, 위치
	42 **trace**	1. v. (소재 · 행방 · 유래 등을) **추적해서 찾아[밝혀]내다** 2. n. (있었던 것이 남긴) **흔적, 자취**	
찾다	43 **seek**	1. v. (일자리 · 도움 등의) (필요로 하는 것을) **찾다, 구하다** 2. v. (이루거나 얻으려고) **노력[시도]하다, 하려고 하다**	seeker n. 구하는 사람
	44 **quest**	n. (찾기 힘든 것을 찾는) (오랜) **탐구, 탐색**	
	45 **refer**	1. v. (알아내기 위해) (~에게) ~을 **참조[문의]하다[하게 하다]** 2. v. (~ to) (무엇을) (간단하게) **언급하다** 3. v. (~ to) (어떤 것이) **~과 관련되다; ~을 나타내다**	reference n. 참고, 참조, 문의; 추천서[인]; 언급
표현 · 폭로	46 **convey**	1. v. (남이 알아듣도록) (생각 · 감정 등을) **전하다, 알리다** 2. v. (물품 · 승객 등을) **실어 나르다, 운반하다**	conveyance n. 전달; 운반 conveyor n. 운반 장치, 운반인

기본   lose 잃어버리다, 분실하다 missing 없어진, 행방불명인 / search 수색[탐색]하다 / show 보여주다 display 드러내다
present 제시[제출, 발표]하다 / express 표현하다

---

40 **detect**
[ditékt]

This type of cancer is completely curable if **detected** early.
이러한 종류의 암은 조기에 발견되면 완전히 치유가 가능하다.

de(opposite: 반대) + tect(cover: 가리다) → '가리다'의 반대 → 간파[탐지]하다

---

42 **trace**
[treis]

The police **traced** him to an address in London, where he was arrested.
경찰은 런던 한 주소지까지 그를 추적했고 그는 그곳에서 체포되었다.

유래: 끌다(draw) → (끌고 간) 2. 흔적, 자국 → (흔적을) 1. 추적해서 찾아내다

---

43 **seek**
[si:k]

It is wise to **seek** professional legal advice before signing a contract.
계약서에 서명하기 전에 전문적인 법률상담을 받아보는 것은 현명한 일이다.

1. 구하다, 찾다 → (무엇을 구하려고) 2. 노력[시도]하다

---

44 **quest**
[kwest]

The **quest** for absolute truth has been at the center of Western philosophy.
절대 진리에 대한 탐구는 서양 철학의 중심에 있었다.

유래: 묻다(ask) → (물음에 대한) 답을 찾는 과정 → 탐구, 탐색

---

45 **refer**
[rifə́:r]

He delivered his speech without once **referring** to his notes.
그는 자신의 노트를 한번도 참조하지 않고 연설을 했다.

re(back) + fer(carry: 가져가다) ─ (어느 곳으로 가져가서) 1. 참조하다
                              ─ (말을 특정 대상으로 가져가서 그것을) 2. 언급하다
                              ─ (특정 주제 · 대상으로) 가져가다 → 3. ~과 관련되다

표현·폭로	47 expose	1. v. (보이지 않던 것을) **드러내다** (= reveal, disclose)	exposure n. 노출, 폭로
		2. v. (비밀 등을) **밝히다, 폭로하다** (= reveal, disclose)	
		3. v. (해롭거나 위험한 환경에) **노출시키다**	
	48 reveal	1. v. (보이지 않던 것을) **드러내다** (= expose, disclose)	revelation n. 폭로(된 것); (신의) 계시
		2. v. (비밀 등을) **밝히다, 폭로하다** (= expose, disclose)	
	49 disclose	1. v. (보이지 않던 것을) **드러내다** (= expose, reveal)	disclosure n. 폭로(된 것)
		2. v. (비밀 등을) **밝히다, 폭로하다** (= expose, reveal)	
공개·누설	50 unveil	1. v. (공개하기 위해) **베일[덮개]을 벗기다**	
		2. v. (새로운) (상품 등을) **발표하다**	
	51 release	1. v. (뉴스·정보·영화 등을) **공개[발표, 개봉, 발매]하다** n. **공개, 발표, 개봉, 발매**	
		2. v. (잡고 있던 것을) **놓다, 놓아주다** n. **놓아주기**	
		3. v. (구속한 사람을) **석방[방면]하다** n. **석방, 방면**	
	52 leak	1. v. (비밀 정보를) **누설하다** n. **누설**	leaky a. 새는
		2. v. (기체·액체 등이) **새다, 새게 하다** n. **새는 곳, 누출**	leakage n. 누출, 새어 나옴

기본	public 공개적인, 공공연한

---

⁴⁷ **expose**
[ikspóuz]

A wide smile spread across his handsome face, **exposing** white teeth.
함박미소가 하얀 치아를 드러내며 그의 잘생긴 얼굴에 펼쳐졌다.

ex(out: 밖) + pose(place: 놓다) → (밖으로) 드러내 놓다 → 드러내다; 노출시키다

⁴⁸ **reveal**
[rivíːl]

The curtains slowly opened to **reveal** a stage with two grand pianos.
커튼이 열리자 두 대의 그랜드 피아노가 있는 무대가 드러났다.

re(opposite: 반대) + veal(veil: 베일을 쓰다) → (베일을) 벗다 → 드러내다; 밝히다

⁴⁹ **disclose**
[disklóuz]

He refused to **disclose** any details of his personal wealth.
그는 개인 재산에 대해 어떤 자세한 내용도 밝히기를 거부했다.

dis(opposite: 반대) + close(닫다) → '닫다'의 반대 → (열어서) 드러내다; 밝히다

⁵⁰ **unveil**
[ənveiˈl]

Apple has officially **unveiled** its new smartphone in Indian today.
애플은 오늘 인도에서 새로운 스마트폰을 공식적으로 발표했다.

⁵¹ **release**
[rilíːs]

Their second album is scheduled to be **released** in early September.
그들의 두 번째 앨범은 9월 초에 발매될 예정이다.

re(back) + lax(loosen: 느슨하게 하다) → (느슨하게 하여) 2. 놓아주다 3. 석방하다 1. 공개하다

⁵² **leak**
[liːk]

The document was **leaked** to the press and published in a newspaper.
그 문서는 언론에 누설되어 한 신문에 실렸다.

유래: 액체가 뚝뚝 떨어지다(drip) → (액체가) 2. 새다 → (비밀이) 1. 누설되다

Unit 40

UNIT 41 사고·판단·지식 V

thinking & judgment & knowledge V

41_1 은폐·가르치다·배우다

고급 중급

은폐·비밀	01 **conceal**	v. (신중하게) **숨기다, 감추다**	concealment n. 은폐
	02 **confidential**	a. (군대·기업 등에서) **기밀[비밀]의**	confidentiality n. 기밀성
교육	03 **academic**	1. a. (학교·대학 등에서의) **학업[학교]의** n. **교수**	academy n. 학원, 학회
		2. a. (실용 학문 등 대비) (순수) **학문의; 학구적인**	academia n. 학계
가르치다	04 **instruct**	1. v. (순서·체계에 따라) **가르치다, 교육하다**	instruction n. 지도; (-s) 설명; 지시
		2. v. (공식적으로) **지시하다**	instructor n. 가르치는 사람, 강사
	05 **lecture**	n. (대학의) **강의, 강연** v. **강의[강연]하다**	lecturer n. 강사
배우다	06 **master**	1. v. (완벽하게) **터득[통달]하다** n. **정통한 사람**	mastery n. 터득, 통달; 지배(력)
		2. n. (하인·노예·동물 등의) **주인, 소유주**	⊕ mistress n. 여자 주인, 여주인
		3. n. (석사학위 소지자): **석사**	
기본	hide 감추다, 숨기다 secret 비밀 private 개인적인 / education 교육 teach 가르치다 train 교육[훈련]받다[시키다] coach 지도[코치]하다 / learn 배우다 study 공부하다 lesson 교훈		

---

01 **conceal**
[kənsíːl]

The young man walked into the bank, **concealing** a gun in his pocket.
그 젊은 남자는 호주머니 속에 총을 숨기고 은행으로 걸어 들어갔다.

> con(강조) + ceal(hide: 숨기다) → (단단히) 숨기다

02 **confidential**
[kànfədénʃəl]

All the information you give us will be treated as completely **confidential**.
당신이 우리에게 주는 모든 정보는 완전히 기밀로 다루어질 겁니다.

> con(강조) + fid(trust: 믿다) → (비밀을 지킬 것을) 완전히 믿을 수 있는 → 기밀[비밀]의

03 **academic**
[ækədémik]

The university is very well known for its high **academic** standards.
이 대학은 높은 학업 수준으로 매우 잘 알려져 있다.

> academy(철학자 플라톤이 가르친 학원) + ic → 학업의; 학문의

04 **instruct**
[instrʌ́kt]

All our staff has been **instructed** in the correct use of the equipment.
우리 직원들은 모두 그 장비의 올바른 사용법에 대해 교육을 받았다.

> in(on: 위) + struct(pile: 쌓다) ┌ (위에) 지식을 쌓아 올리다 → 1. 가르치다
> └ (가르치듯) 2. 지시하다

05 **lecture**
[léktʃər]

Professor Wilder gave us a **lecture** about the British legal system.
윌더 교수는 우리에게 영국의 법 제도에 강의를 했다.

> lect(read: 읽다) + ure → (글을 읽어줘서) 가르치는 것 → 강의, 강연

고급 중급

	07 **practice**	1. v. (기능·기술 등을) **연습하다** n. **연습**	practical a. 실제적인; 실용적인
		2. n. (실제로 하는) **실행, 실천** v. **실행[실천]하다**	practicable a. 실행 가능한
		3. n. (일상화된) **관례, 관행** v. **늘 행하다**	
배우다	08 **review**	1. v. (배운 것을) **복습하다** n. **복습**	
		2. v. (변경·수정할 것이 있는지) **재검토하다** n. **재검토**	
	09 **memorize**	v. (기억할 수 있도록) **암기하다**	memorization n. 암기
			memory n. 기억(력)
	10 **proverb**	n. (진리·충고를 담은 짧은) **속담, 격언, 교훈**	proverbial a. 속담의, 잘 알려진
	11 **subject**	1. n. (교과의 구분): **과목, 학과**	
		2. n. (대화·토의·연구 등의) **주제**	
교육과정		3. n. (실험·시험의 대상이 되는) **피험자, 실험[시험] 대상**	
		4. a. (~ to) **~을 당하기 쉬운; ~에 종속된; ~에 달려 있는**	
	12 **curriculum**	n. (학교의) **교과[교육] 과정**	curricular a. 교육과정의
	13 **extracurricular**	a. (정식 학과목이 아닌) **과외의, 정식 학과 이외의**	
기본	school 학교 college 대학 university 대학		

---

08 **review**

[rivjú:]

He began **reviewing** his notes for an upcoming exam.
그는 다가오는 시험에 대비해서 그의 노트를 복습하기 시작했다.

re(again: 다시) + view(보다) → (다시) 보다 → 1. 복습하다 2. 재검토하다

---

10 **proverb**

[právə:rb]

An old **proverb** says that there is always darkness under the lamp.
램프 아래에는 항상 어둠이 있다라는 옛 속담이 있다.

pro(forth: 앞으로) + verb(word: 말) → (흔히 사람들이) 앞으로 내놓는 말 → 속담

---

11 **subject**

[sʌ́bdʒikt]

There have been many discussions on the **subject** of climate change.
기후 변화에 관한 주제에 대해서는 많은 토론이 있었다.

sub(under) + ject(throw: 던지다) → 아래에 놓인(던져진) ┬ (교과 아래 놓인) 1. 과목, 학과
├ (토론·작품 아래 놓인) 2. 주제, 대상
├ (실험·시험 아래 놓인) 3. 피험자
└ (아래에 놓여) 4. 당하기 쉬운; 종속된

---

12 **curriculum**

[kəríkjuləm]

The subject became part of the school's **curriculum**.
그 과목은 학교 교과과정의 일부가 되었다.

유래: 경주로(race course) → (일정 기간 달려서) 마쳐야 하는 과정 → 교육 과정

---

13 **extracurricular**

[ékstrəkəríkjulər]

The child was involved in a lot of **extracurricular** activities at school.
그 아이는 학교에서 많은 과외 활동에 참여했다.

extra(밖) + curricular(교육과정) → 교육과정 밖의 → 과외의

Unit 41

교육과정	14 **major**	1. n. (대학의) **전공 과목** v. (~ in) **~을 전공하다**	**majority** n. (대)다수, 과반수
		2. a. (크기·정도 등이 더) **큰 쪽의, 대다수의, 주요한**	
	15 **tuition**	n. (가르침을 받는 대가): **수업료** (= tuition fees)	
	16 **semester**	a. (1년 2학기 제도에서의) **학기**	
학생	17 **pupil**	1. n. (특히 초·중·고등 학교의) **학생**	
		2. n. (눈의) **동공, 눈동자**	
	18 **grade**	1. n. (학습 과정의 구분): **학년**	**grader** n. ~학년생
		2. n. (학업·시험의 결과): **성적**	
		3. n. (품질·값·신분 등) **등급** v. **등급을 정하다**	
	19 **freshman**	n. (대학·고등학교의) **신입생, 1학년생**	
	20 **sophomore**	n. (4년제 대학·고교의) **2학년생**	
교사	21 **tutor**	n. (개별적으로 가르치는) **개인 교사** v. **개인 교습을 하다**	
	22 **principal**	1. n. (학교의) **교장**	
		2. a. (중요도의 순서에 있어서) **제일의, 주된, 주요한**	
		3. n. (빌린 돈의) **원금**	

기본 student 학생 class 학급, 반 junior 3학년생 senior 4학년생 teacher 선생, 교사 professor 교수

---

15 **tuition**
[tju:íʃən]

In recent years, college **tuition** has increased faster than inflation.
최근 몇 년간 대학 등록금은 물가 상승률보다 더 빨리 증가해왔다.

유래: 보호하다(protect) → (학교에서 학생들을) 보호해 주는 비용 → **수업료**

---

16 **semester**
[siméstər]

This **semester**, I'm taking a couple of political science course.
이번 학기에 나는 몇 개의 정치학 과목을 듣는다.

se(six: 6) + mes(month: 개월) → 6개월 → (1년을 6개월씩으로 나눈) **학기**

---

17 **pupil**
[pjú:pl]

The high school has more than 500 **pupils** aged between 11 and 19.
그 고등학교는 11세에서 19세 사이의 500명 이상의 학생이 있다.

유래: 어린아이(little child) ┌ (학교를 다니는) 어린아이 → 2. 학생
　　　　　　　　　　　　 └ (남의 눈에) 자신이 어린아이의 모습으로 있는 곳 → 1. 동공

---

20 **sophomore**
[sάfəmɔ̀:r]

Her son is now in his **sophomore** year at Harvard University.
그녀의 아들은 지금 하버드 대학교의 2학년이다.

sopho(wise: 현명한) + more(foolish: 어리석은) → (현명함과 어리석음이) 함께 있는 시기 → **2학년생**

---

22 **principal**
[prínsəpəl]

The **principal** has responsibility for the management of the school.
교장은 학교의 관리 책임을 맡는다.

prin(first: 첫째의) +cip(take: 차지하다) ┌ (학교의) 첫 번째 직위 → 1. 교장
　　　　　　　　　　　　　　　　　 ├ (중요도의) 첫 번째를 차지하는 → 2. 제일의
　　　　　　　　　　　　　　　　　 └ (이자를 붙기 전) 처음의 금액 → 3. 원금

고급 중급

교사	23 **professor**	n. (대학에서 학문을 가르치고) **교수**	
	24 **faculty**	n. (대학의) **교수진[단]**; (대학의 부문): **학부**	
입학·졸업	25 **enroll**	v. (학교나 강좌 등에) **입학[등록]하다[시키다]**	enrollment n. 등록, 입학, 입회
	26 **qualify**	1. v. (교육·시험 등을 거쳐) **자격(증)을 얻다[주다]**	qualification n. 자격(증)
		2. v. (무엇을 할) **자격[권한]이 있다[을 주다]**	⊖ disqualify v. 자격을 박탈하다
	27 **graduate**	v. (학교를) **졸업하다** n. **졸업생**	graduation n. 졸업
	28 **diploma**	n. (학교) **졸업장**	
학자	29 **bachelor**	1. n. (학부 졸업자에게 주는) **학사**	
		2. n. (결혼하지 않은) **미혼[독신] 남자**	
	30 **scholar**	1. n. (높은 학식을 갖춘) **학자**	scholarship n. 학문, 학식, 박학; 장학금
		2. n. (학비 보조금으로 받는) **장학생**	scholarly a. 학구적인; 학문적인
	31 **degree**	1. n. (학사·석사·박사 등의) **학위**	
		2. n. (수량·수준 등의) **정도**	
		3. n. (온도·각도 등의 정도): **도**	

기본 | exam 시험 (= examination) test 시험, 테스트 / master 석사 doctor 박사

---

24 **faculty**
[fǽkəlti]

A special **faculty** meeting was called to discuss the problem.
특별 교수단 회의가 그 문제를 논의하기 위해 소집되었다.

facul(easy) + ty → (쉽게) 일을 해내는 능력 → (대학의) 능력 있는 집단 → 교수진, 학부

25 **enroll**
[inróul]

In the fall semester, he **enrolled** in math and physics classes.
가을 학기에 그는 수학과 물리학 수업에 등록했다.

en(put in: 적어 넣다) + roll(명부) → (이름을) 명부에 적어 넣다 → 입학[등록]하다

28 **diploma**
[diplóumə]

These days, a college **diploma** is essential to getting a decent job.
요즘에는 대학 졸업장이 괜찮은 직장을 얻는 데 필수적이다.

di(two: 둘) + plo(fold: 접다) → double-folded document(두 번 접은 문서) → 졸업장

29 **bachelor**
[bǽtʃələr]

He has a **Bachelor** of Science degree in Mathematics from MIT.
그는 MIT대학의 수학 이학사 학위를 가지고 있다.

유래: 젊은 견습 기사 ┌ (대부분 미혼이어서) 2. 미혼 남자
                      └ (견습을 마친) 미혼 남자 → 1. 학사

30 **scholar**
[skálər]

He was a great **scholar** of classical Greek philosophy and literature.
그는 고전 그리스 철학과 문학의 위대한 학자이었다.

schol(school: 학교) + ar → (학교에) 연구하는 사람 → 1. 학자 → (유능한) 학자 → 2. 장학생

Unit 41

PART 3

자연과 환경

42_1 시간·현재·과거

[고급] [중급]

시간	01 temporal	1. a. (공간 대비) **시간의** 2. a. (종교적·영적이 아니라) **현세의, 세속적인**	
현재	02 current	1. a. (곧 바뀌지만) (일시적으로) **현재[지금]의** 2. n. (물·공기·전기 등의) **흐름, 해류, 기류, 전류**	currency n. 통용·유통·화폐, 통화
	03 **modern**	a. (무엇이) (과거·전통 대비) **현대의, 현대적인**	modernize v. 현대화하다
	04 contemporary	1. a. (속하는) (시대가) **현대[당대]의** 2. a. (속하는) (시대가) **(~과) 같은 시대의** n. **동년배, 동시대인**	
	05 nowadays	ad. (과거 대비) **요즈음에는**	
최근	06 **recent**	a. (얼마 지나지 않은) **최근의**	
	07 lately	ad. (얼마 지나지 않은) **최근에** (= recently)	
과거·역사	08 retrospect	n. (지난 일을 돌이켜봄) **회상, 회고**	retrospective a. 회고[회상]하는
[기본]		time 시간 hour 한 시간 minute 분 second 초 / present 현재 now 지금 / past 과거 history 역사	

---

01 **temporal**

[témpərəl]

Science has enlarged the spatial and **temporal** boundaries of the world.
과학은 세계의 공간적, 시간적 경계를 넓혔다.

> temp(time: 시간) + oral → 1. 시간의 → (시간의 제약을 받는) 2. 현세의

---

02 **current**

[kə́:rənt]

The **current** economic situation is worse than the financial crisis of 2008.
현재의 경제 상황은 2008년 금융위기보다 더 심각하다.

> curr(run: 흐르다) + ent ─ (흘러가고 있는) 이 시점의 → 1. 현재[지금]의
> └ 흐르는 것 → 2. 흐름, 해류, 기류, 전류

---

04 **contemporary**

[kəntémpərèri]

They perform classical music as well as **contemporary** music at concerts.
그들은 음악회에서 현대 음악뿐만 아니라 고전 음악도 연주한다.

> con(with: 함께) + tempor(time: 시간) ─ (지금 시대와) 함께 하는 → 현대[당대]의
> └ (시대를) 함께한 → 같은 시대의

---

05 **nowadays**

[náuədèiz]

Nowadays, most people know that smoking can cause lung cancer.
요즘은 대부분의 사람들이 흡연이 폐암을 일으킬 수 있다는 것을 안다.

> now(지금) + a + days(날들) → 지금의 날들 → 요즈음에는

---

08 **retrospect**

[rétrəspèkt]

In **retrospect**, I think I made a good decision, all things considered.
돌이켜 보면, 모든 것을 고려했을 때 내가 잘한 결정을 했다고 생각한다.

> retro(back: 뒤) + spect(look: 보다) → (과거를 돌이켜 보는) 회상, 회고

과거·역사	09 chronological	a. (배열이) 시간 순서대로 된, 연대순의	chronicle n. 연대기 v. 연대순으로 기록하다
	10 archaeology	n. (옛 인류를 연구하는) 고고학 (= archeology)	archaeological a. 고고학의 archaeologist n. 고고학자
시대	┌ 11 era	n. (역사상) (뚜렷한 특징이 있는) 시대	
	└ 12 epoch	n. (역사상) (새로운 특징이 시작되는) 시대	
고대·중세	┌ 13 immemorial	a. (사람의 기억·기록 이전의) 먼 옛날의, 태고의	
	├ 14 prehistoric	a. (역사 기록 이전의) 선사 시대의	prehistory n. 선사 시대
	├ 15 primitive	a. (인류 문명 발달 이전의) 원시의, 원시적인	
	└ 16 ancient	a. (원시·중세 사이의) 고대의	
	17 medieval	a. (고대와 근대 사이의) 중세의 (= mediaeval)	
미래	18 imminent	a. (좋지 않은 일이) 금방이라도 닥칠 듯한, 임박한	imminence n. 임박, 위급, 절박
	19 loom	1. v. (위험·걱정거리 등이) 곧 닥칠 것처럼 보이다	
		2. v. (위협적으로) 어렴풋이 나타나다	
하루	┌ 20 dawn	n. (날이 밝을 무렵): 새벽, 동틀 녘	
기본	morning 아침 afternoon 오후 evening 저녁 night 밤 tonight 오늘밤 / date 날짜 day 날 today 오늘 yesterday 어제 tomorrow 내일 / week 주 weekend 주말 month 달, 월 / year 1년(간)		

---

09 chronological

[krɑˌnəlɑ'ʤikəl]

The chapters of the book are organized in **chronological** order.
그 책의 장들은 시간 순서대로 정리되어 있다.

chron(time: 시간) + ological → 시간 순서대로 된, 연대순의

---

10 archaeology

[ὰːrkiάlədʒi]

Archaeology is the study of humans through their material remains.
고고학은 물질적인 유적을 통해 인간을 연구하는 학문이다.

archaeo(ancient: 먼 옛날의) + logy(study: 학문) → (먼 옛날을 연구하는) 학문 → 고고학

---

13 immemorial

[ìməmɔ́ːriəl]

This problem has existed since time **immemorial**.
이 문제는 태곳적부터 존재해 왔다.

im(not) + memori(memory: 기억) → (인간의 기억 속에 없을 만큼) 먼 옛날의, 태고의

Unit 42

---

17 medieval

[mìːdíːvəl]

The castle is considered to be a perfect example of **medieval** architecture.
그 성은 중세시대 건축 양식의 완벽한 예로 여겨진다.

medi(middle: 중간) + ev(age: 시대) → (고대와 근대의) 중간 시대의 → 중세의

---

18 imminent

[ímənənt]

Tensions between the two grew so severe that war seemed **imminent**.
둘 사이의 긴장이 너무 극심해져서 전쟁이 임박한 것처럼 보였다.

im(on: 위) + min(project: 돌출되다) → (곧 터질 듯이) 위로 돌출된 → 금방이라도 닥칠 듯한

하루	└ 21 sunrise	n. (해가 막 솟아오르는 때): **일출, 해돋이; 아침노을**	
	┌ 22 sunset	n. (해가 막 넘어가는 때): **일몰, 해넘이; 저녁노을**	
	├ 23 twilight	n. (날이 어두워질 무렵): **황혼, 땅거미** (= dusk): **쇠퇴[황혼]기**	
	└ 24 **dusk**	n. (날이 어두워질 무렵): **황혼, 땅거미** (= twilight)	
해·년	25 annual	a. (한 해 동안 / 해마다): **연간의; 매년의**	
	26 decade	n. (10년의 기간): **십 년(간)**	
	27 century	n. (100년의 기간): **백 년(간), 세기**	
	28 millennium	n. (1000년의 기간): **천 년(간)**	millennia n. millennium의 복수형
시점	29 occasion	1. n. (특정한) **때, 경우**	occasional a. 가끔의, 때때로의
		2. n. (행사·축제 등의) **특별한 일, 중요한 행사**	
	30 moment	n. (일이 일어난 정확한 그 시점): **순간; 잠깐**	momentary a. 순간적인, 잠깐의
기간	┌ 31 **period**	n. (일정한) (두 시점 사이의) **기간**	periodical a. 주기적인 (= periodic)
			n. 정기 간행물
	└ 32 **duration**	n. (끊이지 않고 이어지는) **지속 기간**	
기본	season 철, 계절 spring 봄 summer 여름 autumn 가을 fall 가을 winter 겨울 / then 그때 sometime 언젠가, 어떤 때에 still 여전히 yet 아직 (~않다) / during ~동안 until ~(때)까지		

23 twilight
[twáilàit]

She suggested we all go for a walk around the local park at **twilight**.
그녀는 우리 모두 황혼에 지역 공원으로 산책을 나가자고 제안했다.

twi(two: 둘) + light(빛) → (낮과 밤) 둘 사이의 햇빛 → 황혼

25 annual
[ǽnjuəl]

The club charges an **annual** membership fee of twenty-five dollars.
그 클럽은 25달러의 연회비를 받는다.

ann(year: 년) + ual → 1년 → 연간의; 매년의

26 decade
[dékeid]

Women's roles in society have changed dramatically over the **decades**.
사회에서의 여성의 역할은 수십 년에 걸쳐 급격하게 변화했다.

dec(ten: 십) + ade → 십 년(간)

27 century
[sénʧəri]

I never imagined that something like this could happen in the 21st **century**.
나는 이런 일이 21세기에 일어날 수 있다고는 상상하지 못했다.

cent(hundred: 백) + ury → 백 년(간), 세기

28 millennium
[miléniəm]

For **millennia**, people have used fire for a variety of purposes.
수천 년 동안 사람들은 다양한 목적으로 불을 사용해 왔다.

mill(thousand: 천) + ennium → 천 년(간)

42_4 기간·영원 빈도

고급 중급

기간	33 term	1. n. (언제까지) (미리 정해 놓은) **기간, 기한, 임기, 학기**	terminology n. 전문 용어
		2. n. (특정 분야에서 사용하는 말): **용어** v. **~라고 칭하다**	
		3. n. (-s) (정해 놓은) (계약·지불 등의) **조건**	
	34 interval	n. (두 가지 일 사이의) (시간적) **간격, 사이**	
	35 meanwhile	ad. (다른 일이나 두 가지·일의 사이에): **그 동안에**	meantime ad. 그 동안에 (= meanwhile)
단기·장기	36 temporary	a. (영구적·영속적 대비) **일시적인, 임시의**	
	37 intensive	a. (짧은 시간에 한 가지에) **집중[집약]적인**	
	38 permanent	a. (일시적 대비) **영구[영속]적인**	permanence n. 영구성, 영속성
영원	39 eternal	a. (끝없이 지속되는): **영원한** (= everlasting)	eternity n. 영원
	40 everlasting	a. (끝없이 지속되는): **영원한** (= eternal)	
빈도	41 frequent	a. (간격이 매우 짧게) **자주 일어나는, 빈번한** v. **자주 다니다**	frequency n. 빈도, 자주 일어남
	42 routine	1. a. (특별한 것이 아닌) **일상적인** n. **일상의 일**	
		2. a. (똑같은 일이 늘 반복되는) **틀에 박힌** n. **틀에 박힌 일**	
반복	43 repeat	v. (같은 일을) **반복하다, 되풀이하다** n. **반복**	repetition n. 반복 repetitive a. 반복적인

 기본 **forever** 영원히 / **always** 항상 **often** 자주 **sometimes** 가끔 **never** 결코 ~않다 / **again** 다시 **regular** 규칙적인

---

33 term
[tə:rm]

The President of the Republic of Korea is elected for a **term** of five years.
대한민국의 대통령은 5년의 임기로 선출된다.

유래: 한계, 제한(limit) ─ (제한된) 기간 → 1. 기간, 기한, 임기
　　　　　　　　　　 ─ (한계를 지어) 정의해 놓은 말 → 2. 용어
　　　　　　　　　　 ─ (계약서상의) 제한적 사항 → 3. 조건

36 temporary
[témpərèri]

I'm staying here, but it's only **temporary** until I find somewhere else.
나는 이곳에서 머무르고 있지만 다른 곳을 찾을 때까지 임시로 있는 것일 뿐이다.

tempor(time: 시간) + ary → (짧은) 시간의 → 일시적인

37 intensive
[inténsiv]

At the entry level they are given six weeks of **intensive** training.
입문 단계에서 그들은 6주간의 집중 훈련을 받는다.

in(toward: 방향) + tend(stretch: 뻗다) → (노력 등이) 한곳으로 힘껏 뻗쳐있는 → **집중[집약]적인**

38 permanent
[pə́:rmənənt]

The accident caused **permanent** damage to his brain and spine.
그 사고는 그의 뇌와 척추에 영구적인 손상을 초래했다.

per(through: 계속해서) + man(stay: 남아 있다) → (계속해서) 남아 있는 → **영구[영속]적인**

39 eternal
[itə́:rnəl]

Jesus died so that we could have **eternal** life in heaven with God.
예수님은 우리가 천국에서 하나님과 함께 영원한 삶을 살 수 있게 하기 위해 죽었다.

etern(lasting: 지속되는) + al → (끝없이) 지속되는 → **영원한**

Unit 42

반복	44 recur	v. (좋지 않은 일이) 다시 일어나다, 재발하다	recurrence n. 재발
	45 alternate	v. (하나씩) 번갈아 일어나다[하다] a. 번갈아 일어나는[하는]	alternation n. 교대, 교체
이전	46 previous	a. (지금) (언급 대상보다) 이전의, 앞의	
	47 prior	a. (비교 시) (시간·순서·중요도상) 이전[사전]의; 우선하는	priority n. 우선 사항, 우선(권)
	48 former	1. a. (바뀐) (현재의 상태·직위 등 대비) 이전[과거, 전임]의 2. a. (두 가지 중) 전자의 n. 전자	
	49 precede	v. (시간·순서·위치상) 앞서다, 앞서 가다	precedent n. 선례, 전례
미리	50 advance	1. a. (이전에) 미리 하는, 사전의 2. v. (실력·수준·기술 등이) 향상되다[시키다] n. 향상 3. v. (군대가) 진격하다 n. 진격	advancement n. 향상 advanced a. 선진의, 고급의
	51 beforehand	ad. (이전에) 미리, 사전에, 전부터	
	52 preliminary	a. (사전 준비 과정인) 예비[준비]의 n. 예비 행위[단계]	
이후	53 latter	a. (둘 중의) 후자의; (기간상) 후반의 n. 후자	
[기본]	before (이)전에, ~하기 전에 ago ~전에 already 이미, 벌써 / after (이)후에, ~한 후에 afterward 그 후에, 나중에 since ~부터[이후] (죽, 내내) follow ~의 뒤를 잇다		

---

44 recur
[rikə́:r]

Consult your doctor if the pain **recurs** frequently and is severe.
통증이 자주 재발하고 심하면 의사와 상담하세요.

re(again: 다시) + cur(run: 달리다) → (다시) 달려오다 → 재발하다

---

45 alternate
v. [ɔ́:ltərnèit]
a. [ɔ́:ltərnət]

Over the next few days, his mood **alternated** between hope and despair.
그 다음 며칠 간, 그의 기분은 희망과 절망감 사이를 계속 오갔다.

alter(other: 다른) + nate → (차례를 바꾸어 계속) 다른 것을 하다 → 번갈아 일어나다[하다]

---

49 precede
[prisí:d]

The main event will be **preceded** by an opening reception.
본 행사에 앞서 개막 축하식이 있을 예정이다.

pre(before:앞) + cede(go:가다) → (다른 것에) 앞서 가다, 앞서다

---

50 advance
[ædvǽns]

Admission to the event is free but **advance** booking is necessary.
그 행사의 입장료는 무료이지만 사전 예약이 필요합니다.

adv(from: ~부터) + ance(before: 앞) ┬ (현재로부터) 더 앞선 시간의 → 1. 사전의, 미리 하는
└ (~로부터 앞으로) 나아가다 → 3. 진격하다 2. 향상되다

---

52 preliminary
[prilímənèri]

The **preliminary** rounds of the competition will take place on Friday.
대회 예선전은 금요일에 치러질 예정이다.

pre(before: 전) + limin(threshold: 문지방) → (본선의) 문지방 전 → 예비의

새로운	54 novel	1. a. (이전에 본 것과는 달라서) **새로운, 참신한** 2. n. (문학의) **소설**	novelty n. 새로움, 참신함 novelist n. 소설가
	55 renew	1. v. (같은 종류의) **새것으로 바꾸다, 새롭게 하다** 2. v. (중단되었던 일을) **다시 시작하다, 재개하다** 3. v. (만료된 것의) **기한을 연장하다, 갱신하다**	renewal n. 회복, 개선; 재개; 갱신
	56 innovate	v. (낡은 것을) **혁신[쇄신]하다**	innovation n. 혁신 innovative a. 혁신적인
오래된	57 antique	n. (오래되고 귀한 옛 물품): **골동품** a. **골동품의**	
	58 second-hand	a. ad. (새 것이 아닌) **중고의[로]**; (경험 등이) **간접적인[으로]**	
	59 outdated	a. (현재는 더 이상 쓰지 않는) **구식의, 시대에 뒤진**	
이른·늦은	60 premature	a. (정상·예상보다) **너무 이른, 시기상조의**	
	61 lag	v. (남보다) **뒤처지다, 뒤떨어지다** n. **지체; 시간적 격차**	
지연·연기	62 delay	1. v. (지금 하지 않고) (할 일을 나중으로) **미루다, 연기하다** 2. v. (일을) (시간을 끌거나 늦추어서) **지연시키다** n. **지연**	

[기본]　new 새로운 fresh 새로운, 참신한 original 독창적인 update 업데이트 / old 오래된, 낡은 old-fashioned 구식의 / early 이른, 일찍 late 늦은, 늦게 / straight 곧장

---

55 **renew**
[rinjú:]

Most of the facilities are more than 30 years old and need to be **renewed**.
그 시설들의 대부분은 30년 이상 되어서 새롭게 할 필요가 있다.

re(again: 다시) + new(새로운) → (다시) 1. 새롭게 하다 → 2. 재개[갱신]하다

56 **innovate**
[ínəvèit]

To remain competitive, all companies must constantly **innovate**.
경쟁력을 유지하기 위해서 모든 회사들은 끊임없이 혁신해야 한다.

in(into: 방향) + nov(new: 새로운) → 새롭게 하다 → 혁신하다

57 **antique**
[æntí:k]

This table, though it looks worthless, is actually a valuable **antique**.
이 테이블은 가치가 없어 보이지만 실제로는 가치가 높은 골동품이다.

ant(before: 이전) + ique → (지금 이전의) 옛 물품 → 골동품

60 **premature**
[prì:məʧúər]

Let's not make any **premature** conclusion at this stage.
이 단계에서는 어떤 너무 이른 결론도 내리지 맙시다.

pre(before: 미리) + mature(ripe: 익은) → (아직 때가 이르게) 미리 익은 → 시기상조의

61 **lag**
[læg]

Europe is **lagging** behind Japan and the United States in this industry.
유럽은 이 산업에 있어서 일본과 미국에 뒤처져 있다.

유래: last person(맨 마지막 사람) → (경쟁에서 맨 마지막으로) 뒤처지다, 뒤떨어지다

Unit 42

시간·기간 II
time & term II

43_1 동시·즉시·시간 엄수

`고급` `중급`

지연·연기	└ 01 postpone	v. (날짜·시간을 바꾸어) (예정된 일·행사 등을) **연기하다**	postponement n. 연기
동시	02 simultaneous	a. (둘 이상이) **동시에 일어나는, 동시의**	
	┌ 03 synchronize	v. (둘 이상이) (정확히) **동시에 발생하다[하게 하다]**	synchronization n. 동시에 하기
	└ 04 coincide	1. v. (둘 이상의 일이) (우연히) **동시에 일어나다**	coincidence n. 동시 발생; 일치
		2. v. (생각·의견 등이) **일치하다**	
즉시	┌ 05 immediate	1. a. (지체 없이 바로) **즉각적인** (= instant)	immediacy n. 신속성; 직접성
		2. a. (중간에 거치는 것 없이) **직접적인**	
	└ 06 instant	1. a. (지체 없이 바로) **즉각적인** (= immediate) n. **순간**	
		2. a. (식품의) **인스턴트의**	
시간 엄수	07 punctual	a. (정확히) **시간을 지키는[엄수하는]**	punctuality n. 시간 엄수
	08 deadline	n. (정해진 기한의 끝) **최종 기한, 마감 시간**	
`기본`	order 순서 / next 다음의 then 그 다음에 / series 시리즈 / first 첫 번째의 second 두 번째의 third 세 번째의		

---

01 postpone
[poustpóun]

Because of the rain, the game was **postponed** until tomorrow.
비 때문에 경기가 내일로 연기되었다.

> post(after: 뒤에) + pone(put: 놓다) → (예정된 일·행사 등을) 뒤에 놓다 → 연기하다

02 simultaneous
[sàiməltéiniəs]

The meeting was conducted with **simultaneous** translation into English.
회의는 영어로 동시 통역 되면서 진행되었다.

> simul(at the same time: 동시에) + taneous → 동시의, 동시에 일어나는

03 synchronize
[síŋkrənàiz]

The dancers' motions were perfectly **synchronized** with each other.
그 무용수들의 동작은 완벽하게 서로 동시에 이루어 졌다.

> syn(together: 함께) + chron(time: 시간) → (같은 시간에 함께) 동시에 발생하다

04 coincide
[kòuinsáid]

The demonstration was planned to **coincide** with the president's arrival.
시위는 대통령의 도착과 동시에 일어나도록 계획되었다.

> co(together) + incide(fall on) → (한꺼번에) 떨어지다 → 1. 동시에 일어나다 → 2. 일치하다

07 punctual
[pʌ́ŋktʃuəl]

He was always **punctual** for work, and frequently worked till late.
그는 늘 출근 시간을 잘 지켰고 자주 늦게까지 일을 했다.

> punct(point: 점) + ual → (바른 위치에 정확히) 점을 찍는 → 시간을 지키는

순서	09 sequence	1. n. (연속적인 일·사건·행동 등의) **순서, 차례**	sequential a. 순차적인
		2. n. (일련의) **연속적인 일[행동]**	
	10 subsequent	a. (시간·순서상) 그 다음[이후]의, 차후의	
연속	11 consecutive	a. (숫자·기간 등이) **연이은, 연속적인**	
	12 succeed	1. v. (누구의 자리·지위 등의) **뒤를 잇다, 후임이 되다**	success n. 성공 successful a. 성공적인 succession n. 연속, 계승 successive a. 연속적인 successor n. 후임자, 계승자
		2. v. (목적을 달성하여) **성공하다**	
처음·본래	13 initial 14 primary	a. (무엇이) (과정상) **처음[초기]의** n. (이름의) 머리글자	
		1. a. (무엇이) (순서·단계상) **최초[초기]의; 초등 교육의**	prime n. 한창때 a. 최고[최상등급]의; 주된
		2. a. (가장 중요한) **제일의, 주된**	
	15 original	1. a. (맨 처음 상태인) **원래의** n. 원래의 것	originality n. 독창성 origin n. 기원, 근원 originate v. 유래하다; 창안하다
		2. a. (새롭게 고안·창조된 것이어서) **독창적인**	

| [기본] | last 마지막의 final 마지막의, 최종적인 / begin 시작하다 start 시작하다 introduce 들여오다, 도입하다 |

09 sequence
[síːkwəns]

The arrows show the **sequence** in which the tasks must be performed.
화살표는 그 일이 수행되어야 하는 순서를 보여준다.

sequ(follow: 따르다) + ence → (차례대로) 뒤따르는 것 → **순서; 연속적인 일**

10 subsequent
[sʌ́bsikwənt]

That topic will be dealt with in a **subsequent** chapter.
그 주제는 이 이후의 장에서 다루어질 것이다.

sub(under: 아래) + sequ(follow: 따르다) → 뒤에(아래에) 따르는 → **차후의**

11 consecutive
[kənsékjutiv]

He failed the college entrance exam for two **consecutive** years.
그는 2년 연속 대학 입학 시험에 떨어졌다.

con(together: 함께) + secut(follow: 뒤를 잇다) → (서로) 뒤를 잇는 → **연이은, 연속적인**

13 initial
[iníʃəl]

The project requires an **initial** investment of twenty-five million dollars.
그 프로젝트는 이천오백만 달러의 초기 투자가 필요하다.

in(into: 안으로) + it(go: 가다) → (안으로) 막 들어간 시기 → **초기의**

14 primary
[práimeri]

She attended a small **primary** school with only eighty students.
그녀는 학생이 80명 밖에 되지 않는 한 초등학교에 다녔다.

prim(first: 첫째의) + ary ┌ (순서·단계·과정상) 첫 번째의 → 1. **최초의; 초등 교육의**
└ (중요성이) 첫 번째의 → 2. **제일의, 주된**

Unit 43

마지막	16 ultimate	a. (어떤) (과정의 맨 마지막): 궁극[최종]의 n. 궁극의 것	
	17 eventual	a. (어떤) (힘들고 긴 과정의 끝): 최종[최후]의	
시작	18 commence	v. (예정된 일·행사가) (공식적으로) 시작되다[하다]	commencement n. 시작, 개시
	19 initiate	v. (사업·계획 등을) (본격적으로) 시작[개시, 착수]하다	initiation n. 시작, 개시
	20 launch	1. v. (정식으로) (크고 중요한 일을) 시작하다 n. 개시, 착수	
		2. v. (새로운) (상품·책 등을) 시장에 내다 n. 출시, 출간	
		3. v. (배를) 물에 띄우다; (로켓 등을) 발사하다 n. 진수; 발사	
원천·발상	21 source	n. (생기거나 비롯되는) 원천, 근원; 출처 v. (~에서) 얻다	
	22 cradle	1. n. (역사적으로 중요한 일의) 발상지, 요람지	
		2. n. (유아용 흔들 침대): 요람	
	23 advent	n. (중요한 인물·시대·발명품 등의) 도래, 출현	
종료·만료	24 terminate	v. (end의 격식어): 끝나다, 끝내다, 종료되다[하다]	termination n. 종료
	25 conclude	1. v. (하던 일을 완전히) 결말짓다, 종결하다	conclusion n. 결말; 결론
		2. v. (어떤 문제에 대해) 결론을 내리다	conclusive a. 결정적인, 확정적인

기본	end 끝나다, 끝내다 finish 끝나다, 끝내다 complete 끝마치다, 완료하다 / stop 중단, 정지

16 ultimate
[ʌ́ltəmət]

His **ultimate** goal is to become President of the United States of America.
그는 자신의 궁극적인 목표는 미국 대통령이 되는 것이다.

ultim(last: 마지막) + ate → (마지막에) 다다른 → 궁극[최종]의

18 commence
[kəméns]

The meeting is scheduled to **commence** at 9:00 a.m. on January 16th.
회의는 1월 16일 오전 9시에 시작될 예정이다.

com(together: 함께) + ence(initiate: 시작하다) → (일·행사 등을 함께 모여) 시작하다

19 initiate
[iníʃièit]

The new government has **initiated** a program of educational reform.
새 정부는 교육 개혁 프로그램에 착수했다.

in(into: 안으로) + it(go: 가다) → (일 안으로 먼저 들어가) 시작[착수]하다

22 cradle
[kréidl]

Ancient Greece is regarded as the **cradle** of Western civilization.
고대 그리스는 서구 문명의 발상지로 여겨진다.

유래: 바구니(basket) → (아기를 담는) 바구니 → 요람 → 요람지, 발상지

23 advent
[ǽdvent]

With the **advent** of the Internet, consumers are more powerful than ever.
인터넷의 출현으로 소비자들의 힘이 그 어느 때보다 더 강력하다.

ad(to) + vent(come: 오다) → (처음으로) 오는 시기 → 도래, 출현

종료·만료	26 dissolve	1. v. (공식적으로) (결혼 생활·사업 합의 등을) 끝내다		dissolution n. 소멸, 파경; 해산; 용해
		2. v. (의회·단체 등을) 해산하다		
		3. v. (고체가 액체 속에서) 용해되다[시키다]		
	27 expire	v. (공문서·계약·자격증 등이) 만료되다, 만기가 되다		expiration n. 만료, 만기
중단·정지	28 cease	v. (일·상태 등이) (끝이 나면서) 중단되다[시키다]		cessation n. 중단, 중지
	29 halt	v. (행동·활동·진행 등이) (완전히) 멈추다[게 하다] n. 멈춤		
	30 pause	v. (다시 시작하기 전에) 잠시 멈추다 n. 잠시 멈춤		
	31 suspend	1. v. (일의 진행·실행을) (일시) 중단[유예]하다		suspension a. 중단, 유예; 정직, 정학
		2. v. (학교·직장에서) 정학[정직]시키다		
		3. v. (공중에 떠있게) 매달다, 걸다		
	32 quit	1. v. (해 오던) (바람직하지 않은 일을) 그만두다		
		2. v. (포기하고) (직장·학교를) 그만두다		
	33 hesitate	v. (무엇을 하기 전에) 망설이다, 주저하다		hesitation n. 망설임, 주저
				hesitant a. 주저하는, 망설이는
포기·취소	34 abandon	1. (문제가 많아서) (도중에) 포기[단념]하다		abandonment n. 포기, 단념; 유기
		2. (돌보지 않고) 버리다, 유기하다		

---

26 **dissolve**
[dizálv]

Their marriage was **dissolved** by divorce five years ago.
그들의 결혼 생활은 5년 전에 이혼으로 끝났다.

> dis(apart: 떨어져) + solve(loosen: 풀다) ┬ (구속을 풀어서) 1. 끝내다
> ├ (단체가 녹아서) 2. 해산하다
> └ (풀려서) 떨어지다 → (고체가 풀려서) 3. 용해되다

---

27 **expire**
[ikspáiər]

His driver's license **expired** and he needs to get a new one.
그의 운전면허증은 만료가 되어서 새로운 것을 받을 필요가 있다.

> ex(out: 밖) + spire(breathe: 숨쉬다) → (마지막) 숨을 밖으로 내쉬다 → 죽다 → 만료되다

---

28 **cease**
[si:s]

The captain ordered his soldiers to **cease** fire immediately.
지휘관은 군인들에게 즉시 사격을 중지하라고 명령했다.

> 유래: 물러나다(withdraw) → (하던 일에서) 물러나다 → 중단되다

---

31 **suspend**
[səspénd]

Your driver's license will be **suspended** until the fine is paid in full.
당신의 운전면허증은 벌금을 전부 지불할 때까지 정지됩니다.

> sus(under: 아래) + pend(hang: 매달다) ┬ (공중에 떠있게) 3. 매달다
> ├ (진행·실행 되지 못하게 매달아서) 1. 중단[유예]하다
> └ (등교·출근을 못하게 매달아서) 2. 정학[정직]시키다

---

34 **abandon**
[əbændən]

They **abandoned** the idea when they realized it would cost a fortune.
그들은 그것이 엄청나게 많은 돈이 든다는 것을 깨닫고 그 생각을 포기했다.

> a(to: 방향) + bandon(power: 권한) ┬ (권한을) 남에게 넘기다 → 1. 포기하다
> └ (사람·물건·장소를) 2. 버리다, 유기하다

Unit 43

　　　　　　　　　　　　　　　　　　　　　　　　　　　　　　　　　고급 중급

포기·취소	35 cancel	v. (하기로 한 일을) **취소하다**	cancellation n. 취소
	36 withdraw	1. v. (했거나 하기로 한 것을) **철회하다, 도로 거둬들이다**	withdrawal n. 철회; 인출; 탈퇴; 철수
		2. v. (예금을) **인출하다**	
		3. v. (조직·활동·경기 등에서) **탈퇴[기권]하다[시키다]**	
		4. v. (뒤로) **물러나다, 빼내다; 철수하다[시키다]**	
	37 undo	1. v. (한 일을) **무효로 하다, 원상태로 되돌리다**	
		2. v. (잠긴[묶인, 싸인] 것을) **풀다, 끄르다, 펼치다**	
	38 abolish	v. (제도·법률·조직 등을) **폐지하다, 없애다**	abolition n. 폐지
계속	39 proceed	1. v. (시작·계획된 일을) **계속 진행하다[되다]**	procession n. 행진; 행렬
		2. v. (다른 일을 먼저 한 후) **이어서 ~을 하다**	
		3. v. (특정 방향으로) **나아가다**	
	40 persist	1. v. (어려움·반대에도) **집요하게[고집스럽게] 계속하다**	persistence n. 고집, 끈덕짐; 지속, 존속
		2. v. (좋지 않은 것이) **계속[지속]되다**	persistent a. 끈질긴; 끊임없는
	41 ongoing	a. (이미 시작된 일이 지금도) **계속 진행 중인**	
기본	continue 계속되다[하다] keep 계속[반복]하다 last 계속[지속]되다 / keep 유지하다 leave 그대로 두다 stay 여전히 ~이다 remain 여전히 ~이다		

36 withdraw
[wiðdrɔ́ː]

The Labor Party **withdrew** its support for the government.
노동당은 정부에 대한 지지를 철회했다.

with(back:뒤) + draw(끌어당기다) ─ (했던 것을) 뒤로 끌어당기다 → 1. 철회하다, 도로 거둬들이다
　　　　　　　　　　　　　　　 ─ (예금을) 뒤로 끌어당기다 → 2. 인출하다
　　　　　　　　　　　　　　　 ─ (뒤로 당겨) 4. 물러나다, 철수하다 3. 탈퇴하다, 기권하다

37 undo
[əndu']

He finally realized it was too late to **undo** the damage that had been done.
그는 입은 피해를 원상 상태로 되돌리기에는 너무 늦었다는 것을 결국 깨달았다.

un(opposite: 반대) + do(하다) → ('하다'의) 반대 → 1. 원상태로 되돌리다 2. 풀다, 끄르다

38 abolish
[əbáliʃ]

In 1865, slavery was officially **abolished** in all areas of the United States.
1865년 노예제도가 미국의 모든 지역에서 공식적으로 폐지되었다.

ab(away: 멀리) + ol(grow: 자라다) → (더 자라지 못하게) 멀리 치우다 → 폐지하다

39 proceed
[prəsíːd]

On the surface, everything seemed to be **proceeding** according to plan.
외견상으로는 모든 것이 계획대로 진행되고 있는 것처럼 보였다.

pro(forward: 앞으로) + ceed(go: 가다) → (앞으로) 가다 → (앞으로) 2. 나아가다 1. 계속 진행하다

40 persist
[pərsíst]

The witness **persisted** in his refusal to answer the questions.
증인은 그 질문들에 답변하기를 집요하게 계속해서 거부했다.

per(through: 내내) + sist(stand: 서다) → (내내) 서 있다 → 집요하게 계속하다, 지속되다

연장	42 prolong	v. (더 오래 지속되도록) (시간을) 늘리다, 연장하다	prolongation n. 연장
	43 linger	1. v. (평소·예상보다) (더 오래) 지속되다, 남아 있다	
		2. v. (떠나기 싫어서) 더 오래 머물다, 오래 끌다	
재개	44 resume	1. v. (중단되었던 일을) 재개하다[되다] (= renew)	resumption n. 재개
		2. n. (경력을 적은) 이력서 (= résumé)	
	45 renew	1. v. (중단되었던 일을) 재개하다 (= resume)	renewal n. 재개; 갱신; 회복, 개선
		2. v. (만료된 것의) 기한을 연장하다, 갱신하다	
		3. v. (같은 종류의) 새것으로 바꾸다, 새롭게 하다	
끊임없는	46 perpetual	a. (잇따라) 끊임없이 계속되는 (= constant, incessant)	perpetuate v. 영속시키다, 영구화하다
	47 constant	1. a. (잇따라) 끊임없이 계속되는 (= perpetual, incessant)	constancy n. 불변(성)
		2. a. (특정 상태·수준에서) 변하지 않는, 불변의 n. 상수	⊖ inconstant a. 일치하지 않은, 변덕스러운
	48 incessant	a. (잇따라) 끊임없이 계속되는 (= perpetual, constant)	
	49 steady	1. a. (발전·성장·전개 등이) 꾸준한	⊖ unsteady a. 불규칙한; 불안정한
		2. a. (변화·흔들림 없이) 고정적인, 안정된	
		v. 안정[진정]되다[시키다]	

---

42 prolong
[prəlɔ́ːŋ]

The doctors said the operation could **prolong** his life by up to 5 years.
의사들은 수술은 그의 생명을 5년까지 연장시킬 수 있다고 말했다.

pro(forward: 앞으로) + long(긴) → (시간을 앞으로 길게) 늘리다, 연장하다

---

43 linger
[líŋgər]

I washed my hands five times, but the disgusting smell still **lingered**.
나는 내 손을 다섯 번 씻었지만 그 역겨운 냄새는 여전히 남아 있었다.

ling(long: 오래) + er → (시간을) 오래 끌다, 지속되다

---

44 resume
1. [rizúːm]
2. [rézumèi]

The two sides have agreed to **resume** peace talks in the near future.
양측은 가까운 장래에 평화 회담을 재개하기로 합의했다.

re(again: 다시) + sume(take: 취하다) → (중단한 일을 취하여) 1. 재개하다
résumé → 요약(summary)을 뜻하는 프랑스어를 어원으로 하는 말→ (경력을 요약한) 2. 이력서

---

46 perpetual
[pərpétʃuəl]

Many workers live in **perpetual** fear of losing their jobs and incomes.
많은 노동자들은 직장과 소득을 잃을 것에 대한 끊임없는 공포 속에 산다.

per(through: 줄곧) + pet(go: 가다) → (멈추지 않고) 줄곧 가는 → 끊임없이 계속되는

---

48 incessant
[insésnt]

We have had **incessant** rain for the past 2 weeks and little sunlight.
지난 2주 동안 햇빛은 거의 없이 끊임없이 비가 왔다.

in(not) + cess(cease: 그치다) → (그치지) 않는 → 끊임없이 계속되는

Unit 43

자연·동식물 I

nature & animal & plant I

44_1 자연·세계·극지

고급 중급

자연·환경	01 **environment**	n. (주변이나 자연의) **환경**	environmental a. 환경의
	02 **habitat**	n. (동식물이 자리를 잡고 사는) **서식지**	
	03 **ecology**	n. (생물간 / 생물·환경간의 관계): **생태(계), 생태학**	ecological a. 생태(학)의
세계·지리	04 **geography**	n. (길·지형 등의 상태): **지리(학)**	geographical a. 지리(학)의
	05 **latitude**	n. (위치를 가로로 나타내는) **위도**	
	06 **hemisphere**	n. (공처럼 둥근 물체의 절반): (지구의) **반구: 반구체**	hemispherical a. 반구형의
극지·적도	07 **pole**	1. n. (지축·자석 등의) **극(지)**	polar a. 극지의, 양극의: 극과 극의
		2. n. (서로 완전히 반대되는) **극, 정반대**	polarize v. 양극화되다
		3. n. (세워서 무엇을 받치는 데 쓰는) **막대기, 장대**	
	08 **arctic**	n. (the A-) (지구의 북쪽 끝) **북극** a. **북극의**	
	09 **antarctic**	n. (the A-) (지구의 남쪽 끝) **남극** a. **남극의**	
기본	world 세계 global 세계적인, 지구 전체의 / map 지도		

---

02 habitat
[hǽbitæt]

Many animals are losing their **natural** habitat as a result of global warming.
많은 동물들이 지구 온난화의 결과로 서식지를 잃고 있다.

> habit(dwell: 살다) + at → (사는) 곳 → 서식지

---

03 ecology
[ikάlədʒi]

Man-made global warming is threatening the natural **ecology** of the Earth.
인간이 만든 지구온난화가 지구의 자연 생태계를 위협하고 있다.

> eco(house: 서식지) + logy(study: 학문) → (생물) 서식지의 환경에 관한 학문 → 생태학

---

05 latitude
[lǽtətjùːd]

The beautiful island lies at a **latitude** of about thirty-five degrees north.
그 아름다운 섬은 대략 북위 35도에 있다.

> lat(broad: 넓은) + itude → (가로 너비로 표시한) 좌표 → 위도

---

06 hemisphere
[hémisfìər]

More than two thirds of the land surface is in the northern **hemisphere**.
육지 표면의 3분의 2 이상이 북반구에 있다.

> hemi(half: 반) + sphere(구체) → (구체의) 반 → 반구

---

08 arctic
[άːrktik]

In the winter, the average temperature in the **Arctic** is –30 degrees.
겨울에 북극의 평균 기온은 마이너스 30도이다.

> arct(bear: 곰) + ic → (북두칠성이 포함된 별자리인) 큰곰자리가 위치한 곳 → 북극

극지·적도	10 equator	n. (지구 중심을 지나는 선): **적도**	equatorial a. 적도의
도시·시골	11 metropolis	n. (규모가 매우 큰) **거대 도시**	metropolitan a. 거대 도시의
	12 **urban**	a. (도시와 관련된): **도시의**	urbanize v. 도시화하다
	13 **municipal**	a. (한 도시와 관련되거나 그 소유인): **시의, (자치) 도시의**	municipality n. 지방 자치단체
	14 **suburb**	n. (도심지에 인접한) **교외 (주택지)**	suburban a. 교외의
	15 **outskirts**	n. (도심에서 가장 먼) (도시의) **변두리**	
	16 **capital**	1. n. (한 나라의 중앙 정부가 있는 곳): **수도** 2. n. (큰 체로 된) **대문자** a. **대문자의** 3. n. (사업의 바탕이 되는 돈): **자본(금)** a. **자본의**	capitalism n. 자본주의 capitalist n. 자본주의자, 자본가
	17 rural	a. (도시 대비) **시골의**	
땅·육지	18 **earth**	1. n. (바다·하늘·공중 대비) **땅, 육지, 지상** 2. n. (인류가 살고 있는) **지구** (= Earth) 3. n. (지구 표면의) **흙, 토양** (= soil)	earthy a. 흙의, 토양의
기본	town (소)도시 city 도시 downtown 도심지 park 공원 square 광장 / country 시골 countryside 시골 village 마을 / land 육지, 땅 earth 땅, 육지 ground 땅(바닥), 지면		

10 **equator**
[ikwéitər]

The Republic of Kenya lies on the **equator** in East Central Africa.
케냐 공화국은 중동부 아프리카의 적도 위에 있다.

equate(같게 하다) + or → (북극·남극으로부터의) 길이가 같은 지점 → **적도**

11 **metropolis**
[mitrápəlis]

Tokyo is a **metropolis** where more than twelve million people live together.
도쿄는 천이백만 명 이상이 함께 사는 거대도시이다.

metro(mother: 어머니) + polis(city: 도시) → (어머니와 같이) 중심지의 역할을 하는 도시 → **거대 도시**

13 **municipal**
[mju:nísəpəl]

The Washington Center is the largest **municipal** library in the U.S.
워싱턴 센터는 미국에서 가장 큰 시립 도서관이다.

muni(duty: 의무) + cip(take: 지다) + al → (일정한 의무를 지고) 자치권을 얻은 도시 → **(자치) 도시의**

14 **suburb**
[sʌbə:rb]

My office is in downtown Boston, but I live in the **suburbs**.
내 사무실은 보스턴 시내에 있지만 나는 교외에 산다.

sub(near: 근처) + urb(city: 도시) → (도시의) 근처 → **교외**

15 **outskirts**
[au'tskər,ts]

The country's largest airport is located on the **outskirts** of the city.
그 나라의 가장 큰 공항은 그 도시의 변두리에 위치해 있다.

out(밖) + skirt(border: 경계) → (도시의) 바깥쪽 경계 지역 → **변두리**

Unit 44

고급 중급

땅·육지	19 **continent**	n. (넓고 커다란 육지): **대륙**	continental a. 대륙의
	20 **terrain**	n. (땅의 생긴 모양): **지형, 지대**	
	21 **earthquake**	n. (땅이 흔들리는) **지진**	
	22 **geology**	n. (땅의 성질·상태): **지질(학)**	geological a. 지질학의
흙·돌	23 **soil**	n. (지구 표면의) **흙, 토양** (= earth) v. **더럽히다**	
	24 **mud**	n. (질퍽질퍽한) **진흙, 진창**	muddy a. 진흙투성이의
	25 **erode**	v. (땅·바위가) **침식[풍화]되다[하다]**	erosion n. 침식 (작용)
	26 **marble**	n. (주로 흰빛을 띤 조각·건축용) **대리석**	
	27 **brick**	n. (네모꼴의 건축 재료): **벽돌**	
굴·도랑	28 **cave**	n. (자연적으로 생긴) (땅·바위 속의) **굴, 동굴**	
	29 **burrow**	n. (땅속에 만들어 놓은) (짐승의) **굴** v. **굴을 파다**	
	30 **ditch**	n. (들·도로 가의) **수로, 도랑**	
파다·묻다	31 **dig**	v. (땅에 구멍을) **파다, 파내다**	digger n. 파는 기계
	32 **bury**	v. (땅속에 물건을) **묻다; 매장하다**	burial n. 매장

기본 | earth 흙 sand 모래 / stone 돌 rock 바위

---

20 **terrain**
[təréin]

From south to north, the **terrain** changes from deserts to rocky mountains.
지형은 남쪽에서 북쪽으로 사막에서 바위 산으로 바뀐다.

terra(earth: 땅) + in → (땅의) 생긴 모양 → **지형**

---

22 **geology**
[dʒiɑ́lədʒi]

Geology is the study of Earth's physical and biological history.
지질학은 지구의 물질적 생물학적 역사를 연구하는 학문이다.

geo(earth: 땅) + logy(science: 학문) → (땅을 연구하는) 학문 → **지질(학)**

---

25 **erode**
[iróud]

Most of the ancient walls have **eroded** away over the centuries.
고대 성벽의 대부분은 수세기에 걸쳐 침식되어 왔다.

e(away: 떨어져) + rode(gnaw: 갉아먹다) → (갉아먹어) 떨어져 나가다 → **침식되다**

---

29 **burrow**
[bə́:rou]

A gigantic black eagle slowly circled high above a rabbit **burrow**.
거대한 검은 독수리 한 마리가 토끼 굴 위를 천천히 높이 빙빙 돌았다.

유래: 서식지, 근거지(stronghold) → (짐승이 만들어 놓은) 땅속 서식지 → (짐승의) **굴**

---

30 **ditch**
[ditʃ]

The child suddenly slipped and fell into a **ditch** by the side of the road.
그 아이는 갑자기 미끄러져서 도로변의 도랑에 빠졌다.

유래: 땅파기(excavation) → (땅을 파서 만든) 물길 → **수로, 도랑**

---

	33 **volcano**	n. (땅속 가스·용암이 터져 나와 생긴) **화산**	volcanic a. 화산의
산·언덕	34 **erupt**	v. (화산이) **분출[분화]하다**	eruption n. (화산의) 폭발, 분화
	35 **slope**	n. (기울진) **경사(지), 비탈** v. **경사지다**	
	36 **summit**	1. n. (산의 맨 꼭대기): (산의) **정상**	
		2. n. (국가 지도자들 간의) **정상 회담**	
	37 **cliff**	n. (바닷가·강가의) **절벽**	
	38 **landslide**	n. (흙·돌이 무너져 내리는) (산)**사태**	
	39 **avalanche**	n. (눈이 무너져 내리는) **눈사태**	
강·둑	40 **stream**	1. n. (강보다 작은 물줄기): 개울, 시내 v. **줄줄 흐르다**	streaming n. 실시간 재생
		2. n. (계속) (이어지는) **줄, 흐름, 연속** v. **줄줄이 이어지다**	
	41 **bank**	1. n. (하천·호수의) **둑, 제방**	
		2. n. (금융 기관): **은행**	
호수·연못	42 **pond**	n. (호수보다 작은) **연못**	
	43 **puddle**	n. (물이 고여 있는) **물웅덩이**	

기본	mountain 산 hill 언덕 peak 산봉우리 valley 계곡 / river 강 waterfall 폭포(수) / lake 호수 well 우물

---

34 **erupt**
[irʌpt]

The ancient town was completely destroyed when the volcano **erupted**.
그 고대 도시는 화산이 폭발하여 완전히 파괴되었다.

e(out: 밖) + rupt(break: 깨지다) → (깨져서) 밖으로 나오다 → **분출하다**

36 **summit**
[sʌmit]

The climber reached the **summit** using only his hands and feet.
그 등반가는 손과 발만을 사용해서 산의 정상에 도달했다.

sum(highest: 가장 높은) + it → 가장 높은 곳 → (산의) 1. **정상** → (국가 정상들의) 2. **정상 회담**

37 **cliff**
[klif]

He stood on the edge of the **cliff** and looked down on the beach below.
그는 절벽 끝에 서서 아래의 해변을 내려다 보았다.

38 **landslide**
[læˈndslaiˌd]

More than twenty-five houses were buried by a massive **landslide**.
25채의 이상의 가옥이 산사태로 파묻혔다.

land(땅) + slide(미끄러지다) → (땅이 미끄러져) 내리는 현상 → (산)**사태**

39 **avalanche**
[ǽvəlæntʃ]

A cross-country skier was killed in an **avalanche** while skiing in the Alps.
한 크로스컨트리 스키 선수가 알프스에서 스키를 타다가 눈사태로 죽었다.

유래: 내리막(descent) → (내리막으로) 무너져 내리는 눈 → **눈사태**

43 **puddle**
[pʌdl]

There were a lot of big **puddles** in the street after the rain.
비가 온 후 거리에는 많은 커다란 물웅덩이들이 있었다.

Unit 44

고급 중급

호수·연못	44 reservoir	n. (물을 모아 두는 못): 저수지, 급수장	
	45 swamp	1. n. (물이 늘 고여 있는) **늪, 습지** v. (물이) **휩쓸다**	swampy a. 늪의, 늪 같은
		2. v. (일·문제·수량 등이) **쇄도하다, 홍수처럼 밀려들다**	
	46 fountain	n. (물줄기를 위로 내뿜는) **분수**	
평원·초원	47 plain	1. n. (넓고 평평한) **평원, 평지**	
		2. a. (보거나 이해하기에) **분명한, 명백한**	
		3. a. (꾸미지 않고) **소박[수수]한**; (특별하지 않고) **평범한**	
	48 prairie	n. (드넓게 펼쳐진) **대초원**	
숲·삼림	49 rainforest	n. (열대의 무성한 숲): **(열대) 우림**	
	50 wood	1. n. (민가 근처의) (작은) **숲**	wooden a. 나무의, 나무로 만든
		2. n. (건축·가구·연료용의) **나무, 재목**	
	51 deforestation	n. (숲의 나무들을 베어내는) **삼림 벌채[파괴]**	deforest v. 삼림을 벌채하다[없애다]
황무지·사막	52 wilderness	n. (거칠고 쓸모 없는) **황무지, 황야**	
	53 desert	1. n. (모래·자갈로 뒤덮인) **사막**	desertion n. 버리기, 유기
		2. v. (돌보지 않고) **버리다, 유기하다**	
기본	savanna 사바나 / forest 숲, 삼림 jungle 밀림, 정글 oasis 오아시스		

44 reservoir
[rézərvwὰːr]

The **reservoir** dried up completely during the drought of last summer.
그 저수지는 작년 여름의 가뭄 동안 완전히 말라 버렸다.

유래: reserve(비축[예약]하다)와 같은 어원 → (물을) 비축해 두는 곳 → 저수지

45 swamp
[swamp]

Twenty years ago, this land was all tropical **swamps** and thick forests.
20년 전에 이 땅은 모두 열대의 늪지대과 무성한 숲이었다.

유래: 스폰지(sponge) ┌ (물을 빨아들이는) 1. 늪
　　　　　　　　　　 └ (물에 잠길 정도로) 2. 쇄도하다

48 prairie
[préəri]

The **prairie** stretches from Canada all the way south to Texas.
그 대초원은 캐나다에서 쭉 남쪽으로 텍사스까지 뻗어있다.

49 rainforest
[réinfɔːrist]

The **rainforest** may disappear this century because of global warming.
그 열대 우림은 지구 온난화 때문에 이번 세기에 사라질지 모른다.

rain(비) + forest(숲) → (비가 많이 오는) 숲 → 열대 우림

51 deforestation
[diːfɔ̀ːristéiʃən]

Deforestation is destroying large areas of the Amazon rainforest.
삼림 벌채는 아마존 열대 우림의 많은 지역을 파괴하고 있다.

de(away: 제거) + forest(숲) → (숲의 나무들을) 제거하기 → 삼림 벌채[파괴]

52 wilderness
[wíldərnis]

In a few short years, the fruitful area became a **wilderness**.
몇 년의 짧은 기간이 지나서 그 비옥한 땅은 황무지가 되었다.

wilder(wild animal: 거친 짐승) + ness → (거친 짐승들만이) 사는 곳 → 황무지, 황야

바다	54 **marine**	a. (바다와 관련된): **바다[해양, 해운]의**	
	55 **submarine**	a. (바다 속과 관련된): **해저의, 바다 속의** n. **잠수함**	
	56 **horizon**	n. (땅·바다와 하늘의 경계선): **지평[수평]선**	horizontal a. 수평의 n. 수평(선, 면)
	57 **mediterranean**	n. (M-) **지중해** a. **지중해의**	
파도·조류	58 **surf**	n. (해안으로) **밀려드는 큰 파도**	surfer n. 파도타기 하는 사람
	59 **tide**	n. (주기적으로 들어왔다 나가는) **조수, 조류**	tidal a. 조수의
	60 **flow**	1. n. (바닷물이 밀려 들어오는) **밀물** v. **밀물이 되다**	
		2. v. (액체·기체 등이) **흐르다** n. **흐름**	
	61 **ebb**	n. (바닷물이 밀려 나가는) **썰물** v. **썰물이 되다**	
해안	62 **shore**	n. (바다·강·호수 등의) **물가, 기슭**	ashore ad. 물가에[로]
	63 **coast**	n. (바다와 육지가 만나는 곳): **해안**	coastal a. 해안의
반도·만	64 **peninsula**	n. (삼면이 바다로 둘러싸인) **반도**	peninsular a. 반도의
	65 **bay**	n. (육지로 쑥 들어간) (작은) **만**	
	66 **gulf**	n. (육지로 쑥 들어간) (큰) **만**	
기본	ocean 바다 sea 바다 Pacific 태평양 Atlantic 대서양 / wave 파도 / beach 해변 island 섬		

---

56 horizon

[həráizn]

The sky gradually grew light as the sun slowly rose above the **horizon**.
태양이 지평선 위로 서서히 뜸에 따라 하늘이 점차 밝아졌다.

horiz(boundary: 경계) + on → (땅이나 바다의) 경계를 이루는 곳 → 지평[수평]선

---

57 mediterranean

[mèdətəréiniən]

Italy is located at the heart of the **Mediterranean** Sea.
이탈리아는 지중해의 중심부에 위치해 있다.

medi(middle: 중간) + terra(land: 땅) → 땅(유럽·아프리카 대륙)의 중간에 있는 바다 → 지중해

---

61 ebb

[eb]

She knows that the tide **ebbs** and flows twice each twenty-four hours.
그녀는 24 시간마다 두 번 썰물과 밀물이 된다는 것을 안다.

유래: away from(~에서 멀어져) → (바닷물이 해변에서 멀어지는) 썰물

---

64 peninsula

[pənínsjulə]

The Korean **peninsula** is surrounded by sea except for the northern part.
한반도는 북쪽 부분을 제외하고 바다로 둘러싸여있다.

pen(almost: 거의) + insula(island: 섬) → (거의) 섬과 같은 곳 → 반도

---

66 gulf

[gʌlf]

The **Gulf** of Mexico is surrounded by the United States, Mexico, and Cuba.
멕시코만은 미국과 멕시코, 쿠바에 둘러싸여 있다.

유래: 휜 모양(curved shape) → (육지 안으로) 휘어있는 바다 → 만

Unit 44

자연·동식물 II
nature & animal & plant II

45_1 해협·우주·천체

고급 중급

해협·운하	01 **channel**	1. n. (두 개의 큰 바다를 연결하는) (넓은) **해협**	
		2. n. (정보·물품·통신 등의) **경로;** (TV 등의) **채널**	
	02 **canal**	n. (육지를 파서 만든) **운하, 수로**	
우주·하늘	03 **universe**	n. (만물이 존재하는) (끝없는 공간): **우주**	universal a. 일반적인; 보편적인
	04 **cosmos**	n. (하나의 통일체로서) (질서·체계가 있는) **우주**	cosmic a. 우주의
	05 **atmosphere**	1. n. (둘러싸고 있는) (지구의) **대기;** (특정 장소의) **공기**	atmospheric a. 대기(중)의; 분위기 있는
		2. n. (대상과 그 주변의) **분위기**	
	06 **astronomy**	n. (우주와 천체를 연구하는) **천문학**	astronomical a. 천문학의
	07 **astrology**	n. (별의 위치·운행으로 점을 치는) **점성학[술]**	astrological a. 점성학[술]의
천체·별	08 **planet**	n. (중심 별의 둘레를 도는) **행성**	planetary a. 행성의
	09 **satellite**	n. (행성의 둘레를 도는) **위성; 인공위성**	
기본		space 우주 sky 하늘 air 공중 star 별	

---

04 cosmos
[kázməs]

Science has discovered that the **cosmos** is expanding in all directions.
과학은 우주가 모든 방향으로 팽창하고 있다는 것을 발견했다.

> 유래: 질서(order) → (질서 있게 운행되는) 우주

---

05 atmosphere
[ǽtməsfìər]

The gasoline your car uses pollutes the **atmosphere** with harmful gases.
당신의 차가 사용하는 가솔린은 유해한 가스로 대기를 오염시킨다.

> atmos(vapor: 증기) + sphere(globe: 지구) ┌ (지구를 둘러싼) 증기 → 1. 대기
> └ (주변을 둘러싼) 2. 분위기

---

06 astronomy
[əstránəmi]

The science of **astronomy** studies the movements of the heavenly bodies.
천문학은 천체의 움직임을 연구한다.

> astro(star: 별) + nomy(study: 학문) → (별을 연구하는) 학문 → 천문학

---

07 astrology
[əstrálədʒi]

Although I don't really believe in **astrology**, I found comfort in that.
점성술을 정말로 믿지는 않지만 나는 그것에서 위안을 찾았다.

> astro(star: 별) + logy(logic: 논리) → (별의 운행) 논리 → 점성학[술]

---

09 satellite
[sǽtəlàit]

The earth is a **satellite** of the sun because it moves around the sun.
지구는 태양의 주위를 움직이기 때문에 태양의 위성이다.

> 유래: 수행원(attendant) → (수행하듯 행성 주위를 도는) (인공) 위성

---

	10 comet	n. (긴 꼬리가 달린) 혜성	
천체·별	11 galaxy	n. (수많은 천체의 무리) 은하(수); 은하계	
	12 orbit	n. (천체가 돌 때 그리는) 궤도 v. 궤도를 그리며 돌다	orbital a. 궤도의
	13 gravity	1. n. (지구가 끌어당기는 힘) 중력	grave a. 심각한 n. 무덤
		2. n. (중대해서) (태도 등의) 엄숙함; (상황의) 심각함	
태양계	14 solar	a. (태양과 관련된) 태양의, 태양광[열]을 이용한	
	15 lunar	a. (달과 관련된) 달의	
	16 eclipse	n. (해·달이 가려져 보이지 않는) (해·달의) 식, 일[월]식	
		v. (다른 천체를) 가리다	
	17 terrestrial	a. (다른 천체가 아니라) 지구(상)의; (동식물이) 육지에 사는	
	18 mars	n. (M-) (태양에서 넷째로 가까운 행성) 화성	martian a. (M-) 화성의 n. 화성인
외계	19 alien	1. n. (지구 밖의) 외계인 a. 외계의 (= extraterrestrial)	alienate v. 소원하게 만들다
		2. a. (익숙하지 않아서) 이질적인, 이국의 n. 거류 외국인	
	20 extraterrestrial	n. (지구 밖의) 외계인 a. 외계의 (= alien)	
기본	sun 해, 태양 moon 달 earth 지구		

10 comet
[kámit]

A great **comet** appeared in the sky and astonished people everywhere.
거대한 혜성이 하늘에 나타나서 모든 곳의 사람들을 놀라게 했다.

유래: 긴 머리카락을 가진(long-haired) → 긴 꼬리(머리카락)를 가진 별 → 혜성

16 eclipse
[iklíps]

A total solar **eclipse** is when the Sun is completely covered by the Moon.
개기일식은 태양이 달에 의해 완전히 가려졌을 때이다.

ec(out: 밖) + lipse(leave: 떠나다) → (원래 있던 자리에서) 밖으로 떠나는 현상 → (해·달의) 식

17 terrestrial
[təréstriəl]

No **terrestrial** life can survive in the harsh environment of Mars.
어떤 지구 생명체도 화성의 혹독한 환경에서 생존할 수 없다.

terr(land: 땅) + estrial → (땅) 위의 → 지구(상)의

19 alien
[éiljən]

This debate on whether there are **aliens** has been going on for centuries.
외계인이 있는지에 대한 이 논쟁은 수 세기 동안 진행되어 왔다.

al(other: 다른) + ien → (나라나 지구 밖의 다른 곳에서 온) 2. 이국의 1. 외계의

20 extraterrestrial
[èkstrətəréstriəl]

I believe intelligent **extraterrestrial** life exists somewhere in the universe.
나는 우주의 어딘가에 지적인 외계 생명체가 존재한다고 믿는다.

extra(outside: 밖) + terrestrial(지구의) → 지구 밖의

Unit 45

고급 중급

날씨·기온	21 climate	n. (평균적인 기상 상태): **기후**	climatic a. 기후의
	22 temperature	n. (덥고 찬 정도): **온도, 기온, 체온**	
	23 thermometer	n. (온도를 재는) **온도[체온]계**	thermostat n. 온도 조절 장치
더운·추운	24 tropical	a. (적도 부근의) **열대 지방의, 열대(성)의**	tropic n. (-s) 열대
	25 humid	a. (덥고 물기가 많아서) **습한, 눅눅한**	humidity n. 습기, 습도
	26 temperate	1. a. (기후·지역이) **온화한, 온대성의** 2. a. (행동·감정·욕구 등이) **절제된, 차분한**	temperance n. 절제 ⊖ intemperate a. 무절제한
	27 chilly	a. (조금 춥게 느껴질 정도로) **쌀쌀한**	chill n. 냉기 v. 차게 하다 a. 쌀쌀한
비	28 drizzle	n. (가늘게 내리는) **이슬비, 가랑비** v. 이슬비가 내리다	drizzly a. 이슬비 내리는
	29 dew	n. (수증기가 엉겨 생긴 물방울): **이슬**	dewy a. 이슬이 맺힌
홍수·가뭄	30 flood	n. (땅이 물에 잠기는) **홍수** v. **침수되다[시키다]**	
	31 drought	n. (오랫동안 비가 오지 않는) **가뭄**	
기본	weather 날씨, 일기 heat 열 / hot 뜨거운, 더운 warm 따뜻한 cold 추운, 차가운 cool 시원한 / rain 비 shower 소나기 cloud 구름 rainbow 무지개 umbrella 우산		

23 **thermometer**
[θəˈmɒmɪtə(r)]

This morning, the **thermometer** registered 15 degrees below zero.
오늘 아침 온도계가 영하 15도를 기록했다.

thermo(heat: 열) + meter(measure: 재다) → (열을 재는) 기구 → 온도계

24 **tropical**
[trάpikəl]

Tropical rain forests are being destroyed at an alarming rate.
열대 우림이 급속도로 파괴되고 있다.

tropic(열대) + al → 열대 지방의, 열대(성)의

26 **temperate**
[témpərət]

Korea has a very typical **temperate** climate, with four distinct seasons.
한국은 사계절이 뚜렷한 매우 전형적인 온대 기후를 가지고 있다.

temper(mix properly: 적절히 섞다) + ate ┌ (더위·추위가) 적절히 섞인 → 1. 온대성의
                                           └ (행동이 지나치지 않고) 적절히 섞인 → 2. 절제된

28 **drizzle**
[drízl]

It was **drizzling** this morning and the road was wet and slippery.
오늘 아침 이슬비가 내리고 도로는 젖어 있었고 미끄러웠다.

유래: 떨어지다(fall) → (가늘게 떨어지는) 이슬비

29 **dew**
[dju:]

The flowers in the garden were covered with early morning **dew**.
정원의 꽃들은 이른 아침 이슬에 덮여 있었다.

유래: 흐르다(flow) → (물체 표면에 맺혀 흐르는) 이슬

고급　중급

안개	32 fog	n. (앞이 잘 안 보일 정도의) (짙은) 안개	foggy a. 안개 낀
	33 mist	n. (fog보다 농도가 낮은) 엷은 안개, 박무	misty a. (엷은) 안개가 낀
눈 · 얼음	34 blizzard	n. (눈이 휘몰아치는) 눈보라	
	35 hail	n. (하늘에서 떨어지는) 우박 v. 우박이 쏟아지다	
	36 frost	n. (표면에 하얗게 얼어붙은) 서리 v. 서리로 덮다	frosty a. 서리가 내리는
	37 glacier	n. (거대한 얼음덩어리): (육지를 덮고 있는) 빙하	
	38 iceberg	n. (거대한 얼음덩어리): (바다에 떠다니는) 빙산	
	39 sled	n. (미끄럼을 타는) 썰매 v. 썰매를 타다 (= sledge)	
얼다 · 녹다	40 freeze	v. (액체가 고체로) 얼다, 얼리다	freezing a. 몹시 추운; 결빙의
	41 melt	v. (고체가 액체로) 녹다, 녹이다	
바람	42 breeze	n. (부드럽게 부는) 산들바람, 미풍	breezy a. 산들바람이 부는
	43 gust	n. (갑자기 세게 부는) 돌풍 v. 돌풍이 불다	gusty a. 돌풍이 부는
	44 blow	1. v. (일정 방향으로) (바람이) 불다	blowy a. 바람이 부는[센]
		2. v. (입김을) (입으로) 불다 n. 불기	
		3. n. (세게 때리기): 강타, 타격	
기본	snow 눈 ice 얼음 / wind 바람		

---

34 blizzard

[blízərd]

They got stuck in a **blizzard** and had to be rescued by helicopter.
그들은 눈보라에 갇혀서 헬리콥터로 구조를 받아야 했다.

유래: 활활 타다(blaze) → (활활 타는 듯이 휘몰아치는) 눈보라

---

37 glacier

[gléiʃər]

Glaciers are formed where more snow falls than melts each year.
빙하는 매년 녹는 것보다 더 많은 눈이 내리는 곳에 형성된다.

glac(ice: 얼음) + ier → (얼음) 덩어리 → 빙하

---

38 iceberg

[áisbə:rg]

Typically, about 90% of an **iceberg** is below the surface of the sea.
일반적으로, 빙산의 약 90%는 바다 표면 아래에 있다.

ice(얼음) + berg(mountain: 산) → (얼음) 산 → 빙산

---

42 breeze

[bri:z]

Her long blonde hair was blowing in the **breeze** coming from the sea.
그녀의 긴 금발 머리가 바다에서 불어오는 산들바람에 날렸다.

유래: 고대 스페인어의 북동풍(northeast wind) → <의미 변환> → 산들바람, 미풍

---

43 gust

[gʌst]

A sudden **gust** of wind blew the umbrella inside out and out of my hands.
갑작스러운 돌풍이 불어 우산이 안팎이 뒤집어지고 내 손을 벗어나 흩날렸다.

유래: pour(퍼붓다) → (갑자기 퍼붓는) 바람 → 돌풍

271

폭풍우	45 storm	n. (사나운 비바람을 동반하는) **폭풍(우)**	stormy a. 폭풍우의
	46 thunder	n. (하늘이 요란하게 울리는) **천둥, 우레**	thunderous a. 우레 같은
	47 lightning	n. (하늘에서 나는 번쩍이는) **번개**	
생물	48 creature	n. (신에 의해 창조된) **생명이 있는 존재**, (식물 외의) **생물**	
	49 wildlife	n. (자연에서 저절로 자라는) **야생 생물**	
	50 species	n. (생물 분류의 기초 단위): **종**	
	51 biology	n. (생물을 연구하는) **생물학**	biological a. 생물학(상)의
	52 evolution	n. (생물의) **진화(론)**; (일·상황의) **점진적 발전[전개]**	evolve v. 진화하다[시키다] / evolutionary a. 진화의, 진화(론)적인
	53 fossil	n. (아주 옛날 생물의 흔적): **화석**	fossilize v. 화석화되다[시키다]
유기체	54 organism	n. (독립된 생명·기능을 가진) **유기체**	organic a. 유기체의; 유기농의; 장기의
	55 cell	1. n. (생물체를 이루는 기본 단위): **세포** / 2. n. (죄수를 가두어 두는) **감방**	cellular a. 세포의
	56 tissue	n. (같은 류의 세포의 모임): (생물체의) **조직**; **화장지**	
[기본]	life 생명체 / egg 알, 달걀, 계란		

---

50 **species**
[spíːʃiːz]

Many countries today have laws designed to protect endangered **species**.
오늘날 많은 나라들은 멸종 위기에 처한 종의 보호 목적의 법을 갖고 있다.

spec(look: 보다) + ies → (생물의) 보이는 겉모습 → 종

---

51 **biology**
[baiάlədʒi]

Biology is the scientific study of living things or living organisms.
생물학은 생명체 또는 살아있는 유기체를 과학적으로 연구하는 것이다.

bio(life: 생물) + logy(science: 학문) → (생물을 연구하는) 학문 → 생물학

---

52 **evolution**
[èvəlúːʃən]

The theory of **evolution** was accepted by almost all of the scientists.
진화론은 거의 모든 과학자들의 의해 받아들여졌다.

e(out: 밖) + vol(roll: 말다) → (말렸던 것이 밖으로) 펼쳐짐 → 진화; 점진적 발전[전개]

---

53 **fossil**
[fάsəl]

The oldest dinosaur **fossils** were found in rocks 220 million years old.
가장 오래된 공룡 화석이 2억2천만 년 된 암석에서 발견되었다.

유래: 파내다(dig) → (땅 속에서 파낸) 생물의 흔적 → 화석

---

54 **organism**
[ɔ́ːrgənìzm]

The simplest living **organisms** have only one cell in their body.
가장 간단한 유기체는 몸 안에 단 한 개의 세포만을 갖고 있다.

organ(생물의 기관) + ism → (기관이 있는) 생명체 → 유기체

번식	57 reproduce	1. v. (생물이) (새로운 개체를) **번식[생식]하다**	reproduction n. 번식; 재생; 복제(품)
		2. v. (똑같은 것을) **복제[재생, 재현]하다**	
	58 breed	1. v. (동물이) (교미를 해서) **새끼를 낳다**	
		2. v. (번식을 목적으로) **사육[재배]하다** n. (동물의) **품종**	
	59 nest	n. (새나 곤충 등의) **둥지, 보금자리** v. **둥지를 틀다**	
알·부화	60 lay	1. v. (새·곤충 등이) **알을 낳다**	
		2. v. (바닥에) **눕히다, (눕히듯이) 놓다**	
	61 hatch	v. (알을 깨고) **부화하다[시키다]**	
사냥·포식	62 trap	v. (사냥·속임수를 위한) **덫, 함정** v. **가두다**	
	63 bait	n. (유인하기 위한) **미끼, 유인물** v. **미끼를 달다**	
	64 cage	n. (동물을 가두는) **우리, 새장** v. **우리[새장]에 가두다**	
	65 predator	n. (다른 동물을 잡아먹는) **포식 동물, 포식자**	predatory a. 포식성의
먹이	66 prey	n. (육식 동물의) **먹이** v. (~ on) **~을 잡아먹다**	
	67 hay	n. (가축 먹이용으로 베어 말린) **건초, 말린 풀**	
기본	hunt 사냥		

57 reproduce
[ri,prədu's]

Most insects **reproduce** by laying eggs which have soft shells.
대부분의 곤충은 껍질이 부드러운 알을 낳아 번식한다.

re(again) + produce(만들다) → (다시) 만들다 → 1. 번식[생식]하다 2. 재생[복제]하다

58 breed
[bri:d]

The majority of animals **breed** only during certain times of the year.
대부분의 동물들은 일년 중에 특정 시기에만 새끼를 낳는다.

유래: 열(heat) → (알을 품어서) 열 기운을 주다 ┌ 1. 새끼를 낳다
└ (번식을 시키려고) 2. 사육[재배]하다

61 hatch
[hætʃ]

When the turtle eggs **hatch**, they make their way immediately to the sea.
거북이 알이 부화되면, 그들은 즉시 바다 쪽으로 간다.

63 bait
[beit]

Low prices and free gifts will be offered as a **bait** to attract new customers.
낮은 가격과 무료 선물이 새로운 고객을 끌어들이는 유인물로 제공될 것이다.

유래: 음식물(food) → (동물을 유인하기 위한) 음식물 → 미끼, 유인물

65 predator
[prédətər]

A grown lion is Africa's strongest **predator** and fears no other animal.
성장한 사자는 아프리카의 가장 힘센 포식자이고 다른 어떤 동물도 두려워하지 않는다.

preda(rob: 강탈하다) + tor(행위자) → (강탈하는) 자 → 포식자

66 prey
[prei]

The average time it takes a cheetah to catch its **prey** is about 20 seconds.
치타가 먹이를 잡는 데 걸리는 평균 시간은 약 20초이다.

유래: 전시의 약탈품(plunder) → (육식 동물이 추격해서 잡은) 먹이

Unit 45

자연·동식물 III
nature & animal & plant III

46_1 동물·포유류·파충류   고급 중급

먹이	01 graze	v. (가축이) 풀을 뜯어먹다[먹게 하다]	
동물	02 **beast**	n. (몸집이 크고 사납고 포악한) (네발) 짐승	
	03 **livestock**	n. (사육장에서 기르는) 가축	
	04 **primate**	n. (인간·원숭이 등의) 영장류 (동물)	
동물의 떼	05 **herd**	n. (함께 있는) (동종 짐승의) 떼 v. 떼로 이동하다[하게 하다]	
	06 **flock**	n. (특히) (양·염소·새 등의) 떼 v. 모이다; 떼 지어 가다	
	07 **swarm**	n. (이동하는) (곤충·사람의) 떼, 군중 v. 떼 지어 이동하다	
포유류	08 **mammal**	n. (개·고양이·소 등의) 포유동물	mammalian a. 포유류의
	09 **ape**	n. (고릴라·침팬지 등의) 유인원	
	10 **cattle**	n. (사육되는) (집합적으로) 소	
파충류	11 **reptile**	n. (뱀·악어·거북 등의) 파충류	reptilian a. 파충류의

기본	animal 동물, 짐승 pet 애완동물 zoo 동물원 / bird 새 / tail 꼬리 wing 날개 web 거미줄 honey 꿀

---

01 graze
[greiz]

Horses were **grazing** on the green grass of the mountainside.
말들이 산비탈의 푸른 풀을 뜯어 먹고 있었다.

> 유래: grass(풀)의 변형 → graze → 풀을 뜯어먹다

---

03 livestock
[láivstak]

The farmer raises **livestock** such as sheep, chickens, goats and horses.
그 농부는 양, 닭, 염소, 말과 같은 가축을 기른다.

> live(살아 있는) + stock(비축물, 가축) → (살아 있는) 비축물 → 가축

---

04 primate
[práimeit]

Gorillas, the largest living **primates**, live in forests in central Africa.
살아 있는 가장 큰 영장류인 고릴라는 중앙 아프리카의 숲에서 산다.

> prim(first: 첫 번째) + ate → (동물 중 진화 단계가 첫 번째인) 영장류 (동물)

---

08 mammal
[mǽməl]

Our ability to think and speak separates humans from other **mammals**.
우리의 생각하고 말하는 능력이 인간을 다른 포유동물로부터 구분 짓게 한다.

> mamma(breast: 젖) + l → (젖을 먹는) 동물 → 포유동물

---

11 reptile
[réptil]

Dinosaurs were huge **reptiles** that ruled the earth for millions of years.
공룡은 수백만 년 동안 지구를 지배한 거대한 파충류였다.

> rept(creep: 기다) + ile → (기어서 다니는) 동물 → 파충류

파충류	12 dinosaur	n. (멸종한 거대한 파충류): **공룡**	
	13 dragon	n. (신화 속, 거대한 뱀 모양의) **용**	
곤충·벌레	14 insect	n. (나비·벌·파리 등의) **곤충**	
	15 worm	n. (꿈틀꿈틀) (기어 다니는) **벌레, 애벌레**	wormy a. 벌레가 들어 있는
	16 pest	n. (농작물 등에) (해를 입히는) **해충, 유해 동물**	
	17 parasite	n. (다른 생물에) (빌붙어 사는) **기생 동식물; 기생충**	parasitic a. 기생(충)의 (= parasitical)
	18 pesticide	n. (해가 되는 벌레를 없애는) **살충제, 농약**	
동물 부분	19 fur	n. (개·고양이·토끼 등의) **털; 모피, 털가죽**	furry a. 털로 덮인; 털 같은
	20 feather	n. (새의 몸을 덮고 있는) **깃털**	feathery a. 깃털 같은
사육	21 breed	1. v. (번식 목적으로) (동식물을) **사육[재배]하다** n. **품종**	
		2. v. (동물이 교미를 하고) **새끼를 낳다**	
	22 rear	1. v. (다 자랄 때까지) (아이나 동물을) **기르다**	
		2. n. (특히) (차량·건물 등의) **뒷부분**	
길들이다	23 tame	a. (동물이) **길들여진** v. **길들이다**	↔ untamed a. 길들여지지 않은
	24 domesticate	v. (부리기 좋게) (동물을) **길들이다**; (작물을) **재배하다**	domestication n. 길들이기, 재배

---

17 parasite
[pǽrəsàit]

Her husband was a **parasite** who had lived off her income all his life.
그녀의 남편은 평생을 그녀가 번 수입으로 산 기생충이었다.

para(beside: 옆에) + site(food: 음식물) → (옆에 빌붙어 음식물을 빼앗아 먹는) **기생 동물[식물]**

---

18 pesticide
[péstisàid]

To protect the plants from pests, we spray **pesticide** once a month.
그 식물들을 해충으로부터 보호하기 위해 우리는 한 달에 한 번 살충제를 살포한다.

pest(해충) + cide(kill: 죽이다) → (해충을) 죽이는 약 → **살충제**

---

21 breed
[bri:d]

These dogs were originally **bred** to protect sheep and goats from wolves.
이 개들은 원래 양과 염소를 늑대로부터 보호하기 위해서 사육되었다.

유래: 열(heat) → (알을 품어서) 열 기운을 주다 ┌ 2. **새끼를 낳다**
└ (번식을 시키려고) 1. **사육[재배]하다**

---

22 rear
[riər]

She **reared** her four children all alone as a single parent after his death.
그가 죽은 후 그녀는 편모로서 4명의 아이들을 혼자서 길렀다.

---

23 tame
[teim]

The bird became so **tame** that it refused to return to the wild.
그 새는 너무 길들여져서 야생으로 돌아가기를 거부했다.

유래: 집(house) → (집에서 키울 수 있게) **길들여진**

---

24 domesticate
[dəméstikèit]

Thousands of years ago, people began to **domesticate** wild animals.
수천 년 전에 사람들은 야생 동물을 길들이기 시작했다.

domestic(가정의) + ate → 가정적으로 만들다, **길들이다**

고급 중급

목장	25 ranch	n. (대규모 방목 시설을 갖춘) **(대)목장**		
	26 dairy	a. (우유·버터 등의) **낙농(업)의, 유제품의** n. **낙농장**		
	27 stable	1. n. (말을 기르는) **마구간** v. **마구간에 넣다**	stability n. 안정	
		2. a. (자리나 균형이 잡혀서) **안정된, 안정적인**	stabilize v. 안정되다[시키다]	
	28 stall	1. n. (칸칸이 갈라놓은) **마구간의 한 칸**		
		2. n. (물건을 벌여 놓은) **가판대, 좌판**		
		3. v. (시동이 꺼져서) (차량·엔진 등이) **멎다, 멎게 하다**		
식물	29 plant	1. n. (풀·나무 등의) **식물** v. (식물·씨앗을) **심다**	plantation n. 조림지;	
		2. n. (대규모의) (제조) **공장, 생산 설비**	(열대 지방의 대규모) 농원	
	30 vegetation	n. (집합적으로) (특정 지역의) **식물, 초목**	vegetable n. 채소, 야채	
			vegetarian n. a. 채식주의자(의)	
	31 botany	n. (식물을 연구하는) **식물학**	botanical a. 식물학(상)의 (= botanic)	
식물 부분	32 petal	n. (꽃의 송이를 이루는 낱낱의) **꽃잎**		
	33 stem	1. n. (식물의 잎·꽃·열매 등이 붙는 부분): **줄기**		
		2. v. (~ from) (원인이 되는) **~에서 생겨나다[기인하다]**		
기본	leaf (나뭇)잎 branch 나뭇가지 root 뿌리			

---

28 stall
[stɔːl]

I put my horse into his **stall** immediately after riding and fed him.
나는 말을 탄 후 바로 내 말을 마구간 칸에 넣고 먹이를 주었다.

> 유래: 세우다(stand) ─ (칸막이를 칸칸이 세운) 1. 마구간의 한 칸
> ├ (가두에 세운) 2. 가판대, 좌판
> └ (움직이지 못하게) 세우다 → 3. 멎게 하다

30 vegetation
[vèdʒətéiʃən]

A desert is a dry and sandy area which has very little **vegetation**.
사막은 초목이 거의 없는 건조하고 모래로 뒤덮인 지역이다.

> veget(enliven: 생기를 주다) + ation → (땅에 생기를 주는) 초목, 식물

31 botany
[bátəni]

The scientific study of plants is known as **botany**, a branch of biology.
식물에 대한 과학적 연구는 생물학의 한 분야인 식물학으로 알려져 있다.

> botan(plant: 식물) + y → (식물을) 연구하는 학문 → 식물학

32 petal
[pétəl]

The flower has six white **petals** and only grows in the southwest region.
그 꽃은 6개의 흰색 꽃잎이 있고 남서부 지역에서만 자란다.

33 stem
[stem]

The **stem** of the flower is thick at the bottom and thin at the top.
그 꽃의 줄기는 맨 아래 부분은 두껍고 맨 위 부분은 얇다.

> 유래: stand firm(단단히 버티다) ─ (식물의 중심에서 단단히 버티고 있는) 1. 줄기
> └ (가지·잎이 생겨나는) 줄기 → 2. ~에서 생겨나다[기인하다]

46_4 나무·풀·씨앗

고급 중급

Unit 46

식물의 부분	34 **peel**	n. (과일·채소의) **껍질** v. 껍질을 벗기다[깎다]	
	35 **thorn**	n. (뾰족하게 돋친) **가시**	thorny a. 가시가 돋친
나무·꽃	36 **bush**	n. (밑동에서 많은 가지를 치는) **관목, 덤불**	bushy a. 무성한; 숱이 많은
	⌐ 37 **bloom**	n. (특히) (관상용 식물의) **꽃**	
	⌐ 38 **blossom**	n. (특히) (과일나무·관목의) **꽃** v. 꽃이 피다	
	39 **floral**	a. (꽃과 관련된): **꽃의, 꽃 무늬의**	florist n. 꽃집 주인[직원]
	40 **wither**	v. (식물이) **시들다, 시들게 하다**	
	41 **vase**	n. (꽃을 꽂는) **꽃병**	
풀·잡초	42 **grass**	n. (줄기가 연하고 키가 작은) **풀, 풀밭**	grassy a. 풀이 우거진
	43 **lawn**	n. (잔디가 깔린) **잔디밭**	
	44 **mow**	v. (기계로) **풀을 깎다[베다]**	mower n. 풀 깎는 기계
	45 **weed**	n. (저절로 나서 자라는) **잡초** v. 잡초를 뽑다	weedy a. 잡초가 우거진
	46 **reed**	n. (줄기가 가늘고 키가 큰 풀): **갈대**	reedy a. 갈대가 우거진
씨앗	47 **seed**	n. (열매 속의) **씨, 씨앗, 종자**	

기본 | tree 나무 flower 꽃 / farm 농장 field 들(판), 논밭 greenhouse 온실 / grow 식물을 재배하다

---

35 thorn
[θɔːrn]

Be careful! A rose looks pretty and smells nice, but it has sharp **thorns**.
조심하세요! 장미는 예쁘고 냄새가 좋지만 날카로운 가시를 갖고 있어요.

유래: 뻣뻣한(stiff) → (식물의) 뻣뻣한 부분 → 가시

37 bloom
[bluːm]

In spring, thousands of red and yellow tulips are in full **bloom** here.
봄에는 수천 그루의 빨간색과 노란색 튤립이 이곳에 만개한다.

blo(고대 인도유럽어의 '꽃') + om → (관상용 식물의) 꽃

38 blossom
[blάsəm]

Toward the end of this month, the apple trees are in **blossom**.
이 달 말경에 사과나무에 꽃이 핀다.

blo(고대 인도유럽어의 '꽃') + ssom → (과일나무나 관목의) 꽃

40 wither
[wíðər]

Most of the vegetables have **withered** because of the severe drought.
그 채소의 대부분은 심각한 가뭄으로 시들어 버렸다.

weather(날씨)의 변형 → (햇빛·비바람에) 노출되다 → 시들다

44 mow
[mou]

In summer, make sure to **mow** the lawn regularly before it gets overgrown.
여름에는 잔디를 너무 자라기 전에 반드시 정기적으로 깎아 주십시오.

46 reed
[riːd]

Papyrus **reeds** grew along the banks of the Nile River in ancient Egypt.
고대 이집트 시대에 파피루스 갈대가 나일강의 강둑을 따라 자라고 있었다.

고급 중급

씨앗	48 sow	v. (땅에) **씨를 뿌리다[심다]**	
꽃가루	49 pollen	n. (수술에 붙어 있는) **꽃가루**	
	50 pollinate	v. (암술에 꽃가루를 붙여 주다): **수분하다**	pollination n. 수분 (작용)
새싹	┌ 51 bud	n. (처음 돋아나는) **싹, 눈, 꽃봉오리** v. 싹을 틔우다	
	└ 52 sprout	v. (씨·줄기 등에서) **싹이 나다** n. 새싹, 새순	
농업·농장	53 agriculture	n. (농축산물을 얻어내는 활동): **농업**	agricultural a. 농업의
	54 peasant	n. (가난한) **영세 농민, 소작인**	peasantry n. 영세 농민, 소작인
	┌ 55 pasture	n. (풀이 많은) (가축 방목을 위한) **목초지, 방목장**	
	└ 56 meadow	n. (풀·꽃이 우거진) (건초 생산을 위한) **초지, 초원**	
	57 orchard	n. (과일나무를 재배하는) **과수원**	
	58 barn	n. (곡식·가축을 넣어 두는) **헛간, 외양간**	
경작·재배	59 cultivate	1. v. (땅을) **일구다, 경작하다**; (식물·작물을) **재배하다** 2. v. (자질·품성·관계 등을) **기르다, 계발하다**	cultivation n. 경작; 함양, 계발
	60 plow	n. (논밭을 가는) **쟁기** v. 쟁기로 갈다 (= plough)	
	61 irrigate	v. (농사에 필요한) **물을 토지에 대다, 관개하다**	irrigation n. 관개

49 pollen
[pάlən]

Many people are allergic to **pollen** from flowers and trees in the spring.
많은 사람들이 봄에 꽃과 나무의 꽃가루에 대해 알레르기가 있다.

유래: 미세한 밀가루(fine flour) → (미세한 가루 모양의) 꽃가루

50 pollinate
[pάlənèit]

Bees **pollinate** about 75% of the fruits and vegetables grown in the US.
벌은 미국에서 자라는 과일과 채소의 약 75%를 수분하다.

pollen(꽃가루) + ate → (꽃가루를) 붙여 주다 → 수분하다

57 orchard
[ɔ́:rtʃərd]

In the **orchard**, there are more than two hundred apple trees.
그 과수원에는 200그루 이상의 사과 나무가 있다.

orch(vegetable: 채소) + ard(garden: 정원) → (채소를 재배하는) 정원 → 과수원

59 cultivate
[kʌ́ltəvèit]

Sixty percent of the farmers **cultivate** mainly potatoes in their fields.
그 농부들의 60%는 그들의 밭에서 주로 감자를 재배한다.

cult(till: 땅을 갈다) + ivate → 1. 경작하다 → (경작하듯 자질·품성을) 2. 기르다

61 irrigate
[írəgèit]

The water collected by the dam was used to **irrigate** extensive farmland.
그 댐에 의해 모아진 물은 광활한 농지에 물을 대는 데 사용된다.

ir(into: 속으로) + rig(water: 물을 대다) → (~ 속으로) 물을 대다 → 관개하다

경작·재배	62 transplant	1. v. (다른 곳으로) (나무·꽃을) **옮겨 심다, 이식하다**	transplantation n. 이식
		2. v. (다른 생체·부위로) (조직·장기를) **이식하다** n. **이식**	
	63 organic	1. a. (비료·농약을 쓰지 않는) **유기농(법)의**	organ n. 기관, 장기; 오르간
		2. a. (독립된 생명·기능을 가진) **유기(체)의**	organism n. 유기체
		3. a. (인체 내의) **장기[기관]의**	
비옥·불모	64 fertile	a. (양분이 많아서) (땅이) **기름진;** (생물이) **번식력이 있는**	fertility a. 비옥
			fertilize v. 비료를 주다; 수정시키다
	65 barren	a. (양분이 없어서) (땅이) **메마른;** (생물이) **번식력이 없는**	
수확	66 ripe	a. (과일·곡물 등이) **익은, 여문**	ripen v. 익다, 익히다
	67 reap	v. (농작물·성과·이익 등을) **거두다, 수확하다**	
	68 produce	1. n. (농업에 의해) (생산된) **농산물**	production n. 생산
		2. v. (물품·농산물 등을) **생산하다**	producer n. 생산자
	69 crop	1. n. (재배하는) (곡식·채소 등의) **(농)작물**	
		2. n. (한 철·한 지방의) **수확량** v. **작물이 (잘) 되다**	
	70 harvest	n. (거두어들이는) **수확[추수](기); 수확물[량]** v. **수확하다**	

---

⁶² **transplant**
[trǽnsplænt]

The plants are raised there until big enough to be **transplanted**.
그 식물들은 옮겨 심을 수 있을 만큼 클 때까지 그곳에서 재배된다.

> trans(across: 건너서) + plant(심다) → (건너서 다른 곳에) 이식하다

⁶⁴ **fertile**
[fə́ːrtl]

The soil of the region is very **fertile** and suitable for agricultural activities.
그 지방의 토양은 매우 비옥하고 농업활동에 적합하다.

> fert(bear: 아이를 낳다) + ile → (열매·아이를) 많이 낳는 → 기름진, 번식력이 있는

⁶⁵ **barren**
[bǽrən]

Once-fertile farmland is gradually becoming a **barren** desert.
한때는 비옥했던 농지가 점점 메마른 사막으로 되어가고 있다.

⁶⁶ **ripe**
[raip]

Don't pick those apples. If they're green, they're not **ripe** yet.
그 사과들은 따지 마세요. 그것들은 파란색이면 아직 익지 않은 겁니다.

⁶⁷ **reap**
[riːp]

The phrase you **reap** what you sow means you get what you give to others.
뿌린 대로 거둔다는 구문은 당신이 다른 사람에게 준 만큼 얻는다는 것을 의미한다.

> ripe(익은)의 변형 → reap → (익은 농작물을) 수확하다

⁷⁰ **harvest**
[hɑ́ːrvist]

The farmers are very busy **harvesting** their crops at this time of year.
그 농부들은 매년 이맘때에 작물을 수확하느라 매우 바쁘다.

> 유래: 가을(autumn) → (농작물을) 수확하는 시기 → 수확[추수](기); 수확물[량]

사물·물체·물질 I
thing & matter & object I

47_1 모양·도형·아름다움

고급 중급

모양·형상	01 **shape**	n. (생긴) **모양, 형태** v. ~의 모양으로 만들다; 형성하다	**shaped** a. (복합어로) ~한 모양을 한
	02 **outline**	n. (대강의) **윤곽, 개요** v. 윤곽을 보여주다, 개요를 말하다	
도형	03 **square**	1. n. (도형): **정사각형** a. 정사각형의	
		2. n. (도시 내 넓은 빈터): **광장**	
	04 **rectangle**	n. (도형): **직사각형**	**rectangular** a. 직사각형의
	05 **triangle**	n. (도형): **삼각형**	**triangular** a. 삼각형의
아름다움	06 **aesthetic**	a. (아름다움과 관련된): **미의, 미학적, 미적인** n. 미학	**esthetic** (= aesthetic)
	07 **gorgeous**	a. **매우 인상적인[아름다운, 멋진]** (= splendid, magnificent)	
	08 **splendid**	a. **매우 인상적인[아름다운, 멋진]** (= gorgeous, magnificent)	**splendor** n. 장관, 장려함
	09 **magnificent**	a. **매우 인상적인[아름다운, 멋진]** (=gorgeous, splendid)	**magnificence** n. 장엄, 화려, 훌륭함
	10 **exquisite**	a. (더없이) (섬세하게) **매우 아름다운, 정교한**	

기본 **form** 형상 **design** 디자인 **pattern** 패턴 **pretty** 예쁜 **cute** 귀여운 **handsome** 미남의 **beautiful** 아름다운

---

06 aesthetic
[esθétik]

Jewelry such as rings is valued for more **aesthetic** than practical reasons.
반지와 같은 보석류는 실용적인 이유보다는 미적인 이유로 가치가 평가 된다.

> aesthet(perceive: 인지하다) + ic → (아름다움을 감각으로) 인지하는 → 미(학)의

---

07 gorgeous
[gɔ́ːrdʒəs]

What a beautiful dress you're wearing! It's really **gorgeous**! I totally love it.
정말 아름다운 드레스를 입고 있네요! 정말 아름답군요! 완전 마음에 들어요.

> gorge(협곡) + ous → (장엄한) 협곡의 아름다움에서 → 매우 아름다운[멋진]

---

08 splendid
[spléndid]

The sixth-floor terrace has **splendid** views over the town and the sea.
그 6층 테라스는 도시와 바다를 내려다보는 멋진 전망을 갖고 있다.

> splend(shine: 빛나다) + id → (아름다움 등이) 빛이 나는 → 매우 인상적인[아름다운]

---

09 magnificent
[mægnífəsnt]

The view from the top of the mountain was absolutely **magnificent**.
산 꼭대기에서 보는 경치는 정말 아름다웠다.

> magn(great: 엄청난) + ific → (아름다움 등이) 엄청난 → 매우 인상적인[아름다운, 멋진]

---

10 exquisite
[ikskwízit]

The bride was wearing a pure white and **exquisite** wedding dress.
신부는 순백의 아름다운 웨딩드레스를 입고 있었다.

> ex(out) + quisite(seek: 찾다) → (여럿 중에서) 찾아낸 → (선택될 정도로) 매우 아름다운

고급 중급

아름다움	11 **elegant**	a. (사람·외모·행동이) **우아한**		elegance n. 우아함
	12 **ugly**	a. (외모·생김새가) **못생긴, 추한**		
원·구	13 **oval**	n. (도형) **타원형, 달걀 모양** a. **타원형[달걀 모양]의**		
	14 **cone**	n. (도형) **원뿔, 원뿔형(의 것)**		conic a. 원뿔의
	15 **spiral**	n. (빙빙 비틀려 돌아가는) **나선(형); 소용돌이** a. **나선형의** v. **나선형으로 움직이다**		
	16 **sphere**	1. n. (공 모양의) **구, 구체**		spherical a. 구 모양의, 구체의
		2. n. (영향·통제가 미치는) **영역, 범위**		
	17 **diameter**	n. (원·구의) **지름, 직경**		
	18 **radius**	n. (원·구의) **반지름, 반경**		
선·각도	19 **row**	1. n. (길게 죽 늘어선) **열, 줄**		rowing n. 조정
		2. v. (노를 써서) **배[노]를 젓다** n. 노 젓기		
	20 **stripe**	n. (한 색깔로 길게 쳐진) **줄무늬**		striped a. 줄무늬[줄]가 있는
	21 **angle**	n. (두 직선·평면이 만나 이루는) **각, 각도**		angular a. 각이 진, 모난

기본 circle 원 round 둥근 / point 점 line 선 underline 밑줄을 긋다 cross 십자형

---

13 oval
[óuvəl]

She has a beautiful **oval** face with blue eyes and golden brown hair.
그녀는 푸른 눈과 황금빛의 갈색 머리카락과 함께 아름다운 타원형 얼굴을 갖고 있다.

유래: 달걀(egg) → 달걀 모양, 타원형

---

15 spiral
[spáiərəl]

They could not regain control and the plane **spiraled** down to the ground.
그들은 제어력을 회복하지 못했고, 비행기는 나선형을 그리며 땅으로 떨어졌다.

유래: 휘감다(coil) → (휘감는 듯한 모양의) 나선(형); 소용돌이

---

17 diameter
[daiǽmətər]

The **diameter** of the earth is approximately eight thousand miles.
지구의 지름은 거의 8,000마일이다.

dia(across: 가로질러) + meter(measure: 측정하다) → (원의 중심을 가로지르는 직선을 측정한) 지름

---

18 radius
[réidiəs]

The earthquake was felt over a **radius** of five hundred kilometers.
그 지진은 반경 500마일 너머에서도 느껴졌다.

유래: 수레바퀴의 바퀴살(spoke) → (수레바퀴 지름의 반을 이루는) 반지름, 반경

---

19 row
[rou]

Our seats were in the front **row** of the balcony overlooking the stage.
우리 좌석은 무대가 내려다보이는 발코니의 앞 줄에 있었다.

---

20 stripe
[straip]

He was wearing a dark blue suit and a black tie with white **stripes**.
그는 짙은 청색 양복에 흰색 줄무늬가 있는 검은색 넥타이를 착용하고 있었다.

수직·수평	22 **vertical**	a. (직각을 이루는) **수직의, 세로의** n. **수직(선, 면)**	horizon n. 지평[수평]선
	23 **horizontal**	a. (평형을 이루는) **수평의, 가로의** n. **수평(선, 면)**	
	24 **parallel**	1. a. (둘 이상의 선·면이) **평행한, 나란한** 2. a. (둘 이상의 일이) **서로 유사한; 나란히 병행하는** v. **유사[병행]하다** n. **유사한 점**	
표면	25 **surface**	n. (사물의 겉면): **표면, 지[수]면** v. **수면으로 올라오다**	
	26 **superficial**	a. (실제·실상이 아니고) **표면(상)의, 피상적인**	superficiality n. 표면[피상]적임
	27 **swell**	v. (볼록하게) **붓다, 부풀다; 늘다, 늘리다** n. **부푼 부분; 증가**	
똑바른	28 **upright**	a. (수직으로) **똑바로 선** (= erect) ad. **꼿꼿이**	
	29 **erect**	a. (수직으로) **똑바로 선** (= upright) v. **똑바로 세우다**	erection a. 직립 (상태)
구부리다	30 **bend**	v. (한쪽으로) **구부리다, 구부러지다, 굽히다, 굽혀지다** n. (도로·강 등의) **굽은 곳**	bent a. 굽은, 구부러진
	31 **flexible**	1. a. (물체가) **구부리기 쉬운, 유연한** 2. a. (사람·계획·제도 등이) **신축성[융통성]이 있는**	flexibility n. 구부리기 쉬움
기본	flat 평평한 / curve 커브, 곡선		

---

²² **vertical**
[və́ːrtikəl]

The cliff was no more than a few meters high, but it was almost **vertical**.
그 절벽은 단지 몇 미터에 지나지 않았지만 거의 수직이었다.

> vertic(highest point: 꼭대기) + al → (장대의 꼭대기가) 바로 머리 위에 있는 → **수직의**

---

²³ **horizontal**
[hɔ̀ːrəzántl]

Please draw a vertical line at the center of the **horizontal** line.
수평선 중앙에 수직선을 그리십시오.

> horizont(horizon: 수평선) + al → (바다 위의 수평선과 같이) **수평의**

---

²⁴ **parallel**
[pǽrəlèl]

Two straight lines are **parallel** to each other if they do not meet.
2개의 직선이 만나지 않으면 서로 평행한다.

> para(alongside: 나란히) + allel(one another: 서로) → (서로) 나란히 있는 → 1. **평행한** 2. **유사한**

---

²⁶ **superficial**
[sùːpərfíʃəl]

I felt the newspaper article was **superficial** and didn't tell me anything new.
나는 그 신문 기사가 피상적이고 어떤 새로운 사실도 내게 말해주지 않는다고 느꼈다.

> super(above: 위에) + fic(face: 겉면) → (겉면) 위에 있는 → **표면의**

---

²⁹ **erect**
[irékt]

The patient should be walking with his head **erect** and his back straight.
그 환자는 고개를 똑바로 들고 등을 곧게 펴고 걸어야 한다.

> e(up: 위) + rect(keep straight: 똑바르게 유지하다) → (위로) 똑바로 유지하는 → **똑바로 선**

Unit 47

구부리다	32 elastic	a. (본래 형태로 돌아가려는) **탄력[신축성] 있는** n. **고무 밴드**	elasticity n. 탄력[신축]성
기울다	33 lean	1. v. (똑바르지 않고) **기울(이)다** (= tip): **몸을 굽히다** 2. v. (다른 것에) **기대다, 기대어 놓다** 3. a. (군살이 없이) **마른, 호리호리한**	
	34 tip	1. v. (똑바르지 않고) **기울(이)다** (=lean) 2. n. (시중든 사람에게 주는) **팁, 사례금** v. **팁을 주다** 3. n. (간단한) **조언, 정보** 4. n. (뾰족한) **끝, 첨단**	
	35 steep	a. (기울어진 정도가) **가파른, 비탈진; 급격한**	steepen v. 가파르게 되다[만들다]
거친	36 rough	1. a. (부드럽지 않고) (겉면이) **거친, 거칠거칠한** 2. a. (온화하지 않고) (성질·행동이) **거친, 난폭한** 3. a. (정확·세밀하지 않고) **대략[대강]의**	roughly ad. 대략: 거칠게 roughen v. 거칠게 되다, 거칠게 하다
연한·무딘	37 tender	1. a. (고기·야채가) **연한, 부드러운** 2. a. (언행이 애정 표현을 하듯) **다정한**	
기본	soft 부드러운 smooth 매끄러운 / sharp 날카로운, 예리한 / hard 단단한		

32 elastic
[ilǽstik]

The shirt is made of **elastic** material, which makes it comfortable to wear.
그 셔츠는 매우 신축성이 있는 직물로 만들어져서 입기에 편안하게 해준다.

> elast(ductile: 잡아 늘일 수 있는) + ic → 탄력[신축성] 있는

33 lean
[li:n]

The child **leaned** over and whispered something in her mom's ear.
그 아이는 몸을 기울여 그녀 엄마의 귀에 대고 뭔가를 속삭였다.

> 1. 기울다 ─ (기울여서 다른 것에) 2. 기대다
> └ (몸이) 쉽게 기울어지는 → 3. 마른, 호리호리한

34 tip
[tip]

Suddenly, the boat **tipped** to one side and threw him into the water.
갑자기 배가 한쪽으로 기울어졌고 그를 물속으로 던져버렸다.

> 유래: top(맨 위)의 변형 → tip ─ (맨 윗부분의) 4. (뾰족한) 끝
> └ (물체의 뾰족한 끝이 한쪽으로) 1. 기울다
> 유래: 주다(give) → (남에게 주는) 돈, 정보 → 2. 사례금 3. 조언

36 rough
[rʌf]

He was a farmer and his hands were **rough** from working so hard.
그는 농부이었고, 너무나 열심히 일을 해서 그의 손은 거칠었다.

> 유래: 수름(wrinkle) → (주름이 나서 겉면이) 1. 거친 ─ (성질·행동이) 2. 거친, 난폭한
> └ (정교하지 못하고) 거친 → 3. 대략[대강]의

37 tender
[téndər]

The beef was extremely **tender** and melted in my mouth like butter.
그 소고기는 엄청나게 연했고 내 입 속에서 버터같이 녹았다.

연한·무딘	38 blunt	1. a. (끝이나 날이) **무딘, 뭉툭한** v. (끝을) **무디게 하다**	
		2. a. (무례할 정도로) **솔직한, 직설적인**	
단단한	39 solid	1. a. (빈 데가 없이) **속이 꽉 찬, 견고한**	solidity n. 견고함, 탄탄함, 확실함
		2. n. (모양과 부피를 가진) **고체** a. **고체의**	solidify v. 굳어지다, 굳히다
	40 firm	1. a. (형체·구조가) **단단한, 굳은**	
		2. a. (토대·태도·신념 등이) **확고[확실]한**	
		3. n. (서비스업 기반의) (소규모의) **회사**	
빳빳한	41 stiff	a. (잘 휘거나 구부러지지 않고) **빳빳한, 굳은** (= rigid)	stiffen v. 빳빳해지다
	42 rigid	1. a. (잘 휘거나 구부러지지 않고) **빳빳한, 굳은** (= stiff)	rigidity n. 단단함; 엄격
		2. a. (관대함·융통성 없이) **엄격한, 엄한**	
색깔	43 shade	1. n. (색의 강약·농도) **색조**; (그림의) **음영**	shady a. 그늘진
		2. n. (햇볕이 가려져 생긴) **그늘**; **빛 가리개**	
	44 dye	v. (다른 색깔로) **염색하다** n. 염료	
	45 fade	1. v. (빛깔·밝기 등이) **희미해지다[게 하다]**	
		2. v. (모습·소리·기운·기억 등이) **서서히 사라지다**	
기본	color 색 / light (색이) 밝은, 연한 dark (색이) 어두운, 진한		

---

38 blunt
[blʌnt]

His pencil was so **blunt** he could hardly write his name down clearly.
그의 연필은 너무 뭉툭해서 그의 이름을 분명하게 거의 적을 수가 없었다.

> 유래: 눈을 감다(shut one's eyes) ─ (상대의 감정에) 눈을 감고 말하는 → 2. 솔직한, 직설적인
> └ (날카로움에) 눈을 감은 → 1. 무딘, 뭉툭한

39 solid
[sάlid]

The ground was frozen **solid** as a rock and it was very hard to dig in.
땅이 바위처럼 딱딱하게 얼어서 파내기가 매우 힘들었다.

> 유래: 단단한(firm) → (단단한) 물체 → 2. 고체 → (고체처럼) 1. 속이 꽉 찬, 견고한

41 stiff
[stif]

He was wearing a dark blue suit and a white shirt with a **stiff** collar.
그는 짙은 파란색의 정장과 깃이 빳빳한 흰색 셔츠를 입고 있었다.

42 rigid
[rídʒid]

Aluminum is **rigid**, yet light in weight and attractive in appearance.
그 알루미늄은 단단하지만 무게가 가볍고 외관이 예쁘다.

> 1. 빳빳한(stiff) → (규칙·방법·사고방식 등이) 빳빳한 → 2. 엄격한, 엄정한

44 dye
[dai]

He didn't recognize her at first because she **dyed** her hair blonde.
그는 그녀가 머리를 금발로 염색을 해서 처음에는 그녀를 알아보지 못했다.

> 유래: 색깔(color) → (다른 색깔로) 염색하다

45 fade
[feid]

The girl was dressed in **faded** blue jeans and a yellow T-shirt.
그 소녀는 바랜 청바지와 노란색 티셔츠를 입고 있었다.

> 유래: 전혀 맛이 없는(tasteless) → (맛이) 없어지다 → 2. 서서히 사라지다 1. 희미해지다

Unit 47

색깔	46 dull	1. a. (색·빛·날씨 등이) **흐릿한, 우중충한** v. **흐릿해지다**	
		2. a. (머리·칼날 등이) **둔한, 무딘** v. **둔해지다**	
		3. a. (단조로워서) **따분한, 재미없는**	
특성·특징	47 character	1. n. (고유의) (종합적인) **성격, 특징**	characteristic a. 특유의 n. 특징
		2. n. (언어 기호 체계): **문자**	characterize v. 특징이 되다, 특징짓다
		3. n. (연극·영화·소설 등의) **등장인물**	
	48 feature	1. n. (무엇의 한 부분으로) (눈에 띄는) **특징**	featureless a. 특색이 없는
		v. **특징으로 삼다, 특징을 이루다**	
		2. n. (눈·코·귀·입 등의) **얼굴의 어느 한 부분**	
	49 quality	1. n. (사람·사물의) (근본적인 성질): **질, 자질**	qualitative a. 질적인
		2. n. (상품·서비스의) (좋고 나쁜 정도): **질, 품질**	
		3. a. (품질·수준 등이) **고급[양질]의** n. **고급, 양질**	
	50 property	1. n. (사물이 가진) (고유한) **속성, 특성**	
		2. n. (개인의 모든 소유물): **재산;** (토지·건물 등의) **부동산**	

기본 | condition 상태 / good 좋은 nice 멋진 well 잘 fine 좋은; 훌륭한 great 훌륭한, 위대한

---

46 dull
[dʌl]

When clouds cover the sun, the whole world seems **dull** and gray.
구름이 태양을 가릴 때 온 세상은 우중충하고 잿빛으로 보인다.

유래: 어리석은(foolish) ─ (예리·선명하지 않고) 둔한 → (칼날·머리가) 2. 무딘, 둔한
─ (색·날씨·상황이) 둔한 → 1. 흐릿한, 우중충한 3. 따분한

47 character
[kǽriktər]

He has a strong **character** and very definite opinions about things.
그는 기질이 강하고 어떤 것에 대해서도 매우 분명한 의견을 가지고 있다.

charac(engrave: 새기다) + ter ─ (사람·사물에 고유하게) 새겨진 것 → 1. 성격, 특징
─ (새겨진) 기호 → 2. 문자
─ (고유한 성격을 가진) 3. 등장인물

48 feature
[fíːtʃər]

The latest version of this software has several new **features**.
이 소프트웨어의 최신 버전은 여러 가지 새로운 특징을 갖고 있다.

feat(make: 만들다) + ure ─ (눈에 띄게) 만들어진 것 → 1. 특징
─ (얼굴 위에) 만들어진 것 → (눈, 코, 귀, 입 등의) 2. 얼굴의 어느 한 부분

49 quality
[kwáləti]

He certainly has all the **qualities** necessary to be a great leader.
그는 분명히 훌륭한 리더가 되는 데 필요한 자질을 다 갖추고 있다.

qual(of what kind: 어떤 종류의) + ity ─ (어떤 종류의) 속성·가치·등급 → 1. 질, 품질
─ (질·품질이) 높은 → 2. 고급[양질]의

50 property
[prápərti]

One of the **properties** of light is that it travels in the form of waves.
빛의 속성 중의 하나는 그것이 파동의 형태로 이동 한다는 것이다.

proper(one's own: 자기 자신의) + ty ─ (자기 자신의) 고유한 성질 → 1. 속성
─ (자기 자신이) 소유한 것 → 2. 재산; 부동산

사물·물체·물질 II
thing & matter & object II

48_1 특성·기준·뛰어난
고급 중급

특성·특징	└ 01 attribute	1. n. (특히) (좋거나 유용한) **자질, 속성**	attribution n. (원인 따위를 ~에) 돌림, 귀속
		2. v. (누구 / 무엇) **~의 탓[덕분]으로 돌리다**	
	02 typical	a. (특징을 가장 잘 나타내는): **전형적인, 대표적인**	type n. 형, 유형, 타입
기준·표준	┌ 03 standard	n. (따라야 할) (본보기가 되는) **기준, 표준, 규범**	standardize v. 표준화[규격화]하다
		a. **일반적인, 표준의**	
	├ 04 norm	n. (대부분이 인정하는) (일반적인) **기준, 표준, 규범**	normal a. 보통의, 평범한, 정상적인
	└ 05 criterion	n. (근거가 되는) (판단·평가·측정의) **기준**	criteria n. criterion의 복수형
뛰어난	06 outstanding	1. a. (눈에 띄게) **뛰어난, 두드러진**	
		2. a. (아직 처리되지 않고) **미지불[미해결, 미처리]된**	
	07 excel	v. (어떤 일을 하는 능력이) **뛰어나다, 탁월하다**	excellent a. 뛰어난
			excellence n. 뛰어남
굉장한	┌ 08 terrific	a. (극도로) **굉장한, 엄청난** (= awesome, breathtaking, striking, tremendous)	

---

01 **attribute**
n. [ǽtrəbjùːt]
v. [ətríbjuːt]

Customer service is one of the most important **attributes** in this business.
고객 서비스는 이 사업의 가장 중요한 속성 중의 하나이다.

> at(to) + tribute(assign: 할당하다) ┬ (사람·사물에) 할당된 특징 → 1. 자질, 속성
> └ (원인을) ~에 할당하다 → 2. ~의 탓[덕분]으로 돌리다

05 **criterion**
[kraitíəriən]

What criteria are used for selecting finalists in the competition?
그 대회의 결승 진출자를 선정하는 데에는 어떤 기준이 사용되었습니까?

> cri(judge: 판단하다) + terion → (판단의) 기준

06 **outstanding**
[auˌtstæˈndiŋ]

The university is well known for its **outstanding** programs in economics.
그 대학은 경제학 의 뛰어난 프로그램으로 잘 알려져 있다.

> out(밖) + stand(서다) ┬ (드러나게) 밖으로 쑥 나와서 서있는 → 1. 두드러진
> └ (수행·해결해야 할 것의) 밖에 서 있는 → 2. 미해결[미지불]된

07 **excel**
[iksél]

He **excelled** at sports, particularly football, basketball, and baseball.
그는 스포츠에 뛰어났고 특히 축구와 농구, 야구에서다.

> ex(out: 밖) + cel(rise high: 높이 오르다) → (밖으로) 높이 오르다 → 뛰어나다

08 **terrific**
[tərífik]

He has done a **terrific** job. I couldn't be more proud of him.
그는 일을 훌륭하게 해냈다. 나는 그가 자랑스럽기 그지없다.

> terri(frighten:놀라게 만들다) + fic → (놀랄 정도로) 굉장한, 엄청난

굉장한	09 awesome	a. (극도로) **굉장한, 엄청난** (= terrific, breathtaking, striking, tremendous)	
	10 breathtaking	a. (극도로) **굉장한, 엄청난** (= terrific, awesome, striking, tremendous)	
	11 striking	a. (극도로) **굉장한, 엄청난** (= terrific, awesome, breathtaking, tremendous)	
	12 tremendous	1. a. (극도로) **굉장한, 엄청난** (= terrific, awesome, breathtaking, striking) 2. a. (크기·수량·힘 등이) **엄청나게 큰[많은, 센]**	
최고·최상	13 supreme	a. (더없이) **최고[최상, 최대]의** (= superb, foremost)	supremacy n. 최고, 최상, 최고위
	14 superb	a. (더없이) **최고[최상, 최대]의** (= supreme, foremost)	
	15 foremost	1. a. (더없이) **최고[최상, 최대]의** (= supreme, superb) 2. a. (위치상) **맨 앞에 있는, 선두의**	
장엄	16 spectacular	a. (광경·경관이) **장관인, 구경거리의**	spectacle n. 장관; 구경거리; (-s) 안경
	17 majestic	a. (규모·화려함이) **장엄한, 웅대한**	majesty n. 장엄함; 폐하
나쁜	18 horrible	a. (아주 나빠서) **몹시 싫은, 끔찍한** (= awful, nasty)	horror n. 공포, 경악, 혐오
	19 awful	a. (아주 나빠서) **몹시 싫은, 끔찍한** (=horrible, nasty)	awe n. 경외감 v. 경외심을 갖게 하다
	20 nasty	a. (아주 나빠서) **몹시 싫은, 끔찍한** (=horrible, awful)	
기본	bad 나쁜 poor 좋지 않은 / terrible 심한, 지독한, 끔찍한		

Unit 48

---

10 **breathtaking**
[breˈθtei͵kiŋ]

The view from the top of the mountain is **breathtaking**.
산 정상에서 보는 경치는 굉장하다.

> breath(숨) + taking → (숨이 막힐 정도로) **굉장한, 엄청난**

12 **tremendous**
[triméndəs]

It was a **tremendous** experience for us to play before a big crowd.
대관중 앞에서 시합을 한 것은 우리에게 굉장한 경험이었다.

> trem(shake: 떨다) + endous → (두려움에) 떨게 할 정도인 → 2. 엄청나게 큰 1. 굉장한

15 **foremost**
[fɔˈrmou͵st]

In his time, he was considered one of the world's **foremost** economists.
그의 시대에, 그는 세계 최고의 경제학자 중 한 명으로 여겨졌다.

> fore(앞쪽에) + most(가장) → (가장) 앞쪽에 있는 → **최고의, 선두의**

16 **spectacular**
[spektǽkjulər]

The festival ended with a **spectacular** fireworks display.
그 축제는 장관을 이루는 불꽃놀이로 끝이 났다.

> specta(look: 보다) + cle → (경관이) 볼 만한 → **장관인**

17 **majestic**
[mədʒéstik]

The Grand Canyon is the most **majestic** sight I have ever seen in my life.
그랜드 캐년은 내기 내 인생에서 본 가장 장엄한 광경이다.

> majest(greater: 더 큰) + ic → (규모·화려함이) 더 큰 → **장엄한, 웅대한**

20 **nasty**
[nǽsti]

He had a **nasty** accident on his bike and was taken to the hospital.
그는 자전거를 타다가 끔찍한 사고를 당하고 병원에 실려갔다.

고급 중급

심각한	21 grave	1. a. (문제·상황·표정 등이) **심각한, 중대한** 2. n. (시신·유골을 묻은) **무덤, 묘(지)**	gravity n. 중대함, 진지함; 중력
	22 severe	1. a. (문제·상황·질병 등이) (몹시) **심각한, 격심한** (= acute) 2. a. (지나치게) (매섭고 독한): **가혹[혹독]한**	severity n. 심각함, 격심함; 엄함, 가혹함
	23 acute	1. a. (문제·상황·질병 등이) (몹시) **심각한, 격심한** (= severe) 2. a. (매우 날카로운): (감각이) **예민한**; (이해력이) **예리한**	
우열	24 superior	a. (비교 대상보다) **더 나은[뛰어난], 상급[상관]의**	superiority n. 우월(성), 우세
	25 inferior	a. (비교 대상보다) **더 나쁜[못한], 하급[하위]의**	inferiority n. 열등함
능가하다	26 surpass	v. (비교 대상을) **능가하다, 뛰어넘다** (= outdo, outstrip, outweigh)	
	27 outweigh	v. (비교 대상을) **능가하다, 뛰어넘다** (= surpass, outdo, outstrip)	
완벽 · 결함	28 ideal	n. (가장 완전하다고 여겨지는) **이상**, a. **이상적인**	idealistic a. 이상주의(자)의 idealist n. 이상주의자
	29 fault	1. n. (완전하지 못한) (잘못된 점): **결점, 단점, 결함** 2. n. (비난을 받아 마땅한) **잘못, 과실, 과오**	faulty a. 잘못된: 결점이 있는

기본 | serious 심각한 / perfect 완벽한

---

21 grave
[greiv]

The report expressed **grave** concern over the present economic situation.
보고서는 현재의 경제 상황에 대하여 심각한 우려를 표했다.

유래: 무거운(heavy) → (상황·문제 등이) 무거운 → 1. 심각한, 중대한
　　파다(dig) → (죽은 사람의 몸을_ 묻기 위해 파는 땅 → 2. 무덤

---

22 severe
[siviər]

The earthquake caused **severe** damage to numerous wooden houses.
지진은 수많은 목재 건물에 심각한 피해를 입혔다.

se(without: 없이) + vere(kindness: 친절함) → (친절함이) 전혀 없는 → 2. 가혹한 1. 심각한

---

23 acute
[əkjúːt]

I have had **acute** pain on the right side of my neck. It still bothers me a lot.
나는 목의 오른쪽에 격렬한 통증이 있었고, 그것은 여전히 나를 매우 괴롭힌다.

유래: 날카로운(sharp) → 2. 예민한, 예리한 → (살을 꿰뚫는 듯) 1. 격심한; 급성의

---

26 surpass
[sərpǽs]

Overall, the project was a huge success and **surpassed** all expectations.
전반적으로, 그 프로젝트는 엄청난 성공이었고 모든 기대를 뛰어넘었다.

sur(beyond: 넘어서) + pass(지나가다) → (넘어서) 지나가다 → 능가하다

---

27 outweigh
[auˈtwei,]

In general, its advantages seemed to **outweigh** the disadvantages.
전반적으로 그것의 유리한 점은 불리한 점보다 더 커 보인다.

out(more than: ~보다 더) + weigh(무게가 나가다) → (보다 더) 무겁다 → 능가하다

고급 중급

Unit 48

완벽·결함	30 defect	n. (잘못 만들어져서 생긴) (기능상의) **결함**	defective a. 결함이 있는
	31 flaw	n. (전체 가치·외관을 해치는) (부분적인 작은) **흠, 결함, 결점**	flawed a. 흠이 있는 flawless a. 흠이 없는
	32 drawback	n. (부정적인 면): (이롭지 못한) **결점, 문제점**	
장점·혜택	33 advantage	n. (다른 사람들에 비해) (상대적으로) **유리한 점, 이점**	advantageous a. 유리한, 이로운 ⊖ disadvantage n. 불리
	34 merit	n. (뛰어나서) (칭찬 받을 만한) **장점, 우수성** v. (칭찬 등을) **받을 만하다**	⊖ demerit n. 단점
	35 benefit	n. (무엇으로부터) (얻는) **혜택, 이익** v. **이익을 얻다[주다]**	beneficial a. 유익한, 이로운
	36 stake	1. n. (사업·계획상의) **이해관계**; (회사의) **지분** 2. n. (경마 등의) **내기에 건 것[돈]** v. (돈 등을) **걸다** 3. n. (땅에 박아서 세운) **말뚝**	
개선·향상	37 improve	v. (더 좋아지게) (고쳐서) **개선하다[되다]**	improvement n. 개선
	38 refine	1. v. (더 좋아지게) (작은 변화로) **개선하다, 세련되게 하다** 2. v. (불순물을 제거하여) **정제하다**	refinement n. 개선: 교양, 세련; 정제 refined a. 교양 있는, 세련된: 정제된

---

30 **defect**
[difékt]

Every electrical appliance is tested for **defects** before it leaves the factory.
모든 전기 기구는 공장을 나가기 전에 결함이 있는지 검사를 받는다.

de(away: 벗어난) + fect(make: 만들다) → (본래에서) 벗어나게 만들어진 것 → 결함

---

31 **flaw**
[flɔː]

I would agree up to a point, but there is a serious **flaw** in this argument.
나는 어느 정도는 동의하지만 이 주장에는 심각한 결함이 있다.

유래: 눈송이(a flake of snow) → (눈송이 모양의 작은) 흠; 결정

---

32 **drawback**
[drɔ'bæ,k]

The only **drawback** to these products is that they are too expensive for us.
이 제품들의 유일한 결점은 그것들이 우리에게는 너무 비싸다는 것이다.

draw(끌다) + back(뒤로) → (뒤로) 끄는 것 → 결점, 문제점

---

34 **merit**
[mérit]

He has produced a number of films of outstanding artistic **merit**.
그는 예술적 가치가 뛰어난 많은 영화를 만들었다.

유래: 적절한 보상(due reward) → (보상을 받을 만한) 장점, 우수성; (칭찬을) 받을 만하다

---

38 **refine**
[rifáin]

They are constantly **refining** their designs to make the best products.
그들은 최고의 제품을 만들기 위해서 디자인을 끊임없이 개선하고 있다.

re(강조) + fine(순수한, 좋은) ┌ (더 순수해지게) 2. 정제하다
　　　　　　　　　　　　　└ (더 좋게) 1. 개선하다

개선·향상	39 enhance	v. (질·수준 등을) (더 나아지게) **향상시키다**	enhancement n. 향상
	40 enrich	1. v. (다른 것을) (추가하여) **질을 높이다, 풍성하게 하다** 2. v. (사람·나라 등을) **부유하게 하다**	enrichment n. 풍부[부유]하게 하기
	41 reform	v. (새롭게) (완전히 바꾸어서) **개혁[혁신]하다** n. 개혁	reformist a. 개혁 운동의 n. 개혁주의자
악화	42 deteriorate	v. (더 나쁜 방향으로) **악화되다, 더 나빠지다**	deterioration n. 악화
	43 aggravate	v. (더 나쁜 방향으로) **악화시키다, 더 나빠지게 하다**	aggravation n. 악화
튼튼한	44 robust	a. (사물·사람이) **튼튼한; 건장한** (= sturdy)	
	45 sturdy	a. (사물·사람이) **튼튼한; 건장한** (=robust)	
강력한	46 mighty	a. (매우) (힘·영향 등이): **강력한** (= potent)	might n. 힘, 권력
	47 potent	a. (매우) (힘·영향 등이): **강력한** (= mighty)	potency n. 힘, 영향력, 효력
	48 intense	a. (매우 강하고 센): (기세·감정 등이) **강렬[격렬, 열렬]한**	intensity n. 강렬함, 세기, 강도 intensify v. 강렬해지다[지게 하다]
강화하다	49 fortify	v. (더 강하게) (보호·방어를 위해) **강화하다; 요새화하다**	fortification n. 강화; 방어 시설; 요새화
	50 reinforce	v. (더 강하게) (보태거나 늘려서) **강화[보강, 증강]하다**	reinforcement n. 강화, 보강, 증강

기본	upgrade 업그레이드 / strong 강한, 힘센 tough 강인한, 억센

---

42 deteriorate

[ditíəriərèit]

On the third hospital day, the patient's condition suddenly **deteriorated**.

입원 3일째에 그 환자의 건강 상태는 갑자기 악화되었다.

> deterior(worse: 더 나쁜) + ate → 더 나빠지다, 악화되다

---

43 aggravate

[ǽgrəvèit]

The rapid rise of international interest rates **aggravated** the situation.

국제 금리의 빠른 상승은 상황을 악화시켰다.

> ag(to) + grav(burden: 부담을 지우다) → (~에) 더욱 부담을 지우다 → 악화시키다

---

44 robust

[roubʌ́st]

The machines are well over twenty-five years old, but still very **robust**.

그 기계들은 25년 훨씬 넘었지만 여전히 매우 튼튼하다.

> robu(oak: 오크나무) + st → (오크나무 만큼) 튼튼한

---

45 sturdy

[stə́:rdi]

The table looked very **sturdy** and well-made, but was simple in design.

그 테이블은 매우 튼튼하고 잘 만들어진 것처럼 보였지만, 디자인은 단순했다.

---

47 potent

[póutnt]

Non-violence was the most **potent** weapon o in the fight for equality.

비폭력은 평등을 위한 투쟁에서 가장 강력한 무기였다.

> 유래: 힘(power) → (힘이) 센 → 강력한

---

50 reinforce

[rì:infɔ́:rs]

Russia recently **reinforced** its military forces along its border with Ukraine.

러시아는 최근 우크라이나와의 국경을 따라 병력을 증강했다.

> re(again: 다시) + en(put in: 넣다) + force(힘) → (다시 힘을) 넣어 주다 → 강화하다

Unit 48

약한	51 **fragile**	a. (약해서) **부서지기[깨지기] 쉬운, 연약한** (= delicate)	fragility n. 부서지기 쉬움, 취약
	52 **delicate**	1. a. (약해서) **부서지기[깨지기] 쉬운, 연약한** (= fragile)	delicacy n. 여림, 연약함; 섬세, 정교, 미묘
		2. a. (세심한 취급을 요할 만큼) **섬세한, 정교한**	
	53 **feeble**	a. (불쌍할 만큼) (심하게) **허약[연약]한**	
	54 **vulnerable**	a. (허약하거나 나약해서) **상처[피해] 입기 쉬운, 취약한**	vulnerability n. 상처[피해] 입기 쉬움
	55 **susceptible**	a. (자극·작용·질병 등에) **민감[예민]한, 영향 받기 쉬운**	susceptibility n. 민감성
	56 **undermine**	v. (기반·권위·자신감 등을) **약화시키다**	
쉬운	57 **facilitate**	v. (보다) **쉽게[용이하게] 하다**	facilitation n. 용이하게 함, 촉진
복잡·정교	58 **complex**	1. a. (얽히고 설켜서) **복잡한**	complexity n. 복잡함
		2. n. (다양한 기능·시설을 갖춘) **복합 건물, (건물) 단지**	
		3. n. (욕망·공포·열등감 등의) **강박관념, 콤플렉스**	
	59 **complicate**	v. (일·문제·상황 등을) **복잡하게 만들다**	complicated a. 복잡한 complication n. 복잡(화); 복잡한 문제
	60 **intricate**	a. (배열된) (구조·디자인 등이) **정교[복잡]한** (= elaborate)	intricacy n. 복잡함, 복잡한 사항

기본 **weak** 약한 **mild** 약한, 순한 / **hard** 어려운, 힘든 **difficult** 어려운 **tough** 힘든, 어려운 **easy** 쉬운

---

54 vulnerable
[vʌ́lnərəbl]

Young children are most **vulnerable** to this disease.
어린 아이들이 이 병에 가장 걸리기 쉽다.

vulner(wound: 상처) + able(할 수 있는) → 상처 입기 쉬운

---

55 susceptible
[səséptəbl]

In general, young children are more **susceptible** to infections than adults.
일반적으로 어린아이는 어른보다 전염병에 더 쉽게 걸리다.

sus(under: 아래) + cept(take: 받다) → (영향을) 몸 아래까지 받는 → 민감한, 영향 받기 쉬운

---

56 undermine
[ə́ndərmai,n]

The recent defeats have seriously **undermined** our confidence.
최근의 패배들은 우리의 자신감을 심각하게 약화시켰다.

under(아래) + mine(갱도를 파다) → (땅 아래에 갱도를 파서 기반을) 약화시키다

---

57 facilitate
[fəsílətèit]

The newly built railway will **facilitate** trade between the two regions.
새로 만든 철도는 두 지역 간의 교역을 촉진시킬 것이다.

facilit(easy: 쉬운) + ate → (일을) 쉽게[용이하게] 하다

---

60 intricate
[íntrikət]

The book has an **intricate** plot where nothing is what it seems.
그 책은 어떤 것도 겉으로 보이는 대로가 아닌 복잡한 줄거리를 갖고 있다.

in(into) + tric(perplexity: 당혹감) + ate → (당혹스러울 정도로) 정교[복잡]한

사물·물체·물질 III
thing & matter & object III

49_1 복잡·정교·단순

[고급] [중급]

복잡·정교	┌ 01 elaborate	1. a. (배열된) (구조·디자인 등이) **정교[복잡]한** (= intricate) 　 v. **정교하게 만들다**	elaboration n. 공들여 만듦; 　상세한 말
		2. v. (세세한 부분까지) **아주 자세히 설명[묘사]하다**	
	└ 02 sophisticated	1. a. (기계·시스템 등이) (고도로 발달해서) **정교[복잡]한**	sophistication n. 정교함; 세련됨
		2. a. (사람·스타일 등이) **세련된, 교양이 있는**	
단순·기초	03 straightforward	a. (이해나 파악이 바로 되는): **간단한; 솔직한**	
	04 plain	1. a. (꾸미지 않고) **소박[수수]한**; (특별하지 않고) **평범한**	
		2. a. (보거나 이해하기에) **분명한, 명백한**	
		3. n. (넓고 평평한) **평원, 평지**	
	05 crude	1. a. (원료 등이) **천연 그대로의, 미가공의**	
		2. a. (단순하게) **대충의, 대충 만든**	
		3. a. (태도·언행 등이) **막된, 상스러운**	

01 **elaborate**
v. [ilǽbərèit]
a. [ilǽbərət]

The floor of the house had **elaborate** designs created from mosaic tiles.
그 집의 바닥은 모자이크 타일로 만든 정교한 디자인을 가지고 있었다.

> e(out) + labor(work: 일하다) ─ (정성을 다해) 일을 해서 만든 → 1. 정성을 들인; 정교한
> 　　　　　　　　　　　　　└ (정성을 들여) 2. 아주 자세히 설명하다

02 **sophisticated**
[səfístəkèitid]

Computer-based systems are becoming more and more **sophisticated**.
컴퓨터 기반의 시스템이 점점 더 정교해지고 있다.

> 유래: sophist(소피스트: 고대 그리스의 철학·수사학 교사) ─ (고도의 지식을 이용해서) 1. 정교한
> 　　　　　　　　　　　　　　　　　　　　　　　└ (세상일에 밝아) 2. 세련된

03 **straightforward**
[strèitfɔ́:rwərd]

It's quite **straightforward**, just click on the link and follow the instructions.
그것은 꽤 간단합니다. 단지 링크를 클릭하고, 설명을 따르십시오.

> straight(똑바른) + forward(앞으로) → (똑바로) 앞으로 가는 → 간단한, 솔직한

04 **plain**
[plein]

The interior of the house was **plain** and simple, but elegant.
그 집의 내부는 꾸밈없고 간소했으나 우아했다.

> 유래: 평평한 땅(level ground) → 3. 평원 ─ (막힌 데가 없어서) 2. 분명한
> 　　　　　　　　　　　　　　　　　└ (굴곡이 없이 단순해서) 1. 평범한, 소박한

05 **crude**
[kru:d]

International **crude** oil prices hit their highest level in over a decade.
국제 원유 가격이 10여년 만에 가장 높은 수준으로 올랐다.

> 유래: 요리되지 않은 (not cooked) → (가공되지 않아서) 1. 천연 그대로의 2. 대충 만든 3. 막된

49_2 단순·가치·평가

단순·기초	06 **elementary**	a. (무엇을 시작하거나 배우는) **초보[입문]의; 기본적인**	
가치	07 **worth**	a. (값어치·유용성 면에서) **~의[할] 가치가 있는** n. **가치**	worthy a. (~을 받을) 가치가 있는 worthwhile a. (~할) 가치가 있는
	08 **desirable**	a. (좋게 여길 만한): **바람직한, 호감이 가는**	⊖ undesirable a. 바람직하지 않은
	09 **deserve**	v. (마땅히) **~할 가치가 있다, ~을 받을[당할] 만하다**	
	10 **appreciate**	1. v. (무엇의) **가치가 오르다** 2. v. (무엇에 대해) **감사하게 생각한다** 3. v. (참된 가치 등의) **진가를 알아보다[인정하다]**	appreciation n. 가치 상승; 감사; 진가 알기
	11 **depreciate**	v. (무엇의) **가치가 떨어지다**	depreciation n. 가치 하락
귀중한	12 **precious** 13 **priceless**	a. (매우 귀하고 가치가 큰): **귀중한, 값어치 있는** a. (너무 귀해서) **값을 매길 수 없는, 아주 귀중한**	
평가	14 **evaluate** 15 **assess**	v. (가치·수준·품질 등을) **평가하다** (= assess) 1. v. (가치·수준·품질 등을) **평가하다** (= evaluate) 2. v. (금액·비용 등을) **계산[산정]하다**	evaluation n. 평가 assessment n. 평가, 산정
기본		simple 단순한, 간단한 / basic 기초의 / value 가치	

Unit 49

---

09 deserve
[dizə́ːrv]

It's about time you got a good rest after all that hard work. You **deserve** it!
그렇게 힘든 일을 하셨으니 이제 푹 쉬셔야 할 때입니다. 당신은 그럴 자격이 있어요!

> de(강조) + serve(알맞다) → (~에) 꼭 알맞게 들어맞다 → ~을 받을[당할] 만하다

---

10 appreciate
[əprí:ʃièit]

The property has **appreciated** in value by thirty percent since that time.
그 부동산은 그때 이후로 30% 가치가 올랐다.

> ap(to) + preci(price: 가격) ─ (가격을) 높게 매기다 → 1. 가치가 오르다
> ─ (높게 평가하여) 3. 진가를 알아보다
> ─ (진가를 이해하여) 2. 감사하게 생각하다

---

11 depreciate
[diprí:ʃièit]

The Japanese yen won continued to **depreciate** against the US dollar.
일본 엔화는 미국 달러에 대하여 가치가 지속적으로 하락했다.

> de(down: 아래) + preci(price: 가치) → (아래로) 가치가 떨어지다

---

14 evaluate
[ivǽljuèit]

We need to **evaluate** how well our products are meeting customer needs.
우리는 제품이 얼마나 잘 고객의 요구를 충족시키는 지를 평가할 필요가 있다.

> e(out: 밖) + value(가치) → (가치를) 밖으로 이끌어 내다 → 평가하다

---

15 assess
[əsés]

It's difficult to **assess** exactly how these chemicals affect human health.
이 화학 물질들이 인간의 건강에 정확히 어떻게 영향을 미칠지 판단하기는 어렵다.

> as(by: 옆) + sess(sit: 앉다) → (계산을 돕는 보조원이 옆에 앉아서) 평가하다, 산정하다

평가	16 **feedback**	n. (상품 등을 평가하여 되돌려 주는) **피드백, 이용자 반응**	
필요	17 **require**	1. v. (need의 격식어): **필요하다, 필요로 하다** 2. v. (법·규칙에 따라) **요구[요청]하다**	requirement n. 필요한 것, 요구되는 것
	18 **necessary**	a. (특정 목적에) **필요한** n. (-ies) **필수품들**	necessity n. 필요(성), 필수품
	19 **desperate**	1. a. (절박해서) **간절히 필요로 하는, 필사적인** 2. a. (절망적이어서) **될 대로 되라는 식의**	desperation n. 필사적임; 자포자기
긴급	20 **urgent**	a. (지체할 겨를이 없이) **긴급한, 다급한**	urgency n. 긴급
	21 **imperative**	a. (대단히 중요해서) (즉각) **반드시 해야 하는** n. 긴요한 것	
필수적	22 **essential**	a. **필수적인** (=vital, indispensable) n. (-s) **필수적인 것**	essence n. 본질, 정수
	23 **vital**	a. **필수적인** (= essential, indispensable)	vitality n. 활력
	24 **indispensable**	a. **필수적인** (= essential, vital)	⊖ dispensable a. 없어도 되는
	25 **prerequisite**	n. (앞서 이루어져야 하는) **전제 조건**	
근본적	26 **fundamental**	a. (사물의 바탕을 이루는) **근본[본질]적인** n. (-s) **근본**	
	27 **underlying**	a. (잘) (드러나진 않지만) **기저[바탕]를 이루는**	underlie v. ~의 기저를 이루다
[기본]	need 필요하다 / basic 기본적인		

¹⁹ **desperate**
[déspərət]

Many people are still living in poverty and in **desperate** need of help.
많은 사람들이 여전히 빈곤 속에서 도움을 절실히 필요로 하며 살고 있다.

desper(despair: 절망) + ate → (절망적이어서) 간절히 필요로 하는; 될 대로 되라는 식의

²¹ **imperative**
[impérətiv]

It is absolutely **imperative** that we meet the international standards.
우리가 반드시 국제 기준에 맞추어야 한다.

유래: 명령(command) → (즉각적인 명령을 내려야 할만큼) 반드시 해야 하는

²⁴ **indispensable**
[ìndispénsəbl]

Smartphones have now become an **indispensable** tool for everyday life.
스마트폰은 이제 일상생활의 없어서는 안 되는 도구가 되었다.

in(not: 아닌) + dispensable(없어도 되는) → 없어서는 안 되는 → 필수적인

²⁵ **prerequisite**
[prire'kwəzət]

A bachelor's degree is a **prerequisite** for the majority of white-collar jobs.
학사 학위는 대부분의 사무직 직종에는 필수 조건이다.

pre(beforehand: 사전에) + requisite(필수품) → (사전에 필요한) 필수품 → 전제 조건

²⁷ **underlying**
[ʌ́ndərlàiiŋ]

Unemployment is the **underlying** cause of poverty and homelessness.
실업은 빈곤과 노숙자가 되는 것의 근본적인 원인이다.

under(아래) + lie(놓이다) → (~의 아래에) 놓여있는 → 근본적인

근본적	28 inherent	a. (본래부터 내부에 갖추어진): **내재하는**	inhere v. (in) ~에 내재하다
	29 consist	1. v. (~ in) (무엇이 주요 특징으로) **~에 있다[내재하다]**	
		2. v. (~ of) (서술된) **~으로 구성되다**	
의존	30 rely	1. v. (~ on) (남이나 다른 것에) **의존[의지]하다**	reliant a. 의존적인
		2. v. (~ on) (진실성·우수성 등을) **믿다, 신뢰하다**	reliable a. 신뢰할 수 있는
중요한	31 significant	a. (영향·의미·차이가 커서) **중요한, 의미 있는, 현저한**	significance n. 중요성, 의의
	32 notable	a. (중요·유명·탁월해서) **주목할 만한, 눈에 띄는**	note v. 주목하다 n. 메모; 노트
	33 crucial	a. (일의 결과를 판가름할 만큼) **결정적인, 중대한**	
주요한	34 primary	1. a. (가장 중요한): **제일의, 주된, 주요한** (= chief, principal)	prime n. 한창때, 전성기 a. 주된, 주요한;
		2. a. (순서·단계상) **최초[초기]의; 초등 교육의**	최고[최상등급]의
	35 chief	1. a. (가장 중요한): **제일의, 주된, 주요한** (= primary, principal)	
		2. a. (계급·직급이) **최고위의** n. (조직의) **장**	
	36 principal	1. a. (가장 중요한): **제일의, 주된, 주요한** (= primary, chief)	
		2. n. (학교의) **교장**	
		3. n. (빌린 돈의) **원금**	
기본	depend 의존[의지]하다 / important 중요한 / main 주된, 주요한 core 핵심		

Unit 49

28 **inherent**
[inhíərənt]

Every investment strategy has its own **inherent** risks and limitations.
모든 투자 전략은 그 자체의 내재된 위험성과 한계를 가지고 있다.

in(안에) + here(adhere: 부착되다) → (본디부터) 안에 부착된 것인 → **내재하는**

29 **consist**
[kənsíst]

Man's ultimate happiness does not **consist** in any kind of wealth.
인간의 궁극적인 행복은 어떤 종류의 부에도 있지 않다.

con(together: 함께) + sist(stand: 서다) ─ (주요 특징으로) 함께 서 있다 → 1. **~에 있다**
                                   └ (부분·요소로) 함께 서 있다 → 2. **구성되다**

32 **notable**
[nóutəbl]

The company has achieved **notable** success in the mobile phone market.
그 회사는 휴대폰 시장에서 주목할 만한 성공을 거두었다.

note(주목하다) + able → **주목할 만한**

33 **crucial**
[krú:ʃəl]

His help was **crucial** to the success of the business.
그의 도움이 사업의 성공에 결정적이었다.

cruci(cross: 교차하다) + al → 성패의 기로[교차점]에 있는 → **결정적인, 중대한**

36 **principal**
[prínsəpəl]

His **principal** source of income was from commissions on sales.
그의 주 수입원은 영업 수당이었다.

prin(first: 첫째의) +cip(take: 차지하다) ─ (중요도의) 첫 번째를 차지하는 → 1. **제일의, 주된**
                                    ├ (학교의) 첫 번째 직위 → 2. **교장**
                                    └ (이자를 붙기 전) 처음의 금액 → 3. **원금**

고급 중급

	37 **major**	1. a. (상대적으로 더) **큰 쪽의, 대다수의, 주요한**	**majority** n. (대)다수, 과반수
주요한		2. n. (대학의) **전공 과목** v. (~ in) **~을 전공하다**	
	38 **staple**	1. a. (가장 크거나 중요한 부분인): **주된, 주요한** n. 주요소	
		2. n. (일상의) **기본 식료품, 주식;** (한 나라의) **주요 산물**	
	39 **predominant**	a. (권력·세력·중요도 등이) **지배적인, 두드러진**	**predominance** n. 우월, 우세
	40 **priority**	v. (중요도나 권리 행사에 있어서) **우선 사항, 우선권**	**prioritize** v. 우선 순위를 매기다
하찮은	41 **trivial**	a. (별로 중요하지 않은): **하찮은, 사소한**	**trivia** n. 하찮은 것들
	42 **marginal**	1. a. (변화·차이·수량 등이) **미미한, 중요하지 않은**	**margin** n. 여백; 마진; 득점[시간] 차이
		2. a. (주류가 아니라) **주변부의, 주변적인; 여백에 쓴**	**marginalize** v. 하찮은 존재로 만들다
	43 **minor**	a. (상대적으로 더) **작은 쪽의, 중요하지 않은, 가벼운**	**minority** n. 소수
물질	44 **matter**	1. n. (세상의) (물체를 구성하는) **물질**	
		2. n. (생각·논의·해결해야 할) **일, 문제, 사건**	
		3. v. (어떤 일·상황이) **문제가 되다, 중요하다**	
	45 **substance**	1. n. (고유한 성질을 가진) (특정한) **물질**	**substantial** a. (양·크기 등이) **상당한**
		2. n. (형식·외형 대비) **실체, 본질**	

---

38 staple
[stéipl]

Potatoes have become a **staple** food in many parts of the world.
감자는 세계의 많은 부분에서 주식이 되었다.

> 유래: 시장(market) ┬ (시장에서) 가장 중요한 물품인 → 1. 주된, 주요한
> └ (시장에서 주로 거래되는) 2. 기본 식료품, 주식; 주요 산물

---

39 predominant
[pridámənənt]

After overcoming the initial shock, my **predominant** emotion was anger.
처음의 충격을 극복하고 난 후 나의 지배적인 감정은 분노였다.

> pre(before: 앞) + dominant(지배적인) → (지배적으로) 앞선 → 지배적인, 두드러진

---

41 trivial
[tríviəl]

Her husband wasn't in the mood to care about such **trivial** things.
그녀의 남편은 그런 사소한 일에 신경을 쓰기에는 너무나 피곤했다.

> tri(three: 셋) + via(road: 길) → (세 길이) 만나는 곳에 있는 → (어디서나 볼 수 있어) 하찮은

---

42 marginal
[má:rdʒinl]

The company forecast only a **marginal** increase in profits this year.
그 회사는 올해 단지 근소한 이익 증가를 예상하고 있다.

> margin(가장자리) + al → (중심에서 벗어난) 가장자리의 → 미미한; 주변부의

---

45 substance
[sʌbstəns]

Even small amounts of these **substances** can be dangerous for children.
이 물질들의 적은 양 조차도 아이들에게 위험할 수 있다.

> sub(under: 아래) + sta(stand: 서다) → (아래에) 서 있는 것 ┬ (바탕을 이루는) 실체, 본질
> └ (실체가 있는) 물질

물질	46 physical	1. a. (정신·마음 대비) 물질의, 물리학(상)의	physics n. 물리학
		2. a. (정신·마음 대비) 몸의, 육체의	physicist n. 물리학자
	47 chemical	a. (물질을 연구하는) 화학의 n. 화학 물질	chemistry n. 화학
			chemist n. 화학자
물체·물건	48 object	1. n. (일정한) (형체를 가진) 물체, 물건	objection n. 반대
		2. n. (의도하거나 바라는 결과) 목적, 목표	objectionable a. 불쾌한, 무례한
		3. v. (~ to) (옳지 않아서) 반대하다, 이의를 제기하다	
	49 material	1. n. (만들거나 하는 데 필요한) 재료; 자료; (옷의) 천	
		2. a. (재물·실체 등의) (현실에 존재하는) 물질의, 물질적인	
	50 stuff	1. n. (구체적인 이름 대신) (막연히) 것(들), 물건, 물질	stuffy a. 환기가 안 되는, 답답한
		2. v. (가방·상자 등에) 빽빽이 채워 넣다	
	51 item	n. (목록·그룹·세트를 구성하는) (개개의) 물품, 항목, 사항	itemize v. 항목별로 적다
	52 article	1. n. (세트를 구성하는) (개개의) 물품	
		2. n. (신문·잡지의) 기사	
		3. n. (법률·계약서 등의) 조항	

| 기본 | thing 것, 사물, 물건, 일, 상황 |

Unit 49

---

47 **chemical**

[kémikəl]

It is essential to wear protective gloves when handling **chemicals**.
화학 물질을 다룰 때 보호 장갑을 끼는 것은 필수이다.

chemic(alchemy: 연금술) + al → (비금속으로 귀금속을 제조하는) 연금술의 → 화학의

---

48 **object**

n. [ábdʒikt]
v. [əbdʒékt]

To avoid injury to the back, avoid lifting heavy **objects**.
허리 부상을 피하려면 무거운 물건을 드는 것을 피하라.

ob(against: 대항) + ject(throw: 던지다) ┬ 앞에 놓여(던져져) 맞대고 있는 대상 → 1. 물체
                                    ├ (던져서 맞추고자 하는) 2. 목적
                                    └ 대항하여 던지다 → 3. 반대하다

---

49 **material**

[mətíəriəl]

Wood and stone are the oldest building **materials** known to mankind.
나무와 돌은 인류에 알려진 가장 오래된 건축 자재이다.

mater(matter: 물질) + ial → 2. 물질의 → (바탕이 되는) 물질 → 1. 재료

---

50 **stuff**

[stʌf]

You know, I want to go to the party, but I have too much **stuff** to do tonight.
알잖아요. 나도 파티에 가고 싶다는 것을, 그런데 난 오늘 밤 할 일이 너무나 많아요.

유래: 필요한 것을 주다(provide with things needed) ┬ (필요한 것을) 2. 빽빽이 채워 넣다
                                              └ (채워 넣은) 물건 → 1. 것(들), 물건, 물질

---

52 **article**

[á:rtikl]

Most of our wedding gifts were household **articles** that we needed.
우리 결혼 선물의 대부분은 우리가 필요로 했던 가정 용품이었다.

arti(joint: 이음매) + cle → (전체로) 이어진 작은 하나 ┬ (하나의) 1. 물품 → (낱낱의) 3. 조항
                                              └ (여러 기사들 중 한 개의) 2. 기사

사물·물체·물질 IV
thing & matter & object IV

50_1 고체·액체·기체

고급 중급

물질 구성	01 **atom**	n. (물질의 기본 입자): **원자**	atomic a. 원자(력)의
	02 **nuclear**	a. (원자핵과 관련된): **원자력의, 핵(무기)의**	nucleus n. (원자)핵
	03 **molecule**	n. (물질의 특성을 갖는 최소 입자): **분자**	molecular a. 분자의
	04 **particle**	n. (미세한 알갱이): **입자; 극소량**	
고체·액체	05 **solid**	1. n. (모양과 부피를 가진) **고체** a. 고체의	solidity n. 견고함, 탄탄함, 확실함
		2. a. (빈 데가 없이) **속이 꽉 찬, 견고한**	solidify v. 굳어지다, 굳히다
	06 **liquid**	n. (흐르는 성질의) **액체**	liquidity n. 액체 상태; (자산의) 유동성
	07 **fluid**	n. (액체·기체 등의) **유체, 유동체** a. **유동[가변]적인**	fluidity n. 유동성, 가변성
	08 **aquatic**	a. (물이나 물속과 관련된): **물의; 물속에 사는**	aquarium n. 수족관
기체	09 **oxygen**	n. (기체의 일종): **산소**	
	10 **hydrogen**	n. (기체의 일종): **수소**	

기본	powder 가루, 분말; 화장용 분 / water 물 gas 기체, 가스 air 공기

---

01 **atom**
[ǽtəm]

Carbon dioxide is made up of one carbon **atom** and two oxygen atoms.
이산화탄소는 1개의 탄소 원자와 2개의 산소 원자로 구성되어 있다.

> a(not) + tom(cut: 자르다) → (더 이상 자를 수 없는) 최소의 미립자 → **원자**

---

03 **molecule**
[mάləkjùːl]

Each water **molecule** has two hydrogen atoms and one oxygen atom.
각각의 물 분자는 2개의 수소 원자와 1개의 산소 원자를 갖고 있다.

> mole(mass: 덩어리) + cule → (원자가 모여) 덩어리를 이룬 것 → **분자**

---

04 **particle**
[pάːrtikl]

There is not a **particle** of evidence to support the story he has just told.
그가 말한 이야기를 뒷받침할 증거는 티끌만큼도 없다.

> part(부분) + icle → (아주 작은) 부분 → **입자; 극소량**

---

08 **aquatic**
[əkwǽtik]

Aquatic plants are essential for maintaining a well-balanced lake.
수생 식물은 잘 균형 잡힌 호수를 유지하는 데 필수적이다.

> aqua(water: 물) + tic → **물의, 물속에 사는**

---

10 **hydrogen**
[háidrədʒən]

Hydrogen combines with oxygen in the atmosphere and produces water.
수소는 대기 중의 산소와 결합하여 물을 만든다.

> hydro(water: 물) + gen(producing: 생성) → (물을 생성하는) 물질 → **수소**

기체	11 nitrogen	n. (기체의 일종): **질소**	
	12 carbon	n. (기체의 일종): **탄소**	
거품	13 bubble	n. (속이 빈) (액체 속의 공기 방울): **거품** v. **거품이 일다**	bubbly a. 거품이 많은
	14 foam	n. (뭉쳐진) (액체 표면의) **거품 (덩어리)** v. **거품을 일으키다**	foamy a. 거품의
물질 변형	15 dissolve	1. v. (고체가 액체 속에서) **용해되다[시키다]** 2. v. (의회·단체 등을) **해산하다** 3. v. 공식적으로 (결혼 생활·사업 합의 등을) **끝내다**	dissolution n. 용해; 해산, 해소, 해약
	16 vapor	n. (증발하여 생긴) **증기, 수증기**	vaporize v. 증발하다[시키다]
	17 evaporate	v. (액체가 기체로) **증발하다[시키다]**	evaporation n. 증발
	18 boil	1. v. (액체가) **끓다, 끓이다** n. **비등(점)** 2. v. (음식물을) **삶다** n. **삶기**	boiler n. 보일러
	19 steam	n. (물이 끓을 때 생기는) **김, 증기** v. **김을 내뿜다; 찌다**	steamy a. 김이 자욱한
	20 condense	1. v. (기체가 액체로) **응축되다[시키다]** 2. v. (액체가 진하게) **농축되다[시키다]** 3. v. (짧게 줄여) (말·글을) **간략하게 하다**	condensation n. 응축, 농축; 간략화

---

11 nitrogen
[náitrədʒən]

Nitrogen makes up about seventy-eight percent of the earth's atmosphere.
질소는 지구 대기의 약 78%를 구성한다.

> nitro(niter: 질산칼륨) + gen(producing: 생성) → (질산칼륨에서 생성되는) 물질 → **질소**

---

12 carbon
[ká:rbən]

Carbon is the sixth most common element in the known universe.
탄소는 알려진 우주에서 여섯 번째로 가장 흔한 원소이다.

> 유래: 숯(charcoal) → (숯을 태울 때 생성되는) 물질 → **탄소**

---

15 dissolve
[dizálv]

Add the sugar and stir until it **dissolves** completely.
설탕을 넣고 완전히 녹을 때까지 저어주십시오.

> dis(apart: 떨어져) + solve(loosen: 풀다) ─ (풀려서) 떨어지다 → (고체가 풀려서) 1. **용해되다**
> ├ (단체가 녹아서) 2. **해산하다**
> └ (구속을 풀어서) 3. **끝내다**

---

17 evaporate
[ivǽpərèit]

When the Sun heats the surface of oceans or rivers, water **evaporates**.
태양이 바다나 강의 표면을 뜨겁게 하면, 물이 증발한다.

> e(out: 밖) + vapor(증기) → (증기가) 밖으로 나가다 → **증발하다**

---

20 condense
[kəndéns]

Steam from a boiling kettle **condenses** into water on a cold window.
끓는 주전자에서 나오는 김은 차가운 창문 위에서 물로 응축된다.

> con(강조) + dense(조밀한) → (더) 조밀하게 하다 → 1. **응축하다** 2. **간략하게 하다**

고급 중급

흐름	21 **flow**	1. v. (액체·기체 등이) **흐르다** n. **흐름** 2. n. (해면이 높아지는) **밀물** v. **밀물이 되다**	
	22 **stream**	1. n. (계속) (이어지는) **흐름, 줄, 연속** v. **줄줄이 이어지다** 2. n. (강보다 작은 물줄기): **개울, 시내** v. **줄줄 흐르다**	streaming n. 실시간 재생
	23 **current**	1. n. (물·공기·전기 등의) **흐름, 해류, 기류, 전류** 2. a. (일시적으로) **현재[지금]의**	currency n. 통용, 유통; 화폐, 통화
	24 **torrent**	n. (빠르고 세차게 흐르는) **급류, 억수**	torrential a. (비가) 억수로 쏟아지는
	25 **turbulence**	1. n. (공기·물의) **난류, 난기류** 2. n. (상황·정세·감정 등의) **격변, 격동**	turbulent a. 난(기)류의; 격동[격변]의
액체 성질	26 **pour**	1. v. (액체·가루 등을) **붓다, 따르다** 2. v. (많은 양이) **마구 쏟아지다[흘러나오다]**	
	27 **sprinkle**	v. (액체·분말 등을) **(흩)뿌리다**	sprinkler n. 살수 장치, 스프링클러
	28 **drip**	v. (액체가) **똑똑 떨어지다[떨어뜨리다]** n. **뚝뚝 떨어짐**	
	29 **spill**	v. (액체를) **엎지르다, 엎질러지다** n. **엎지름**	
	30 **overflow**	v. (가득 차서) **넘치다, 넘쳐흐르다** n. **넘침, 범람**	

---

23 **current**
[kə́ːrənt]

They sailed up the Nile against a strong **current** at a good pace.
그들은 나일강을 상당한 속도로 강한 물살을 헤치며 항해해서 올라갔다.

curr(run: 흐르다) + ent ┌ (흐르는) 것 → 1. 흐름, 해류, 기류, 전류
                        └ (흘러가고 있는) 이 시점의 → 2. 현재[지금]의

---

24 **torrent**
[tɔ́ːrənt]

The trip was not a very pleasant one for the rain came down in **torrents**.
비가 억수같이 쏟아져서 그 여행은 그리 즐겁지 않았다.

유래: burning(불길이 맹렬히 타오르는) → (많은 물이 맹렬히 흐르는) 급류, 억수

---

25 **turbulence**
[tə́ːrbjuləns]

Ten people were injured when the plane experienced severe **turbulence**.
10명의 사람들이 비행기가 심한 난기류에 휩싸였을 때 부상을 당했다.

turb(disorder: 무질서) + ulence → (무질서한) 움직임·변화 → 1. 난류 2. 격변

---

27 **sprinkle**
[sprínkl]

He spread the butter on the bread, then **sprinkled** sugar over it.
그는 빵 위에 버터를 바르고 그 위에 설탕을 뿌렸다.

유래: 살수 장치인 스프링클러의 동사형 → (흩)뿌리다

---

28 **drip**
[drip]

One day, it was raining hard and water was **dripping** from the ceiling.
어느 날, 비가 심하게 오고 있었고, 천장에서는 물이 똑똑 떨어지고 있었다.

drop(떨어지다)의 변형 → drip → 똑똑 떨어지다

고급 중급

액체 성질	31 **absorb**	v. (내부로) 흡수하다, 빨아들이다; 받아들이다	absorption n. 흡수
	32 **drain**	v. (물·액체를) 빼내다, 빠지다, 배수하다[되다] n. 배수(관)	drainage n. 배수 (설비)
기체 성질	33 **leak**	1. v. (기체·액체 등이) 새다, 새게 하다 n. 새는 곳, 누출 2. v. (비밀 정보를) 누설하다 n. 누설	leaky a. 새는 leakage n. 누출, 새어 나옴
	34 **inflate**	1. v. (공기·가스 등으로) 부풀리다, 부풀다 2. v. (물품의) 가격[물가]이 오르다[올리다]	inflation n. 부풀리기; 인플레이션
	35 **ventilate**	v. (방·건물 등을) 환기하다, 통풍시키다	ventilation n. 환기, 통풍 ventilator n. 환풍기, 산소 호흡기
젖은·마른	36 **moist**	a. (물기가) (기분 좋게) 촉촉한	moisture n. 습기 moisten v. 축축해지다[하게 하다]
	37 **damp**	a. (물기가) (불쾌하게) 축축한 n. 물기 v. 축축하게 하다	dampen v. 축축하게 하다 (= damp)
담금·잠수	38 **dip**	1. v. (액체 속에) 살짝 담그다 n. 살짝 담그기 2. v. (위치·수준 등이) 내려가다[게 하다] n. 하락, 감소	
	39 **soak**	v. (액체 속에) (푹 젖도록) 담그다, 담기다; 흠뻑 적시다	soaked a. 흠뻑 젖은
기본	wet 젖은 dry 마른, 건조한; 가문		

Unit 50

---

³¹ **absorb**
[æbsɔ́ːrb]

Plants **absorb** water from the soil through their roots.
식물은 뿌리를 통해 흙에서 물을 흡수한다.

> ab(from: 분리) + sorb(suck in: 빨아들이다) → (어디에서) 빨아들이다

³² **drain**
[drein]

She turned off the shower and then **drained** the water out of the bathtub.
그녀는 샤워기를 잠근 다음 욕조에서 물을 뺐다.

> 유래: dry(마른) → (물을 빼내) 마르게 하다 → 배수하다

³⁵ **ventilate**
[véntəlèit]

When she got home, she opened all the windows to **ventilate** the house.
그녀는 집에 도착하자 집을 환기시키기 위해 모든 창문을 열었다.

> vent(wind: 바람) + ilate → (바람이) 들어오게 하다 → 환기하다

³⁷ **damp**
[dæmp]

The soft grass beneath his feet was **damp** and slippery with morning dew.
그의 발 아래의 부드러운 잔디는 아침 이슬로 축축하고 미끄러웠다.

> 유래: 수증기(vapor) → (물기(수증기)로 인해 불쾌하게) 축축한

³⁸ **dip**
[dip]

He bent down and **dipped** his hand into the water to see how cold it.
그는 몸을 굽히고 얼마나 차가운지 보기 위해 손을 물 속에 살짝 담갔다.

³⁹ **soak**
[souk]

Let the tablecloth **soak** in soapy water for a few hours before you wash it.
세탁하기 전에 테이블보를 비눗물에 몇 시간 담가 놓으세요.

> 유래: suck(빨아들이다)의 변형 → (물을 빨아들여서) 흠뻑 적시다, 담그다

담금·잠수	└ 40 **immerse**	1. v. (액체 속에) (푹 들어가도록) **담그다**	immersion n. (액체 속에) 담금, 몰두, 몰입
		2. v. (온 정신을 기울여) **~에 몰두하다[하게 하다]**	
	41 **submerge**	v. (수면 아래로) **잠수하다, 물 속에 잠기다[잠그다]**	submergence n. 잠수, 물속으로 잠김
광물·금속	42 **mineral**	n. (석탄·돌·철 등의) **광물; (영양소): 미네랄**	
	43 **mine**	n. (광물을 캐내는) **광산** v. **채굴하다**	miner n. 광부
	44 **metal**	n. (쇠붙이): **금속**	metallic a. 금속의
	45 **steel**	n. (금속의 일종): **강철**	
	46 **copper**	n. (금속의 일종): **구리**	
	47 **tin**	n. (금속의 일종): **주석; 양철(통, 용기)**	
	48 **coal**	n. (검은색의 광물): **석탄**	
	49 **magnet**	n. (쇠를 끌어당기는) **자석**	magnetic a. 자석의, 자석 같은
	50 **rust**	n. (금속 표면에 생기는) **녹** v. **녹슬다[게 하다]**	rusty a. 녹슨, 녹투성이의
	51 **corrode**	v. (금속이) **부식되다[하다]**	corrosion n. 부식
재목·목재	┌ 52 **wood**	1. n. (재료로 쓰는) (건축·가구·연료용) **나무, 목재, 땔감**	wooden a. 나무의, 나무로 만든
		2. n. (민가 근처의) (작은) **숲**	
[기본]	iron 철 gold 금 silver 은 diamond 다이아몬드 glass 유리		

---

40 **immerse**
[imə́:rs]

He took off his shoes and socks, and **immersed** his feet into the water.
그는 신발과 양말을 벗고 발을 물 속에 담갔다.

> im(in: 속에) + merse(dip: 살짝 담그다) → (액체 속에) 1. 담그다 → (일 속에) 담그다 → 2. **몰두하다**

---

41 **submerge**
[səbmə́:rdʒ]

The island was **submerged** by rising sea levels eight hundred years ago.
그 섬은 800년 전 상승하는 해수면으로 인해 침몰되었다.

> sub(under: 아래) + merge(dip: 담그다) → (수면 아래로) 담그다 → 잠기다, **잠수하다**

---

49 **magnet**
[mǽgnit]

Some materials, like iron, are attracted to **magnets**, while others are not.
철 같은 재료는 자석에 끌리지만 다른 것들은 아니다.

> 유래: 자석이 발견된 곳 → 고대 도시 Magnesia → (Magnesia의) 돌 → **자석**

---

50 **rust**
[rʌst]

Those tools were covered with **rust** from being left out in the rain.
그 도구들은 빗속에 방치되어 녹으로 덮여 있었다.

> 유래: 붉은(red) → (붉게 변한) 금속 표면 → **녹**

---

51 **corrode**
[kəróud]

Acid rain **corrodes** metal structures more quickly than rain.
산성비는 비보다 더 빨리 금속 구조물을 부식시킨다.

> co(강조) + rode(gnaw: 갉아먹다) → (금속을) 갉아먹다 → **부식하다**

재목·목재	┌ 53 timber	n. (재료로 쓰는) (건축용) **목재**	
	└ 54 log	1. n. (통째로의 나무): **통나무** v. **벌목하다**	
		2. n. (그날의 일을 적은) **항해[항공] 일지** v. **일지를 쓰다**	
	55 **carpenter**	n. (나무를 다루어 물건을 만드는) **목수**	carpentry n. 목수직, 목수일
막대기	56 **rod**	n. (가늘고 긴) **막대, ~대**	
	57 **stake**	1. n. (땅에 박아서 세운) **말뚝**	
		2. n. (경마 등의) **내기에 건 것[돈]** v. (돈 등을) **걸다**	
		3. n. (사업·계획상의) **이해관계**; (회사의) **지분**	
	58 **rack**	n. (물건을 얹거나 걸어 놓기 위한) **선반, ~걸이, ~대**	
판자	┌ 59 **board**	1. n. (나무를 켜서 만든) **판자, ~판[대]**	boarding n. 승차, 승선, 탑승
		2. n. (회사·단체의) **이사회**	aboard ad. 탈것 위에
		3. v. (배·비행기·열차 등에) **탑승[승선]하다**	
		4. v. (남의 집에서) **하숙하다**; 기숙사에서 살다	
	└ 60 **panel**	1. n. (네모 모양의) (건축용) **판, 패널**	panelist n. 토론 참가자
		2. n. (토론회 등에 참여한) **토론자단, 패널**	

기본	stick 나무토막, 막대기, 채 pole 장대 post 기둥, 말뚝, 푯말

Unit 50

---

53 timber
[tímbər]

The truck was loaded with building materials such as **timber** and bricks.
그 트럭에는 재목, 벽돌 같은 건축 자재가 실려져 있었다.

> 유래: 짓다(build) → (집을 짓는 데 쓰는) 목재, 재목

---

54 log
[lɔ(ː)g]

He was very poor and lived in a **log** cabin for the rest of his life.
그는 매우 가난해서 여생을 오두막집에서 살았다.

> 1. 통나무 → (옛날 항해 기록을) 통나무 조각에 기록한 데서 → 2. 항해[항공] 일지

---

56 rod
[rad]

He pulled out his fishing **rod** and put some bait on the hook.
그는 낚싯대를 밖으로 끌어내어 낚시 바늘에 미끼를 끼웠다.

> 유래: 곁가지(offshoot) → (원래의 가지에서 잘라낸) 작은 가지 → 막대, ~대

---

57 stake
[steik]

They hammered **stakes** into the ground to mark where it would be built.
그들은 그것이 어디에 지어지는지 표시하기 위해 땅에 말뚝을 박았다.

> 1. 말뚝 ┌ (내기에 건 물건을) 말뚝 위에 놓아둔 데서 유래
> └ 2. 내기에 건 물건 → (내기 건 물건에 대한) 3. 이해관계; 지분

---

59 board
[bɔːrd]

The school bulletin **board** was covered with messages.
학교 게시판은 메시지들로 덮여 있었다.

> 1. 판자 ┌ 회의탁자(널빤지)에서 하는 회의 → 2. 이사회
> ├ 배의 갑판(널빤지)에 오르다 → 3. 탑승[승선]하다
> └ 식탁(널빤지)에 모여 함께 식사하다 → 4. 하숙하다

사물·물체·물질 V
thing & matter & object V

51_1 합성물질·힘·방사능

고급 중급

판자	01 **tablet**	1. n. (네모 모양의) (금속·돌·나무 등의) **판, 평판** 2. n. (작고 둥글넓적한 모양의 약): **정제**	
합성물질	02 **synthetic**	a. (자연 물질이 아니라) **합성[인조]의** n. **합성[인조] 물질**	synthesis n. 합성, 종합, 통합 synthesize v. 종합[통합, 합성]하다
	03 **rubber**	n. (탄력이 큰) **고무 (제품); 지우개**	
힘·동력	04 **force**	1. n. (다른 것에 영향을 미치는) (물리적인) **힘, 기세** 2. v. (강요 등으로) **억지로 ~시키다** n. **물리력, 폭력** 3. n. (특정 목적의) **군대, 부대; 단체**	forceful a. 힘찬, 강력한 forcible a. 억지로 시키는, 강제적인
	05 **momentum**	n. (운동·진행·증가 등을) (지속시키는) **힘, 기세, 추진력**	
	06 **gravitation**	n. (서로 끌어당기는 힘): (만유)**인력, 중력**	gravitate v. (~ to) ~에 강하게 끌리다
방사능	07 **radioactivity**	n. (인체에) (해로운 방사선): **방사능**	radioactive a. 방사능을 가진[에 의한]
기본	energy 에너지 power 힘 / oil 석유 gas 가스 / battery 배터리 plug (전기) 플러그 / light 빛 sunshine 햇빛		

---

01 tablet
[tǽblit]

He bought a new **tablet** PC to take with him on business trips.
그는 출장 때 갖고 갈 새로운 태블릿 피씨를 샀다.

유래: 테이블(table) → (테이블 모양의) 1. 평판 → (둥글넓적한 평판 모양의) 2. 정제

---

02 synthetic
[sinθétik]

Most protective clothing is made of **synthetic** fabrics such as nylon.
대부분의 보호용 의류는 나일론과 같은 합성 직물로 만들어 진다.

yn(together: 함께) + the(put: 놓다) → put together(함께 놓다) → 합성의

---

05 momentum
[mouméntəm]

The economy is losing **momentum** after seven years of strong growth.
경제가 7년간의 강한 성장 후 추진력을 잃고 있다.

유래: 움직이다(move) → (지속적으로 움직이는) 힘, 기세, 추진력

---

06 gravitation
[grævətéiʃən]

Newton discovered the law of universal **gravitation** at the age of 22.
뉴턴은 22세의 나이에 만유 인력의 법칙을 발견했다.

gravi(weight: 무게) + tation → (질량(무게)이 있는 물체들이) 서로 끌어당기는 힘 → 인력

---

07 radioactivity
[rei'diouækti'vəti]

The study of atomic structure began with the discovery of **radioactivity**.
원자 구조에 대한 연구는 방사능의 발견으로 시작되었다.

radio(radiation: 방사선) + activity(활동) → (방사선이) 활동하는 일 → 방사능

고급 중급

방사능	08 radiation	1. n. (방사성 원소가 붕괴될 때) (방출되는 전자파): **방사선**	radiate v. 내뿜다, 방출하다
		2. n. (사방으로 방출되는) (열·빛·에너지의) **복사**	radiant a. 복사의: 빛나는, 환한
연료·전기	09 fuel	n. (에너지를 얻기 위해 태우는) **연료** v. **연료를 공급하다**	
	10 electricity	n. (빛·열·동력 등을 일으키는) **전기, 전력**	electrical a. 전기의 electric a. (대개 명사 앞에서) 전기의
	11 electronic	a. (기기·장치 등이) **전자의, 전자 기술을 이용한**	electronics n. 전자 공학 electron n. 전자
빛·광선	12 beam	1. n. (발광체의 빛의 흐름): (뻗어 나오는) **빛줄기** v. **비추다** 2. v. (행복한 표정으로) **환하게 미소 짓다**	
	13 ray	n. (발광체에서 뻗어 나오는) (가는 일직선의) **광선**	
조명 기구	14 torch	n. (불을 밝히는 데 쓰는) **횃불; 손전등**	
	15 candle	n. (불을 밝히는 데 쓰는) **양초**	candlelight n. 촛불
	16 flash	v. (순간적으로) **번쩍 비치다[비추다]** n. **번쩍임, 섬광**	
	17 glow	v. (가열된 물체가) **계속 은은한 빛을 내다** n. **은은한 불빛**	

기본 | lamp 램프, 등 flashlight 손전등 / shine 빛나다, 비추다

Unit 51

---

08 radiation
[rèidiéiʃən]

Radiation leaks from a nuclear power station after the recent earthquake.
최근의 지진 후 핵발전소에서 방사능이 새어 나오고 있다.

radi(ray: 광선) +ate → (광선을) 발하는 것 → **방사선; 복사**

---

12 beam
[bi:m]

In the **beam** of the headlights, I could see a man crossing the road.
헤드라이트의 빛 줄기 속에서 나는 한 남자가 도로를 건너는 것을 볼 수 있었다.

유래: 나무(tree) ┌ (불에 타는 나무가 발하는) 1. 빛줄기
└ (행복한 표정이) 빛을 발하다 → 2. 환하게 미소 짓다

---

14 torch
[tɔ:rtʃ]

Over 400 runners carried the Olympic **torch** to the stadium.
400명 넘는 주자들이 성화를 경기장으로 옮겼다.

꼬인 물건(twisted object) → (싸리·갈대를 꼬아서) 불을 붙인 것 → **횃불; 손전등**

---

16 flash
[flæʃ]

A huge **flash** of lightning made the dark night almost as bright as day.
엄청난 번개의 번쩍임이 어두운 밤을 거의 대낮같이 밝게 만들었다.

fl(light: 빛) + ash(갑작스러움) → (갑작스러운) 빛 → **번쩍 비치다**

---

17 glow
[glou]

She sat and watched the snow fall in the soft **glow** of the streetlights.
그녀는 앉아서 은은한 가로등 불빛 속에서 눈이 떨어지는 것을 지켜보았다.

gl(shine: 빛나다) + ow → **계속 은은한 빛을 내다**

빛나다	18 **glare**	1. v. (눈부실 정도로) (불쾌하게) **환히 비치다** n. 눈부신 빛 2. v. (화가 나서) (미운 감정으로) **노려보다** n. 노려봄	
	19 **glitter**	v. (특히) (반사 광선이) **반짝반짝 빛나다** n. 반짝거림	
	20 **twinkle**	v. (어둠 속에서) (불빛·별빛이) **반짝반짝 빛나다** n. 반짝거림	
	21 **sparkle**	v. (불꽃을 튀기듯) (보석 등이) **반짝이다** n. 반짝거림	
	22 **illuminate**	1. v. (밝히려고) (물건·장소에) **불을 비추다, 조명하다** 2. v. (이해하기 쉽게) **분명하게 밝히다[설명하다]**	illumination n. 조명; 해명
	23 **project**	1. v. (빛·영상을) (평면·스크린 위에) **투영[영사]하다** 2. n. (사업·연구·개발 등의) **계획, 프로젝트** v. 계획하다 3. v. (규모·비용·수량 등을) **산출[추정]하다**	projection n. 투영, 영사; 추정, 예측 projector n. 영사기
	24 **reflect**	1. v. (빛·소리·열 등이) (부딪쳐서) **반사되다[하다]** 2. v. (거울·유리 등이) **상을 비추다** 3. v. (다른 것에서 받은 영향을) **나타내다, 반영하다** 4. v. (되돌아보면서) **곰곰이 생각[숙고]하다**	reflection n. 반사; 반영; 숙고 reflective a. 반사[반영]하는; 숙고하는
	25 **flicker**	v. (순간적으로) (불빛이) **깜박이다** n. 깜박임	

18 glare
[glɛər]

The sun was **glaring** in his eyes, so he could not see the approaching car.
태양이 그의 눈으로 눈부시게 비쳐서 접근해 오는 차를 볼 수 없었다.

> 유래: 강렬하게 비치다(shine strongly) ┬ (불쾌하게) 1. 환히 비치다
> └ (눈빛을) 강렬하게 비추다 → 2. 노려보다

19 glitter
[glítər]

We all know that nothing is perfect and everything that **glitters** isn't gold.
우리 모두는 어떤 것도 완벽하지 않으며, 번쩍이는 모든 것이 다 금은 아니라는 것을 안다.

> gl(shine: 빛나다) + itter → 반짝반짝 빛나다

22 illuminate
[ilú:mənèit]

At night the streets are beautifully **illuminated** with multi-colored lights.
밤에 그 거리는 다양한 색상의 불빛으로 아름답게 조명된다.

> il(in: 안) + lumin(light: 빛) ┬ (안으로) 빛을 비추다 → 1. 불을 비추다, 조명하다
> └ (이해하기 힘든 것에) 빛을 비추다 → (분명하게) 2. 밝혀 주다

24 reflect
[riflékt]

I felt peaceful as I looked at the full moon beautifully **reflected** in the lake.
호수에 아름답게 비친 보름달을 보았을 때 나는 평온함을 느꼈다.

> re(back: 뒤) + flect(bend: 굽다) ┬ (방향이 뒤로 굽어져) 1. 반사하다 2. 반영하다
> └ (뒤로 구부려 과거 일을) 3. 곰곰이 숙고하다

25 flicker
[flíkər]

The candle on the table **flickered** in the wind and seemed about to go out.
테이블 위의 촛불이 바람에 깜박거리면서 곧 꺼질 것처럼 보였다.

> fl(light: 빛) + icker → (불빛이) 깜박이다

고급 중급

밝기	26 **brilliant**	1. a. (빛·색채가) **아주 밝은, 눈부신**	brilliance n. 광휘, 광채; 뛰어난 재기
		2. a. (영리하고 재능이 있는) **명석한, 재기가 넘치는**	
	27 **dim**	a. (밝지 않고) **어둑한, 흐릿한** v. **어둑해지다[하게 하다]**	
그림자	28 **shade**	1. n. (햇볕이 가려져 생긴) **그늘; 빛 가리개**	shady a. 그늘진
		2. n. (색의 강약·농도) **색조; (그림의) 음영**	
	29 **shadow**	n. (물체 뒤의 검은 형상) **그림자**	shadowy a. 그림자가 많은
	30 **overshadow**	1. v. (어두운 / 우울한) **그림자[그늘]를 드리우다**	
		2. v. (~의 그늘에 가려) **빛을 잃게 하다**	
불·불길	┌ 31 **flame**	n. (타는) (불에서 일어나는) **불길, 불꽃** v. **타오르다**	
	├ 32 **blaze**	n. (거세게) (활활 타오르는) **불길, 화염** v. **활활 타다**	ablaze ad. 불길에 휩싸인
	└ 33 **spark**	n. (아주 작은) (튀어 오르는) **불꽃, 불똥** v. **불꽃을 일으키다**	
연기·재	34 **fume**	n. (-s) (불쾌한) (유독) **가스, 매연** v. **매연을 내뿜다**	
	35 **ash**	n. (불에 타고 남은) **재; (-s) 잿더미**	
점화·진화	36 **extinguish**	v. (타지 못하게) **불을 끄다, 진화하다**	extinguisher n. 소화기
기본		bright 밝은, 빛나는 / dark 어두운 / fire 불 / burn 타다, 태우다 / smoke 연기 / firefighter 소방수[관]	

Unit 51

---

²⁷ **dim**
[dim]

Reading in **dim** light does not damage the eyes; it only makes them tired.
희미한 불빛에서 읽는 것은 눈을 손상시키지 않고, 단지 눈을 피로하게 할 뿐이다.

유래: 어두운(dark) → (어두워서) 잘 보이지 않는 → 어둑한, 흐릿한

---

³⁰ **overshadow**
[ou'vərʃæ'dou]

The house was **overshadowed** by the neighborhood's taller buildings.
그 집은 근처의 더 높은 건물들에 의해 그늘이 드리워졌다.

over(위에) + shadow(그림자) → (무엇 위에) 1. 그림자를 드리우다 2. 빛을 잃게 하다

---

³² **blaze**
[bleiz]

Strong winds made it more difficult for firefighters to control the **blaze**.
강한 바람이 소방관들이 불길을 잡는 것을 더 어렵게 만들었다.

유래: 횃불(torch) → (횃불 같이 활활 타오르는) 불길

---

³⁴ **fume**
[fju:m]

Exhaust **fumes** from motor vehicles are a major cause of air pollution.
자동차 배기가스가 대기 오염의 주요한 원인이다.

유래: 연기, 먼지(smoke, dust) → (불쾌한 냄새가 나는) (유독) 가스

---

³⁶ **extinguish**
[ikstíŋwiʃ]

The firefighters quickly **extinguished** the fire before it got worse.
소방수들은 악화되기 전에 신속하게 화재를 진화했다.

ex(completely: 완전히) + sting(quench: 불을 끄다) → (완전히) 불을 끄다

UNIT 52 수량·크기·비교 I
amount & size & comparison 1

52_1 숫자·수량·하나

[고급] [중급]

숫자·수량	01 figure	1. n. (아라비아) **숫자**; (-s) (자료·통계의) **수치**		
		2. n. (선·면이 모여 이루는) **도형**; **도표**		
		3. n. (어렴풋한) **사람 모습**; (여성) **몸매**; (유명·중요한) **인물**		
		4. v. (~ out) (깊이 생각한 끝에) **이해[해결]하다**		
	02 amount	n. (셀 수 없는 것의) **양, 액수** v. **총계가 ~에 이르다**		
	03 quantity	n. (세거나 잴 수 있는 것의) **양, 수량, 분량**	quantitative a. 양적인	
	04 bulk	n. (크거나 많음을 강조): (큰) **크기[수량, 부피]; 대부분**	bulky a. 부피[덩치]가 큰	
	05 individual	1. a. (집단 대비) **각각[개개]의**	individuality n. 개성, 특성	
		2. n. (집단 대비) **개인** a. 개인의	individualism n. 개인주의, 개성	
하나	06 single	1. a. (여럿이 아니라) **단 하나의, 단독의** (= sole) n. 단일		
		2. a. (아직 결혼하지 않은) **미혼[독신]의** n. 미혼자		

[기본] number 수, 숫자 plus 더하기 minus 빼기 half 반 quarter 4분의 1 / only 단지, ~만 once 한 번

---

01 figure
[fígjər]

In legal papers, sums of money are written in both **figures** and words.
법적인 문서에서 돈의 액수는 숫자와 문자 둘 다로 써야 한다.

유래: 형상(form) ─ (기하학적·수학적) 형상 → 2. 도형 1. 숫자
　　　　　　　 ├ (사람의) 형상 3. 사람의 모습; 몸매; 인물
　　　　　　　 └ (형상이) 머릿속으로 그려지다 → 4. 이해[해결]하다

---

02 amount
[əmáunt]

He lent me a considerable **amount** of money on the spot.
그는 상당한 액수의 돈을 즉석에서 내게 빌려주었다.

a(to) + mount(mountain: 산) ─ (산으로) 오르다 → 총계가 ~에 이르다
　　　　　　　　　　　　 └ (올라서 다다른) 양, 액수

---

03 quantity
[kwántəti]

It is usually much cheaper to buy in large rather than in small **quantities**.
대개 소량보다는 대량으로 구입하는 것이 훨씬 싸다.

quant(how much: 얼마) + ity → (수량이) 얼마만큼인지의 정도 → 양, 수량, 분량

---

04 bulk
[bʌlk]

Generally, it's much cheaper to buy in **bulk** directly from producers.
일반적으로, 생산자로부터 직접 대량으로 구입하는 것이 훨씬 싸다.

유래: ship's cargo(배에 싣는 화물) → (부피가) 큰 화물 → (큰) 크기[수량, 부피]; 대부분

---

05 individual
[ìndəvídʒuəl]

Following the **individual** interviews with them, a joint interview is held.
그들과의 개별 면담에 이어 합동 면담이 개최된다.

in(not) + divid(divide: 나누다) → (더 이상) 나누어지지 않는 → 1. 각각의 2. 개인의

고급 중급

하나	┗ 07 sole	1. a. (여럿이 아니라) **단 하나의, 단독의** (= single)	
		2. n. (발의 아래쪽의) **발바닥**	
둘·셋	08 **pair**	1. n. (신발·장갑 등의) **한 쌍[켤레, 벌]**	
		2. n. (바지·안경 등의) **한 개[벌, 자루]** v. **둘씩 짝을 짓다**	
	09 **dual**	a. (두 부분 / 두 개로 된) **이중의, 이원적인**	duality n. 이중[이원]성
	10 **triple**	a. (셋으로 이루어진) **3중의; 3부분으로 된; 3배의**	
		v. **3배가 되다, 3배로 만들다**	
셈·계산	┏ 11 **calculate**	v. (값을 구하기 위해) (식을 연산하여) **계산하다**	calculation n. 계산
			calculator n. 계산기
	┗ 12 **project**	1. v. (향후의) (예상 수량·비용 등을) **계산[추정]하다**	projection n. 추정, 예측; 투영, 영사
		2. n. (사업·연구·개발 등의) **계획, 프로젝트** v. **계획하다**	projector n. 영사기
		3. v. (빛·영상을 평면·스크린 위에) **투영[영사]하다**	
	┏ 13 **estimate**	v. (어림잡아) **추산[추정]하다** (= reckon) n. **추산; 견적서**	estimation n. (가치, 자질의) 판단[평가]
	┗ 14 **reckon**	1. v. (어림잡아) **추산[추정]하다** (= estimate)	
		2. v. (think의 영국 구어) **~라고 생각하다**	
기본		double 두 배 couple 둘, 커플 count 세다	

Unit 52

---

10 triple

[trípl]

The country's population is about **triple** that of the United States.
그 나라의 인구는 미국 인구의 약 3배이다.

tri(three: 셋) + ple (fold: 접다) → (세 번) 접은 → **3배의**

---

11 calculate

[kǽlkjulèit]

The total cost has been **calculated** at three million dollars.
총 비용은 3백만 달러로 계산되었다.

calcul(pebble: 조약돌) + ate → (로마시대에 셈을 할 때 사용하던) 조약돌에서 유래 → **계산하다**

---

12 project

n. [prɑ́dʒekt]
v. [prədʒékt]

Total energy consumption is projected to rise by 2% next year.
총 에너지 소비는 내년에 2% 오를 것으로 추정된다.

pro(forward: 앞) + ject(throw: 던지다) ┬ (빛을) 앞으로 던지다 → 3. 투영하다
└ (생각을) 앞으로 던지다 → 1. 추정하다 → (추정한) 2. 계획

---

13 estimate

v. [éstəmèit]
n. [éstəmət]

The project will cost an **estimated** total of twenty-seven million dollars.
그 프로젝트 비용은 총 27억 달러가 들 것으로 추산된다.

estim(value: 가치) + ate → (가치를) 어림잡다

---

14 reckon

[rékən]

His personal fortune is **reckoned** at more than twenty million dollars.
그의 개인 재산은 2천만 달러 이상인 것으로 추정된다.

유래: 순서대로 언급하다(mention in order) → 2. ~라고 생각하다 → (생각해서) 1. 추산하다

고급 중급

셈·계산	15 formula	n. (공인된) (계산·해결 등의) **공식**	formulate v. 세심히 만들어 내다
합계	16 sum	n. (단순히) (숫자를 모두 더한) **합, 합계;** (돈의) **액수**	
	17 gross	a. (경비·세금 등을) (공제하기 전의) **총계의, 총~** v. (공제 전에) **~의 총수익을 올리다**	
중간·평균	18 medium	1. a. (크기·정도 등이) (크지도 작지도 않은) **중간의** n. **중간** 2. n. (중간의) **전달[표현] 수단, 매개(물), 매체**	media n. medium의 복수: 대중 매체
	19 intermediate	a. (단계·위치·수준의) (둘 사이의) **중간의, 중급의** n. **중급자**	
	20 moderate	1. a. (너무) (극단에 흐르지 않고) **중간의, 적당한** v. **누그러지다[뜨리다]** 2. a. (정치적으로) **중도의, 온건한** n. **온건주의자**	moderation n. 적당함; 온건, 절제
	21 modest	1. a. (생각보다) (그다지) **크지[많지, 비싸지] 않은, 보통의** 2. a. (과시하지 않고) **겸손한**	modesty n. 적당함, 수수함; 겸손
비·비율	22 proportion	1. n. (무엇의) (전체 / 다른 대상 대비) **비율, 비** 2. n. (사물 간 / 전체와 부분 간의) **균형**	proportionate a. (~에) 비례하는
	23 ratio	n. (상대적 크기를 비교한) (몇 대 몇 형식의) **비율, 비**	

기본 | **total** 총계, 합계 **altogether** 모두 합쳐, 통틀어, 총 / **average** 평균 / **percentage** 백분율

---

15 formula
[fɔ́:rmjulə]

The following **formula** is used to calculate the area of a circle.
다음의 공식은 원의 넓이를 계산하는 데 사용되는 공식이다.

form(형식) + ula(diminutive: 작은) → 간결하게(작게) 만든 형식 → **공식**

---

16 sum
[sʌm]

This is such a large **sum** of money that few people can imagine the value.
이것은 너무 큰 액수이어서 그 가치를 상상할 수 있는 사람은 거의 없다.

유래: highest(가장 높은) → (한데 합하여 나온) 가장 높은 값 → **합계; 액수**

---

19 intermediate
[ìntərmí:diət]

This is a course for **intermediate** students of English.
이것은 중급 영어 학생들을 위한 과정이다.

inter(between: 사이) + medi(in the middle: 가운데에) → (사이의) 가운데에 → **중간의**

---

22 proportion
[prəpɔ́:rʃən]

In the city, a large **proportion** of old people live alone in their apartments.
도시에서는 높은 비율의 노인들이 그들의 아파트에서 혼자 산다.

pro(for: ~에 대한) + port(part: 부분) ─ (전체나 다른 것에 대한 한 부분의) 1. **비율**
└ (비율이 바람직한 상태): 2. **균형**

---

23 ratio
[réiʃou]

The **ratio** of men to women at Harvard is approximately 2.5 to 1.
하버드 대학의 남녀 비율은 대략 2.5대 1이다.

rat(calculate: 계산하다) + io → (계산해서 나온 정확한) 비율 → (몇 대 몇 형식의) **비율, 비**

고급 중급

많은·적은	24 **numerous**	a. (셀 수 있는 사물의) (수가) **매우 많은**		
	25 **multiple**	a. (수가) (하나 이상인) **다수[복수, 복합]의** n. 배수		
	26 **mass**	1. a. (수량·범위 등이) **대량[대규모]의; 대중적인** n. 다수, 다량; 일반 대중	massive a. 거대한, 엄청나게 큰 amass v. 모으다, 축적하다	
		2. n. (뭉쳐진) **큰 덩어리[무리]; (물체의) 질량** v. 떼 지어 모이다[모으다]		
	27 **exceed**	v. (무엇이) (특정 수량을) **넘다, 초과하다**	excess n. 초과량, 과잉 a. 초과한 excessive a. 지나친, 과도한	
	28 **mere**	a. (크거나 중요하지 않고) **단지 ~에 불과한, 겨우 ~의**		
최대·최소	29 **maximum**	a. (한도 내에서) **최대[최고]의** n. 최대한, 최대량[수]	maximize v. 최대화하다	
	30 **minimum**	a. (한도 내에서) **최저의, 최소한의** n. 최소한도, 최저(치)	minimize v. 최소화하다	
충분·풍부	31 **sufficient**	a. (enough의 격식 차린 말): (여유 있게) **충분한**	sufficiency n. 충분 suffice v. 충분하다	
	32 **adequate**	a. (특정 목적에) (딱 알맞게) **충분한, 적절한**	adequacy n. 적당	

기본
lot 많음 many (수가) 많은 much (양이) 많은 / few (수가) 거의 없는; (수가) 조금은 있는 little (양이) 거의 없는; (양이) 조금은 있는 several 몇몇의 / enough 충분한

Unit 52

---

25 multiple
[mʌltəpl]

He suffered **multiple** injuries in an accident and was in critical condition.
그는 사고로 복합 부상을 당해 위독한 상태에 있었다.

multi(many: 많은) + ple(fold: ~배) → (수가) 몇 배가 되는 → 다수[복수]의; 배수

---

27 exceed
[iksíːd]

Please slow down, you are **exceeding** the speed limit.
속도를 줄이세요. 제한 속도를 초과하고 있어요.

ex(beyond: 넘어서) +ceed(go: 가다) → (넘어서) 가다 → 초과하다

---

28 mere
[miər]

In 2019, he won the presidential election by a **mere** few hundred votes.
2019년 그는 겨우 몇 백 표의 차이로 대통령 선거에서 승리했다.

유래: 섞인 것이 없는(unmixed) → (섞인 것이 없어서) 단순한 → 단지 ~에 불과한

---

31 sufficient
[səfíʃənt]

He was a suspect, but there wasn't **sufficient** evidence to charge him.
그는 용의자였지만 그를 기소할 충분한 증거가 없었다.

suf(up to: ~까지) + fic(make: 만들다) → (일정한 기준까지 만들어져) 채워진 → 충분한

---

32 adequate
[ǽdikwət]

The meeting room was smaller than expected but **adequate** for our needs.
그 회의실은 기대했던 것보다는 작았지만 우리가 필요한 만큼 충분했다.

ad(to) + equ(equal: 같은) → (필요한 수량과) 같은 → 적절한, 충분한

고급 중급

		33 ample	a. (필요한 것 이상으로) (남을 만큼) **충분한**	amplify v. 증폭시키다
충분·풍부		34 abundant	a. (부족함이 없이) (아주 많아서) **풍부[풍족]한**	abundance n. 풍부, 풍족 abound v. 풍부[풍족]하다
		35 plenty	n. (넉넉히) **많음, 충분한 양** ad. **많이**	plentiful a. 풍부한
부족·결여		36 lack	n. (필요한 것이 없거나 모자라는) **부족** v. **부족하다**	lacking a. 부족한, 결핍된
		37 scarce	a. (흔하지 않아서) (구하기 힘든) **부족한, 드문**	scarcity n. 부족
		38 deficient	a. (꼭 있어야 할) (필수적인 것이) **부족한, 결핍된**	deficiency n. 부족, 결핍
추가·여분		39 add	v. (더 늘어나거나 많아지게) **더하다, 추가하다**	addition n. 추가 additional a. 추가의
		40 extra	a. ad. (정상·기준 수량에 더해진): **추가의[로]** n. **추가되는 것**	
		41 spare	1. a. (쓰지 않아서 남는): **여분[예비]의** n. **여분** 2. v. (비용·노력 등을) **아끼다** 3. v. (돈·시간 등을) **내주다, 할애하다**	
게다가		42 besides	prep. ad. (언급한 것에 추가하여): **~외에, 뿐만 아니라**	
기본			another 또 하나(의), 더, 또 too ~도 (또한), 게다가 also ~도 (또한), 게다가	

33 ample
[ǽmpl]

There is **ample** evidence that the fire was deliberately started by someone.
그 화재는 누군가에 의해 의도적으로 시작되었다는 충분한 증거가 있다.

유래: 큰(large) → (필요 이상으로) 큰 → (남을 만큼) **충분한**

34 abundant
[əbʌ́ndənt]

The country is **abundant** in natural resources, especially oil and minerals.
그 나라는 천연자원 특히 석유와 광물이 풍부하다.

ab(off: 벗어나) + und(wave: 물결) → (물이 흘러 넘칠 정도로) **풍부한**

37 scarce
[skɛərs]

Fresh vegetables are **scarce** at this time of year, so they're expensive.
이맘때에는 신선한 야채가 부족해서 비싸다.

유래: 뽑아내다(pluck out) → (물건들이 뽑아 내져서) 흔치 않은 → **부족한, 드문**

38 deficient
[difíʃənt]

More than 70 percent of pregnant women are **deficient** in vitamin D.
임신 여성의 70% 이상이 비타민 D가 부족하다.

de(down: 아래로) + fic(do: 하다) → (무엇을 하기에) 부족한(아래에 있는) → **부족한, 결핍된**

40 extra
[ékstrə]

Your order will be delivered directly to you at no **extra** cost.
주문품은 추가 비용 없이 바로 배달됩니다.

유래: 바깥(outside) → (정상·기준·필요 수량의) 바깥에 있는 → **추가의[로]**

고급 중급

게다가	43 **moreover**	ad. (더 중요한 것을 추가하여): **게다가, 더욱이** (= furthermore)	
	44 **furthermore**	ad. (더 중요한 것을 추가하여): **게다가, 더욱이** (= moreover)	
빼다	45 **subtract**	v. (제외가 되게) (어떤 수에서 다른 수를) **빼다**	subtraction n. 빼기, 뺄셈
	46 **deduct**	v. (일정 금액·수량 등을) (전체에서) **빼다, 공제하다**	deduction n. 공제(액); 추론, 추정, 연역
보충·보완	47 **complement**	v. (완전해지도록) (모자라는 부분을) **보완하다** n. **보완물**	complementary a. 상호 보완적인
	48 **supplement**	v. (더 좋아지게) (무엇을 덧붙여서) **보충[추가]하다** n. **보충(물)**	supplementation n. 보충, 추가
	49 **compensate**	1. v. (다른 것으로 대신) (손해·결점 등을) **보상[보충]하다**	compensation n. 보상(금)
		2. v. (상해·손해 등에 대해) **보상금을 주다**	
증가·증대	50 **increase**	v. (수량·크기·정도 등이) **증가하다[시키다]** n. **증가**	
	51 **multiply**	1. v. (급속히) (기하급수적으로) **증가하다[시키다]**	multiplication n. 증가, 증식; 곱셈
		2. v. (수학에서) **곱하다, 곱셈하다**	
	52 **escalate**	v. (차츰) (단계적으로) **증가[확대]되다[시키다]**	escalation n. (단계적) 확대
			escalator n. 에스컬레이터
	53 **boost**	v. (강하게) (밀어 올려서) **신장[증대]시키다** n. **밀어올림**	booster n. 촉진제; 후원자; 추진 로켓
기본	rise (수량 등이) 증가하다 raise (수량 등을) 증가시키다 grow (수량 등이) 커지다[증가하다]		

---

45 **subtract**

[səbtrǽkt]

If you subtract 2 from 8, you get 6, and if you **subtract** 8 from 2, you get -6.
8에서 2를 빼면 6이 되고, 2에서 8을 빼면 -6이 된다.

sub(from under: 아래에서) + tract(pull: 당기다) → (아래에서 위로 잡아당겨서) **빼다**

---

46 **deduct**

[didʌ́kt]

Tax and insurance are **deducted** from your wages by your employer.
고용주에 의해 세금과 보험이 당신의 임금에서 공제됩니다.

de(away: 떨어져) + duct(lead: 이끌다) → (이끌어서) 떨어져 나오게 하다 → **빼다, 공제하다**

---

47 **complement**

[kámpləmənt]

They were team players, and **complemented** each other perfectly.
그들은 팀플레이를 잘 하는 사람들이었고 서로를 완벽하게 보완했다.

com(강조) + ple(fill: 채우다) → (부족한 점을) 완전히 채우다 → **보완하다**

---

48 **supplement**

[sʌ́pləmənt]

He **supplements** his income by making food deliveries in his spare time.
그는 여가 시간에 음식 배달을 해서 수입을 보충한다.

sup(up from below) + ply(fill: 채우다) → (부족한 것을) 채워 넣다 → **보충[추가]하다**

---

49 **compensate**

[kámpənsèit]

Remember that nothing can **compensate** for the loss of a family member.
가족을 잃는 것은 그 무엇으로도 보상할 수 없다는 것을 기억하세요.

com(with) + pens(weigh: 무게를 재다) → (무게를 재서 손해를 본 쪽에) **보상[보충]하다**

수량·크기·비교 II

amount & size & comparison II

53_1 감소·격감·크기

고급 중급

감소·축소	01 **decrease**	v. (수량 등이) **줄어들다, 줄이다, 감소하다[시키다]** n. 감소	
	02 **diminish**	v. (수량 등이) **줄어들다, 줄이다, 감소하다[시키다]**	diminution n. 감소, 축소
	03 **lessen**	v. (수량 등이) **줄어들다, 줄이다, 감소하다[시키다]**	less a. ad. 더 적은[게], 덜한[하게]
	04 **decline**	1. v. (자동사로만 쓰여): **줄어들다, 감소하다** n. 감소 2. v. (정중하게) **거절하다**	
	05 **dwindle**	v. (자동사로만 쓰여): **줄어들다, 감소하다**	
	06 **reduce**	v. (타동사로만 쓰여): **줄이다, 감소시키다**	reduction n. 축소, 감소, 인하
격감·폭락	07 **deplete**	v. (얼마 남지 않을 만큼) **격감[고갈]시키다**	depletion n. 격감, 고갈
	08 **plunge**	1. v. (수량·가치 등이) **폭락[급락]하다** n. 폭락 2. v. (아래·앞·속으로) **떨어지다[뜨리다]** n. 떨어짐	
크기·규모	09 **dimension**	1. n. (길이·높이·두께 등의) **치수, 용적** 2. n. (보거나 생각하는 입장): **차원, 관점; (수학의) 차원**	dimensional a. (복합어를 이루어) ~치수의, ~차원의

---

02 **diminish**
[dimíniʃ]

Their political influence has **diminished** significantly since then.
그들의 정치적 영향력은 그때 이후로 상당히 약화되었다.

di(completely) + minish(make small: 작게 만들다) → (수량을) 작게 만들다 → 줄이다

---

05 **dwindle**
[dwíndl]

The town's population has **dwindled** to a third of what it used to be.
그 도시의 인구는 예전의 삼분의 일로 감소했다.

유래: 여위어 가다(pine away) → (수량·크기가) 여위어 가다 → 줄어들다

---

07 **deplete**
[diplíːt]

In developing countries, natural resources have been severely **depleted**.
개발 도상국에서는 천연 자원이 심각하게 고갈되어 왔다.

de(off: 제거) + plete(fill: 채우다) → (채워진 것이) 대폭 없어지다(제거되다) → 격감[고갈]시키다

---

08 **plunge**
[plʌndʒ]

That news hit hard, and the world's stock markets **plunged** as a result.
그 뉴스는 크게 타격을 주었고 세계 주식 시장은 결과적으로 폭락했다.

2. 떨어지다 → (급속히) 떨어지다 → 1. 폭락[급락]하다

---

09 **dimension**
[diménʃən]

To plan a space, you need to measure the **dimensions** of the room first.
공간 계획을 세우기 위해서는 먼저 방의 치수를 잴 필요가 있다.

di(apart: 분리) + mens(measure: 재다) ┬ (분리된 공간을) 잰 수치 → 치수
└ (치수 잴 수 있는) 일정한 공간 → 차원

크기·규모	10 scale	1. n. (상대적인 크기·범위): 규모
		2. n. (무게를 다는) 저울
		3. n. (저울 등의) 눈금; (지도의) 축척; (측정용) 등급
		4. n. (물고기·뱀 등의) 비늘
상당한	11 considerable	a. (적지 않고) 꽤 많은, 상당한 (= substantial)
	12 substantial	a. (적지 않고) 꽤 많은, 상당한 (= considerable)
큰·많은	13 huge	a. 엄청난, 거대한 (= enormous, gigantic, immense, vast, tremendous)
	14 enormous	a. 엄청난, 거대한 (= huge, gigantic, immense, vast, tremendous)　enormity a. 엄청남, 막대함
	15 gigantic	a. 엄청난, 거대한 (= huge, enormous, immense, vast, tremendous)
	16 immense	a. 엄청난, 거대한 (= huge, enormous, gigantic, vast, tremendous)　immensity n. 엄청남, 막대함
	17 vast	a. 엄청난, 거대한 (= huge, enormous, gigantic, immense, tremendous)
	18 tremendous	1. a. 엄청난, 거대한 (= huge, enormous, gigantic, immense, vast)
		2. (매우 훌륭한): 굉장한, 대단한
	19 magnitude	n. (무엇의) (엄청난) 크기, 규모, 중요도
	20 infinite	a. (한계가 없이) 무한한　⊖ finite a. 유한의, 한정된
기본	size 크기, 사이즈 area 면적, 넓이 volume 부피, 용량, 용적 / big 큰 large 큰 great 매우 큰	

Unit 53

12 substantial
[səbstǽnʃəl]

They have invested a **substantial** amount of money in the project.
그들은 상당한 금액을 그 프로젝트에 투자했다.

> substance(실체, 물질) + ial → (실체가) 있는 → (실질적인) 내용이 있는 → 상당한

14 enormous
[inɔ́ːrməs]

We have put an **enormous** amount of time and effort into this program.
우리는 이 프로그램에 엄청난 시간과 노력을 들였다.

> e(out: 밖) + norm(기준) → (크기가) 기준 밖으로 벗어난 → 엄청난, 거대한

16 immense
[iméns]

Recently we have witnessed the **immense** power of the new technology.
최근 우리는 그 새로운 기술의 막강한 위력을 목격했다.

> im(not) + mense(measure: 재다) → (잴 수 없을 정도로) 큰 → 엄청난, 거대한

17 vast
[væst]

Canada is a **vast** country, actually larger in area than the United States.
캐나다는 광대한 나라이며 실제로 면적에서 미국보다 더 크다.

> 유래: 텅 빈(void) → (텅 비어 있어서) 막힘이 없는 → 엄청난, 거대한

19 magnitude
[mǽgnətjùːd]

I didn't realize the **magnitude** of the problem until I experienced it myself.
나는 내 자신이 그것을 경험할 때까지 그 문제의 엄청난 규모를 깨닫지 못했다.

> magni(great: 엄청난) + tude → (엄청난) 크기, 규모

작은·적은	21 slight	a. (얼마 안 되는): **조금[약간]의, 근소한**
	22 compact	a. (작은 공간에) **꽉 들어찬, 조밀한**; **소형의** v. **꽉 채우다**
	23 tiny	a. (크기·양이) **아주 작은[적은], 조그마한**
	24 minute	1. a. (아주 심하게) **극히 작은, 극미한**
		2. n. (1시간의 1/60): **분**
	25 brief	a. (말·글이나 시간 등이) **간단한, 짧은** v. **간단히 알리다**
높이	26 altitude	n. (해수면으로부터의 높이): (해발) **고도**
	27 peak	1. n. (진행·발전이) (최고에 달할 때): **절정** v. **절정에 달하다**
		2. n. (뾰족하게 높이 솟은) **산봉우리**
	28 climax	n. (전개 과정상) (극·소설 등의) **클라이맥스, 절정** climactic a. 절정[최고조]의
		v. **절정에 달하다[달하게 하다]**
두께	29 thick	a. (두께·밀도 등이) **두꺼운, 빽빽한, 짙은**
	30 thin	a. (두께·밀도 등이) **얇은, 가느다란, 드문드문한**
깊이	31 shallow	a. (깊이·사람·생각 등이) **얕은, 알팍한**

| 기본 | small 작은 little 작은 / long 긴 length 길이 / short 짧은 / high 높은 height 높이 low 낮은 / wide 넓은 width 너비 broad 넓은 narrow 좁은 / deep 깊은 depth 깊이 / heavy 무거운 light 가벼운 |

21 **slight**
[slait]

That day she was in bed with a headache and a **slight** fever.
그날 그녀는 두통과 미열로 침대 누워있었다.

22 **compact**
a. [kάmpækt]
a. v. [kəmpǽkt]

The bathroom was **compact** but well designed so that it did not feel small.
욕실은 작았지만 잘 디자인 되어서 작다는 느낌이 들지 않았다.

> com(together: 함께) + pact(fasten: 묶다) → (함께 묶여져서) 꽉 들어찬, 조밀한

23 **tiny**
[táini]

The young woman sat on the sofa holding a **tiny** baby in her arms.
그 젊은 여자는 아주 작은 아기를 팔에 안고 소파에 앉아 있었다.

26 **altitude**
[ǽltətjùːd]

Most people feel difficulty in breathing at high **altitudes** as the air is thin.
대부분의 사람들은 공기가 희박하기 때문에 높은 고도에서 호흡에 곤란을 느낀다.

> alti(high: 높은) + tude → (해수면에서부터의) 높이 → (해발) 고도

28 **climax**
[kláimæks]

The three-day festival reached its **climax** with a fireworks display.
그 3일간의 페스티벌은 불꽃놀이로 절정에 달했다.

> 유래: 사다리(ladder) → (사다리로 올라가서 닿은) 가장 높은 곳 → 절정, 클라이맥스

31 **shallow**
[ʃǽlou]

The swimming pool is two meters deep at one end and **shallow** at the other.
그 수영장은 한쪽 끝은 깊이가 2미터이고 다른 쪽은 얕다.

> 유래: 얇은, 가는(thin) → (위에서 바닥까지가) 얇은 → 얕은, 알팍한

무게	32 **weight**	n. (무거운 정도): **무게, 체중** v. **무겁게 하다**	weigh v. 무게를 달다; 저울질하다
측정	33 **measure**	1. v. (치수·양 등을) **재다, 측정하다** n. **계량 법[단위]**	measurement n. 치수, 측량
		2. n. (문제 해결을 위한) **조치, 대책**	
	34 **unit**	1. n. (측정·계산의 기초가 되는) (계량) **단위**	
		2. n. (전체를 이루는) (낱낱의) **구성 단위, (물품) 한 개**	
확대·연장	35 **expand**	v. (부피·크기 등을) (부풀려서) **확대[확장, 팽창]하다[되다]**	expansion n. 팽창, 확장
	36 **enlarge**	v. (더 크게) (늘리거나 넓혀서) **확대[확장]하다[되다]**	enlargement n. 확대, 확장
	37 **magnify**	v. (더 크게 보이게) (렌즈 등으로) **확대하다**	magnification n. 확대
	38 **extend**	1. v. (본래의) (기준·계획보다) **더 늘리다, 연장[확대]하다**	extension n. 연장, 확대, 확장; 내선
		2. v. (거리·기간·범위 등이) (~에) **이르다, 달하다**	extensive a. 광대한, 광범위한
		3. v. (바깥쪽으로) (팔·다리를) **뻗다, 내밀다**	
	39 **stretch**	1. v. (길어지게) (잡아당겨서) **늘이다, 늘어나다**	stretchy a. 신축성이 있는
		2. v. (쭉) (팔다리를) **뻗다; 기지개를 켜다** n. **기지개**	
축소·수축	40 **contract**	1. v. (크기·부피 등이) (전체적으로) **수축[축소]되다[시키다]**	contractual a. 계약(상)의
		2. n. (합의 내용을 담은) **계약(서)** v. **계약하다**	contraction n. 수축, 축소
		3. v. (심각한) (병에) **걸리다**	

³⁵ **expand**
[ikspǽnd]

The company is hoping to **expand** their business into the United States.
그 회사는 사업을 미국으로 확장하기를 희망한다.

ex(out: 밖) + pand(spread: 퍼지다) → (밖으로) 퍼지다 → 팽창하다

³⁶ **enlarge**
[inlɑ́:rdʒ]

She had the picture **enlarged** and framed, then hung it in the living room.
그녀는 그 사진을 확대하고 액자에 넣어 그것을 거실에 걸었다.

en(make: 만들다) + large(큰) → (더 크게) 만들다 → 확대하다

³⁷ **magnify**
[mǽgnəfài]

The microscope can **magnify** objects up to 100 times their actual size.
그 현미경은 사물을 실제 크기의 백 배까지 확대할 수 있다.

magni(great: 큰) + fy(make: 만들다) → (크게) 만들다 → 확대하다

³⁹ **stretch**
[stretʃ]

My sweater has **stretched** out of shape and doesn't fit me anymore.
내가 스웨터가 제 모양이 아니게 늘어져서 더 이상 내게 맞지 않는다.

유래: 팽팽한(taut) ─ (팽팽해 지게) 잡아당기다 → (잡아당겨서) 1. 늘이다
└ (팽팽해 지게) 2. 기지개를 켜다

⁴⁰ **contract**
v. [kənˈtrækt]
n. [kɑ́ntrækt]

When you heat metal, it expands, and when it cools again, it **contracts**.
금속에 열을 가하면 팽창하고 다시 식으면 수축한다.

con(together: 함께) + tract(draw: 끌다) ─ (속으로) 함께 끌어당기다 → 1. 수축되다
├ (합의를) 함께 이끌다 → 2. 계약하다
└ (병을) 끌어당기다 → 3. (병에) 걸리다

Unit 53

축소·수축	∟ 41 constrict	v. (차지하던) (공간·자리가) **수축되다[시키다]; 위축시키다**	constriction n. 수축, 위축
	42 compress	v. (줄어들게) (압력을 가하여) **압축하다[되다]**	compression n. 압축
	43 shrink	v. (옷·천이) **오그라들다[게 하다]; 줄어들다[게 하다]**	shrinkage n. 줄어듦, 위축, 수축
정도·수준	44 degree	1. n. (사물의) (수량·수준 등의) **정도** 2. n. (온도·각도 등의 정도): **도** 3. n. (학사·석사·박사 등의) **학위**	
	45 extent	n. (영향·지역 등이) (미치거나 펼쳐진) **정도, 규모, 크기**	extend v. 연장하다; (~에) 이르다; 뻗다
	46 indeed	1. ad. (문장 전체, very 등을 강조하여) **정말, 참으로** 2. ad. (한 말을 확인·지지하여): **사실, 실은**	
거의 않다	┌ 47 hardly	ad. **거의 ~아니다** (= scarcely, rarely, seldom, barely)	
	├ 48 scarcely	ad. **거의 ~아니다** (= hardly, rarely, seldom, barely)	
	├ 49 rarely	ad. **거의 ~아니다** (= hardly, scarcely, seldom, barely)	
	├ 50 seldom	ad. **거의 ~아니다** (= hardly, scarcely, rarely, barely)	
	└ 51 barely	1. ad. **거의 ~아니다** (= hardly, scarcely, rarely, seldom) 2. ad. (매우 힘들게) **겨우, 간신히**	

[기본]	fairly 상당히 pretty 상당히 quite 상당히 rather 상당히 / very 매우 / almost 거의 nearly 거의

---

41 constrict
[kənstríkt]

Suddenly, my throat **constricted**, and I had trouble speaking.
갑자기 내 목구멍이 조여 들었고 말을 하기가 힘들었다.

> con(together: 함께) + strict(draw tight: 팽팽히 당기다) → (다 함께) 팽팽히 당기다 → 수축시키다

---

42 compress
[kəmprés]

Compressed gas can be very dangerous and must be handled with care.
압축 가스는 매우 위험할 수 있어서 조심스럽게 다루어야 한다.

> com(together: 함께) + press(누르다) → (함께 눌러서) 압축하다

---

45 extent
[ikstént]

We don't yet know the **extent** of the damage and the cost of repair.
우리는 피해의 규모나 수리 비용 규모를 아직 알지 못한다.

> ex(out: 밖) + tend(stretch: 뻗다) → (밖으로 뻗은) 정도, 규모

---

46 indeed
[indí:d]

Thank you very much **indeed** for inviting me to this meeting.
이 회의에 저를 초대해 주셔서 정말로 감사합니다.

> in + deed → 중세 영어에서 in fact(사실은)을 뜻하는 구문 → 사실; 참으로

---

50 seldom
[séldəm]

He has been a good friend to me, though we **seldom** see each other now.
지금은 우리가 서로 거의 보지 못하지만 그는 내게 좋은 친구였다.

> 유래: 드문, 이상한(rare, strange) → (생기는 일이) 드문 → 거의 ~아니다

53_6 전적인·비교·대조

전적인	52 utter	1. a. (강조를 하여) (나쁜 정도가) **전적인, 완전한**	utterance n. 입밖에 내기, 발음, 발언
		2. v. (입 밖으로) **어떤 소리를 내다; 말을 하다**	
	53 sheer	1. a. (강조를 하여) (섞인 것이 전혀 없이) **순전[순수]한**	
		2. a. (경사가) **깎아지른 듯한** ad. **수직으로**	
비교·대조	54 distinguish	v. (차이점을) **구별하다, 구별 짓다**	
	55 compare	1. v. (둘 이상의 것을) (서로) **비교하다**	comparison n. 비교, 비유
		2. v. (어떤 것을 비슷한) (다른 것에) **비유하다**	comparative a. 비교의
		3. v. (비교 대상에) (능력·힘 등이) **필적하다, 맞먹다**	comparable a. 비슷한, 비교할 만한
	56 metaphor	n. (다른 대상에 빗대어 나타내는) **은유, 비유**	metaphorical a. 은유[비유]의
	57 contrast	v. (차이를 알기 위해) **대조하다, 대조를 보이다** n. **차이; 대조**	
상대·절대	58 relative	1. a. (다른 대상과) **비교상의, 상대적인**	related a. (~에) 관련된; 친척 관계인
		2. n. (집안 계통이 같은) **친척, 일가**	relationship n. 관계 (성); 친척 관계
	59 absolute	1. a. (비교 시) (견줄 상대 없이) **절대적인** n. **절대적인 것**	absolutism n. 절대주의 (체제)
		2. a. (아무 제약 없이) (권력 등이) **절대[독재]적인** n. **절대자**	
		3. a. (비교 상대가 없을 만큼) **완전한, 철저한**	
기본	complete 완전한 total 완전히 / such 너무나 ~한 so 너무(나) too 너무나, 지나치게		

52 utter
[ʌtər]

Oh, that's **utter** nonsense! ... Who tells you things like that?
아, 그건 완전히 헛소리입니다! ... 누가 그런 말을 합니까?

유래: (가장) 바깥쪽(outer) ┬ (나쁜 정도가) 가장 바깥쪽인 → 1. 전적인
└ (소리를) 입 밖에 내다 → 2. 어떤 소리를 내다

53 sheer
[ʃiər]

I am not saying this in order to criticize, but this is **sheer** nonsense.
내가 비난하기 위해 이런 말을 하는 건 아니지만 이것은 전혀 터무니없는 것이다.

유래: 자르다(cut) ┬ (불완전한 것, 불순한 것을 잘라내고) 1. 순전[순수]한
└ (수직으로 자른 것처럼) 2. 깎아지른 듯한

54 distinguish
[distíŋgwiʃ]

Our brain cannot clearly **distinguish** between imagination and reality.
우리의 뇌는 상상과 현실을 분명하게 구분하지 못한다.

di(apart: 분리) + sting(prick: 찌르다) → (날카로운 것으로 찔러서) 표시해 분리하다 → **구별하다**

56 metaphor
[métəfɔ̀:r]

The expression is a **metaphor** and should not be taken too literally.
그 표현은 은유이어서 너무나 문자 그대로 받아들여서는 안 된다.

meta(over) + phor(carry) → carry over(옮기다) → (대상을) 다른 것으로 옮김 → 은유, 비유

57 contrast
v. [kəntræst]
n. [kántræst]

These results **contrast** sharply with those obtained by other studies.
이 결과는 다른 연구에서 얻은 결과와 뚜렷한 대조를 보인다.

contra(against: 맞서) + st(stand: 서다) → (서로) 맞서다 → 대조를 보이다

UNIT 54

수량·크기·비교 III
amount & size & comparison III

54_1 양보·상반·같은   고급 중급

양보·상반	01 **nevertheless**	ad. (양보적 대립을 나타내어): **그럼에도 불구하고**	nonetheless ad. 그럼에도 불구하고 (= nevertheless)
	02 **despite**	prep. (양보 부사구를 이끄는 전치사): **~에도 불구하고**	
	03 **whereas**	conj. (상반됨을 나타내어) **~에 반하여, 그런데**	
같은	04 **equal**	a. (차이·차별 없이) (서로) **같은, 동등한** v. (수·양 등이) **같다** n. **동등한 사람[것]**	equality n. 평등, 균등 ⊖ unequal a. 같지 않은, 불공평한
	05 **identical**	a. (세부적인 데까지) (정확히) **똑같은, 동일한**	
	06 **equivalent**	a. (서로) (가치·의미·역할 등이) **동등한, 맞먹는** n. **등가물**	
	07 **identify**	1. v. (똑같은 것으로) (~과) **동일시하다** (= equate) 2. v. (신원·정체 등을) **확인[식별]하다**	identification n. 동일시: 식별: 신분증 identity n. 신원, 정체, 본인임
	08 **equate**	v. (똑같은 것으로) (~과) **동일시하다** (= identify)	equation n. 동일시: 방정식, 등식

기본   though ~에도 불구하고 although ~에도 불구하고 / but 그러나 however 그러나 / same 똑같은

---

03 whereas
[hwɛəráez]

The old one was fairly simple **whereas** the new one is really complicated.
예전 것은 상당히 간단했는데, 새로운 것은 정말 복잡하다.

where + as → ~에 반하여, 그런데

---

05 identical
[aidéntikəl]

The two are **identical** twins, so people are always confusing them.
그 둘은 일란성 쌍둥이여서 사람들은 항상 그들을 혼동한다.

ident(same: 같은) + ical → 동일한

---

06 equivalent
[ikwívələnt]

Fifty kilometers is the **equivalent** of approximately a hundred miles.
50 킬로미터는 거의 100 마일에 상당한다.

equi(equal: 같은) + val(worth: 가치) → (가치가) 동등한

---

07 identify
[aidéntəfài]

Many people **identify** happiness simply with the possession of wealth.
많은 사람들은 행복을 재산의 소유와 동일시한다.

identi(same: 동일한) + fy → 1. 동일시하다 → (동일한지를) 2. 확인하다

---

08 equate
[ikwéit]

Most people tend to **equate** material wealth with success in life.
대부분의 사람들이 물질적인 부와 인생의 성공을 동일시하는 경향이 있다.

equ(equal: 같은) + ate → (서로) 같다고 보다 → 동일시하다

고급 중급

유사	09 **similar**	a. (정확히) (똑같지는 않고) **비슷한, 유사한**		similarity n. 유사성[점], 닮은 점
	10 **parallel**	1. a. (둘 이상의 일이) **서로 유사한; 나란히 병행하는** v. **유사[병행]하다** n. **유사한 점**		
		2. a. (둘 이상의 선·면이) **평행한, 나란한**		
	11 **likewise**	ad. (상태·방법 등이) **똑같이, 마찬가지로; 또한**		
	12 **analogy**	n. (비슷한 특성) **유사(성); (유사성을 찾는) 유추**		analogous a. 유사한, 닮은
	13 **resemble**	v. (생김새나 성질 등이) **닮다, 비슷하다**		resemblance n. 닮음, 비슷함
일치·균형	14 **coincide**	1. v. (서로) (생각·의견 등이) **일치하다**		coincidence n. 일치: 동시 발생
		2. v. (우연히) **동시에 일어나다**		
	15 **correspond**	1. v. (서로) (아주 비슷하거나 같아서) **일치[부합, 상응]하다**		correspondence n. 일치; 서신 왕래
		2. v. (누구와) **서신을 주고받다, 교신하다**		correspondent n. 특파원, 통신원
	16 **accord**	n. (사실·의견·진술 간의) **일치, 부합; (국제간의) 협정**		accordance n. (in ~ with) ~에 부합되게
		v. **일치[부합]하다**		

기본   like ~와 같이, ~처럼 alike 비슷한 such 그러한, 그런, 그와 같은 so 그렇게, 그와 같이 match 일치하다, 아주 비슷하다
balance 균형, 평형, 조화 harmony 조화

---

10 **parallel**
[pǽrəlèl]

The crimes of Hitler's Germany are without **parallel** in human history.
히틀러 독일의 범죄는 인류 역사상 그 유례를 찾을 수가 없다.

para(alongside: 나란히) + allel(one another: 서로) → (서로) 나란한 → 2. 평행한 1. 유사한

---

12 **analogy**
[ənǽlədʒi]

There are many useful **analogies** between brains and computers.
뇌와 컴퓨터 사이에는 많은 유용한 유사성이 있다.

ana(upon) + logy(ratio: 비율) → (서로 비율이) 같음 → 유사(성); 유추

---

14 **coincide**
[kòuinsáid]

Their advice **coincided** exactly with what he was thinking himself.
그들의 조언은 그가 혼자 생각하던 것과 정확하게 일치했다.

co(together) + incide(fall on) ┬ (같은 곳에 함께) 떨어지다→ 1. 일치하다
                                └ (동시에 한꺼번에) 떨어지다 → 2. 동시에 일어나다

---

15 **correspond**
[kɔ̀ːrəspánd]

His description here does not **correspond** with the historical facts.
여기에서의 그의 묘사는 역사적 사실과 일치하지 않는다.

cor(together: 함께) + respond(응하다) ┬ (서로) 응하다 → 1. 상응하다, 일치하다
                                        └ (서로) 응답하다 → 2. 서신을 주고받다

---

16 **accord**
[əkɔ́ːrd]

The explanation is unsatisfactory and not in **accord** with the facts.
그 설명은 만족스럽지 못하고 사실에 일치하지 않는다.

ac(to: 방향) + cord(heart: 마음) → (서로) 마음이 통하다 → 일치[부합]하다

Unit 54

일치·균형	17 consistent	1. a. (비교 대상간에) **일치하는, 모순이 없는**	consistency n. 일관성
		2. a. (주의·방침·언행 등이) **한결같은, 일관된**	
	18 coherent	a. (글·생각 등이) **일관성 있는, 조리가 선**	coherence n. 일관성
			cohere v. 일관성이 있다
	19 according	1. ad. (~ to) (무엇과 일치하여): **~에 따라**	accord n. 일치, 부합; (국제간의) 협정
		2. ad. (~ to) (정보의 출처): **~에 따르면**	v. 일치[부합]하다
	20 proportion	1. n. (사물 간 / 전체와 부분 간의) **균형**	proportionate a. (~에) 비례하는
		2. n. (전체 / 다른 대상 대비) **비율, 비**	
다른	21 distinct	1. a. (뚜렷하게) (종류·성질 등이) **전혀 다른, 별개의**	distinction n. 차이, 구분; 특별함
		2. a. (쉽게 구분이 될 만큼) **뚜렷한, 분명한**	distinctive a. 독특[특유]한
	22 discrete	a. (분명히) (서로 분리·독립된) **별개의, 개별적인**	
	23 deviate	v. (방침·기준·진로 등을) **벗어나다, 일탈하다**	deviation n. 일탈
정반대·역	24 opposite	1. a. (완전히) **(정)반대의** n. **(정)반대**	
		2. a. prep. (사이를 두고) **반대[맞은]편의[에]**	
[기본]	different 다른 rather (~이기보다는) 오히려 other 다른[그 밖의] (것) another 다른 (것) else 그 밖의		

---

18 coherent
[kouhíərənt]

His behavior in private was not **coherent** with his public behavior.
그의 사적인 행동은 그의 공적인 행동과 일관성이 없었다.

> co(together: 함께) + here(stick: 달라붙다) → (서로) 착 달라붙는 → 일관성 있는

---

20 proportion
[prəpɔ́ːrʃən]

His nose seems to be out of **proportion** with the rest of his face.
그의 코는 얼굴의 다른 부분과 균형이 안 맞는 것처럼 보인다.

> pro(for: ~에 대한) + port(part: 부분) ┬ (전체나 다른 것에 대한 한 부분의) 2. 비율
> └ (비율이 바람직한 상태): 1. 균형

---

21 distinct
[distíŋkt]

Religion and spirituality are two entirely **distinct** concepts.
종교와 영성은 두 개의 완전히 다른 별개의 개념이다.

> di(apart: 분리) + stinct(prick: 찌르다) → (날카로운 것으로 찔러) 표시를 해서 분리한 → 별개의; 뚜렷한

---

22 discrete
[diskríːt]

The project can be divided into **discrete** stages with separate budgets.
그 프로젝트는 독립된 예산이 있는 별도의 단계들로 나눌 수 있다.

> dis(apart: 분리) + creet (separate: 떼어놓다) → (따로 떼어놓아) 분리된 → 별개의

---

23 deviate
[díːvièit]

She has never **deviated** from her original plan to become a doctor.
그녀는 의사가 되겠다는 자신의 원래 계획에서 벗어나지 않았다.

> de(away: 벗어난) + via(way: 길) → (길을) 벗어나다 → 일탈하다

정반대·역	25 reverse	a. (완전히) (정)반대의 n. (정)반대 v. 뒤바꾸다	reversal n. 반전, 역전, 전도
	26 contrary	a. (완전히) (정)반대의 n. (정)반대	
	27 converse	1. a. (완전히) (정)반대의 n. (정)반대	conversation n. 대화
		2. v. (~와) 대화를 나누다	
모순·역설	28 contradict	1. v. (서로 상반되어) 모순되다	contradiction n. 모순; 반박
		2. v. (그 반대가 옳다고) 반박하다	
	29 paradox	n. (모순되어 보이나 진실을 담고 있는) 역설, 패러독스	paradoxical a. 역설의
	30 irony	n. (예상에 반하는 전개·결과) 아이러니, 예상 외의 결말	ironic a. 아이러니컬한; 반어적인
		n. (본래 의도와 반대로 표현하는) 반어(법), 비꼼	(= ironical)
다양한	31 various	a. (어떤 것의) (종류가) 여러 가지의, 다양한	vary v. (크기 등이) 가지각색이다; (상황에 따라) 달라지다
	32 diverse	a. (서로 다른) (별개의 것들이) 여러 가지의, 다양한	diversify v. 다양화하다[시키다] diversity n. 다양성
복사·모방	33 imitate	1. v. (남의 말·행동을) 흉내 내다 (= mimic)	imitation n. 모방(품)
		2. v. (모범으로 삼아) 모방하다, 본뜨다	
[기본]	copy 복사[복제]하다; 모방하다		

25 reverse
[rivə́ːrs]

They waited nervously as the winners were announced in **reverse** order.
수상자들이 역순으로 발표되었을 때 그들은 초조하게 기다렸다.

re(back: 뒤) + verse(turn: 바꾸다) → 뒤바뀌어진 → (정)반대의

26 contrary
[kántreri]

Contrary to popular belief, air travel is one of the safest ways of travel.
일반적인 믿음과는 반대로 비행기 여행은 가장 안전한 여행 방법 중의 하나이다.

contra(against: 맞서서) + ary → (의견이) 서로 맞서는 → (정)반대의

27 converse
n. a. [kánvərs]
v. a. [kənvə́ːrs]

Health is wealth, and the **converse** is equally true.
건강이 재산이고 그 역도 참이긴 마찬가지이다.

con(강조, with: 함께) + verse(turn: 바꾸다, 돌다) — (방향이) 완전히 바뀐 → 1. (정)반대의
└ (서로 상대에게로 몸을 돌려) 2. 대화하다

28 contradict
[kàntrədíkt]

Obviously these two stories **contradict** each other in many ways.
분명히 이 두 이야기는 여러 면에서 서로 모순된다.

contra(against: 대항하여) + dict(say: 말하다) → (서로) 상반되게 말하다 → 1. 모순되다 2. 반박하다

32 diverse
[divə́ːrs]

India is a culturally **diverse** country with 13 officially recognized languages.
인도는 13개의 공인된 언어가 있는 문화적으로 다양한 나라이다.

di(apart: 떨어져) + verse(turn: 바꾸다) → (떨어져 나가) 여러 가지로 바뀐 → 다양한

Unit 54

고급 중급

복사·모방	34 mimic	v. (남의 말·행동을) **흉내 내다** (= imitate) n. **흉내쟁이**	mimicry n. 흉내
	35 duplicate	v. (무엇과) (정확히 똑같은) **사본을 만들다, 복사하다** a. **사본의, 똑같은** n. **사본**	duplication n. 복제
	36 reproduce	1. v. (똑같은 것을) (다시 만들어) **복제[재생, 재현]하다** 2. v. (생물이) **번식[생식]하다**	reproduction n. 재생, 재현; 복제(품); 생식, 번식
	37 simulate	v. (흉내 내어) **모의 실험[훈련]을 하다; ~인 체하다**	simulation n. 모의실험; 가장하기
평범한	38 ordinary	a. (특별·특이하지 않고) **보통의, 평범한**	
	39 common	1. a. (드물지 않고) **흔한, 예사로운** 2. a. (여럿 사이에) **공동의, 공통의** n. **공통(점)**	⊖ uncommon a. 흔하지 않은, 드문
	40 commonplace	a. (전혀 드물지 않고) **아주 흔한, 흔해빠진** n. **흔한 일**	
	41 universal	a. (모든 것에 다 해당하는): **보편[일반]적인**	
	42 widespread	a. (많은 지역·사람에게) **널리 퍼진, 광범위한**	
특별한	43 particular	1. a. (특별히 지정한 그것의): **특정한** (= specific) 2. a. (뚜렷이 구별이 되어) **특별한** n. **특별함**	particularity a. 독특함

기본 | usual 일상의, 평상시의, 보통의 **normal** 정상적인, 보통의 **general** 일반[보편, 종합]적인 / **special** 특별한

---

³⁴ mimic
[mímik]

The boy **mimicked** the teacher's voice and gestures.
그 소년은 선생님의 목소리와 몸짓을 흉내 냈다.

mim(mime: 무언극) + ic → (몸짓으로 표현하는) 무언극 → 흉내 내다

---

³⁵ duplicate
n. a. [djú:plikət]
v. [djú:pləkèit]

It is not certain whether this document is a **duplicate** or the original.
이 문서가 사본인지 원본인지 확실하지 않다.

du(two: 둘) + plic(fold: 접다) → (접혀서) 두 부분이 겹쳐진 → 똑같은, 복사하다

---

³⁶ reproduce
[ri,prədu's]

Other scientists have been unable to **reproduce** the results he reported.
다른 과학자들은 그가 보고한 결과를 재현할 수 없었다.

re(again: 다시) + produce(만들다) → (다시) 만들다 → 1. 재생하다 2. 번식하다

---

³⁷ simulate
[símjulèit]

The model can be used to **simulate** different kinds of business processes.
다양한 종류의 비즈니스 프로세스를 모의 실험하는 데 그 모델을 이용할 수 있다.

simul(similar: 비슷한) + ate → (실제의 것과 비슷하게 하여) 모의 실험을 하다

---

⁴⁰ commonplace
[ka'mənplei,s]

Today, Chinese restaurants are **commonplace**, even in small cities.
오늘날 중국 음식점은 작은 도시에서 조차 아주 흔하다.

common(흔한) + place(장소) → (많은 곳에서) 흔히 볼 수 있는 → 아주 흔한

특별한	└ 44 **specific**	1. a. (특별히 지정한 그것의): **특정한** (= particular)	specify v. 명기[상술]하다
		2. a. (목적·설명 등이) **구체적인** n. (-s) 세부 사항	
	45 **especially**	ad. (다른 것과 비교하여) **특히, 그 중에서도**	
고유한	┌ 46 **unique**	a. (오직 하나만 있어서) **유일한, 고유의**	
	└ 47 **peculiar**	1. a. (그것만이 갖추고 있어서) **특유[독특]한**	peculiarity n. 독특함; 기이한 특징
		2. a. (불쾌하게) **이상한, 기이한**	
	48 **rare**	a. (흔하지 않고) **드문, 보기 힘든, 희귀한**	rarity n. 희귀한 사람[것], 희귀성
놀라운	┌ 49 **extraordinary**	a. (평범하지 않고) **비범[비상]한**	
	├ 50 **remarkable**	a. (주목해야 할 만큼) **놀라운, 놀랄 만한**	
	└ 51 **phenomenal**	a. (아주 예외적이어서) **경이적인**	phenomenon n. 현상; 경이(적인 것)
이상한	┌ 52 **odd**	1. a. (정상·평소와 달라서) **이상한, 기이한** (= weird, bizarre)	oddity n. 특이함, 특이한 사람[것]
		2. a. (숫자가) **홀수의**	
	├ 53 **weird**	a. (정상·평소와 달라서) **이상한, 기이한** (= odd, bizarre)	weirdo n. 괴짜, 별난 사람
	└ 54 **bizarre**	a. (정상·평소와 달라서) **이상한, 기이한** (= odd, weird)	
	55 **mystery**	n. (상식으로는 이해 불가능한) **불가사의, 신비**	mysterious a. 불가사의한, 신비한

　기본　| **strange** 이상한; 낯선, 생소한

---

47 peculiar
[pikjúːljər]

They are not **peculiar** to this country, but exist in all countries of the world.
그것들은 이 나라에만 고유한 것이 아니라 세계의 모든 나라에 존재한다.

유래: 사유 재산(private property) ┌ (무엇이) 그것만의 사유 재산인 → 독특한
　　　　　　　　　　　　　　　 └ (너무 독특해서) 이상한

49 extraordinary
[ikstrɔ́ːrdənèri]

He was a man of **extraordinary** abilities as a businessman.
그는 사업가로서 비범한 능력을 가진 사람이었다.

extra(밖) + ordinary(평범한) → (평범함의) 밖에 있는 → 비범한

50 remarkable
[rimάːrkəbl]

There is no doubt that their success is a **remarkable** achievement.
그들의 성공은 놀랄 만한 업적이라는 사실에는 의심의 여지가 없다.

remark(note: 주목하다) + able → 주목할 만한 → 놀라운

51 phenomenal
[finάmənl]

The film was a **phenomenal** success at the box office internationally.
그 영화는 국제적으로 박스 오피스에서 놀랄만한 성공작이었다.

phenomenon(현상) +al → (나타나 보이는 현상이) 경이적인

54 bizarre
[bizάːr]

His **bizarre** behavior attracted a lot of unwelcome attention.
그의 기괴한 행동은 많은 반갑지 않은 관심을 받았다.

유래: 분노(anger) → (변덕스럽게) 화를 잘 내는 → 이상한, 기이한

Unit 54

325

변화 · 결합 · 분리 Ⅰ
change & integration & division Ⅰ

55_1 변화 · 동향 · 수정　　고급　중급

변화 · 변형	01 alter	v. (약간) (부분적으로) **변하다, 변경하다**	alteration n. 변화, 변경, 고침
	02 transform	v. (더 좋아지게) (완전히) **바꿔 놓다, 변형[변모]시키다**	transformation n. 변형, 변모
	03 convert	v. (전면적으로) (다른 용도 · 형태로) **전환[개조]되다[시키다]**	conversion n. 전환, 개조; 개종
	04 transition	n. (한 상태에서 다른 상태로의) **이행, 과도(기)**	transitional a. 변천하는, 과도기의
변동 · 동향	05 fluctuate	v. (가격 · 주가 등이) **변동을 거듭하다, 오르내리다**	fluctuation n. 변동, 등락
	06 vary	1. v. (하나의 사물이) (상황에 따라) **달라지다, 다르다**	variation n. 변화, 차이; 변형
		2. v. (한 종류의 물건들이) (크기 · 모양 등에서) **각기 다르다**	variable a. 변동이 심한 n. 변수
			variety n. 여러 가지, 다양성
			various a. 다양한, 각양각색의
	07 trend	n. (일 · 현상이 변화하여 나아가는) **동향, 추세**	trendy a. 최신 유행의
수정 · 변경	08 modify	v. (목적에 맞게) (일부) **수정[변경]하다**	modification n. 수정, 변경
기본	become 되다 change 변화하다[시키다]		

---

01 alter
[ɔ́ːltər]

For these reasons, they decided to **alter** some of their original plans.
이러한 이유로 인해, 그들은 원래 계획의 일부를 변경하기로 결정했다.

유래: 다른 것(other) → (다른 것으로) 변하다, 변경하다

02 transform
[trænsfɔ́ːrm]

The region was **transformed** from an agricultural to industrial economy.
그 지역은 농업 경제에서 산업 경제로 변모했다.

trans(across: 횡단) + form(형태) → (이것에서 저것으로) 형태를 바꾸다 → 변형시키다

03 convert
[kənvə́ːrt]

The royal palace has recently been **converted** into a hotel.
그 왕궁은 최근 호텔로 개조되었다.

con(강조) + vert(turn: 바꾸다) → (완전히) 바꾸다 → 전환[개조]시키다

04 transition
[trænzíʃən]

The country is in **transition** to democracy after years of military rule.
그 나라는 수년간의 군사 통치 후에 민주주의로 이행 과정에 있다.

trans(across: 건너서) + it(go: 가다) → (건너서 가는) 시기 → 과도기

05 fluctuate
[flʌ́ktʃuèit]

International oil prices **fluctuated** significantly during this period.
국제 석유 가격이 이 기간 동안 상당히 변동을 거듭했다.

fluct(flow: 흐르다) + uate → (위아래로 출렁이며) 흐르다 → 오르내리다

수정·변경	09 revise	v. (새롭게 / 바르게) (책·계획을) 개정[수정, 변경]하다	revision n. 개정, 수정, 변경
	10 amend	v. (부분적으로) (법률·진술 등의 내용을) 개정[수정]하다	amendment n. 개정, 수정
	11 distort	1. v. (다르게) (사실 등을) 왜곡하다	distortion n. 왜곡; 일그러짐, 비틀림
		2. v. (비뚤어지게) (형상 등을) 뒤틀다, 일그러뜨리다	
조정·조절	12 adjust	v. (기준·목적·상황에) (알맞게) 조정[조절, 적응]하다	adjustment n. 조정, 조절; 적응
	13 adapt	v. (서서히) (새로운 목적·환경에) 맞추다, 적응[조정]하다	adaptation n. 적응
	14 restructure	v. (사업·조직·제도 등을) 구조 조정하다, 개혁하다	restructuring n. 구조 조정
급진·혁명	15 radical	a. (주장·방식 등이) 과격한, 급진적인 n. 급진주의자	radicalism n. 급진주의
	16 revolution	1. n. (근본부터 새롭게 고치는) 혁명	revolutionary a. 혁명의 n. 혁명가
		2. n. (축을 중심으로 한) 회전	revolutionize v. 혁명[대변혁]을 일으키다 revolve v. 회전하다[시키다]
고정·안정	17 steady	1. a. (변화·흔들림 없이) 고정적인, 안정된 v. 안정[진정]되다[시키다]	⊖ unsteady a. 불안정한; 불규칙한
		2. a. (발전·성장·전개 등이) 꾸준한	

| 기본 | version 버전, 다른 판[형] |

---

09 **revise**
[riváiz]

He **revised** his manuscript and sent it off again to another publisher.
그는 원고를 수정하고 다시 다른 출판사에 그것을 보냈다.

re(again: 다시) + vise(see: 보다) → (다시 살펴보고) 개정[수정]하다

---

10 **amend**
[əménd]

A year later, the law was **amended** again to include technical changes.
1년 후, 그 법은 기술적인 변화를 포함시키기 위해 다시 개정되었다.

a(out: 밖) + mend(fault: 잘못) → (잘못을 밖으로) 빼내다 → 개정[수정]하다

---

11 **distort**
[distɔ́:rt]

The President said his words had been unfairly **distorted** by the press.
대통령은 그의 말이 언론에 의해 부당하게 왜곡되었다고 말했다.

dis(completely: 완전히) + tort(twist: 비틀다) → (사실·형상을) 완전히 비틀다 → 왜곡하다

---

14 **restructure**
[ri:strʌ́ktʃər]

The company has **restructured** its organization to meet market needs.
그 회사는 시장의 요구에 맞추기 위해 조직을 구조 조정했다.

re(again: 다시) + structure(구조) → (다시) 구조를 바꾸다 → 구조 조정하다

---

15 **radical**
[rǽdikəl]

The current economic situation calls for **radical** changes in policies.
현재의 경제 상황은 급진적인 정책 변화를 요구한다.

radic(root: 뿌리, 근본) + al → (변화나 변혁이) 근본적인 → 과격한, 급진적인

Unit 55

고급 중급

고정·안정	18 constant	1. a. (특정 상태·수준에서) **변하지 않는, 불변의** n. **상수**		constancy n. 불변(성)
		2. a. (멈추지 않고) **끊임없이 계속되는[반복되는]**		
	19 firm	1. a. (흔들림 없이) (토대·태도·신념 등이) **확고[확실]한**		
		2. a. (형체·구조가) **단단한, 굳은**		
		3. n. (서비스업 기반의) (소규모의) **회사**		
	20 static	a. (움직임·변화 없이) (한 곳에) **고정된, 정적인**		
	21 stable	1. a. (확실히) (자리·균형이 잡혀서) **안정된, 안정적인**		stability n. 안정
		2. n. (말을 기르는) **마구간** v. **마구간에 넣다**		stabilize v. 안정되다[시키다]
	22 conservative	a. (새로운 것, 변화를 싫어하는): **보수적인** n. **보수주의자**		conservatism n. 보수주의
교환	23 exchange	v. (서로) (주고받거나 맞바꾸어) **교환하다** n. **교환**		exchangeable a. 교환할 수 있는
	24 barter	v. (돈을 사용하지 않고) **물물교환하다** n. **물물교환**		
대체·대신	25 replace	v. (대신) (다른 사람·사물로) **대체[교체, 대신]하다**		replacement n. 대체[교체](물), 후임자
	26 displace	1. v. (원래 있던 것을) (밀어내고) **대신[대체]하다**		displacement n. (쫓겨난) 이동
		2. v. (강제로) **쫓아내다, 옮겨 놓다**		
	27 substitute	v. (대신) (비슷한 용도·기능의 다른 것으로) **대용[대치]하다**		substitution n. 대용, 대리
		n. **대용품, 대리인**		

---

18 constant
[kánstənt]

True love is **constant**, for better or worse, in sickness and in health.
진실한 사랑은 좋을 때나 궂을 때나, 아플 때나 건강할 때나 변함이 없다.

con(together) + sta(stand: 서다) → (변함 없이 항상) 함께 서 있는 → 1. 불변의 2. 끊임없이 계속되는

20 static
[stǽtik]

Housing prices have remained **static** for almost six years.
주택 가격이 거의 6년 동안 정체되었다.

sta(stand: 서다) + tic → (움직이지 않고) 서 있는 → 고정된, 정적인

22 conservative
[kənsə́:rvətiv]

The majority of US citizens hold **conservative** views on social issues.
대다수의 미국 시민은 사회 문제에 대해 보수적인 견해를 갖고 있다.

con(강조) + serve(지키다) → (원래 상태를) 그대로 지키는 → 보수적인

24 barter
[bá:rtər]

Before money was invented, people **bartered** for things they needed.
돈이 발명되기 전에 사람들은 필요로 하는 것을 물물교환했다.

26 displace
[displéis]

Over the next 50 years, most of our jobs will be **displaced** by robots.
앞으로 50년간 우리 일자리의 대부분은 로봇에 의해 대체될 것이다.

dis(away: 다른 데) + place(놓다) → (다른 곳에) 놓다 → 2. 쫓아내다 → (쫓아내고) 1. 대신하다

27 substitute
[sʌ́bstətjù:t]

In the second half, he twisted his ankle and was **substituted** for Gale.
후반전에 그는 발목을 삐었고 게일 선수로 교체되었다.

sub(in place of:~ 의 자리에) + stitute(set up: 세우다) → (~의 자리에) 대신 세우다 → 대용하다

고급 중급

대체·대신	28 **instead**	n. (다른 대상인) (~) 대신에	
발전·진전	29 **progress**	1. v. (점차) (일이) **진척되다, 진전을 보이다** n. 진척	progression n. 진행, 진전
		2. v. (앞으로) **전진하다** n. 전진	progressive a. 진보적인 n. 진보주의자
	30 **advance**	1. v. (실력·수준·기술 등이) **향상되다[시키다]** n. 향상	advancement n. 향상
		2. v. (군대가) **진격하다** n. 진격	advanced a. 선진의, 고급의
		3. a. (이전에) **미리 하는, 사전의**	
	31 **cultivate**	1. v. (자질·품성·관계 등을) **기르다, 계발하다**	cultivation n. 함양, 계발; 경작
		2. v. (땅을) **일구다, 경작하다; (식물·작물을) 재배하다**	
	32 **evolve**	v. (점차 생물·사물이) **진화[발달]하다[시키다]**	evolution n. 진화, 발전
	33 **breakthrough**	n. (획기적 발견·발전 등의) **돌파구**	
관계·연관	34 **relationship**	n. (둘 이상의) (사람·사물 간의) **관계, 관련(성)**	relation n. 관계; 친척
			relate v. 관련시키다; 이야기하다
	35 **association**	1. n. (둘 이상의) (사람·조직 간의) **연계, 유대, 제휴**	associate v. 연상하다, 결부[연관]짓다
		2. n. (관련하여 떠오르는 기억·느낌): **연상, 연관(성)**	a. 제휴한; 준[부]-
		3. n. (회원 상호간의 협력을 위한) **협회, 조합**	
기본	**develop** 발전[발달]하다[시키다]		

---

30 **advance**
[ædvǽns]

The technology has **advanced** significantly over the last thirty years.
그 기술은 지난 30년 동안 상당히 향상되었다.

adv(from: ~부터) + ance(before: 앞) ─┬─ (~로부터 앞으로) 나아가다 → 2. 진격하다 1. 향상되다
                                └─ (현재로부터) 더 앞선 시간의 → 3. 사전의, 미리 하는

31 **cultivate**
[kʌ́ltəvèit]

Try to **cultivate** a positive attitude and apply it to everything you do.
긍정적인 태도를 길러서 당신이 하는 모든 것에 그것을 적용하십시오.

cult(till: 땅을 갈다) + ivate → 2. 경작하다 → (경작하듯 자질·품성을) 1. 기르다

Unit 55

32 **evolve**
[ivάlv]

If humans **evolved** from monkeys, then why do we still have monkeys?
인간이 원숭이에서 진화했다면 왜 여전히 원숭이가 있습니까?

e(out: 밖) + volve(roll: 말다) → (말린 것이 밖으로) 펼쳐지다 → 진화하다

33 **breakthrough**
[brei'kθru,]

The discovery of penicillin was a **breakthrough** in the world of medicine.
페니실린의 발견은 의학계의 획기적인 과학적 발견이었다.

break(깨다) + through(통과하여) → (깨부숴서) 통과하기 → 돌파구

35 **association**
[əsòusiéiʃən]

We have maintained a close **association** with the university ever since.
우리는 그 대학과 이후로 줄곧 긴밀한 유대를 지속해 왔다.

as(to) + soci(companion: 동반자) ─┬─ (동반자가) 됨 → 1. 연계, 유대 2. 협회, 조합
                                       └─ (동반하여) 일어나는 생각·느낌 → 1. 연상, 연관(성)

고급 중급

관계·연관	36 concern	1. v. (일·상황이) (누구에게) **관련되다** 2. v. (책·이야기 등이) (무엇에) **관한 것이다** 3. n. (타인이나 공공문제에 대한) **걱정, 염려** v. **염려시키다** 4. n. (주목의 대상이 되는) **관심사, 중요한 것**	concerned a. 관계하고 있는; 염려하는; 관심이 있는 concerning prep. ~에 관하여
	37 refer	1. v. (~ to) (어떤 것이) **~과 관련되다; ~을 나타내다** 2. v. (~ to) (무엇을 간단하게) **언급하다** 3. v. (알아내기 위해) (~에게) **~을 참조[문의]하다[하게 하다]**	reference n. 언급; 참고, 참조, 문의; 추천서[인]
	38 correlate	v. (밀접한) **상호 연관성[관련성]이 있다**	correlation n. 상호 관련, 상관 (관계)
	39 relevant	a. (논의 주제나 당면 문제와) **관련된**	relevance n. 관련(성)
연결	40 join	1. v. (서로) (붙이거나 이어서) **연결[접합]하다[되다]** 2. v. (길·강 등이) (하나로) **합쳐지다, 합류하다** 3. v. (조직·단체에) **가입[입회, 입사, 입대]하다** 4. v. (활동·놀이·여행 등에) **합류[참가]하다**	joint n. 이음매, 이은 자리; 관절 a. 공동[공유]의
	41 connect	1. v. (중간에) (선·관·도로 등으로) **연결하다[되다]** 2. v. (서로) **관련[연결]시키다** (= link)	connection n. 연결; 관련성 ⊖ disconnect v. 연결을 끊다

---

36 **concern**
[kənsə́:rn]

Please do not get involved in what doesn't **concern** you.
제발 당신과 상관없는 일에는 개입하지 마세요.

con(together) + cern(sift: 체로 거르다) ┌ (흥미 있는 것만) 체로 걸러내다 → 3, 관심사 1. 관련되다
 └ (너무 많은 관심으로 인한) 2. 염려, 걱정

---

37 **refer**
[rifə́:r]

This letter **refers** to the conversation that we had on January 27th, 2020.
이 편지는 2020년 1월 27일 우리가 했던 대화와 관련된 것입니다.

re(back) + fer(carry: 가져가다) ┌ (특정 주제·대상으로) 가져가다 → 1. 관련 있다
 ├ (말을 특정 대상으로 가져가서 그것을) 2. 언급하다
 └ (어느 곳으로 가져가서) 3. 참조[문의]하다

---

38 **correlate**
[kɔ́:rəlèit]

It is widely believed that happiness is strongly **correlated** with wealth.
행복은 부와 밀접한 상호 연관성이 있다고 널리 알려져 있다.

co(together: 함께) + relate(관련시키다) → (함께) 관련시키다 → 상호 관련성이 있다

---

39 **relevant**
[réləvənt]

Although this fact is interesting, it's not directly **relevant** to our discussion.
이 사실은 흥미롭지만 그것은 이곳의 우리 논의와는 직접적인 관련성이 없다.

re(again) + lev(raise: 제기하다) → (논의 주제에 맞는 것을) 제기한 → 관련된

---

41 **connect**
[kənékt]

Today, most households with computers are **connected** to the Internet.
오늘날 컴퓨터가 있는 대부분의 세대는 인터넷에 연결되어 있다.

con(together: 함께) + nect(tie: 묶다) → (함께) 묶다 → 연결하다, 관련시키다

연결	42 link	1. v. (서로) (전기장치·통신·교통 등을) **연결[접속]하다** n. **연결**	
		2. v. (서로) **관련[연결]시키다** (= connect) n. **관계, 관련(성)**	
결합·통합	43 combine	1. v. (둘 이상이 모여) (하나로) **결합하다[되다]**	combination n. 결합(된 것), 조합, 짜맞추어진 것
		2. v. (한 사물·사람이) (여러 가지를) **겸비하다; 병행하다**	
	44 unite	v. (서로) (다른 사람·조직들이) **연합[통합]하다[시키다]**	unity n. 통합, 통일(성) united a. 연합[결합]한
	45 merge	v. (특히) (사업체·조직 등이) **합병[병합]하다**	merger n. 합병
	46 integrate	v. (둘 이상의) (부분·요소를 한데 모아) **통합시키다[되다]**	integration n. 통합 integral a. 필수적인; 완전한
	47 consolidate	1. v. (효율성을 위해) (흩어져 있는 것을) **통합하다[되다]**	consolidation n. 통합; 강화
		2. v. (권력·지위·세력 등을) **강화하다**	
	48 unify	v. (완전한 하나로) (분리·분열된 것들을) **통합[통일]하다**	unification n. 통합
	49 reunify	v. (하나로) (분단된 나라를) **(재)통일하다**	reunification n. (재)통일
	50 assimilate	1. v. (구성원으로) (국가·사회·집단 등에) **동화되다[시키다]**	assimilation n. 동화; 흡수
		2. v. (정보·지식 등을) **자기 것으로 흡수[소화]하다**	

45 merge
[məːrdʒ]

The two companies have signed an agreement to **merge** their businesses.
그 두 회사는 그들의 사업을 합병하기로 하는 합의서에 서명했다.

유래: 담그다(dip) → (둘 이상을 물 속에 함께) 담그다 → **합병[병합]하다**

46 integrate
[íntəgrèit]

The plan should be **integrated** with other policies at national level.
그 계획은 국가 차원에서 다른 정책들과 통합되어야 한다.

integr(whole: 전체) + ate(make: 만들다) → (전체로) 만들다 → **통합시키다**

47 consolidate
[kənsálədèit]

They **consolidated** information from a number of sources into one place.
그들은 여러 출처로부터의 정보를 한 곳에 통합했다.

con(together) + solid(단단한) → (단단해지게) 2. 강화하다 → (단단해지게 함께) 1. 통합하다

48 unify
[júːnəfài]

Napoleon was a great political leader with a vision of **unifying** Europe.
나폴레옹은 유럽 통합의 이상을 가진 위대한 정치 지도자이었다.

uni(one: 하나) + fy(make: 만들다) → (하나로) 만들다 → **통합하다**

50 assimilate
[əsíməlèit]

Most immigrants find it hard to **assimilate** into American society.
대부분의 이민자들은 미국 사회에 동화되기 힘들어한다.

as(to) + simil(like: 비슷한) → (비슷하게) 만들다 → 1. 동화시키다 2. 자기 것으로 흡수하다

Unit 55

56_1 결합·통합·혼합

`고급` `중급`

결합·통합	01 union	1. n. (하나로 합치는) **통합, 결합**; (주·국가의) **연방, 연합**		reunion n. 재결합
		2. n. (노동자 단체): **노동조합**		
	02 compound	n. (요소·성분이 합쳐진) **혼합[합성]물, 복합체** a. **혼합[합성, 복합]의** v. **혼합[합성, 복합]하다**		
	03 bond	1. n. (사람들 간의) **유대, 결속** v. **유대를 형성하다**		
		2. n. (필요 자금 차입을 위한) **채권**		
혼합·융합	04 mix	v. (다른 것들을) (한데) **섞(이)다, 혼합하다[되다]** n. **혼합(물)**		mixture n. 혼합(물), 혼합 재료
	05 blend	v. (서로) (잘 조화를 이루게) **혼합하다[되다]** n. **혼합물**		
	06 stir	v. (이리저리) (스푼·막대 등으로) **휘젓다, 뒤섞다** n. **휘젓기**		
	07 mingle	1. v. (원래의) (특성을 유지하면서) **섞(이)다, 혼합되다[하다]**		
		2. v. (파티·행사 등에서) **사람들과 섞이다[어울리다]**		
	08 dilute	v. (물·액체 등을 섞어) **묽게 하다, 희석하다** a. **희석된**		dilution n. 희석

---

02 compound
n. a. [kámpaund]
v. [kəmpáund]

He discovered that water is a **compound** of hydrogen and oxygen.
그는 물이 수소와 산소의 화합물이라는 것을 발견했다.

> com(together: 함께) + pound(put: 놓다) → (한데 함께) 놓은 것 → 혼합[합성]물

---

03 bond
[band]

The US President's visit strengthened the **bonds** between the two states.
미국 대통령의 방문은 두 나라 사이의 유대를 강화시켰다.

> 유래: 묶다(bind) ┌ (서로를 묶어주는) 1. 유대, 결속
> └ (금전 관계로 묶는) 2. 채권

---

05 blend
[blend]

Oil and water don't **blend** no matter how well they are mixed.
기름과 물을 아무리 잘 뒤섞더라도 섞이지 않는다.

---

06 stir
[stə:r]

He put a spoonful of sugar in the coffee and **stirred** it for a moment.
그는 커피에 한 스푼의 설탕을 넣고 잠시 저었다.

> 유래: 빙빙 돌리다(whirl) → (막대를) 빙빙 돌리다 → 휘젓다, 뒤섞다

---

07 mingle
[míŋgl]

After the speech, the president **mingled** with attendees and shook hands.
연설 후에 대통령은 참석자들과 섞여 악수를 했다.

---

08 dilute
[dilú:t]

Be sure to **dilute** the paint with water until it becomes more fluid.
페인트가 더 유동적이 될 때까지 반드시 그것을 물로 희석하십시오.

> di(away: 분리) + lute(wash: 씻다) → (진한 농도를) 씻어내다 → 희석하다

혼합·융합	09 shuffle	1. v. (순서·위치를) **이리저리 바꾸다** n. (카드) 섞기 2. v. (바닥에) 발을 (질질) **끌며 걷다** n. 발을 끌며 걷기	
	10 fusion	n. (별개의 것들이 합쳐져 새로운 것을 만드는) **융합, 결합**	fuse v. 융합[결합]하다[시키다]
순수·정제	11 refine	1. v. (불순물을 제거하여) **정제하다** 2. v. (작은 변화로) **개선하다, 세련되게 하다**	refinement n. 정제; 개선, 세련; 교양 refined a. 정제된; 교양 있는, 세련된
	12 filter	v. (불순물을) **거르다, 여과하다** n. 필터, 여과 장치	
고정	13 fix	1. v. (못 움직이게) (한 곳에) **고정시키다;** (날짜 등을) **정하다** 2. v. (고장·파손 등을) **수리[수선]하다** 3. v. (간단한) **식사를 준비하다**	fixed a. 고정된; 확고한
	14 fasten	1. v. (무엇을) (다른 물건·장소에) **고정시키다[되다]** 2. v. (코트·가방·문 등을) **채우다, 잠그다, 걸다**	⊖ unfasten v. 풀다, 끄르다
부착·접착	15 stick	1. v. (무엇을 다른 것에) (풀 등으로) **붙이다, 붙다** 2. v. (갇혀[빠져서]) **꼼짝하지 않다[못하게 하다]** 3. n. (가늘고 긴) **막대기, 나뭇가지** 4. v. (끝이 뾰족한 것을) **찌르다, 찔리다**	sticky a. 끈적거리는 sticker n. 스티커
기본	pure 순수한		

09 shuffle
[ʃʌfl]

He quickly **shuffled** the cards and dealt five cards to each person.
그는 빠르게 카드를 섞고 각 사람에게 5개의 카드를 나누어 주었다.

> 2. 발을 (질질) 끌며 걷다 → (끌어 당겨서 빼내) 다른 위치로 옮기다 → 1. 이리저리 바꾸다

10 fusion
[fjúːʒən]

The band music is a **fusion** of several musical genres.
그 밴드의 음악은 여러 음악 장르의 융합이다.

> 유래: 녹다(melt) → (별개의 것들을) 녹여서 합치기 → 융합, 결합

11 refine
[rifáin]

The process of **refining** oil is complex, and involves many stages.
정유 과정은 복잡하고 많은 단계를 수반한다.

> re(강조) + fine(순수한, 좋은) ┬ (더 순수하게) 1. 정제하다
> └ (더 좋게) 2. 개선하다

14 fasten
[fǽsn]

He **fastened** the rope to a tree instead of holding it in his hands.
그는 로프를 손으로 잡는 대신 나무에 고정시켰다.

> fast(단단히 고정된) + en(make) ┬ (단단히) 1. 고정시키다;
> └ (고정시키기 위해) 2. 채우다, 잠그다

15 stick
[stik]

She **stuck** a stamp on the envelope and dropped it into a mailbox.
그녀는 봉투에 우표를 붙이고 우편함에 넣었다.

> 3. 막대기 → (막대기로) 4. 찌르다 → (꽂아서) 1. 붙이다 → (붙여서) 2. 꼼짝 못하게 하다

Unit 56

고급 중급

	16 attach	v. (그보다) (더 큰 다른 것에) **붙이다, 달다, 첨부하다**	attachment n. 부착[부가](물)
부착·접착	17 adhere	1. v. (바짝 붙거나 닿아서) (단단히) **들러붙다, 부착되다** 2. v. (~ to) (법·규칙·신념·약속 등을) **고수하다**	adherence n. 고수, 견지
	18 glue	n. (붙이는 데 쓰이는) **접착제** v. **접착제로 붙이다**	
	19 paste	n. (끈끈한) **풀**; (가루로 만든) **반죽** v. **풀로 붙이다**	
묶다·끈	20 bind	1. v. (단단히) (끈·줄 등으로) **묶다, 동여매다** 2. v. (계약·약속 등으로) **의무를 지우다, 구속하다** 3. v. (개개의 사람·집단·국가 등을) **결속시키다**	
	21 string	n. (묶거나 매는) **끈, 줄** v. (끈·줄로) **묶다, 매달다**	
	22 loose	a. (매거나 묶거나 당긴 것이) **헐거운, 풀린, 느슨한**	loosen v. 느슨하게[헐겁게] 하다[되다]
분리·격리	23 separate	v. (함께 있던 것을) (따로) **떼어놓다, 떨어지다** a. **분리된, 따로 떨어진, 별개의**	separation n. 분리, 구분
	24 divorce	1. v. (서로) (관계가 끊어지게) **분리하다** n. **분리** 2. v. (부부가) **이혼하다** n. **이혼**	divorcee n. 이혼한 사람, 이혼녀
기본		tie 묶다, 매다 / tight 단단한, 꽉 죄인, 팽팽한 / divide 나누다	

16 attach
[ətǽtʃ]

Please fill in a form and then **attach** your photo to it.
양식을 작성하고 거기에 사진을 붙이십시오.

at(to) + tach(stake: 말뚝) → (말뚝에) 묶다 → 붙이다, 달다

17 adhere
[ædhíə]

The coating **adheres** tightly to the surface and, does not peel.
그 코팅은 표면에 단단히 들러붙어 있어서 벗겨지지 않는다.

ad(to) + here(stick: 붙다) → (~에) 붙다 → 들러붙다; 고수하다

21 string
[striŋ]

She placed it in a box, wrapped it in brown paper, and tied it with **string**.
그녀는 그것을 상자에 놓고 갈색 종이에 싸고 끈으로 묶었다.

유래: strong(강한)과 같은 어원 → (묶어서) 더 강하게 해주는 것 → 끈, 줄

23 separate
v. [sépərèit]
a. [sépərət]

After World War II, Germany was divided into two **separate** countries.
제2차 세계대전 후 독일은 두 개의 별개의 나라로 분단되었다.

se(apart: 떨어져) + par(prepare: 준비하다) → (따로) 떨어뜨려 준비해 놓다 → 떼어놓다

24 divorce
[divɔ́:rs]

Our society is religious, but we have **divorced** politics from religion.
우리 사회는 종교적이지만 우리는 종교로부터 정치를 분리했다.

di(two: 둘) + vorce(turn: 돌다) → (방향을 돌려 둘로) 1. 분리하다 2. 이혼하다

분리·격리	└ 25 split	1. v. (일직선으로 길게) **쪼개다, 쪼개지다** n. **쪼개진 틈**	
		2. v. (견해 차이로) **분열되다[시키다]; 헤어지다** n. **분열**	
		3. v. (작은 부분·몫으로) **분할[분배]하다[되다]** n. **분할; 몫**	
	26 diverge	v. (서로) (다른 방향으로) **갈라지다, 분기하다; 벗어나다**	divergence n. 분기; 일탈
	27 isolate	v. (따로) (떼어놓아) **격리[고립]시키다**	isolation n. 격리, 고립
	28 segregate	v. (사람들을) (인종·성별 등에 따라) **분리하다, 차별대우하다**	segregation n. 분리, 격리
	29 **apart**	1. ad. (거리·공간·시간상) **떨어져, 따로**	
		2. ad. (~ from) (특정 대상을 빼고) **~을 제외하고**	
		3. ad. (~ from) (언급한 것에 더하여) **~외에도**	
열다·닫다	30 **slam**	1. v. (세게) (문 등을) **쾅 닫다[닫히다]** n. **쾅 하는 소리**	
		2. v. (표면 위에) **세게 부딪치다[놓다, 밟다]**	
	31 **seal**	1. v. (틈이 없이) **봉하다, 밀폐하다** n. **밀폐**	
		2. n. (문서·증서 등에 찍는) **직인, 인장, 도장**	
		3. n. (바다짐승): **바다표범, 물개**	
기본		open 열다 spread 펴다, 펼치다, 벌리다 / close 닫다 shut 닫다 lock 자물쇠 key 열쇠	

---

²⁵ **split**
[split]

The taekwondo player **split** a board with one stroke of his bare hand.
그 태권도 선수는 맨손으로 한 번 때려서 판자를 쪼갰다

유래: 쪼개다 → (쪼개서) 분할하다; 분열시키다

---

²⁶ **diverge**
[daivə́ːrdʒ]

The two species are thought to have **diverged** 60 million years ago.
그 두 종은 6천만 년 전에 갈라진 것으로 생각된다.

di(apart: 떨어져) + verge(bend: 휘다) → (휘어져) 떨어져 나가다 → 갈라지다, 분기하다

---

²⁷ **isolate**
[áisəlèit]

The village has been **isolated** from the outside world for centuries
그 마을은 수세기 동안 외부 세계로부터 고립되어 있었다.

isol(island: 섬) + ate → (마치 섬과 같이) 고립시키다

---

²⁸ **segregate**
[ségrigèit]

The laws kept blacks **segregated** from whites in every aspect of life.
그 법은 생활의 모든 측면에서 흑인을 백인으로부터 격리시켜 놓았다.

se(apart: 산산이) + greg(flock: 무리) → (무리를) 산산이 흩어놓다 → 분리하다

---

³¹ **seal**
[siːl]

I double-checked everything carefully before **sealing** the envelope.
봉투를 봉하기 전에 나는 모든 것을 주의 깊게 재확인했다.

유래: sign의 축소형 ┌ (작은) sign → 2. 도장, 인장
　　　　　　　　　└ (봉투의 밀봉한 자리에 찍힌) 도장 → 1. 봉하다, 밀폐하다

Unit 56

고급 중급

열다·닫다	32 **fold**	v. (종이·천 등을) **접다, 접어 포개다** n. **접은 자리**	⊖ unfold v. (접은 것을) 펴다
범위	33 **range**	1. n. (수량·가격 등의) (변화·변동의) **범위, 폭; 다양성** v. **~에서 ~까지 변동하다[다양하다]** 2. n. (여러 산들이 줄기를 이루는) **산맥, 산줄기**	
	34 **scope**	1. n. (주제·활동·연구 등이) (전반적으로 다루는) **범위** 2. n. (무엇을 하거나 이룰 수 있는) **여지, 기회**	
	35 **spectrum**	n. (반대되는) (양극단 사이의) **범위, 영역; (빛의) 스펙트럼**	spectra n. spectrum의 복수
영역·분야	36 **domain**	n. (영향·통제가 미치는) **영역, 범위** (= realm, sphere): **영토**	
	37 **realm**	n. (영향·통제가 미치는) **영역, 범위** (= domain, sphere): **왕국**	
	38 **sphere**	1. n. (영향·통제가 미치는) **영역, 범위** (= domain, realm) 2. n. (공 모양의) **구, 구체**	spherical a. 구 모양의, 구체의
	39 **sector**	n. (경제·산업 등의) **부문, 분야**	
경계	40 **boundary**	n. (정해진 범위를 나타내는) **경계[한계](선)**	
	41 **border**	n. **국경[경계] (지역)** (= frontier) v. **~와 경계를 이루다**	
기본		area 분야, 부문 field 분야	

---

33 **range**
[reindʒ]

The tiles come in a wide **range** of colors, sizes, and shapes.
타일은 매우 다양한 색상과 크기, 모양으로 나온다.

유래: line, row(선, 열) ┌ (선이 뻗어있는) 영역 → 1. 범위; 다양성
　　　　　　　　　　 └ (열을 지어 길게 뻗쳐 있는) 산줄기 → 2. 산맥

---

36 **domain**
[douméin]

Raising children has traditionally been regarded as a woman's **domain**.
아이들을 기르는 것은 전통적으로 여성의 영역으로 여겨져 왔다.

유래: lord(중세 유럽의 영주) → (영주의) 땅 → 영역, 범위

---

37 **realm**
[relm]

He is an internationally recognized expert in the **realm** of digital marketing.
그는 디지털 마케팅 영역에서 국제적으로 인정받는 전문가이다.

유래: 다스리다(rule) → (왕이 다스리는) 왕국 → (왕국이 미치는) 영역, 범위

---

38 **sphere**
[sfiər]

China has recently expanded its **sphere** of influence into Africa.
중국은 최근 아프리카로 세력권을 넓혔다.

유래: 공(ball) → (공처럼 생긴) 2. 구, 구체 → (구 내의) 1. 영역, 범위

---

39 **sector**
[séktər]

The services industry has been the fastest growing **sector** in recent years.
서비스 산업은 최근 몇 년간 가장 빠르게 성장하는 부문이다.

sect(cut: 자르다) + or → (잘라서) 나누어 놓은 것 → 부문, 분야

경계	└ 42 frontier		n. **국경[경계] (지역)** (= border); (미개척지와의) **변경**	
전체	┌ 43 whole		a. (빠짐 없는) **전체[전부]의** (= entire) n. **전체**	wholly ad. 완전히, 전적으로
	└ 44 entire		a. (빠짐 없는) **전체[전부]의** (= whole)	entirety n. 전체, 전부
	45 overall		a. (끝에서 끝까지) **전체에 걸친, 전반적인** ad. **전반적으로**	
	46 comprehensive		a. (관련된 것들을) **다 포함하는, 포괄적인**	
완전	┌ 47 thorough		a. (세세한 부분까지) **철저한, 빈틈없는** (= rigorous)	
	└ 48 rigorous		1. a. (세세한 부분까지) **철저한, 빈틈없는** (= thorough)	
			2. a. (관대함·융통성 없이) **엄격한, 엄한**	
	49 intact		a. (전혀 손상되지 않고) **온전한, 고스란히 그대로 있는**	
부분·조각	┌ 50 portion		n. (전체에서) (갈라져 나온) **부분, 일부, 몫; 1인분** v. **부분[몫]으로 나누다**	
	├ 51 section		n. (여럿으로 나눈) (사물·장소의) **부분, 구획; (신문 등의) 난** v. **절개[절단]하다**	sectional a. 부분[분파]적인
	└ 52 segment		n. (전체에서) (분리·독립된) **부분; 조각, 쪽** v. **나누다**	segmentation n. 분할, 분열
기본		all 모든 every 모든 / complete 완전한, 전적인		

42 frontier
[frʌntíər]

Brazil has **frontiers** with almost every country in South America.
브라질은 남미대륙의 거의 모든 나라들과 국경을 맞대고 있다.

front(앞쪽) + ier → (다른 나라나 미개척지와 맞닿은) 맨 앞쪽 → 국경 (지역)

46 comprehensive
[kàmprihénsiv]

This handbook is a **comprehensive** guide to hotels in London.
이 핸드북은 런던의 호텔에 관한 종합 안내서이다.

com(completely: 완전히) + prehens(grasp: 잡다) → (다) 잡고 있는 → 포괄적인

48 rigorous
[rígərəs]

The decisions are based on a **rigorous** analysis of existing information.
그 결정은 기존 정보의 철저한 분석을 기초로 하고 있다.

rigor(stiffness: 뻣뻣함) +ous → (융통성 없이) 뻣뻣한 → 2. 엄격한 1. 철저한

49 intact
[intǽkt]

The bridge remains **intact** even after experiencing a number of floods.
그 다리는 여러 차례의 홍수를 겪었는데도 온전히 남아 있다.

in(not) + tact(touch: 손을 대다) → (전혀) 손을 대지 않은 → 온전한

52 segment
[ségmənt]

The company has **segmented** the market into three main groups.
그 회사는 시장을 3개의 주요 그룹으로 나누었다.

seg(cut: 자르다) + ment → (잘려져) 나간 것 → 부문, 조각

변화·결합·분리 III

change & integration & division III

57_1 부분·측면·구성 요소

고급 중급

부분·조각	01 fragment	n. (깨져서) (부서진) **조각, 파편** v. 산산이 부수다[부서지다]	fragmentation n. 분열, 파쇄; 단편화
	02 fraction	n. (전체 대비) (전체의) **작은 부분, 아주 소량;** (수학의) **분수**	fractional a. 아주 적은; 분수의
	03 patch	1. n. (그 주변의) (다른 부분과 달라 보이는) **작은 부분**	patchy a. 군데군데 있는; 고르지 못한
		2. n. (수선·장식용의) (덧대는 데 쓰는) **조각**	
	04 lump	n. (특정한 형태가 없는) **덩어리;** (살갗의) **혹**	lumpy a. 덩어리[혹] 투성이의
측면·단계	05 aspect	n. (특정 관점에서 바라본) **측면, 양상, 면**	
	06 phase	n. (변화·발달 과정상) **단계** v. 단계적으로 하다	
구성 요소	07 element	n. (기본적인) (사물을 구성하는) **요소, 성분;** (화학) **원소**	elemental a. 기본[근본]적인
	08 component	n. (특히) (기계·시스템 등의) **구성 요소, 부품** a. 구성하는	
	09 unit	1. n. (전체를 이루는) (낱낱의) **구성 단위,** (물품) **한 개**	
		2. n. (측정·계산의 기초가 되는) (계량) **단위**	

기본 | **stage** 단계, 시기 **step** 단계 / **piece** 조각, 단편, 파편 **bit** 작은 조각[부분], 소량, 조금

---

01 fragment
[frǽgmənt]

He began sweeping up the glass **fragments** from the broken window.
그는 깨진 창문에서 나온 유리 조각을 쓸어 담기 시작했다.

frag(break: 부서지다) + ment → (부서진) 조각, 파편

---

02 fraction
[frǽkʃən]

They are only a small **fraction** of the 20,000 known species of bee.
그들은 20,000개의 알려진 벌의 종 중 극히 일부일 뿐이다.

frac(break: 부서지다) + tion → (전체에서 부서져 나온) 작은 부분

---

05 aspect
[ǽspekt]

Internet access affects almost every **aspect** of the way we live today.
인터넷 접속은 오늘날 우리가 살아가는 방식의 거의 모든 면에 영향을 미친다.

as(to: 방향) + pect(look: 보다) → (특정 위치에서 본) 한 부분 → 측면

---

06 phase
[feiz]

We are now entering a new **phase** in the development of technologies.
우리는 지금 기술 발전의 새로운 국면으로 진입하고 있다.

유래: 보여주다(show) → (달의 위상 변화에 따라) 보여지는 달의 모습 → 단계

---

08 component
[kəmpóunənt]

The company makes electronic **components** for smartphones.
그 회사는 스마트폰용 전자 부품을 생산한다.

com(together: 함께) + pon(place: 놓다) → (함께) 놓여 있는 것 → 구성 요소

나머지	10 **rest**	1. n. (전체에서 일정 부분 이외의) **나머지, 잔여**		restful a. 휴식[평안]을 주는
		2. n. (일하지 않으면서 쉬는) **휴식** v. **휴식을 취하다**		
		3. v. (지탱이 되도록) (~ 위에) **놓(이)다; (~에) 기대(어 있)다**		
종류·분류	11 **category**	n. (동일한 유형의 집단): **범주**		categorize v. 분류하다
	12 **classify**	v. (종류별로) **분류[구분]하다**		classification n. 분류
				classified a. 분류된; 기밀의
예·보기	13 **example**	n. (그 부류의) (대표적·전형적인) **예, 본보기, 사례**		
	14 **illustration**	n. (무엇을) (설명·증명해 주는) **예, 실례; 삽화**		illustrate v. 예증하다; 삽화를 넣다
				illustrator n. 삽화가
	15 **instance**	n. (구체적인) (실제의) **사례, 경우** v. **~을 예로 들다**		
	16 **exemplify**	v. (어떤 것이) **~의 좋은 예가 되다; 예를 들다**		exemplification n. 예증, 예시; 실례
모델·견본	17 **specimen**	n. (시험·검사·분석용) **견본, 표본, 시료**		
	18 **paradigm**	n. (특정 시대·영역의) **전형적인 예[양식], 패러다임**		paradigmatic a. 전형적인, 패러다임의
집단·무리	19 **cluster**	n. (밀집한) (같은 종류의) **무리, 집단** v. **무리를 이루다**		
기본		type 유형, 타입 kind 종류 sort 종류 / model 모델 sample 샘플 / group 집단, 무리 team 팀, 조		

---

¹² **classify**
[klǽsəfài]

All books are **classified** by subject and arranged on the shelves.
모든 책들은 주제에 따라 분류되어 책꽂이에 정리되어 있다.

> class(division: 나누기) + ify → (종류별로) 나누다 → **분류하다**

---

¹⁴ **illustration**
[ìləstréiʃən]

Let me give you a simple **illustration** of what I am talking about.
내가 말하려고 하는 바의 간단한 실례를 드릴게요.

> il(in: 안) + lustr(brighten: 밝히다) → (안까지 분명하게) 밝혀 주는 것 → **실례, 예증; 삽화**

---

¹⁶ **exemplify**
[igzémpləfài]

The novel **exemplifies** the style of the era in which it was written.
그 소설은 그것이 쓰여졌던 시대의 스타일을 전형적으로 보여준다.

> exempl(example: 예) + ify → **예를 들다**

---

¹⁷ **specimen**
[spésəmən]

The insect museum has over 800 rare insect **specimens** on display.
그 곤충 박물관은 800개 이상의 희귀 곤충 표본을 전시하고 있다.

> speci(look: 보다) + men → (볼 수 있도록) 만들어 놓은 것 → **견본**

---

¹⁹ **cluster**
[klʌ́stər]

There are a **cluster** of historic buildings at the center of the city.
그 도시의 중심에는 한 무리의 역사적인 건물들이 있다.

> 유래: 엉겨서 덩어리지다(clot) → (엉겨서 덩어리진) 떼, 무리

Unit 57

고급 중급

집단·무리	20 mass	1. n. (뭉쳐진) **큰 덩어리[무리]**; (물체의) **질량**	massive a. 거대한, 엄청나게 큰
		v. **떼 지어 모이다[모으다]**	amass v. 모으다, 축적하다
		2. a. (수량·범위 등이) **대량[대규모]의; 대중적인**	
		n. **다수, 다량; 일반 대중**	
	21 crew	1. n. (함께 일하는) (특별한 기술을 가진) **팀, 조, 반**	crewman n. 승무원
		2. n. (비행기·배 등의) **승무원 (전원)**	
세트·다발	22 bundle	n. (한 덩어리로) (묶은) **꾸러미, 묶음** v. **~을 꾸리다**	
	23 bunch	n. (묶이거나 달린) (꽃·열쇠 등의) **다발**, (포도 등의) **송이**	
		v. **무리를 짓다[짓게 하다]**	
모이다	24 gather	v. (한곳에) (무리를 이루도록) **모으다, 모이다**	gathering n. 모임
	25 collect	v. (목적에 맞게) (선별해서 / 취미로) **모으다, 수집하다**	collection n. 수집(품), 수거; 무리
			collective a. 집단의 n. 공동 사업(체)
	26 assemble	1. v. (한곳에) (특정 목적을 위해) **집합하다[시키다]**	assembly n. 조립; 집회
		2. v. (하나의 구조물로) (여러 부품을) **조립하다**	
기본	set 세트, 한 벌		

---

20 mass
[mæs]

An avalanche is a large **mass** of snow that falls rapidly downhill
눈사태는 비탈 아래로 빠르게 떨어지는 큰 눈덩이이다.

유래: knead(반죽을 치대다) → (치대서 만든) 반죽 → 1. 큰 덩어리 → 2. 대량의

---

21 crew
[kru:]

We called 911, and an emergency **crew** took him to the hospital.
우리는 911로 전화를 했고, 응급 요원이 그를 병원으로 실어갔다.

유래: 지원군(reinforcements) → (특별한 기술로 지원하는) 1. 팀, 조 → (비행기·배 등의) 2. 승무원

---

22 bundle
[bʌndl]

He tied up the old newspapers in **bundles** and kept them for recycling.
그는 헌 신문지들을 묶음으로 묶어 재활용을 위해 보관했다.

유래: 묶다(bind) → (한 덩어리로 묶은) 꾸러미, 묶음

---

23 bunch
[bʌntʃ]

He went to the florist's shop and bought his girlfriend a **bunch** of flowers.
그는 꽃가게에 가서 여자친구에게 꽃다발을 사 주었다.

유래: 부어오른 곳(swelling) → (묶이거나 달려서) 부어오른 것 → 다발, 송이

---

26 assemble
[əsémbl]

They **assembled** in the meeting room to hear presentations.
위원회 위원들은 프레젠테이션을 듣기 위해 회의실에 모였다.

as(to) + semble(together: 함께) → (함께) 1. 모으다 → (부품을 모아서) 2. 조립하다

모이다	27 converge	v. (선·도로·의견 등이) **한 지점에 모이다; 수렴되다**	convergence n. 한 점으로 집합; 수렴
	28 accumulate	v. (돈·지식 등을 조금씩) **모아서 쌓다, 축적하다**	accumulation n. 축적
흩어지다	29 disperse	v. (모여 있던 것이) **흩어지다, 흩어지게 하다**	dispersal n. 해산, 분산, 확산
	30 scatter	v. (사방으로) **황급히 흩어지다[게 하다]; (흩)뿌리다**	
퍼지다	31 diffuse	a. (사방으로) **널리 퍼진, 분산된** v. **분산되다[시키다]**	diffusion n. 널리 퍼짐, 분산
	32 circulate	1. v. (정보·소문·물품 등이) **유포[유통]되다[시키다]**	circulation n. 유포, 유통; 순환
		2. v. (공기·혈액 등이) **순환하다[시키다]**	
	33 pervade	v. (전체에) **스며[배어]들다, 만연하다**	pervasive a. 만연하는, 스며[배어]드는
배출·방출	34 outlet	1. n. (밖으로 내보내는) **배출구, 발산 수단; (전기) 콘센트**	
		2. n. (특정 회사·브랜드의) **직판점, 전문 매장**	
	35 emit	v. (밖으로) (빛·열·소리·냄새 등을) **내다, 내뿜다**	emission n. 배출; 배기 가스
	36 discharge	1. v. (밖으로) (기체·액체 등을) **방출하다[되다]** n. **방출(물)**	
		2. v. (떠나도록 허락하여) **제대[석방, 퇴원]시키다** n. **내보냄**	
	37 shed	1. v. (밖으로) (눈물·피 등을) **흘리다, (빛을) 발산하다**	
		2. n. (물건 보관용의) **광, 헛간**	

| 기본 | spread 퍼지다, 퍼뜨리다 |

---

27 converge
[kənvə́:rdʒ]

The three rivers **converge** into one and continue south to the sea.
그 3개의 강은 한 지점으로 모여 남쪽으로 바다까지 이어진다.

con(together: 함께) + verge(bend: 굽히다) → (함께) 한곳을 향해 굽히다 → 한 지점에 모이다

---

28 accumulate
[əkjúːmjulèit]

He has **accumulated** wealth by investing in real estate and stocks.
그는 부동산과 주식에 투자를 해서 부를 축척했다.

ac(to: 더하기) + cumul(heap: 쌓다) → (계속 더하여) 쌓다 → 축적하다

---

29 disperse
[dispə́:rs]

The police used force to **disperse** the peaceful demonstrators.
경찰은 평화적인 시위자들을 해산시키기 위해 물리력을 사용했다.

dis(apart: 산산이) + perse(scatter: 흩어지다) → (산산이) 흩어지다, 흩어지게 하다

---

31 diffuse
[difjúːz]

The Internet has changed our methods of **diffusing** information.
인터넷은 우리의 정보를 확산시키는 방식을 바꾸어 놓았다.

dif(away: 다른 데로) + fuse(pour: 쏟아 붓다) → (다른 데로) 쏟아 붓다 → 분산시키다

---

33 pervade
[pərvéid]

The entire room was **pervaded** by a strong smell of onions and garlic.
방 안 전체에 양파와 마늘의 강한 냄새가 배어 있었다.

per(throughout: 도처에) + vade(go: 가다) → (도처에) 가다 → 만연하다; 스며들다

Unit 57

변화·결합·분리 IV
change & integration & division IV

58_1 각자·상호·참가

고급 중급

각자·공동	01 respective	a. (따로따로 떼어 놓은) **각자[각각]의**	collect v. 모으다, 수집하다
	02 collective	a. (혼자가 아니라) **집단[단체, 공동]의** n. 공동 사업(체)	⊖ uncommon a. 흔하지 않은, 드문
	03 common	1. a. (여럿 사이에) **공동의, 공통의** n. 공통(점) 2. a. (드물지 않고) **흔한, 예사로운**	
상호·양립	04 mutual	a. (서로 동등하게 나누는): **상호간의; 공동의**	
	05 compatible	a. (함께) **양립할 수 있는**; (서로) **호환이 되는**	compatibility n. 양립의 가능성, 호환성
참가·관여	06 participate	v. (일·활동에) **참가[참여]하다**	participation n. 참가 participant n. 참가자
	┌ 07 engage	1. v. (일·활동·업무 등에) **관여[참여, 종사]하다[시키다]** 2. v. (계속 생각이 나게) **주의[관심]을 사로잡다[끌다]**	engagement n. 관계함; 약속; 약혼 engaged a. 바쁜; 통화 중인; 약혼한 engaging a. 호감이 가는, 매력적인

기본 | alone 혼자 solo 단독의 each 각각의 together 함께 / present 참석한 absent 부재의 / enter 입회[입학]하다

---

01 respective
[rispéktiv]

The **respective** roles of men and women can vary a lot among cultures.
남성과 여성의 각각의 역할은 문화간에 서로 많이 다를 수 있다.

respect(존중하다) + ive → (개개의 사람·사물을) 존중하는 → **각자[각각]의**

---

02 collective
[kəléktiv]

The fight for human rights is a **collective** responsibility of us all.
인권을 지키기 위한 싸움은 우리 모두의 집단 책임이다.

col(together: 함께) + lect(gather: 모이다) → (다 함께) 모인 → **집단의**

---

04 mutual
[mjú:tʃuəl]

Trust and **mutual** respect is essential for good relationships.
신뢰와 상호 존중은 좋은 관계를 위해 필수적이다.

mut(exchange: 교환하다) + ual → (서로) 교환하는 → **상호의, 공동의**

---

05 compatible
[kəmpǽtəbl]

Their religion is not **compatible** with Western democratic values.
그들의 종교는 서구의 민주주의적 가치와 양립할 수 없다.

compat(sympathy: 공감) + ible → (서로) 공감할 수 있는 → **양립할 수 있는**

---

07 engage
[ingéidʒ]

He is now 85 years of age but is still actively **engaged** in his business.
그는 지금 85세이지만 여전히 자신의 사업에 적극적으로 관여하고 있다.

en(make) + gage(pledge: 서약) ┌ (서약으로) 시간·활동·관계·주의를 묶어두다
                              └ 1. 관여시키다 2. 주의를 끌다

참가·관여	08 involve	1. v. (상황·사건·활동이) (사람·사물을) **관련[연루]시키다** 2. v. (남을) (일·활동 등에) **참여시키다** 3. v. (필수적 요소로서 / 필연적으로) **수반[포함]하다**	involvement n. 관련, 연루, 몰두
	09 implicate	v. (사람·사물을) (나쁜 일, 범죄 등에) **연루[관련]시키다**	implication n. 연루, 함축, 암시; 영향
	10 withdraw	1. v. (조직·활동·경기 등에서) **탈퇴[기권]하다[시키다]** 2. v. (했거나 하기로 한 것을) **철회하다, 도로 거둬들이다** 3. v. (뒤로) **물러나다, 빼내다; 철수하다[시키다]** 4. v. (예금을) **인출하다**	withdrawal n. 탈퇴; 철회; 철수; 인출
포함·수반	11 include	v. (범위나 무리 안에) **포함하다[시키다]**	inclusion n. 포함
	12 entail	v. (필연적인 결과로서) **수반하다**	
구성	13 constitute	1. v. (어떤 것이) (다른 것의 부분을) **구성하다** 2. v. (어떤 권한을 가진 단체를) **설립[설치]하다**	constitution n. 구성; 구조; 설립; 설치; 헌법
	14 compose	1. v. (전체의 부분인) (서술된 것들이) **~을 구성하다** 2. v. (음악·글·시 등을) **짓다, 작곡[작문]하다**	composition n. 구성; 작곡, 작문 composer n. 작곡가
	15 consist	1. v. (~ of) (무엇이) (서술된) **~으로 구성되다** 2. v. (~ in) (무엇이 주요 특징으로) **~에 있다[내재하다]**	

09 implicate

[ímplikèit]

The police did not have sufficient evidence to **implicate** him in the crime.
경찰은 그가 범죄에 관련되었음을 보여주는 충분한 증거를 갖고 있지 않았다.

im(in: 안) + plic(fold: 접다) → (안에 넣고) 접다 → 연루시키다

12 entail

[intéil]

This may be worthwhile in the short run, but it **entails** enormous risks.
이것은 단기적으로는 할만한 가치가 있을지 모르나 엄청난 위험성을 수반한다.

en(make) + tail(limit: 제한) → (반드시 어떤 일을 일으키는) 제한이 있다 → 수반하다

13 constitute

[kánstətjù:t]

African Americans **constitute** the majority of the population in the city.
아프리카계 미국인이 그 도시 인구의 대다수를 구성한다.

con(together: 함께) + statute(set up: 세우다) ┬ (함께 모여) 세우다 → 1. 구성하다
└ (구성하여) 2. 설립하다

14 compose

[kəmpóuz]

Beethoven **composed** his greatest symphonies after becoming deaf.
베토벤은 귀가 먹은 이후에 그의 위대한 교향곡들을 작곡했다.

com(with: 함께) + pose(put: 놓다) ┬ (여러 가지를 모아서) 함께 놓다 → 1. 구성하다
└ (음이나 글을) 함께 놓다 → 2. 작곡[작문]하다

15 consist

[kənsíst]

A car **consists** of many different parts, each having a different function.
자동차는 각각 다른 기능을 갖고 있는 많은 다양한 부품으로 이루어져 있다.

con(together: 함께) + sist(stand: 서다) → (부분·요소로) 함께 서 있다 → 구성되다

Unit 58

제외·누락	16 exclude	v. (범위나 무리 밖으로) **제외[배제]하다**	exclusion n. 제외, 배제
	17 omit	v. (일부분을) **빼다, 빠뜨리다, 생략[누락]하다**	omission n. 생략, 누락
수용·용량	18 contain	1. v. (용기·장소·책 등이) **~을 담고 있다, 함유하다** 2. v. (유해한 것의) (확산을) **억제[방지]하다**	container n. 용기, 그릇, 컨테이너 containment n. 방지, 억제
	19 content	1. n. (-s) (속에 든) (용기·상자 등의) **내용물** 2. n. (담고 있는) (책·문서 등의) **내용**, (-s) **목차** 3. a. (큰 불만 없이) **만족[자족]하는** v. **만족시키다** n. **만족**	contentment n. 만족
	20 capacity	n. (받아들이거나 할 수 있는) **용량; 수용력; 능력**	capacious a. 널찍한, 큼직한
용기·뚜껑	21 vessel	1. n. (액체를 담는) **용기, 그릇** 2. n. (규모가 큰) (대형) **배, 선박**	
	22 lid	n. (열린 윗부분을 덮는) (그릇·상자 등의) **뚜껑**	
	23 cap	1. n. (겉에) (보호용으로 씌우는) **뚜껑, 캡** v. **뚜껑을 씌우다** 2. n. (테 없는) **모자**	
〔기본〕		except ~ 제외하고는[외에는] / box 상자, 박스 case 케이스 can 깡통, 양철통, 통조림 bottle 병 pack 한 팩[갑, 꾸러미] basket 바구니, 바스켓 jar (아가리가 넓은) 병, 단지 tube 튜브, 통, 관	

¹⁷ **omit**

[oumít]

The names of some voters were **omitted** from the list of voters.
일부의 투표자들의 이름이 투표자 명부에서 누락되었다.

o(강조) + mit(let go: 풀어주다) → (밖으로 나가도록) 풀어주다 → **빼다, 빠뜨리다**

¹⁸ **contain**

[kəntéin]

This document **contains** information which is protected by copyright.
이 문서는 저작권에 의해 보호를 받는 정보를 담고 있다.

con(together: 함께) + tain(hold: 잡다) ┌ (빠져나가지 않도록) 함께 잡다 → 1. 담고 있다
                                                      └ (확산·악화되지 않도록) 함께 잡다 → 2. 방지하다

¹⁹ **content**

n. [kántent]
v. a. [kəntént]

The police carefully examined the **contents** of his briefcase.
경찰은 주의 깊게 그의 서류가방의 내용물을 조사했다.

con(together: 함께) + tain(hold: 가지다) ┌ 담고(가지고) 있는 것 → 1. 내용물 → (내용의) 2. 목차
                                                      └ (다 가지고 있어서) 3. 만족하는

²⁰ **capacity**

[kəpǽsəti]

The new baseball stadium has a **capacity** of over forty thousand.
새 야구장은 4만명 이상의 수용 능력을 갖추고 있다.

capac(hold: 수용하다) + ity → (수용할 수 있는) 능력 → **용량; 수용력**

²¹ **vessel**

[vésəl]

Blood **vessels** supply blood and oxygen to all of the organs in the body.
혈관은 몸의 모든 기관에 피와 산소를 공급한다.

유래: vase(꽃병) → (꽃병 모양의) 2. 배 1. 그릇, 용기

채우다	24 full	1. a. (빈 공간이 없이) **가득한, 만원의**; **배부른**	
		2. a. (모자라거나 빠진 것이 없이) **완전한, 모든**	
	25 fill	v. (가득) **채우다, 차다**	refill v. 다시 채우다 n. 다시 채운 것
	26 crowd	1. v. (사람·사물이) (장소를) **가득 메우다, 꽉 들어차다**	crowded a. 붐비는, ~이 가득한
		2. n. (무리를 지어 모인) **군중, 인파**	
	27 pack	1. v. (장소·탈것을) (넘칠 정도로) **꽉 채우다, 떼지어 몰리다**	packing n. 짐 꾸리기
		2. v. (짐을) **꾸리다, 싸다, 포장하다** n. (운반용) **꾸러미, 짐**	package n. 소포, 꾸러미; 상자, 용기
		3. n. (종이로 만든 포장 꾸러미): **한 팩[갑, 꾸러미]**	
	28 dense	a. (사물간의 사이가) **빽빽한, 밀집한**, (안개 등이) **짙은**	density n. 밀도
비어 있는	29 empty	a. (공간에) (아무 것도 없이) **비어 있는** v. **비우다**	
	30 vacant	a. (차지 않고) (객실·좌석·일자리 등이) **비어 있는; 결원인**	vacancy n. (호텔 등의) 빈 방; 공석, 결원
			vacate v. 비우다, 떠나다
	31 blank	a. (표면에) (글자·그림 등이 없이) **빈, 공백의** n. **공백, 빈칸**	
	32 hollow	a. (내부에 구멍, 빈 공간이 있는): **속이 빈, 움푹 들어간**	
		n. **움푹한 곳**	
	33 sparse	a. (널리 퍼져 있어서) **드문드문한, 희박한**	

---

28 dense
[dens]

Almost seventy-five percent of the region is covered by **dense** forest
이 지역의 거의 75%는 울창한 숲으로 덮였다.

유래: 털이 탑수룩한(shaggy) → (사물간의 사이가) **빽빽한, 밀집한**

---

30 vacant
[véikənt]

He asked the desk clerk if there were any **vacant** rooms in the hotel.
그는 접수 직원에게 호텔에 빈 방이 있는지 물었다.

vac(empty: 빈) + ant → **비어 있는; 결원인**

---

31 blank
[blæŋk]

Read the questions and fill in the **blanks** with the correct answers.
질문을 읽고 빈칸에 올바른 답을 채우시오.

고대 프랑스어 blanc(white: 흰색)에서 유래 → (흰색) 공간의 → **빈, 공백의**

---

32 hollow
[hálou]

The man looked at me with tired, **hollow** eyes, and shook his head.
그 남자는 지치고 쑥 들어간 눈으로 나를 바라보고는 고개를 저었다.

유래: 구멍(hole) → (내부에) 구멍이 있는 → **속이 빈, 움푹 들어간**

---

33 sparse
[spa:rs]

The country is about the size of Texas, but has a **sparse** population.
그 나라는 텍사스 정도의 크기이지만 인구가 희박하다.

유래: 흩뿌리다(scatter) → (널리 흩뿌려져서) **드문드문한, 희박한**

Unit 58

색인

A

chew	137	command	211	conduct	79	content	183
chief	295	commemorate	224	conduct	171	content	344
chilly	270	commence	258	cone	281	contest	52
chin	149	comment	206	conference	213	context	203
choir	57	commerce	60	confess	217	continent	264
choke	155	commercial	64	confident	185	contract	164
choose	230	commit	23	confident	240	contract	219
chop	42	commit	86	confidential	244	contract	317
chore	78	committee	18	confine	26	contradict	217
chronic	164	commodity	62	confirm	241	contradict	323
chronological	251	common	324	conflict	213	contrary	323
circuit	110	common	342	conform	26	contrast	319
circulate	110	commonplace	324	confront	31	contribute	56
circulate	341	communism	16	confuse	229	contribute	65
circumstance	38	commute	52	congestion	115	controversy	213
cite	215	compact	316	congratulate	199	convenient	91
civil	14	companion	126	congress	15	convention	18
civilian	46	company	126	connect	330	convention	214
civilization	19	compare	319	conquer	45	converge	341
claim	210	compassion	185	conscience	175	conversation	212
claim	215	compatible	342	conscious	220	converse	323
clap	157	compel	27	conscious	235	convert	326
clarify	228	compensate	71	consecutive	257	convey	118
classify	339	compensate	313	consensus	216	convey	242
cleanse	144	compete	51	consequence	39	convict	23
clergy	59	competence	232	conservative	328	convince	216
clerk	61	compile	56	conserve	36	cooperate	84
client	61	complacent	183	conserve	77	coordinate	98
cliff	265	complain	200	considerable	315	cope	33
climate	270	complement	313	considerate	171	copper	302
climax	316	complex	291	consist	295	copyright	56
cling	157	complicate	291	consist	343	cordial	172
clinic	167	compliment	199	consistent	322	corporation	93
clog	29	comply	26	console	185	corpse	130
clue	208	component	338	consolidate	331	correct	239
clumsy	35	compose	57	constant	261	correlate	330
cluster	339	compose	343	constant	328	correspond	321
coal	302	compound	332	constitute	343	corridor	142
coast	267	comprehend	227	constitution	20	corrode	302
coexist	127	comprehensive	337	constrain	26	corruption	178
cognitive	235	compress	318	constrict	318	cosmetic	143
coherent	322	compromise	216	construct	141	cosmos	268
coincide	256	conceal	244	constructive	91	costly	63
coincide	321	concede	64	consult	211	costume	131
collaborate	84	concede	217	consume	77	cottage	141
collapse	32	conceited	173	consume	137	cotton	133
collapse	160	conceive	128	contact	155	cough	162
colleague	93	conceive	224	contact	219	council	18
collect	340	concentrate	192	contagious	165	counsel	211
collective	342	concept	220	contain	28	counterfeit	239
collide	33	concern	188	contain	344	courage	175
colony	16	concern	330	contaminate	145	courtesy	171
column	142	conclude	230	contemplate	221	cowardly	175
comb	143	conclude	258	contemporary	250	cozy	190
combat	44	concrete	223	contempt	197	crack	33
combine	331	condemn	200	contend	52	cradle	258
comet	269	condense	209	contend	215	craft	86
comfort	185	condense	299	content	55	crash	33

C

D

fantasy	224	fling	158	frugal	77	govern	16
fare	62	flip	110	fruitful	82	grab	156
fascinate	195	float	117	frustrate	85	grace	58
fasten	132	flock	274	fuel	305	grade	246
fasten	333	flood	270	fulfill	79	gradual	113
fatal	131	floral	277	full	345	graduate	247
fate	128	flour	135	fume	307	grain	135
fatigue	161	flourish	82	function	99	grant	64
fault	200	flow	267	fund	68	grant	68
fault	288	flow	300	fundamental	294	grasp	156
favor	84	flu	164	funeral	131	grasp	227
favor	216	fluctuate	326	fur	275	grass	277
favorite	190	fluent	205	furious	187	grateful	199
fear	189	fluid	298	furnish	65	gratify	183
feast	138	flush	181	furnish	142	grave	131
feat	82	foam	299	furthermore	313	grave	288
feather	275	fog	271	fusion	333	gravitation	304
feature	149	fold	336	fuss	31	gravity	269
feature	285	folk	18	futile	82	graze	274
federal	16	folk	122			greedy	193
fee	63	fond	190	**G**		grieve	184
feeble	291	forbid	27	gain	66	grill	139
feed	138	force	304	galaxy	269	grin	181
feedback	294	forecast	226	gamble	50	grind	33
fellow	124	forehead	149	garbage	145	grip	156
female	123	foremost	287	garment	132	grocery	61
feminine	123	foresee	226	gasp	155	groom	126
fertile	279	foretell	226	gather	340	gross	310
fetch	118	forgive	201	gaze	151	grudge	191
fever	162	former	254	gender	123	grumble	200
fianc?	126	formula	310	gene	129	guarantee	219
fiber	133	fort	44	generate	87	guard	36
fiction	54	fortify	290	generation	124	guilty	23
fierce	43	fortune	68	generous	172	guilty	186
figure	308	fossil	272	genre	54	gulf	267
fill	345	foster	85	genuine	238	gust	271
filter	333	foster	129	geography	262	gymnastics	51
filthy	145	found	93	geology	264		
finance	68	fountain	266	germ	165	**H**	
firm	93	fraction	338	ghost	59	habitat	262
firm	284	fracture	166	gift	232	hail	271
firm	328	fragile	291	gigantic	315	halfway	104
fiscal	68	fragment	338	giggle	180	halt	259
fist	155	fragrance	154	glacier	271	handkerchief	133
fit	92	framework	98	glance	151	harass	40
fit	160	frank	177	glare	151	harbor	117
fix	89	frantic	237	glare	306	hardly	318
fix	139	fraud	178	glide	160	hardship	30
fix	333	freeze	271	glimpse	151	harm	31
flame	307	freight	119	glitter	306	harness	90
flash	305	frequent	253	gloomy	183	harsh	44
flatter	199	freshman	246	glory	197	harvest	279
flavor	135	friction	33	glow	305	haste	114
flaw	289	friction	213	glue	334	hatch	273
flee	37	frighten	190	goods	61	haunt	59
flesh	148	frontier	337	goodwill	172	hay	273
flexible	282	frost	271	gorgeous	280	hazard	35
flicker	306	frown	181	gossip	212	headquarters	93

D
E
F
G
H

navigate	117	observe	150	outlook	222	patent	87
navy	46	obsess	192	outlook	227	pathetic	184
neat	144	obstacle	29	output	88	patient	168
necessary	294	obstruct	29	outrageous	189	patient	201
needle	134	obtain	66	outskirts	263	patriotic	14
negative	217	obvious	227	outstanding	286	patrol	25
neglect	194	occasion	50	outweigh	288	patron	61
negotiate	213	occasion	252	oval	281	patron	66
nephew	125	occupation	95	overall	337	pause	259
nerve	148	occupy	46	overcome	34	pavement	115
nervous	188	occupy	140	overflow	300	paycheck	97
nest	273	occur	38	overhead	103	peak	316
neutral	179	occur	222	overhear	153	peasant	278
nevertheless	320	odd	325	overlook	151	peculiar	325
niece	125	odor	154	overseas	14	pedestrian	116
nightmare	162	offend	23	oversee	95	peel	277
nitrogen	299	offend	198	overshadow	32	peer	19
noble	19	offer	210	overshadow	307	peer	151
noble	176	offspring	125	oversleep	162	penetrate	109
nod	149	omit	344	overtake	106	peninsula	267
nomad	53	ongoing	260	overthrow	45	pension	96
nominate	17	operate	89	overturn	110	perceive	236
norm	286	operate	94	overweight	146	perform	49
notable	295	operate	168	overwhelm	45	perform	79
note	191	opponent	47	overwork	161	perfume	154
notice	208	opportunity	226	owe	70	perhaps	225
notice	235	oppose	217	own	74	peril	35
noticeable	228	opposite	104	oxygen	298	period	252
notify	208	opposite	322			perish	130
notion	220	oppress	28	**P**		permanent	253
notorious	195	optimistic	182	pack	345	permit	28
nourish	137	optimum	92	pain	163	perpetual	261
novel	255	option	230	pair	309	perplex	229
nowadays	250	oral	204	pale	149	persecute	29
nuclear	298	orbit	269	panel	303	perseverance	175
nude	132	orchard	278	panic	189	persist	260
nuisance	40	ordeal	30	pant	155	personality	170
numb	148	ordinary	324	paradigm	339	personnel	93
numerous	311	organ	147	paradox	323	perspective	222
nun	59	organic	279	parallel	282	perspire	148
nurture	129	organism	272	parallel	321	persuade	216
nut	135	organization	17	paralyze	148	pervade	341
nutrition	136	organize	98	parasite	275	pessimistic	184
		oriental	113	parcel	219	pest	275
O		original	257	pardon	201	pesticide	275
obese	146	ornament	144	parliament	15	petal	276
obey	26	orphan	125	participate	342	petition	211
object	217	outbreak	38	particle	298	pharmacy	169
object	297	outcome	39	particular	324	phase	338
objective	99	outdated	255	passenger	114	phenomenal	325
objective	223	outermost	103	passer-by	116	phenomenon	30
obligation	27	outfit	132	passion	180	philosophy	222
oblige	27	outlaw	28	passive	86	phrase	202
oblige	84	outlet	61	paste	334	physical	146
oblivion	224	outlet	341	pasture	278	physical	297
obscure	195	outline	280	pat	156	physician	167
obscure	229	outlive	128	patch	134	physiology	146
observe	21	outlook	152	patch	338	pierce	42

N
O
P
Q
R

sentiment	180	situate	101	species	272	status	19
separate	334	skeleton	147	specific	325	steady	261
sequence	257	skeptical	240	specify	206	steady	327
sermon	58	skill	86	specimen	339	steal	24
servant	20	skip	79	spectacle	152	steam	299
session	214	skip	159	spectacular	287	steel	302
settle	34	skull	149	spectator	51	steep	283
settle	140	skyscraper	141	spectrum	336	steer	114
settle	231	slam	335	speculate	69	stem	38
severe	43	slaughter	130	speculate	225	stem	276
severe	288	slave	20	speech	209	stereotype	221
sew	134	sled	271	speechless	205	sterilize	166
sewage	145	sleeve	132	sphere	281	stern	174
shabby	145	slender	146	sphere	336	stick	42
shade	284	slide	160	spice	136	stick	109
shade	307	slight	316	spill	300	stick	333
shadow	307	slim	146	spine	147	stiff	284
shallow	316	slip	160	spiral	281	stimulate	85
shame	182	slope	265	spirit	59	sting	163
shame	186	smash	33	splendid	280	stingy	77
shape	280	snatch	156	split	335	stink	154
shatter	33	sneeze	154	spoil	32	stir	332
shed	142	sniff	154	spoil	172	stitch	134
shed	341	snobbish	174	spontaneous	81	stock	69
sheer	319	snore	162	spot	100	stock	75
shelf	143	soak	301	spot	151	stomach	147
shelter	36	soar	116	sprain	166	store	75
shelter	141	sob	181	sprinkle	300	storm	272
shield	47	sociable	172	sprint	159	straightforward	292
shift	107	soil	264	sprout	278	strain	119
shiver	112	solar	269	spur	113	strategy	97
shore	267	sole	158	square	280	stray	115
shortcut	115	sole	309	squeeze	109	stream	265
shout	153	solemn	173	squeeze	119	stream	300
shovel	88	solid	284	stable	276	stretch	157
shred	42	solid	298	stable	328	stretch	317
shrink	318	solitary	184	stack	102	strict	174
shrug	157	soothe	163	stagger	160	stride	159
shudder	112	soothe	185	stain	145	strike	222
shuffle	159	sophisticated	236	stake	51	striking	287
shuffle	333	sophisticated	292	stake	289	string	334
shy	186	sophomore	246	stake	303	strip	132
sibling	125	sore	163	stale	136	stripe	281
sidewalk	115	sorrow	183	stall	61	strive	80
sigh	154	soul	59	stall	109	stroke	41
sightseeing	53	sour	135	stall	276	stroke	155
significant	295	source	258	stance	222	stroll	158
silent	205	souvenir	53	standard	286	struggle	40
silk	133	sovereignty	16	staple	134	struggle	80
similar	321	sow	278	staple	296	stubborn	175
simulate	324	spade	88	stare	151	stuff	297
simultaneous	256	spare	64	startle	189	stumble	160
sin	23	spare	312	starve	138	stun	163
sincere	177	spark	307	state	205	sturdy	290
single	308	sparkle	306	statesman	15	subconscious	220
sink	118	sparse	345	static	328	subdue	28
sip	138	spatial	103	statistics	233	subject	214
site	100	specialize	232	statue	57	subject	233

S
T
U
V
W
X
Y
Z